# Fossilien

# FOSSILIEN

Sammeln · Präparieren
Bestimmen · Auswerten

Von Dr. rer. nat. Günter Krumbiegel
und Dr. rer. nat. Harald Walther

Mit 250 Bildern,
davon 97 Schwarzweiß- und 14 Farbfotos,
10 Tabellen und einer Fundstellenkarte

Ferdinand Enke Verlag Stuttgart 1977

Mit Beiträgen von
Prof. Dr. sc. *Rudolf Daber*
»Die Bedeutung der Fossilien im Wandel der Zeiten« und
*Detlef Brandt*
»Das Fotografieren von Fossilien«

CIP-Kurztitelaufnahme der Deutschen Bibliothek

Krumbiegel, Günter

**Fossilien:** Sammeln, Präparieren, Bestimmen, Auswerten
Günter Krumbiegel u. Harald Walther.
– Stuttgart: Enke, 1977
ISBN 3-432-89441-4
NE: Walther, Harald

© VEB Deutscher Verlag für Grundstoffindustrie, Leipzig 1977
Lizenzausgabe für den Ferdinand Enke Verlag, Stuttgart
Printed in the German Democratic Republic
Illustration des Textes: Heinz Kutschke
Farbaufnahmen: Detlef Brandt
Gesamtgestaltung: Gottfried Leonhardt
Gesamtherstellung: Gutenberg Buchdruckerei und Verlagsanstalt Saalfeld,
Betrieb der VOB Aufwärts
Redaktionsschluß: 20. 9. 1976

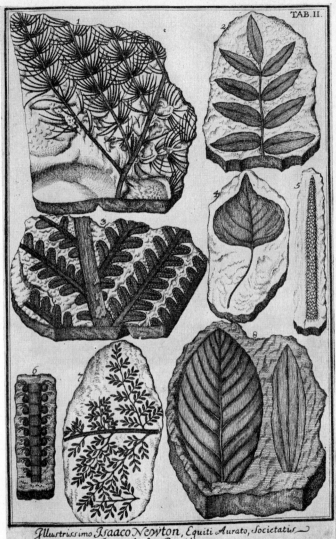

TAB. II.

*Illustrissimo Isaaco Newton, Equiti Aurato, Societatis Regiæ Anglicæ Præsidi.*

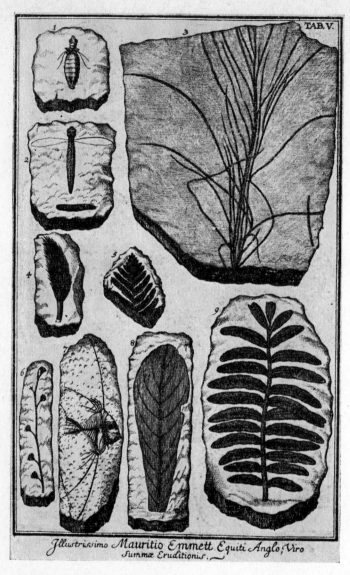

Pleistozäne Pflanzen-, Algen-, Insekten- und Fischfossilien, abgebildet im *Herbarium Diluvianum* von JOHANN JACOB SCHEUCHZER aus dem Jahre 1723

# Vorwort

»Fossilien – Sammeln, Präparieren, Bestimmen, Auswerten« wendet sich an alle Freunde der Paläontologie und versucht, dieses Wissensgebiet auch denen näher zu bringen, die ihm bislang fremd gegenüberstanden. In diesem Taschenbuch über fossile Pflanzen und Tiere soll eine Anleitung gegeben werden, wie, wo und was man sammeln kann. Wenn es auch nicht möglich ist, in diesem Rahmen ein ausgesprochenes Bestimmungsbuch über Fossilien vorlegen zu können, so werden doch einige der wichtigsten Pflanzen- und Tierreste, die der Sammler oder der an der Paläontologie Interessierte finden kann, berücksichtigt. Für die systematische Einordnung dieser Fossilien sind wesentliche morphologische Merkmale aufgeführt.
Die tierischen Fossilien werden systematisch, die pflanzlichen Fossilien hauptsächlich nach paläobiologischen Gesichtspunkten dargestellt. Diejenigen unter ihnen, die für die Entwicklungsgeschichte der Organismen besondere Bedeutung haben, werden ebenfalls erwähnt. Die Bedeutung der Fossilien in Vergangenheit und Gegenwart, ihre Rolle im Volksglauben, ihr Wert als Urkunden des Lebens der Vergangenheit der Erde sowie ihre Verwendung als Zeitmarken in der Geologie werden in gesonderten Abschnitten besprochen. Ein Überblick über die Museen mit paläontologischen Ausstellungen und Sammlungen soll neben den Hinweisen auf Quellen und weiterführende Literatur zu einem tieferen Eindringen in die Paläontologie anregen.
Besonderer Dank gilt Prof. Dr. sc. R. DABER, Berlin, und Fotomeister D. BRANDT, Halle, die durch zwei spezielle Beiträge den Inhalt des Buches bereicherten. Für wohlwollende Unterstützung der Arbeit ist zu danken dem ehemaligen Direktor der Sektion Biowissenschaften der Martin-Luther-Universität Halle-Wittenberg, Spectabilis Prof. Dr. sc. R. SCHUBERT, und dem Direktor des Staatlichen Museums für Mineralogie und Geologie zu Dresden, Dr. H. PRESCHER.
Wir möchten ferner folgenden Kollegen danken, die uns durch fachliche Hinweise und Bereitstellung von Bildmaterial und Literatur unterstützten:

Dr. M. BARTHEL, Berlin;

Doz. Dr. D. BERG, Mainz;

Fotomeister D. BRANDT, Halle;

Prof. Dr. L. CONSTANCE, Berkeley, California/USA;

Prof. Dr. R. DABER, Berlin;

Prof. Dr. D. DILCHER, Bloomington, Indiana/USA;

Dr. G. FREYER, Freiberg;
Direktor Dr. J. T. GREGORY, Berkeley, California/USA;
Dr. W.-D. HEINRICH, Berlin;
Dr. J. HELMS, Berlin;
Dr. F. HOFMANN, Freiberg;
Dipl.-Bioln. B. KRUMBIEGEL, Halle;
Dr. H. D. MAI, Berlin;
Dr. L. RÜFFLE, Berlin;
Dr. F. SCHAARSCHMIDT, Frankfurt/M.;
Dr. V. TOEPFER, Halle;
Geolog.-Ing. G. URBAN, Karl-Marx-Stadt;
Prof. Dr. E. VOIGT, Hamburg;
Direktor Dr. Z. ZALEWSKA, Warszawa, VR Polen.

Die Zeichenarbeiten besorgte in dankenswerter Weise H. KUTSCHKE, Baalsdorf bei Leipzig.
Abschließend sei dem Verlag gedankt für sein Entgegenkommen und seine verständnisvolle Unterstützung bei der Herausgabe des Buches.

*Die Autoren*

# Inhaltsverzeichnis

| | | |
|---|---|---|
| **0.** | **Einleitung** | 13 |
| 0.1. | Paläontologie – Die Lehre von den vorzeitlichen Lebewesen | 13 |
| 0.2. | Die Bedeutung der Fossilien im Wandel der Zeiten | 15 |
| **1.** | **Die Vielseitigkeit der Probleme mit und um Fossilien** | 22 |
| 1.1. | Fossilbegriff | 22 |
| 1.2. | Fossildiagenese und Erhaltungsbedingungen | 23 |
| 1.2.1. | Fossilerhaltungszustände | 23 |
| 1.2.2. | Pseudofossilien und Fossilfälschungen | 31 |
| 1.3. | Fossilien im Volksglauben | 36 |
| 1.4. | Paläontologische Arbeitsmethoden | 42 |
| 1.4.1. | Aufsammlung, Bergung und Ausgrabung von Fossilien | 42 |
| 1.4.2. | Aufbereitung und Präparation von Fossilien | 43 |
| 1.4.2.1. | Aufbereitung | 43 |
| 1.4.2.2. | Präparation | 47 |
| 1.4.3. | Das Fotografieren von Fossilien | 54 |
| 1.4.4. | Wie legt man eine Fossilsammlung an? | 59 |
| 1.5. | Probleme um Fossilien | 62 |
| 1.5.1. | Leitfossilien und Biostratigraphie | 62 |
| 1.5.2. | Biostratonomie | 66 |
| 1.5.3. | »Connecting links« oder »Mosaiktypen« | 68 |
| 1.6. | Vorzeitliche Lebensräume – die Rekonstruktion fossiler Organismen und ihrer Lebensräume | 70 |
| 1.6.1. | Rekonstruktion einer fossilen Pflanze | 71 |
| 1.6.2. | Rekonstruktion des karbonischen Florenbildes | 74 |
| 1.6.3. | Rekonstruktion einer lokalen Flora des Tertiärs | 75 |
| 1.6.4. | Rekonstruktion einer lokalen Flora und Fauna sowie ihrer Ökologie | 79 |
| 1.7. | »Lebende Fossilien« im Pflanzen- und Tierreich | 82 |
| 1.8. | Fossilien im Alltag | 86 |
| 1.9. | Bedeutende geowissenschaftliche Museen und Sammlungen der DDR und ihre Fossilsammlungen (Auswahl) | 91 |

| | | |
|---|---|---|
| 2. | **Übersicht der wichtigsten Fossilien im Tier- und Pflanzenreich und ihre paläontologische Bestimmung (Morphologie und Systematik)** | 97 |
| 2.1. | Allgemeines | 97 |
| 2.2. | Morphologische Merkmale der durch Fossilien vertretenen Tierstämme (Invertebraten und Vertebraten) | 101 |
| 2.2.1. | Einzeller oder Urtiere (Protozoa) | 102 |
| 2.2.2. | Schwämme (Porifera) | 104 |
| 2.2.3. | Archaeocyathiden (Archaeocyatha) | 108 |
| 2.2.4. | Hohltiere (Coelenterata) | 109 |
| 2.2.5. | Moostierchen (Bryozoa) | 116 |
| 2.2.6. | Armfüßer (Brachiopoda) | 118 |
| 2.2.6.1. | Allgemeines | 118 |
| 2.2.6.2. | Systematische Übersicht über die Brachiopoden (Auswahl) | 122 |
| 2.2.7. | Weichtiere (Mollusca) | 125 |
| 2.2.7.1. | Grabfüßer (Scaphopoda) | 126 |
| 2.2.7.2. | Muscheln (Lamellibranchiata) | 127 |
| 2.2.7.3. | Schnecken (Gastropoda) | 136 |
| 2.2.7.4. | Kopffüßer (Cephalopoda) | 145 |
| 2.2.7.4.1. | Nautiloideen (Nautiloidea) | 146 |
| 2.2.7.4.2. | Ammonoideen (Ammonoidea) | 151 |
| 2.2.7.4.3. | Dibranchiaten (Dibranchiata) | 162 |
| 2.2.8. | Gliederfüßer (Arthropoda) | 166 |
| 2.2.8.1. | Dreilapperkrebse (Trilobita) | 166 |
| 2.2.8.2. | Krebse (Crustacea) | 177 |
| 2.2.8.3. | Insekten (Insecta) | 179 |
| 2.2.9. | Stachelhäuter (Echinodermata) | 180 |
| 2.2.9.1. | Stieltiere (Pelmatozoa) | 181 |
| 2.2.9.2. | Sterntiere (Asterozoa – Stelleroidea) | 190 |
| 2.2.9.3. | Seeigel (Echinozoa) | 191 |
| 2.2.10. | Graptolithen (Graptolithina) | 196 |
| 2.2.11. | Wirbeltiere (Vertebrata) | 204 |
| 2.2.11.1. | Allgemeines | 204 |
| 2.2.11.2. | Fische (Pisces) | 204 |
| 2.2.11.3. | Lurche (Amphibia) | 206 |
| 2.2.11.4. | Kriechtiere (Reptilia) | 207 |
| 2.2.11.5. | Säugetiere (Mammalia) | 208 |
| 2.3. | Fossile Pflanzen | 210 |
| 2.3.1. | Die ersten Spuren der Pflanzen | 210 |
| 2.3.2. | Die Pflanzen des Devons | 214 |
| 2.3.2.1. | Floren des Unterdevons | 216 |
| 2.3.2.1.1. | Die Telomtheorie | 220 |

| | | |
|---|---|---|
| 2.3.2.2. | Die Pflanzenwelt des Mitteldevons | 222 |
| 2.3.2.3. | Pflanzen des Oberdevons | 226 |
| 2.3.3. | Die Floren des Karbons und Unterperms (Rotliegendes) | 227 |
| 2.3.3.1. | Bärlappgewächse (Lycopodiales) | 232 |
| 2.3.3.2. | Schachtelhalmgewächse (Articulatae) | 236 |
| 2.3.3.3. | Farne und farnlaubige Pflanzen (Pteridophyllen) | 242 |
| 2.3.3.3.1. | Die Stämme von Karbonfarnen und Farnsamern | 259 |
| 2.3.3.4. | Cordaitales (Cordaiten) | 261 |
| 2.3.3.5. | Koniferen | 262 |
| 2.3.4. | Die Pflanzen vom Zechstein bis zur Unteren Kreide (Mesophytikum) | 265 |
| 2.3.4.1. | Die Zechsteinflora | 265 |
| 2.3.4.2. | Die Trias | 270 |
| 2.3.4.2.1. | Die Buntsandsteinflora | 271 |
| 2.3.4.2.2. | Die Pflanzen des Keupers | 275 |
| 2.3.4.3. | Jurapflanzen | 276 |
| 2.3.4.4. | Die Pflanzen der Unteren Kreide (Neokom) von Quedlinburg | 281 |
| 2.3.5. | Pflanzen der Oberkreide und des Tertiärs (Neophytikum) | 282 |
| 2.3.5.1. | Pflanzen der Oberkreide | 284 |
| 2.3.5.2. | Die Floren des Tertiärs | 286 |

**Quellenverzeichnis** . . . . . . . . . . . . . . . . . . 294

**Quellenverzeichnis der Bilder auf den Tafeln** . . . . . . . . 302

**Fossilmaterial** . . . . . . . . . . . . . . . . . . . . 303

**Fossilienverzeichnis** . . . . . . . . . . . . . . . . . . 305

**Sachwörterverzeichnis** . . . . . . . . . . . . . . . . . 328

# 0. Einleitung

## 0.1. Paläontologie – Die Lehre von den vorzeitlichen Lebewesen

Wer hat sich nicht schon einmal während eines Urlaubsaufenthaltes z. B. an der Ostsee bei einer Strandwanderung nach »Donnerkeilen« (Belemniten) oder gar Seeigeln gebückt, die am geröllführenden Strand nicht selten sind? Diese Gebilde betrachtet, der Familie oder Bekannten gezeigt, vielleicht sogar nach einer Erklärung gesucht und festgestellt, daß man doch eigentlich recht wenig darüber zu sagen weiß. Vielleicht war ein solcher Fund der Grund, warum man ein Museum aufsuchte, um mehr über diese »Versteinerungen« zu erfahren. Sicher wird einem bei der Betrachtung der Ausstellung nicht nur Antwort auf die Frage, was es mit der Versteinerung auf sich hat, gegeben, sondern man steht plötzlich einem Wissensgebiet gegenüber, das allgemein wenig bekannt ist.

Diese Wissenschaft wird Paläontologie genannt. Sie ist die Wissenschaft vom Leben der geologischen Vorzeit. Wörtlich übersetzt bedeutet das Wort »Lehre vom Altseienden« oder »von den alten Wesen« (griech. palaios = alt, ehemalig, on = seiend, logos = Lehre) oder »Lehre vom alten Leben«. Sie verfolgt das Ziel, die Geschichte der Pflanzen- und Tierwelt längst vergangener erdgeschichtlicher Epochen und Systeme zu erforschen. Die Paläontologie entstand aus der Freude aber auch Leidenschaft der Menschen am Finden und Sammeln, und noch heute ist die Paläontologie eine Wissenschaft, die auf die Mitarbeit weiter Kreise von Laiensammlern angewiesen ist, die hier oft Bedeutendes geleistet haben und leisten. Gesammelt wurde und werden die »Petrefakten« oder Fossilien (lat. fodere = graben, fossilis = das aus dem Boden Gegrabene) (vgl. Abschn. 1.1.) als die wichtigsten historischen Dokumente geologischer Vorzeit. Sie bilden die Archivalien der geologischen Vergangenheit, d. h. die historischen Denkmünzen, mit deren Hilfe die Rekonstruktion der Entwicklungsgeschichte der heutigen Lebewelt möglich ist. Die Paläontologie ist somit eine echte historische Naturwissenschaft, sie ist eine selbständige Wissenschaft. Aufs engste verbunden ist sie mit den geologischen Wissenschaften Geologie, Petrographie und Mineralogie. Gleichermaßen stellt sie für die Biowissenschaften das historische Grundlagenmaterial zur Verfügung. So wird in jüngster Zeit von einigen Wissenschaftlern bereits der Begriff »Geobiologie« für die Paläontologie angewendet. Analog zur Biologie unterscheidet man in der Paläontologie die Paläozoologie und die Paläobotanik. Die Paläozoologie umfaßt die Teildisziplinen Paläontologie der wirbellosen Tiere (Invertebraten) mit enger Bindung an die Geologie, insbesondere die Fossilisationslehre (Biostratonomie) und die Erdgeschichte (Biostratigraphie), und weiter die Paläontologie der Wirbeltiere (Vertebraten) in Anlehnung an die rezente Zoologie. Die Paläobotanik (Phytopaläontologie, Paläophytologie) beschäftigt sich demgegenüber mit den fossilen Pflanzen.

Die zunehmende Materialfülle machte es notwendig, die Fossilien übersichtlich zu ordnen und zu beschreiben. Dies übernimmt die Systematik oder Taxionomie, als eine Ordnungswissenschaft, die durch strenge internationale Nomenklaturregeln der Zoologie und Botanik entsprechende Voraussetzungen und Grundlagen für paläontologische Forschungsarbeit schafft. Hierbei werden die Methoden der experimentellen Paläontologie (morphologisch beschreibend, anatomisch vergleichend) angewandt: Aktuopaläontologie und Aktuogeologie.

Das geordnete und beschriebene Fossilmaterial wird anschließend zur weiteren Bearbeitung unter mannigfaltigsten Fragestellungen ursächlich betrachtet. Die Ontogenie befaßt sich mit dem individuellen Entwicklungsgang der fossilen Einzelorganismen. Die Paläökologie bzw. Paläobiologie behandelt die Beziehungen der fossilen Organismen untereinander und zu ihren einstigen Lebensräumen (Biotopen) und den dortigen Lebensbedingungen und der Lebensweise (vgl. Abschn. 1.6.). Zahlreiche Teilgebiete, wie Paläogeographie, Paläoklimatologie, Paläophysiologie, Paläoneurologie, Paläotaxiologie (= Verhaltensforschung an fossilen Organismen), Paläoanthropologie versuchen hierbei mit den unterschiedlichsten Methoden Details der vorzeitlichen Organismenwelt zu klären. Ein sehr bedeutendes Teilgebiet ist die Paläobiogeographie. Sie versucht die Verbreitung der fossilen Organismen auf der ehemaligen Erdoberfläche zu rekonstruieren und gibt Aufschluß über den Ablauf des Evolutionsgeschehens.

Die Wissenschaftsdisziplin, die die Entwicklungsgeschichte der Lebewelt im zeitlichen Ablauf der Erdgeschichte beleuchtet, ist die Phylogenie oder Stammesgeschichte. Aufbauend auf biologischen Betrachtungen bildet sie das Kernstück der paläontologischen Forschung, weist aber die größten Probleme auf, und man hat noch viele offene Fragestellungen zu klären.

Bezogen sich die genannten Teildisziplinen der Paläontologie im wesentlichen auf die Anwendung bei Großfossilien, d. h. Makrofossilien oder Megafossilien (Makropaläontologie), so lassen sie sich mit gleichen Verfahren und gleichem Ziele auf mikroskopisch kleine fossile Pflanzen- und Tierreste anwenden. Hierzu ist jedoch eine spezielle und diffizile Arbeitsmethodik (vgl. Abschn. 1.4.) notwendig. Dieses Forschungsgebiet bewältigt die Mikropaläontologie (Kleinfossilien; Objekte von 20 µm (Mikrometer) bis einige Millimeter). Sie entwickelte sich aus praktischen Bedürfnissen heraus, z. B. Anwendung in Erdöl- und Erdgasindustrie und -geologie, in der Kohlenpetrographie (Palynologie, Sporen- und Pollenanalyse), in der Moorgeologie, in der Meeresgeologie. So bildete sich hier ein besonderer Forschungszweig in der Paläontologie heraus, der als »angewandte Paläontologie« bezeichnet werden kann, ähnlich der ökonomischen, angewandten und technischen Geologie.

Es darf jedoch mit Recht gesagt werden, daß es zwischen reiner und angewandter Paläontologie keine echten Grenzen gibt, sondern »alles fließt«. Die Paläontologie dient damit in komplexer Anwendung der Erkundung und Erforschung der Lebensgeschichte unseres Planeten Erde.

## 0.2. Die Bedeutung der Fossilien im Wandel der Zeiten

Bereits in Zeiten, als uns der Mensch und das Mammut ihre Knochen als Fossilien hinterließen, gab es Fossiliensammler. 75 000 bis 100 000 Jahre alt ist die eem-zwischeneiszeitliche (ältere Altsteinzeit) Siedlung am Vogelherd bei Stetten (Lontal/Württemberg, BRD). Hier wurden Einzelklappen der fossilen Muschel *Glycimeris (Pectunculus)* und ein Lias-Ammonit gefunden, bei dem am Außenrand eine Reihe tiefer Einschnitte angebracht waren. Die *Glycimeris*-Klappen waren als Schminkschalen verwendet worden.

Am Südufer des Ladoga-Sees bei Leningrad (UdSSR) wurden jungsteinzeitliche (vor 5 000 bis 7 000 Jahren) Knochen, Jagd- und Hausgeräte und eine kleine Fossiliensammlung, bestehend aus ordovizischen Cephalopoden, Echinodermen und karbonischen Korallen, ausgegraben.

Bei Bernburg (DDR) wurde in einer jungbronzezeitlichen (etwa 1100 v. d. Z.) Aschenurne eine Sammlung oligozäner Muscheln (58 Arten in je 1 bis 2 Exemplaren) zusammen mit einigen rezenten Mittelmeer-Schnecken gefunden.

Der älteste Fossilfund pflanzlicher Art ist ein Bennettiteen-Stamm *(Cycadeoidea etrusca)*, der in einem alten Etrusker-Tempel nahe

Marzabotto bei Bologna (Italien) aufgestellt war (vor etwa 4 300 Jahren).
Sicherlich haben die schon vor 20 000 Jahren Kohlenstückchen (Gagat aus dem Lias ε) sammelnden Steinzeitmenschen, wenn sie diese zu Figuren umschnitzten, und die vor 4 000 Jahren Feuersteinbergbau betreibenden Menschen eigenartige Stücke aufbewahrt. Welche Gedanken sie mit diesen gesammelten Naturobjekten verbanden, ist uns bisher unbekannt geblieben. Wahrscheinlich aber wurzeln Sagen und Märchen von Drachen, Riesen und großen Untieren bereits in dieser Zeit und wurden durch Funde großer fossiler Knochen gestützt. Viele eindrucksvolle Zeichnungen des heute ausgestorbenen Mammuts wurden vor etwa 10 000 Jahren an die Höhlenwände gemalt.
Der alten griechischen Naturphilosophie waren Kenntnisse von Fossilfunden und Schichtenfolgen Teil des materialistischen Weltbildes der Vorsokratiker. XENOPHANES (614 v. d. Z.) lehrte, »daß mitten im Binnenlande und auf den Bergen Muscheln gefunden würden«, »daß in Syrakus in den Steinbrüchen Abdrücke von Fischen und Seetangen gefunden worden seien«, auch »Abdrücke von Lorbeerblättern in Gesteinen von Paros«. XANTHOS aus Sardes (500 v. d. Z.) erwähnt Muscheln, die er in Armenien, Phrygien und Lydien fern vom Meer gesehen habe. Diese Tatsachen wurden als Beweis für eine Entstehung alles ehemaligen Lebens aus dem Wasser oder aus dem Schlamm gewertet. Diese Ansicht hat in späteren Jahrhunderten die Untersuchung der Fossilien gehemmt, weil sie die kurzsichtige Schlußfolgerung nach sich zog, daß es sich um Schlammgebilde gehandelt haben könnte, die niemals Lebewesen waren – sogenannte »Naturspiele«.
Der bis vor 300 Jahren entwickelt gewesene Erkenntnishorizont gab noch keinen Raum für die Untersuchung fossiler Funde im einzelnen und für die Einordnung dieser Einzelheiten in eine geologische oder evolutionsbiologische Nutzanwendung. Kohlen wurden noch nicht oder nur sehr vereinzelt als Brennmaterial genutzt. Von einem Bergbau in Schichtgesteinen mit Fossilien ist uns nichts oder wenig bekannt. Erze, Mineralien wurden gesammelt, allenfalls »gegraben«. Der Handel mit diesen Dingen veranlaßte mehr Sagen und phantasievolle Vorstellungen als die Arbeit am Gestein. Sicherlich wurden Funde und Funderfahrungen geheim gehalten und Ansichten darüber bewußt nicht weitergegeben, z. T. auch mit religiösen Tabus belegt.
Die Fossilien blieben Akzessorien zum Weltbild damaliger Zeiten. Wenn HOMER in der Odyssee von Zyklopen erzählt, meint er die mißverstandenen, aber poetisch umgedeuteten Funde von fossilen Elefantenschädeln. Wenn die alte Sage vom Vogel Greif erzählt, der Elefanten durch die Luft auf ferne Inseln getragen habe, sind damit sicherlich die Funde pleistozäner Zwergelefanten auf Mittelmeerinseln wie Malta und Sizilien gemeint, wo auch die Knochen ausgestorbener großer Geierarten zu finden sind.
Einige Städte hatten Fabelwesen in ihrem Stadtwappen, so auch die

österreichische Stadt Klagenfurt, die schon 1287 solch ein Fabelwesen in ihrem Stadtsiegel führte. Ein fossiler »Lindwurmschädel« wurde um 1335 bei Klagenfurt gefunden und jahrhundertelang an Ketten geschmiedet im Rathaus aufbewahrt. Ein lebensgroßes Denkmal, sozusagen eine Lindwurmrekonstruktion, wurde Ende des 16. Jahrhunderts entworfen und 1636 von einem Bildhauer, der »der siegreichen katholischen Kirche ... auch einen prächtigen Hochaltar in Gold und Holz geschaffen hat«, vollendet – womit gesagt ist, in was für ein Weltbild sich dieser Fossilfund (tatsächlich der Schädel eines wollhaarigen Nashorns) einzuordnen hatte.

Zur Zeit der Renaissance entstand das Werk des GEORG AGRICOLA (1494 bis 1555) vom Bergbau und von der Metallerzeugung. Der Zwickauer Steinkohlenbergbau ebenso wie der südholländische galten in ganz Europa als Muster, wie man die Technik vom Bergbau entwickeln kann und muß, aber ebenso wie damalige große Maler nur langsam und zögernd und selten wahrheitsgetreu im Detail die Landschaft in ihre Gemälde einbezogen, ebenso verborgen blieben dem damaligen Erkenntnishorizont die Ordnung der Schichten und das Vorkommen von Fossilien in diesen Schichten. Das schloß nicht aus, daß neben sehr phantasievollen, völlig unzutreffenden Deutungen auch einzelne Fossilfunde sehr niveauvoll beschrieben, abgebildet und auch manchmal genial – spätere Erkenntnis vorwegnehmend – gedeutet wurden. Dieses Nebeneinander von phantastisch und genial erscheint durch nachträglich ordnende Geschichtsschreibung, als Personengeschichte unter Umständen zu sehr wie ein Erkenntniszuwachs. Es waren und blieben Denkansätze, für die die Zeit, die Produktion von mineralischen Rohstoffen, noch nicht reif war.

LEONARDO DA VINCI (1452 bis 1519) war seiner Zeit mit seinen Ansichten sehr weit voraus, indem er versteinerte Muscheln in zahlreichen Gesteinsbänken beobachtete, was unvereinbar mit einer einmaligen Sintflut war. Die in Raritätensammlungen häufigen »Glossopetren« erkannte er als übereinstimmend mit Haifischzähnen (s. Bild 2.76).

AGRICOLA (1546) aber schenkte den Fossilien keine besondere Aufmerksamkeit. Er sah sie teils als anorganisch entstandene Gebilde des Schlammes, »verhärtetes Wassergemenge«, teils dachte er sich einen »succus lapidescens« (Steinsaft), der Blätter, Hölzer, Knochen usw. in Stein verwandelt hätte.

Der schweizer Arzt CONRAD GESNER (1516 bis 1565) bildete in seinem Buch (1558) Zungensteine (Glossopetren) ab und verglich diese fossilen dreieckigen Zähne mit den Zähnen eines rezenten Haies, den er daneben abbildete (s. Tafel 1, Bild 1). Andere Fossilien deutete er aber im Sinne der Naturspiele als Figurensteine (s. Tafel 2, Bild 2).

Einen Schritt weiter in der Deutung der z. T. sehr großen fossilen »Glossopetren« tertiärer Schichten ging N. STENO (geb. 1638), indem er auf Grund dieser so großen Zähne eine Existenz sehr großer, früherer Haie annahm (1667). STENO war der erste Naturbeobachter, der aus dem Übereinandergelagertsein der geologischen Schichten auf ein zeitliches Nacheinander ihrer Bildung schloß. Er starb als katholischer Bischof 1687 in Schwerin.

Fossile Steinkohlenpflanzen aus England bildete E. LHWYD (LUIDIUS) (1669 bis 1709) 1699 ab, erkannte sie jedoch nicht als von heute lebenden Pflanzen abweichend gestaltet. Diese Erkenntnis wurde 100 Jahre später von E. F. VON SCHLOTHEIM (1764 bis 1832) 1804 ausgesprochen.

Die Beschreibung der rezenten Arten der Tier- und Pflanzenwelt war im 17. Jahrhundert immer noch so ungenau, daß über fossile Arten keine oder höchst phantasievolle Vorstellungen herrschten. K. BAUHIN (1560 bis 1624) war der erste Botaniker, der die das Wesentliche betreffende binäre Nomenklatur zur Artbeschreibung anwandte (1623), und sein Bruder J. BAUHIN (1541 bis 1613) veröffentlichte die älteste Darstellung eines Ammonitenfundes aus dem schwäbischen Jura – und deutete ihn als »Naturspiel« (1599).

Vorstellungen über Fabel- und Zwischenwesen waren mehr oder weniger geistvolle Gedankenkonstruktionen z. B. zum Thema »Wolfsmensch«, »Affenmensch« usw., denen unter Umständen fossile Funde zugeordnet wurden, z. B. die »Rekonstruktion« des sagenhaften »Einhorns« aus teils berechtigt, teils willkürlich zusammengefügten Eiszeitsäugetierknochen, die 1663 bei Quedlinburg gefunden waren. O. v. GUERICKE (1602 bis 1686) veröffentlichte diese erste Wirbeltierrekonstruktion, und G. W. LEIBNIZ (1646 bis 1716) bildete sie 1749 in seiner Protogaea, die erst nach seinem Tode vollständig herauskam, nochmals ab (s. Tafel 2, Bild 3).

Nachdem die Fossilfunde im 16. und 17. Jahrhundert trotz vereinzelter richtiger Deutung nicht als Reste von Organismen, sondern als stalaktitenartig wachsende Steingebilde mißdeutet wurden, trat nun im 18. Jahrhundert an die Stelle dieser wissenschaftshemmenden Deutung die nicht weniger hemmende Deutung als Reste der Sintflut.

K. A. ZITTEL (1839 bis 1904) fand (1875) dafür folgende Worte: »Kaum hatte man sich von der Idee der Naturspiele losgemacht, so verfiel jetzt die theologisierende Wissenschaft auf die nicht minder verkehrte Sintfluttheorie. Konnte man den organischen Ursprung der Versteinerungen nicht mehr leugnen, so sollten sie wenigstens zur größeren Ehre der Kirche verwertet und mit der mosaischen Schöpfungsgeschichte in Einklang gebracht werden. Es galt für verdienstlich und war vorteilhaft, diesen Standpunkt zu teilen, und es brachte Verfolgung und Gefahr, ihn zu bekämpfen.«

Erst der Steinkohlenbergbau, die Bohrtechnik und später der Straßenbau brachten ab Mitte des 18. Jahrhunderts die Fülle von Tatsachen und ihre Nutzanwendung, die zu einer wissenschaftlichen, d. h. geologischen und evolutionsbiologischen Betrachtungsweise der Fossilien führte.

Die wissenschaftlich exakte Beschreibung benötigte anfangs nicht unbedingt eine Erkenntnis von den großen erdgeschichtlichen Zeiträumen. CAROLUS LINNAEUS (1707 bis 1778) wandte zur Bewältigung der Mannigfaltigkeit die binäre Nomenklatur an, begründete den Artbegriff und die Begriffe der Gattung, Klasse, Ordnung. 1758, das Jahr des Erscheinens der 10. Auflage der »Systema naturae«, gilt als der Beginn der zoologischen wissenschaftlichen Artbenennung (Nomenklatur), das der »Species plantarum« (1761) als Beginn der botanischen Nomenklatur. LINNAEUS (der im 50. Lebensjahr geadelt wurde und sich LINNÉ nannte) hat diese binäre Nomenklatur 1761 in seiner »Fauna svecica« auf die Fossilien übertragen.

Aus der Vielzahl phantasievoller Deutungen von Funden im Sinne der Sintfluttheorie (s. Tafel 3, Bild 4) (z. B. J. WOODWARD (1665 bis 1722), 1695, J. J. SCHEUCHZER (1672 bis 1733) 1708, 1709, 1726 (s. vorderer Vorsatz) ragt ROBERT HOOKE (1635 bis 1703) (1665) hervor, der als erster die Mikrostruktur einer Holzkohle mit einem fossilen Holz verglich, der aus dem Auftreten versteinerter Schildkröten und großer Ammoniten im Jura Englands auf ein wesentlich wärmeres Klima als das heutige schloß und dies auf eine veränderte Neigung der Erdachse gegen die Ekliptik zurückführte. Außerdem übernahm er bereits die Erkenntnis, daß bestimmten Schichten bestimmte Fossilien eigen sind und »daß man aus diesen eine Chronologie errichten könne, um die Zeitintervalle, in denen solche Katastrophen und Änderungen erfolgt seien, zu bestimmen«.

Auch G. L. L. de BUFFON (1707 bis 1788) lehrte, daß viele Muscheln, Krebse und Fische, die die Meere früherer »Natur-Epochen« bevölkerten, heutzutage nicht mehr leben, daß es demnach 6 bis 7 Epochen und große Katastrophen gegeben habe – eine Lehre, der auch noch GEORGES CUVIER (1769 bis 1832) anhing.

JEAN LAMARCK (1744 bis 1829) (1809) bezweifelte, daß es neben den sich verändernden Arten auch wirklich ausgestorbene Arten gegeben hat.

Die Erkenntnis, daß Fossilien horizontbeständig sein können, setzte sich anfangs des 19. Jahrhunderts durch. W. SMITH wandte sie beim Straßenbau in England an (1799), L. v. BUCH führte 1810 den Begriff Leitfossil ein, E. F. v. SCHLOTHEIM beschrieb 1804 und 1820 zahlreiche fossile Pflanzen und fossile Tiere und belegte sie mit noch heute gültigen Namen (s. Tafel 4, Bild 5). C. CUVIER rekonstruierte unter Entwicklung der vergleichenden Anatomie Skelette von *Megatherium*, *Anoplotherium* und *Xiphodon* und gab Umrißbilder dieser ausgestorbenen Tierarten, gefunden im obereozänen Gips des Montmartre (1822). Er wies nach, daß die fossilen Elefantenknochen von den rezenten verschieden sind (1796). Seine fünfbändige vergleichende Anatomie, die sich sowohl auf fossiles wie rezentes Material stützte, erschien in den Jahren 1800 bis 1805. 1817 veröffentlichte CUVIER eine umfassende systematische Gesamtdarstellung der lebenden und der fossilen Tiere. Alle diese Beobachtungen vieler Forscher entstanden nicht von ungefähr in den Jahrzehnten kurz vor und nach der großen bürgerlichen Revolution in Frankreich. Sie sind ein Ergebnis der Zeit der frühen Industrialisierung Englands, Frankreichs und der deutschen Staaten. Die Beobachtungen und Erkenntnisse standen nicht in jedem Einzelfalle mit dieser Industrialisierung (Kohlebergbau, Straßenbau usw.) in unmittelbarem Zusammenhang, aber sie waren mit den Anschauungen vereinbar, die diese Industrialisierung erzeugte, und sie erwiesen sich auch oft unmittelbar z. B. im Bergbau als nützlich.

Im Rahmen der geologischen Kartierungsprogramme z. B. der »preußischen Geologischen Landesanstalt« (etwa 1860 bis 1914), des »Geological Survey« in Großbritannien, USA, Canada, Australien und entsprechender Institutionen in anderen Ländern z. B. der »Geologischen Reichsanstalt« (Österreich) entstanden ganze Serien und Handbücher von Fossilbearbeitungen. Große zusammenfassende Handbücher wurden: das vierbändige »Handbuch der Paläontologie« von K. A. ZITTEL (herausgegeben in den Jahren 1876 bis 1893), »Traité de Paléontologie« von J. PIVETEAU (herausgegeben in Paris 1952 bis 1957), »Treatise on Invertebrate Paleontology« (herausgegeben von der Geol. Soc. of America 1955 bis 1969) und das 15bändige Werk »Osnovy Palaeontologii« (herausgegeben in Moskau 1958 bis 1964).

K. A. ZITTEL bezeichnete 1875 das geschätzte Alter der Erde mit 2 Milliarden Jahren »keinesfalls zu hoch gegriffen« und sollte damit recht behalten, denn heute besagen die mit physikalischen Methoden ermittelten Werte ein Alter von 3,6 Milliarden Jahre für die ältesten Gesteine.

Im Verlaufe der letzten 100 bis 150 Jahre traten immer mehr Probleme der Stratigraphie, der wissenschaftlich exakten Schichtbeschreibung (und Altersbestimmung) in den Vordergrund, und da diese mit Hilfe der zahlreichen fossilen Tier- und Pflanzenreste, schließlich auch mit Hilfe der Mikrofossilien (C. G. EHRENBERG 1839) immer genauer und mit Gültigkeit für ganze Erdteile und schließlich für die obere Erdkruste insgesamt möglich wurde, befaßten sich internationale Kongresse mit Problemen der einheitlichen Benennung der Zeitabschnitte (Systeme, Stufen, Zonen), z. B. der »Internationale karbonstratigraphische Kongreß« (1927, 1935, 1951, 1958 in Heerlen/Holland, 1964 in Paris, Sheffield 1967, 1971 Krefeld, 1975 Moskau). Subkommissionen der Internationalen Stratigraphischen Kommission der IUGS (Int. Union of Geol. Sciences) diskutieren neue Ergebnisse und Typusprofile und geben entsprechende Empfehlungen – besondere Aktivität entfaltete z. B. in den letzten Jahren die Subkommission »Silur/Devon-Grenze«.

Der Kolonialisierungsprozeß der kapitalistischen Industriestaaten führte zu einer meist extensiven Untersuchung (Prospektion) und Erschließung der z. T. großen Rohstoffvorkommen in bisher von der geologischen und paläontologischen Untersuchung nicht berührten Ländern. In der bis zum 1. Weltkrieg deutschen Kolonie, dem heutigen Tanganjika, entdeckte in den Jahren 1909 bis 1912 eine Expedition riesige Dinosaurierskelette, die Jahrzehnte später präpariert und wissenschaftlich bearbeitet in Museen, so im Museum für Naturkunde, Berlin, aufgestellt wurden. In Indien entstanden mit der Entkolonialisierung (1949) ein großes »Institute of Palaeobotany« und eine »Palaeobotanical Society of India« (1946).

Die sozialistischen Staaten führen im Rahmen der planmäßigen sozialistischen Industrialisierung umfangreiche geologische Such- und Erkundungsprogramme durch. Die daraus resultierenden biostratigraphischen und paläontologischen Aufgaben treten mehr und mehr an die Stelle der Kartierungsprogramme, die den Aufschwung der paläontologischen Forschung in den letzten 100 Jahren verursachten. So sind auch in der DDR in den letzten Jahren Fossilfunde aus Bohrteufen von 5 000 bis 7 000 m zu den bisherigen Funden an der Oberfläche, in bergbaulichen Aufschlüssen oder Erkundungsbohrungen geringerer Teufe getreten. Aufgabe der Zukunft ist es, aus immer weniger Bohrkernmaterial möglichst viel an Aussage mit Hilfe auch kleiner und kleinster Fossilien (z. B. Dinoflagellaten, Coccolithen, Pollen, Sporen, Ostracoden, Foraminiferen usw.) zu erzielen.

Neben dieser unmittelbar der Rohstoffproduktion dienenden Bedeutung der Fossilien in Sedimenten, die geologisch erkundet werden, existierte aber zu allen Zeiten auch eine allgemeinere Bedeutung der Fossilien, Grund für hunderttausende DDR-Bürger, in jedem Jahr Museen zu besuchen und sich, z. B. im Rahmen des Biologie-Unterrichtes in der Schule, anläßlich von Ferien- und Auslandsreisen o. ä., mit Fossilien zu beschäftigen. FRIEDRICH ENGELS erwähnte und kommentierte Fossilien und die paläontologische Forschung in der »Dialektik der Natur«. Das Eindringen in die unterschiedlichsten Bereiche und Probleme der Paläontologie wird in kommenden Jahrzehnten zu den sinnvollen Freizeitbeschäftigungsarbeiten junger und alter Menschen gehören. Eine dem gemäße Fachliteratur gilt es noch zu schaffen.

# 1. Die Vielseitigkeit der Probleme mit und um Fossilien

## 1.1. Fossilbegriff

Fossilien sind überlieferte Reste vorzeitlicher Lebewesen der Pflanzen- und Tierwelt, einschließlich der Spuren ihrer Tätigkeit, die als Lebensspuren (Fährten, Fraßspuren) bezeichnet werden. Chemisch nachweisbare organische Substanzen sind unter dem Namen Chemofossilien (Chlorophyll, Ovoporphyrin, Koproporphyrin) bekannt. Durch all diese Überreste kann die Entwicklung des Lebens auf der Erde verfolgt und belegt werden. Fossilien sind danach Urkunden, die stellvertretend einen Vorgang oder Zustand aus einer bestimmten Zeitepoche der Geschichte der Lebewelt der Erde erkennen lassen. Der Begriff »vorzeitlich« betrifft alle vorholozänen Organismenreste, Reste, die aus der Zeit vor der geologischen Gegenwart, dem Holozän (Beginn vor etwa 10 000 Jahren), stammen.

Im allgemeinen Sprachgebrauch wird häufig für Fossilien der wissenschaftlich nicht exakte Begriff »Versteinerung« verwendet, während in der älteren Literatur die Bezeichnung »Petrefakt« zu finden ist.

Erstmals wird der Name »Fossil« von GEORGIUS AGRICOLA (1494 bis 1555), dem Begründer der Mineralogie und Bergbaukunde, 1546 in dem Werk »De natura fossilium« benutzt. Er verstand darunter alles das, was aus der Erde gegraben wurde, also in der Bedeutung von »Bodenschatz«. Hierzu gehörten nicht nur Fossilien, sondern auch Gesteine, Mineralien und Geräte der Frühgeschichte des Menschen. Im ausgehenden Mittelalter hatten die Lehren des griechischen Naturphilosophen ARISTOTELES von Stagira (384 bis 322 v. d. Z.) auf das Denken der Wissenschaftler großen Einfluß. Von ihm stammt für alle aus der Erde durch Graben gewonnenen Stoffe der Name »Orykta«. Fossil im Sinne von AGRICOLA ist demnach nur die lateinische Fassung dieses Begriffes (lat. fodere (aus-)graben). So ist der Name

»Fossil« im Spätmittelalter mit einem großzügig bemessenen Inhalt versehen worden. Von dem vielseitigen schweizer Gelehrten CONRAD GESNER (1516 bis 1565), dem »Vater der Versteinerungskunde«, wird in seinem Buch »De rerum fossilium« 1565 der Name »Fossil« für die vorzeitlichen Pflanzen- und Tierreste angewandt. Während man international diesen Begriff in diesem Sinne verwendete, wurden damals in Deutschland bis zur Mitte des 19. Jahrhunderts vielerorts unter »Fossilien« Mineralien verstanden. Die vorzeitlichen Organismenreste erhielten die Bezeichnung »Petrefakt« (lat. Versteinerung). Dieser Begriff war bis zu Beginn des 20. Jahrhunderts in Gebrauch. Erst dann fand auch in Deutschland der Begriff »Fossil« für die Reste vorzeitlicher Pflanzen und Tiere allseitige Verwendung.

Die Fossilien treten in den unterschiedlichsten Erhaltungszuständen auf, dabei kann es sich um ausgestorbene, aber auch um heute vorkommende Arten handeln. Fossilien können aus allen Systemen der Erdgeschichte stammen. Der Name Fossil sagt also nichts über einen bestimmten Erhaltungszustand oder das genaue geologische Alter der betreffenden Organismenreste aus. Es ist ausschließlich ein zeitlicher Begriff, dem als Gegensatz die Bezeichnung »rezent« für die in der geologischen Gegenwart lebenden Pflanzen und Tiere gegenübergestellt wird.

## 1.2. Fossildiagenese und Erhaltungsbedingungen

### 1.2.1. Fossilerhaltungszustände

Der Übergang eines Lebewesens aus seiner Biosphäre in die Lithosphäre wird als Fossilisation bezeichnet und erfolgt nach einem vielseitigen Umwandlungsprozeß (s. Bild 1.1).

Die Erfahrung zeigt, daß Kadaver von verendeten Tieren, abgestorbene Pflanzen oder Teile von ihnen auf der Landoberfläche sehr schnell durch mechanische und/oder biologisch-chemische Vorgänge zerstört werden. Die Weichteile tierischer Reste verwesen, verfaulen oder werden von den verschiedenen Aasfressern vertilgt. Auch ein großer Anteil der pflanzlichen Substanzen ist den gleichen Prozessen der Verwesung und Fäulnis ausgesetzt. Nur ein geringer Prozentsatz der Lebewesen hat die Chance, in Stoff und in Form überliefert zu werden, wobei mehr tierische als pflanzliche Organismen erhalten bleiben. Voraussetzung für die Erhaltung eines Organismus nach seinem Tode ist seine möglichst rasche Einbettung in das Sediment, um Zersetzungsvorgänge weitestgehend zu verhindern.

Von einem Lebewesen ist prinzipiell alles erhaltungsfähig (z. B. bei

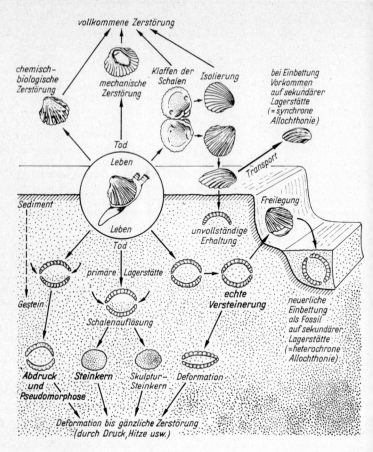

Bild 1.1. Schema der Entstehung einer Versteinerung (Fossilisationsschema) am Beispiel einer Muschel (nach THENIUS)

Bernsteininklusen, Salz-, Erdwachs- und Eisfunden). Hauptsächlich sind nur die Hartteile fossiler Lebewesen, wie Gehäuse, Panzer, Zähne, Skeletteile von Tieren und Früchten, Samen, Stammreste von Pflanzen, überliefert. Man muß hier zwischen dem Schicksal der Weichteile (-körper), der organischen Substanz, und dem der Hartteile unterscheiden. Nach umfangreichen Schätzungen wird etwa 1 % der gebildeten organischen Substanz im Sediment eingebettet und bleibt dort als Kohle oder Bitumen erhalten. Ein ähnlicher Prozentsatz dürfte auch für die Einbettung und Erhaltung der Hartteile zutreffend sein. Natürlich wirken nach der Einbettung vielseitigste Prozesse auf den Organismus ein. Die bei der Einbettung in das Sediment und die später am eingebetteten Organismus stattfindenden physikalisch-chemischen und biologisch-chemischen Veränderungen werden als Fossildiagenese (griech. dia = nach, genesis = Entstehung) bezeichnet. So ist die Erhaltung der Fossilien unter anderem von den Sedimentationsumständen und dem Sedimentmaterial, der Fazies, dem »geologischen Gesicht« einer Schicht, abhängig.

Fossilien sind in der Hauptsache dort zu finden, wo eine rasche Sedimentation vorherrschte, vor allem in Flachmeeren, Seen, Sümpfen und Mooren, in den Ablagerungen der Flüsse besonders an ihrer Mündung (Delta), aber auch in Höhlenablagerungen und Spaltenausfüllungen, um nur die wichtigsten Beispiele zu nennen.

Durch die Fossildiagenese bedingt, kommen die Fossilien in den verschiedensten Erhaltungszuständen vor, die teilweise noch recht unterschiedlich definiert sind, so daß je nach Auffassung des Spezialisten für einen Begriff mehrere Erhaltungszustände angenommen werden (s. Tafel 5, Bild 6).

Ist der Körper eines Lebewesens unmittelbar überliefert, dann liegt ein Körperfossil vor. Im erweiterten Sinne hat diese Bezeichnung auch für die Hartteile wie Zähne, Schalen und Gehäuse von Tieren oder Zapfen, Samen und Früchte von Pflanzen, wobei sehr selten auch Blätter dazu gehören können, Gültigkeit. In wenigen Ausnahmefällen kann dabei sogar die ursprüngliche Körperfarbe erhalten sein, wie es z. B. bei einigen jurassischen Ammoniten *(Quenstedtoceras henrici)* oder bei ordovizischen gestreckten Kopffüßern *(Michelinoceras)* zu beobachten ist. Bei tierischen Fossilien sind verschiedentlich auch die Weichteile mit erhalten geblieben, z. B. bei einigen Wirbeltieren der berühmten Fossilfundstelle des Geiseltales bei Halle. Zu den häufigsten Erhaltungszuständen von Fossilien gehören die Abdrücke. Es sind Hart- und Weichteile von Tieren und Pflanzen, die im Sediment abgeformt sind. Bei der Fossildiagenese wird der ursprünglich noch vorhandene Körper meist zerstört. Je feinkörniger ein Sediment ist, um so mehr Details der Oberfläche der Organismen bleiben erhalten (als Negative des ehemaligen Lebewesens oder eines Teiles von ihm). Beispiele hierfür sind die Einzelheiten der Blattbasen der Stammrinden der karbonischen Schuppenbäume, die feinsten Nerven der tertiären Laubblätter oder die zartesten Skulpturen der Ammoniten der Jura- oder Kreidezeit. Als Einmaligkeit der fossilen Erhaltung sind die Abdrücke von Quallen in den oberjurassischen Plattenkalken von Solnhofen (BRD), *Rhizostomites admirandus,* anzusehen.

Als echten Steinkern bezeichnet man einen Erhaltungszustand, bei dem der Körper eines Organismus ursprünglich einen inneren Hohlraum besaß, der entweder mit der Außenwelt in Verbindung stand oder sich im Verlaufe der Diagenese durch Zersetzung der organischen Substanz bildete. Dieser Hohlraum wurde während der Diagenese mit Sediment ausgefüllt. So geben die Steinkerne von Muscheln den inneren Abdruck der Schale mit allen Einzelheiten wieder, was natürlich auch hier von der Feinkörnigkeit des Sediments abhängig ist. Wurden bei Pflanzenstämmen mit Markhöhlen diese mit sedimentärem Material ausgefüllt, so bildeten sich Marksteinkerne. Besonders sind diese bei den permokarbonischen Calamiten und den karbonischen Lepidodendren und Sigillarien anzutreffen.

Statt des Sediments können auch Mineralsalzlösungen in Fossilhohlräumen infolge von Kristallneubildungen zur Steinkernbildung führen. So sind die im Volksmund fälschlich als »Goldschnecken« bezeichneten Fossilien nichts anderes als Steinkernbildungen, d. h. durch Pyrit ($FeS_2$) vererzte Jura-Ammoniten (s. Farbtafel II, Bild 2). Eine Sonderform der Steinkerne sind die Prägesteinkerne. Wird z. B. der Kalk der Schalen von Muscheln im porösen Sandstein durch zirkulierende Wässer herausgelöst, so bleibt bei dem verfestigten Gestein ein Hohlraum zwischen Abdruck und Steinkern. Ist das Gestein hingegen noch teilweise plastisch, dann werden die Formen aufeinandergedrückt, so daß die äußeren Formen (Rippen, Wülste und sonstige Verzierungen) nun auch auf dem Steinkern erscheinen. Wird der Hohlraum zwischen Abdruck und Steinkern sekundär auskristallisiert, so nennt man diesen Erhaltungszustand, selbst wenn noch Reste der Hartteile vorhanden sind, Pseudomorphosen. In der Literatur werden oft auch Steinkerne als Pseudomorphosen bezeichnet.

Eine »Versteinerung« oder Inkrustation (lat. incrustare = überziehen) entsteht, wenn Organismen von Minerallösungen umgeben werden und es zur Ausfällung von Mineralien kommt. Das Mineral schlägt sich äußerlich an dem Fossil nieder, d. h., das Fossil wird also mehr oder weniger von der zugeführten Substanz eingehüllt. Dabei können teilweise knollenförmige Härtlinge, Konkretionen oder Geoden entstehen. Schlägt man diese Gebilde auf, dann trifft man nicht selten in ihrem Inneren auf ein Fossil, das als Niederschlagszentrum gewirkt hat (sog. »Klappersteine«).

Nach der Art der Minerallösungen unterscheidet man Einkieselung (durch $SiO_2$), Einkalkung (durch Kalzit, $CaCO_3$), Einkiesung (durch Pyrit oder Markasit, $FeS_2$) oder Limonitisierung (durch Eisenhydroxid, $Fe(OH)_3$; Brauneisenerz, Roteisenerz). Es kann aber auch zur Umkristallisierung von Hartteilen, wie Schalen, kommen. Dabei wird der als Aragonit vorliegende kohlensaure Kalk ($CaCO_3$) in Kalzit mit anderer Kristallgitterstruktur umgewandelt.

Ein Spezialfall der Inkrustation ist die Intuskrustation (lat. intus = von innen), bei der die ausgefällte Mineralsubstanz die Zellwände teilweise ersetzt und die Hohlräume ausgefüllt werden. Es tritt eine Metasomatose (meta = nach, soma = Umkörperung) ein. Reste der organischen Substanz bleiben kohlig erhalten, wobei es zur Dunkelfärbung der Zellwände kommt.

Als »versteinerndes« Mineral tritt häufig Kieselsäure ($SiO_2$) auf, die sich zunächst als wasserhaltige Kieselsäure (Opalsubstanz) ausscheidet, um später in Chalzedon und Quarz überzugehen. Beispiele für derartige Intuskrustationen oder Verkieselungen sind der »Versteinerte Wald« des Unterrotliegenden von Karl-Marx-Stadt und die einmalige kretazische Cycadee, *Cycadeoidea (»Raumeria«) reichenbachiana*, die »*Raumeria*«, des Staatlichen Museums für Mineralogie und Geologie zu Dresden.

Durch Kalk ($CaCO_3$) wurde die Pflanzensubstanz ersetzt, z. B. die »verkalkten« Baumstämme *(Taxodioxylon)* aus der eozänen Braunkohle des Geiseltalmuseums in Halle. Weitere Versteinerungsminerale und -erze sind unter anderem Phosphorit, Dolomit, Gips und Schwerspat, wie Pyrit und Markasit. Besonderheiten sind die »Frankenberger Kornähren« *(Ullmannia frumentaria)*, bei denen die pflanzliche Substanz durch Kupferglanz ($CuS_2$) ersetzt wurde; bei den jurassischen (Dogger) »Goldschnecken« *(Cosmoceras)* bildete Pyrit oder Markasit das Versteinerungsmaterial für die kalzitische, ursprüngliche Schalensubstanz. Auch die Dolomitknollen, die in einigen Kohlenrevieren Europas und Nordamerikas auftreten, sind Intuskrustationen, Reste des versteinerten Urtorfs. Der Erhaltungszustand ist so ausgezeichnet, daß mit Hilfe von An- und Dünnschliffen alle anatomischen Einzelheiten des fossilen Torfes nachweisbar sind. Seltener werden zartere Pflanzenteile durch den Prozeß der Intuskrustation überliefert, z. B. bei dem verkieselten devonischen Torf von Rhynie in Schottland.

## Sonderformen der Überlieferung fossiler Pflanzen und Tiere

Darunter sind besonders Erhaltungsformen zu verstehen, die entweder selten sind oder sich nicht direkt in die oben angeführten Fossilerhaltungszustände einordnen lassen.

Reste von Pflanzen, wie Stämme, Blätter, Früchte und Samen, kommen hauptsächlich in inkohltem Zustand vor. Unter Inkohlung versteht man einen sehr komplexen Umwandlungsprozeß abgestorbener fossiler Pflanzen unter Sauerstoffabschluß in Torf, Braunkohle, Steinkohle, Anthrazit und Graphit (s. Bild 1.2). Bei diesem Prozeß geraten Anhäufungen von pflanzlicher Substanz unter entsprechenden klimatischen Bedingungen – in der Hauptsache Sumpfwaldmoore bei feuchtwarmem Klima – durch Überdeckung mit Wasser schnell unter Luftabschluß. Dadurch erfolgt keine Verwesung der Pflanzenreste. Bei kontinuierlicher Absenkung des Untergrundes finden infolge von Druck- und/oder Temperaturerhöhungen und bei Überlagerung mit sandigen und tonigen Schichten in Gegenwart anaerober Bakterien vielseitige physiko-chemische Umwandlungsprozesse statt, die als biochemische und strukturelle Inkohlung bezeichnet werden. Mit fortschreitender Inkohlung werden immer mehr pflanzliche Substanzen zugunsten einer Anreicherung von Kohlenstoff abgebaut.

Neben den inkohlten Früchten und Samen (Körperfossilien), die oft gehäuft in der Braunkohle und ihren Begleitgesteinen auftreten können, sind die inkohlten Blattreste (Abdrücke) besonders in tonigen Schichten häufig zu finden. Durch spezielle Untersuchungsmethoden ist von diesen inkohlten Pflanzenresten außer der äußeren Gestalt auch noch die anatomische Struktur beobachtbar, so vorzüglich ist ihr Erhaltungszustand.

Eine der einmaligen Erhaltungsformen fossiler Lebewesen sind die Bernsteininklusen. Bernstein ist ein fossiles Harz und kommt hauptsächlich mehr oder weniger häufig an den Küsten der Ostsee und in einigen Braunkohlenlagerstätten im Binnenland der DDR vor. Es wird angenommen, daß es sich dabei um das Harz einer alttertiären Kiefer *(Pinus succinifera)* handelt. Es sind hauptsächlich Insekten (Milben, Ameisen, Käfer – 1 000 Arten –, Köcherfliegen usw.), die in Bernstein eingeschlossen sind. Der Erhaltungszustand ist so vorzüglich, daß alle Einzelheiten wie Haare, Borsten, Tracheen und Muskel-

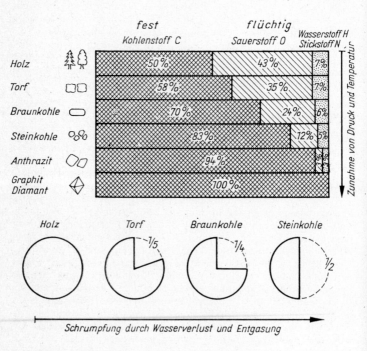

Bild 1.2. Das »Inkohlungsschema« und seine Gesetzmäßigkeiten (nach KRUMBIEGEL)

fasern erhalten geblieben sind. Daneben, wenn auch seltener, können die Inklusen Blüten und Früchte enthalten.

## Spurenfossilien

Nicht nur vorzeitliche Lebewesen oder Teile von ihnen können überliefert werden, sondern auch die Spuren ihrer Tätigkeit, die dann als Spurenfossilien bezeichnet werden. Es sind Lebensspuren, die es dem Paläontologen ermöglichen, Rückschlüsse über die Lebensweise und den Lebensraum fossiler Organismen zu ziehen (s. Bild 1.3).
Bei den fossilen Lebensspuren sind folgende Formen zu unterscheiden: Bewegungsspuren, dazu gehören die Fährten, z. B. Relieffährten von *Chirotherium barthi* aus der Trias von Hildburghausen, Spuren eines Reptils der Gattung *Pseudosuchia* oder solche aus dem Rotliegenden der Tambacher Schichten Thüringens (s. Tafel 6, Bild 7). Kriech- und Grabspuren sind z. B. die als *Thalassinoides saxonicus* bezeichneten wulstartigen Gebilde im Kreidesandstein des Elbsandsteingebirges – es sind die Grabspuren eines zehnfüßigen marinen Krebses.

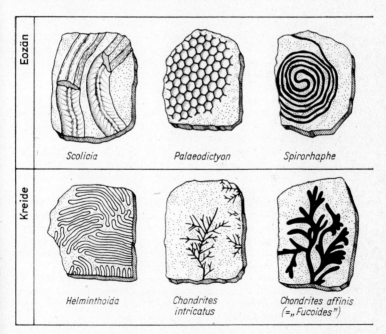

Bild 1.3. Lebensspuren (Spurenfossilien) von Schnecken *(Scolicia)* und Würmern aus der Kreide und dem Tertiär (Eozän) Europas (nach KUHN-SCHNYDER und THENIUS)

Zu den Ernährungsspuren werden Fraßspuren, Mageninhalte (Gastrolithen) und Exkremente (Koprolithen) gerechnet. Reste von Fraßspuren fand man an zertrümmerten Wirbeltierknochen, die durch pleistozäne Hyänen und Höhlenwölfe verursacht wurden. Häufig sind bei in Bernstein eingeschlossenen Insekten starke Verstümmelungen zu beobachten (Zerreißen und Abtrennen von Körperteilen). Teils dürften diese auf den Todeskampf der Tiere im zähflüssigen Harz zurückzuführen sein, andererseits können es aber auch Fraßspuren von Vögeln sein, die sich ihre Beute, die im Harz bewegungsgehemmten Insekten, geholt haben. Bohrgänge von Insekten und ihren Larven sind aus fossilen Pflanzenresten bekannt. Derartige Fraßspuren wurden an fossilen Stammresten aus dem Karbon, dem Rotliegenden, des Keupers und der Kreide mehrfach nachgewiesen. An tertiären Holzarten (z. B. Miozän von Zschipkau) konnten Bohrgänge von Rüsselkäfern (Fam. Anthribiden) beobachtet werden.

Häufig ist bei fossilen Wirbeltieren der Mageninhalt völlig oder zum Teil erhalten. Aus seiner Zusammensetzung lassen sich wichtige Rückschlüsse auf die Ernährungsweise des Tieres ziehen. So fand man z. B. im Mageninhalt eines fossilen Haies *(Hybodus hauffianus)* aus dem Posidonienschiefer (Unterer Jura) von Holzmaden (BRD) zahlreiche Reste von Belemniten. Bei vielen Fischsauriern (Ichthyosaurier) von der gleichen Fundstelle wurden daneben noch Ammoniten im Mageninhalt festgestellt. Aber auch pflanzliche Nahrung konnte nachgewiesen werden. So enthielt der Mageninhalt eines Mammuts *(Mammuthus primigenius)* aus Beresowka in Sibirien (UdSSR) 15 kg Futterpflanzen. Der Erhaltungszustand war so gut, daß neben zahlreichen Gräsern auch Blütenpflanzen bestimmt werden konnten, die auf eine Frühlingsflora hinwiesen. Tertiäre Pflanzenreste (Blattepidermen, Pilze) fanden sich auch im Mageninhalt von Lophiodonten (tapirähnliche Unpaarhufer) aus dem Mitteleozän des Geiseltales und gaben Aufschluß über die Tertiärflora der ehemaligen Braunkohlenmoore dieses Gebietes.

Fossile Exkremente (Koprolithe) treten in den unterschiedlichsten Ablagerungen im allgemeinen nur vereinzelt auf. Massenanhäufungen kommen seltener vor und werden dann häufig industriell ausgebeutet, z. B. der in Chiropterit umgewandelte Fledermauskot aus der Drachenhöhle von Mixnitz (Steiermark) oder die alttertiären Phosphorite von Quercy in Frankreich. Die Koprolithen enthalten unverdauliche und überschüssig aufgenommene Nahrung. Oft treten sie in Form von sog. Kotballen, als kugelige oder strickförmige Gebilde auf.

Wohnbauten – hierzu gehören Grabgänge, Erdbauten, aber auch die durch mechanische Tätigkeit der Radula bei Kopffüßern oder Schnecken oder die durch ätzende Wirkungen ($CO_2$-Ausstoß) fossiler Bohrmuscheln erzeugten Löcher auf kalkigem Gestein.

Fortpflanzungsspuren – zeigen sich z. B. in den Funden fossiler Eier von Reptilien und Vögeln. Bekannt und vielleicht einmalig sind die Eigelege von Dinosauriern aus der Kreide der Mongolischen Volks-

republik. An Hand eines guterhaltenen Ichthyosaurierskelettes aus dem Unteren Jura Württembergs (BRD) (Holzmadener Schiefer), bei dem ein Jungtier den mütterlichen Körper verläßt, konnte der Beweis erbracht werden, daß diese Saurier lebendgebärend (vivipar) waren.
Weiterhin müssen zu den Lebensspuren auch die fossilen Lebens- und Totengemeinschaften, wie Symbiosen, der Parasitismus usw., und die pathologischen Erscheinungen bei Fossilresten (Knochenbrüche, Rachitis, Karies u. a.) gezählt werden. Ihre genaue Betrachtung soll der entsprechenden Spezialliteratur vorbehalten bleiben.

## Chemofossilien

Chemofossilien sind Reste organischer Substanzen ehemaliger Organismen in Form von Aminosäuren, wie Glyzin, Alanin, Glutaminsäure, Asparginsäure und organischer Farbstoffe, wie Porphyrine. Diese Substanzen wurden durch spezielle Untersuchungsmethoden (Fluoreszenz-Mikroskopie u. a.) bereits in präkambrischen Sedimenten nachgewiesen. Aus der Tatsache, daß man in Schichten von 3,2 Milliarden Jahren 12 Aminosäuren, in solchen von 1 Milliarde Jahren bereits 18 Aminosäuren feststellen konnte, ergibt sich, daß im Präkambrium eine chemische Evolution stattgefunden hat. Als ein bedeutender Nachweis von Porphyrinen ist der spektrographisch und papierchromatographisch nachgewiesene Chlorophyllinit (Chlorophyllid »a« und Phäophytin »a«) in den Blätterkohlen (Dysodil, Pappdeckelkohlen) aus dem Eozän des Geiseltales anzusehen. Das Gebiet der Paläobiochemie ist erst im Aufbau begriffen, und es dürften von dieser Seite über die fossile Lebewelt in der Zukunft noch wesentliche Erkenntnisse zu erwarten sein.


### 1.2.2. Pseudofossilien und Fossilfälschungen

Pseudo- oder Scheinfossilien verdanken ihre Entstehung unterschiedlichen mechanischen, physikalischen und chemischen Vorgängen, die während und nach der Bildung der Sedimentgesteine, aber hauptsächlich im Verlaufe der Diagenese auf sie einwirkten. Auch durch den Prozeß der Verwitterung können fossilähnliche Gebilde entstehen, indem z. B. härtere Mineralbildungen in weicherem Gestein besonders hervortreten. In der Hauptsache handelt es sich um Konkretionen (lat. concreto = Zusammenballung; Minerallösungen, die sich im Gestein in unregelmäßiger, meist linsenförmiger, kugeliger oder knolliger Form ausgeschieden haben), Infiltrationen (Einsickern von gelösten Substanzen in Gesteinsproben und -fugen) und um Verwitterungseinflüsse.
Häufig zeigen diese Gebilde ganz willkürliche Formen, die durch phantasievolle Vorstellungen von Laien belebt werden. Man sieht in

ihnen einen Fuß, einen Wurm oder einen Fisch, um nur einige Beispiele zu nennen. Neben diesen augenscheinlichen Nicht-Fossilien gibt es anorganische Bildungen, die selbst einem Paläontologen ernsthaftes Kopfzerbrechen bereiten können. In Tabelle 1.1 werden Beispiele der häufigsten Pseudofossilien, ihre Benennung, falsche Deutung und ihre anorganische Entstehung bzw. ihre wirkliche Herkunft aufgeführt (Tabelle 1.1, s. S. 34–35).
Der Sammler wird von den genannten Pseudofossilien am ehesten durch Dentriten (s. Tafel 6, Bild 8) und Konkretionen getäuscht.
Während also Pseudofossilien anorganische Gebilde der Natur darstellen, sind Fossilfälschungen bewußt durch Menschenhand vorgenommen worden, ganz gleich, ob ein Fossil nur ergänzt oder ob es durch Menschenhand gestaltet wurde. Fälschungen sind kriminelle Delikte, aber sie spielen bei den Fossilien keine so erhebliche Rolle wie bei Bildern und Plastiken. Wenn man in der Geschichte der Paläontologie zurückblickt, dann treten großangelegte Fälschungen von Fossilien selten auf.
Zu den bekanntesten Fälschungen gehören die »Würzburger Lügensteine«, verschiedentlich auch als »Beringersche Lügensteine« bezeichnet. J. BERINGER lehrte zu Beginn des 18. Jahrhunderts an der Universität Würzburg Medizin, Therapie, Botanik und Chemie. Sein besonderes Interesse galt neben dem Sammeln von Pflanzen und Tieren auch den »Versteinerungen«. So besuchte er häufig Muschelkalkaufschlüsse, um hier Fossilien zu suchen. 1725 wurden ihm eigenartige Steine übergeben, die reliefartig hervortretende merkwürdige Pflanzen und Tiere, daneben auch Sonnen, Monde und Sterne, ja sogar hebräische Schriftzeichen zeigten. So konnten innerhalb von sechs Monaten etwa 2 000 derartige Figurensteine ausgegraben werden. BERINGER war derart begeistert, daß er relativ unkritisch diese Funde in der Schrift »Lithographica Wirceburgensis« (98 Folioseiten Text und 21 Kupferstichtafeln) 1726 beschrieb. Zur Ehrenrettung BERINGERs muß gesagt werden, daß er diese Funde eigentlich zur Diskussion stellen wollte. Wenige Zeit nach der Veröffentlichung dieses Werkes kam der Betrug, dem BERINGER verfallen war, heraus. Im Auftrage zweier Kollegen, die BERINGER mißgünstig gesonnen waren, hatten drei Burschen diese Fälschungen angefertigt und in Aufschlüssen des Muschelkalkes vergraben, die von BERINGER aufgesucht wurden. BERINGER versuchte nun die »Lithographica Wirceburgensis« zurückzukaufen, um gegen weitere Verbreitung dieser Irrtümer zu wirken. Allerdings ist wohl nie so viel über eine Fälschung vermutet, gerätselt, gespöttelt und gelogen worden, wie über die »Würzburger Lügensteine«, die in doppelter Hinsicht ihren Namen haben. So stimmt die Behauptung nicht, BERINGER sei vor Gram über diesen Skandal gestorben (er starb erst 1740). Auch darf diese bewußte Irreführung und Bloßstellung eines Wissenschaftlers nicht als geistreicher Studentenulk angesehen werden (s. hinteres Vorsatz).

Bild 1. Medianschnitt durch einen Ammoniten *(Phylloceras heterophyllum)* aus dem Lias Englands

*Tafel 1*

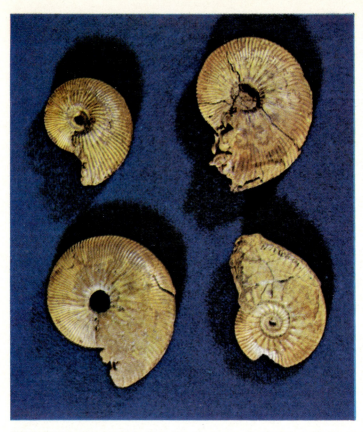

Bild 2. »Goldschnecken«, verkieste Ammoniten *(Kosmoceras, Kepplerites)* aus dem Dogger (Ornatenton) der Fränkisch-Schwäbischen Alb (BRD)

*Tafel II*

Bild 3. Lumachelle mit Streumuschelpflaster in einem pleistozänen Miozängeschiebe der Ostseeküste

Bild 4. Tellerschnecken *(Australorbis pseudoammonius)* in einem tertiären Kohlenkalkstein (Anthrakonit) des Geiseltales bei Halle

*Tafel III*

Bild 5. Ammoniten in Schalenerhaltung mit Perlmuttglanz *(Eleganticeras («Harpoceras») elegantulum)* in einem pleistozänen Lias-Geschiebe («Ahrensburger Liasknolle") von Grimmen Bez. Rostock

Bild 6. Seeigel *(Cidaris blumenbachi, Cidaris monilifera)* aus dem Malm von Streitberg (BRD)

Tafel IV

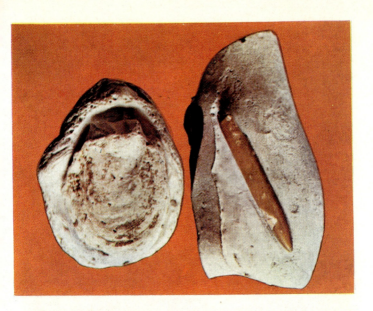

Bild 7. Leitfossilien aus der Maastricht-Schreibkreide der Insel Rügen
rechts: *Belemnit* (»Donnerkeil«) *(Belemnitella mucronata)* auf Feuerstein
links: doppelklappige Auster *(Gryphaea (Liogryphaea) arcuata)*

Bild 8. Paläozoische Trilobiten (Leitformen) der Gattungen *Calymene, Dalmania* und *Dalmanites*

*Tafel V*

Bild 9. Grünlich-graues Graptolithengestein (pleistozänes Silurkalkgeschiebe) mit Graptolithen in körperlicher Chitinerhaltung *(Monograptus colonus, M. uncinatus, M. dubius frequens)*

Bild 10. Rotliegende Pflanzenfossilien aus dem Döhlener Becken bei Freital/Dresden
links: Blätter von Cordaiten *(Cordaites)*
rechts: Farnwedel von *Nemejcopteris feminaeformis*

*Tafel VI*

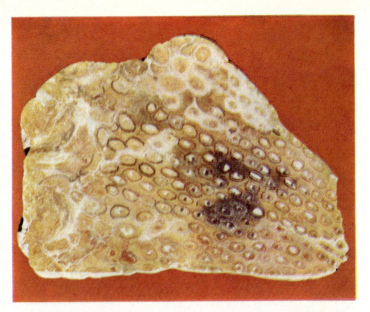

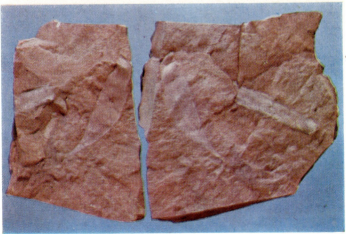

Bild 11. Verkieselter Wurzelmantel eines rotliegenden Farnes (*Psaronius* sp.) von Karl-Marx-Stadt/Hilbersdorf

Bild 12. Blattabdrücke von Laubhölzern und Holzreste in einem tertiären gefritteten Ton (Erdbrandgestein) von Želenky/Duchcov (ČSSR)

*Tafel VII*

Bild 13. Muschelpflaster im »Sternberger Gestein«, sog. »Sternberger Kuchen«, ein oberoligozänes Brandungskonglomerat

Bild 14. Schneckenreste aus tertiärem »Sternberger Gestein« von Sternberg, Bez. Schwerin (*Dentalium, Turritella, Drepanocheilus, Ancistrosyrinx, Streptochetus, Aporrhais* u. a.)

*Tafel VIII*

Völlig anders verhält es sich mit den Fälschungen von Öhningen. Die tertiäre Fundstelle Öhningen am Bodensee ist seit mehr als 200 Jahren bekannt. Im tertiären Kalk treten verschiedentlich gehäuft schwach inkohlte, morphologisch vorzüglich erhaltene Abdrücke von Pflanzen und Tieren auf. Von dieser Fundstelle sind schon sehr früh Fälschungen bekannt geworden. Wenn der Fossilreichtum in diesen Kalkbrüchen nachließ, korrigierten die Steinbrecher die Natur, indem sie (eigentlich recht geschickt) Fossilfälschungen herstellten. Damit verdienten sie sich einige Gulden. Die Zeit (Ende des 18. Jahrhunderts) war zur Herstellung solcher Falsifikate recht günstig. Der naturwissenschaftlich ungebildete Mensch begann sich für die Naturobjekte zu interessieren, es wurden z. B. in Württemberg die ersten systematischen naturhistorischen Museen gegründet, ein Bedarf an Fossilien war vorhanden. Die Fälschungen in Öhningen erfolgten durch Schabungen z. B. an Blattfossilien; gezähnte Blätter wurden zu ganzrandigen verändert, und fehlende Blattstiele malte man einfach hinzu mit dem braunen Saft ausgepreßter Nußhüllen. Selbst Insekten wurden aus dem Kalk herausgekratzt. Ab 1820 wurden diese Gelegenheitsfälschungen durch den Juwelier BARTH aus Wangen am Bodensee mit einer großen Meisterschaft in großem Ausmaß »produziert« und an zahlreiche Museen verkauft, mit denen BARTH regelrechte Verträge abgeschlossen hatte. Seine Fälschungen erstreckten sich einmal auf das Zusammensetzen mehrerer Fragmente fossiler Tiere, wodurch »Phantasietiere« entstanden, wie z. B. bei einer Schildkröte in Haarlem, die breiter als lang war. In Wirklichkeit ist diese sehr geschickt aus sechs fossilen Einzeltieren *(Cholydra murchisoni)* zusammengesetzt. Die Risse wurden mit Fensterkitt, dem Steinmehl oder Holzmehl zugesetzt wurde, zugeschmiert und schließlich, wie oben angeführt, gefärbt. Eine andere Methode war das Einpressen von Fischflossen, -gräten und -schuppen in vorher vorbereitete Furchen im weichen Kalkstein. Diese wurden mit einer Masse aus Gips und Kalksteinmehl verschmiert und gefärbt. Trotz seiner zahlreichen Fälschungen erwarb BARTH keine Reichtümer, er starb arm und völlig verschuldet.

Ähnlich gefälscht werden noch heute Bernsteininklusen, indem rezente Eidechsen, Frösche und andere Tiere künstlich in Bernstein eingeschlossen werden. Allerdings lassen sich diese Scheineinschlüsse (Pseudoinklusen) durch unterschiedliche Lichtbrechung relativ leicht erkennen.

Die größte Fälschung und die bedeutendste in der Paläontologie ist die des sogenannten »Piltdown-Menschen« *(Eoanthropus dawsoni)*. In den Jahren 1911 bis 1913 wurden Schädelfragmente in Schotterablagerungen eines ehemaligen Flußbettes nahe der Ortschaft Piltdown in der südenglischen Grafschaft Sussex gefunden. Diese Funde des Piltdown-Menschen waren lange Zeit problematisch bis zu dem Zeitpunkt (1953), wo man mit Hilfe des Fluortestes und anderer spezieller Untersuchungstechniken feststellte, daß es komplette Fälschungen waren.

Tabelle 1.1. Pseudofossilien, ihre Benennung, falsche Deutung und Entstehung

| Benennung | Falsche Deutung | Entstehung |
|---|---|---|
| *Dendritische Gebilde* | | |
| Dendriten, griech. Baum bäumchenartige Gebilde, die in unterschiedlicher Ausbildung Pflanzen vortäuschen häufig im Solnhofener Plattenkalk auftretend, aber auch auf Phonolith und auf Fugen im Granit (s. Tafel 6, Bild 8) | Farne (»*Eopteris*« aus dem Silur der Normandie/Frankreich) Blattquirle von *Annularia* (»*Sewardiella*«) Moose, Algen | durch Ausscheidung aus Lösungen von Metallsalzen (z. B. Mangan, Eisen) auf feinen Gesteinsfugen (Schichtflächen) |
| *Gebilde, die durch bewegte Wässer entstanden sind* | | |
| Wellenfurchen (Rippelmarken), z. B. im Buntsandstein | Siegelbäume (Sigillarien), Algen, Palmenblätter | durch gleichmäßigen Wellenschlag, wenn die Wellen auf den Strand (Sand) auftreffen |
| *Konkretionäre Bildungen* | | |
| Konkretionen aus Kalk Konkretionen im Löß Konkretionen in tertiären Tonen Kieselbildungen aus unterkarbonischen Kalkschiefern | Beinbruchsteine (Osteokolle) Lößkindl (figürliche Konkretionen) Septarien (rundliche Konkretionen, die Seeigeln ähneln) Augensteine | ein heterogener Körper wirkt in einer Mineralllösung als Niederschlagszentrum (z. B.: Pflanzenteile, tierische Knochen). Die so entstandenen Knollen, deren Gestalt von der Form des Niederschlagszentrums abhängt, täuschen organische Gebilde vor |

*Andere Pseudofossilien*

| | |
|---|---|
| Palmensamen (*Guilemites*) aus dem Perm | im zähen Schlamm steckengebliebene Gasblasen |
| "Versteinerte Äpfel" | Samen der rezenten Palme (*Sagus amicarium*), die zur Herstellung von Knöpfen importiert wurden; diese Samen gerieten beim Verladen unter Steinkohlen oder wurden von Kindern verschleppt, gelangten in Sandgruben, sogar in Steinkohlenbergwerke |

Bei dem Piltdown-Kiefer handelte es sich um einen modernen Affenkiefer, dem man den Eckzahn herausgebrochen hatte und die Backzähne glatt feilte, um so eine Kaufläche zu erhalten, wie sie nur der Mensch besitzt. Es hat somit eine äußerst raffinierte Fälschung vorgelegen. Auch andere Knochenfragmente haben sich als Fälschungen herausgestellt. Ja selbst die Feuersteinwerkzeuge sind gefälscht. Nach dem Tode des Rechtsanwaltes DAWSON 1916, der als der Urheber dieser Fälschungen angegeben wird, wurde in Piltdown nichts mehr gefunden. Die rostbraune Farbe aller dieser Funde wurde mit Kaliumbichromat erzeugt. Über die eigentlichen Motive dieser groß inszenierten Fälschung ist nichts sicher bekannt – war es Ehrgeiz, war es eine bewußte Irreführung – man weiß es nicht. Mit der Aufdeckung dieser Fälschung wurde ein umstrittener Vertreter, der zwischen Affe und Mensch stehen sollte, für immer beseitigt.

## 1.3. Fossilien im Volksglauben

Die Frage nach der Natur der Versteinerungen oder Fossilien gehört bereits zu jenen Problemen, mit denen sich der prähistorische Mensch seit der Jungsteinzeit und seit dem Altertum die Griechen beschäftigt haben. Diese Funde wurden oft richtig als Reste von einstigen Meerestieren auf dem heutigen Festland erkannt.
Obwohl die Fossilien schon recht lange und besonders heute ein wichtiges Arbeitsmittel der Forschung in der angewandten Paläontologie sind, bestanden und bestehen unter den Laien über die Fossilien oft recht falsche Vorstellungen. Wegen der Ähnlichkeit der Fossilien mit bekannten Gegenständen wurden Vergleiche angestellt, die zu Irrdeutungen führten. Auch ein oft starkes Abweichen der fossilen Reste von den lebenden Organismen in ihrem Erhaltungszustand führte zu äußeren Erscheinungsformen, die dem Nichtfachmann ihre wahre Natur einfach nicht erkennen lassen. So endeten und enden häufig Erklärungsversuche in falschen z. T. metaphysischen Vorstellungen über die Fossilien. Die Überlieferung derartiger veralteter Anschauungen reicht zurück bis ins Mittelalter und ins Altertum der Geschichte der Menschheit.
ARISTOTELES (384 bis 322 v. d. Z.) und seine Anhänger beurteilten die Versteinerungen als »verunglückte Urzeugen«, die durch eine »schöpferische Kraft« (vis plastica, virtus formativa, spiritus plasticus) entstanden. Im Mittelalter wurden die Fossilien oder »Figurensteine« als Naturspiele (lusus naturae) oder »Zeugen der Sintflut« gedeutet. Nur wenige geniale Menschen, als erster seit der Antike LEONARDO DA VINCI (1452 bis 1519), erkannten beispielsweise fossile Muscheln

in Schichten der Lombardei als Überreste ehemals am Fundort lebender, d. h. als vorzeitliche Tiere.
Einige Beispiele sollen die mannigfaltigen Ansichten über die Fossilien im Volksglauben zeigen und wie diese unter den Laien, insbesondere in den Bevölkerungskreisen, die noch sehr eng mit der Natur verbunden sind, und dort, wo diese Fossilien im Gelände massenhaft auftreten, gedeutet wurden. Oft bestehen enge Beziehungen zwischen Fossilfunden und aus ihnen entstandenen Sagen und anderen Geschichten.
In den Verbreitungsgebieten des permischen Kupferschiefers, z. B. der Mansfelder Mulde (Hettstedt, Mansfeld, Eisleben) und an den Rändern des Thüringer Waldes bei Ilmenau und Manebach, kommen auf Schichtflächen oder in Konkretionen dezimetergroße, in Kupfererz erhaltene Abdrücke vor. Diese sehen aus wie »Halme und Stengel von oder wie Kornähren«. In Wirklichkeit sind es aber Zweigreste von Nadelbäumen (Coniferen), z. B. *Ullmannia frumentaria*, oder Schachtelhalmen (Equisetales). Im gleichen geologischen Horizont, anzahlmäßig geringer, findet man die sogenannte »Richelsdorfer Kinderhand«. Es ist eine Vordergliedmaße des eidechsenähnlichen Reptils *Protorosaurus speneri* H. v. MEYER (Protorosauria).
Einige weitere Fossilgruppen, wie Einzeller, Muscheln, Schnecken, Belemniten, Ammoniten, Seeigel und Wirbeltierknochen, lassen besonders deutlich werden, wie vielfältig die falschen Vorstellungen von diesen Organismen im Volksglauben sind.
Als »versteinertes Geld« oder »Linsensteine« bezeichnet man vielerorts in Kalksteinen (Nummulitenkalke) der Alpen, im Pariser Becken und in Ägypten Großforaminiferen, wie Nummuliten oder Assilinen, die hier gesteinsbildend und als Leitfossilien in eozänen Ablagerungen auftreten. Es sind linsen- oder münzenförmige, flache kleine scheibenartige Mikrofossilien (Einzeller), die bei der Verwitterung des Gesteins aus diesem herausfallen. Sie wurden als versteinerte Nahrung oder das übrig gebliebene Geld, z. B. der Pyramidenerbauer, gedeutet.
In den Triaskalken der Alpen, im Dachsteingebirge, treten herausgewittert herzförmige Gebilde auf den Schichtflächen zutage, die in ihrem Aussehen Rinderfährten ähneln. Sie werden von den Almhirten als »versteinerte Kuhtritte« bezeichnet. Man deutet sie nach noch älteren Überlieferungen auch als »Zeugen der wilden Jagd«. In Wirklichkeit sind es die Querschnitte von riesigen (12 bis 18 cm Querschnittsdurchmesser) Dachsteinmuscheln oder Megalodonten *(Conchodus intraliasicus)*, Charakterfossilien der Rhät-Stufe.
Die Muscheln von *Unio lavateri* in der obermiozänen Molassefauna von Öhningen am Bodensee bezeichnete und deutete man als »Krötenschüsseln«, verbunden mit dämonischem bösem und gutem Zauber.
Die vielfältigen Bezeichnungen der Rostren von Belemniten, Überreste keulen- bis stab- oder dornförmiger Hartteile des Innenskeletts fossiler Tintenfische, wie Donnerkeile, Gewittersteine, Teufelsfinger,

Gespensterkerzen, Schrecksteine, Luchssteine, sprechen für die große Aufmerksamkeit, die man den Resten dieser Tiergruppe im Volk zugewandt hat. So galt z. B. der Luchsstein in der Volksmedizin lange Zeit hindurch als Heilmittel für Augenleiden.
Ähnliches gilt für die »Schlangensteine« und »Goldschnecken« (s. Farbtafel II, Bild 2). Es sind die Reste (Steinkerne) von Ammoniten, die in Abhängigkeit von der Ausbildung des Gehäuses, planspiral aufgerollt, oder vom Erhaltungszustand, verkiest und goldig glänzend, so benannt werden.
Auf die vielseitigen Ausdeutungen weisen auch die Bezeichnungen der Stielglieder von Seelilien hin: Sonnenradsteine, Hyazinthperlen, Wichtelsteinchen oder Bonifaziuspfennige. Heidnische und kirchliche Bräuche und Lehrmeinungen spiegeln sich hier im Aussehen und in der Benennung der Fossilreste wider.
Mit großen fossilen Knochenresten, z. B. Backzähnen, Extremitätenknochen und Schädelresten eiszeitlicher (pleistozäner) Großsäugetiere, wie Mammut *(Mammuthus primigenius)* und Wollhaarnashorn *(Coelodonta antiquitatis)*, verbinden sich eine Reihe von Sagen über einäugige Riesen und Drachen. Ein sehr anschauliches Beispiel hierfür stellt unter anderem das Lindwurmdenkmal in Klagenfurt (Kärnten, Österreich) dar, für dessen Entwurf der Schädel eines Wollhaarnashorns gedient hat. Ferner sind hier die Reste ausgestorbener Reptilien, wie jurassische Plesiosaurier der Schwäbisch-Fränkischen Alb als »Drachen« oder oligozäner Titanotherien *(Brontotherium)* als »Donnerpferde«, wegen ihrer Ähnlichkeit des Schädelbaues mit einem Sattel, in den Rithen der Indianer Nordamerikas, zu nennen.
Die »versteinerten Wälder«, die Trümmer intuskrustierter (verkieselter) Baumstämme von *Dadoxylon* wurden als Knochen und Gebeine von gewaltigen Riesen angesehen.
Säugetierreste pleistozäner Höhlenablagerungen, z. B. Höhlenbären, in der Volksrepublik China wurden als »Drachenknochen« und »Drachenzähne« für medizinische Zwecke in chinesischen Apotheken verkauft. Als Medikament sprach man ihnen, in Unkenntnis ihrer wahren Natur, heilende Wirkung zu.
Diese Aufzeichnung könnte erweitert werden (s. Tabelle 1.2), die wenigen hier genannten Ausdeutungsmöglichkeiten zeigen, wie sehr die Frage nach der Natur der Fossilien die Menschen von jeher beschäftigt hat. Heute ist man sich über die Fossilien weitestgehend im klaren, und sie sind ein nicht wegzudenkendes Arbeitsmittel geowissenschaftlicher Forschung und Praxis.

Tabelle 1.2. Volkstümliche Bezeichnung von Fossilien und ihre systematische Zugehörigkeit im Pflanzen- und Tierreich (Auswahl)

| Bezeichnung der Fossilien im Volksmund | Pflanzen- und Tiergruppe | Wissenschaftlicher Name (Gattung und/oder Art) |
|---|---|---|
| Linsensteine, Münzensteine, Pfennigsteine (»Versteinertes Geld«, »Versteinerte Linsen«) | Foraminiferen | Nummuliten: *Nummulites perforata*, Assilinen: *Assilina* sp. |
| Spinnensteine | Korallen | *Phillipsastrea, Asteromorpha, Microphylla* (Syn. *Latimaeandraraea*) |
| Verschreiherzen, Sternsteine | Korallen | »Sternkoralle« = *Scleractinia, Isastrea explanata* |
| Sternsteine (Astroiten) Schraubensteine | Seelilien, Korallen | *Pentacrinus Cyathocrinus pinnatus* |
| Schlangeneier, Siegsteine, Seelensteine | Seeigel, Korallen | *Cidaris* sp., reguläre Seeigel: *Echinocorys ovatus* |
| Judensteine | Seeigel-Stacheln | *Cidaris glandaria* u. a. |
| Sonnenradsteine, Bonifaziuspfennige, Hyazinthperlen, Wichtelsteinchen, Katzenkäse, Schallbecken | Seelilien | Trochiten: *Encrinus liliiformis* |
| Taubensteine, Eulenköpfe, Heiligen-Geist-Schnecke Täubli | Brachiopoden | *Stringocephalus burtini, Camarophoria sanctispiritus Rhynchonella* |
| Muttersteine, Schamsteine | Brachiopoden | Spiriferen: *Spirifer cultrijugatus, Orthis hysterica, Schizophoria vulvaria* |

Tabelle 1.2. (Fortsetzung)

| Bezeichnung der Fossilien im Volksmund | Pflanzen- und Tiergruppe | Wissenschaftlicher Name (Gattung und/oder Art) |
|---|---|---|
| Spuren der Wilden Jagd, »Versteinerte Kuhtritte« Fußspuren der Wildfrauen | Muscheln | Megalodonten: sog. »Dachsteinbivalven« – *Conchodus infraliassicus* |
| Kümmelsteine, versteinerte Ziegenklauen | Muscheln | *Congeria ungulae capra* |
| Krötenschüsseln | Muscheln | *Unio lavateri* |
| Druden- oder Trutensteine, Schratten-, Truten-, Krottensteine Albfüße | Seeigel Belemniten Muscheln | Austern: *Lopha* (Syn. *Alectryonia*) |
| Wirbel-, Drachensteine | Schnecken | *Actaeonella* (Querschnitte) |
| Schlangensteine, Ophite | Kopffüßer | *Dactylioceras commune, Ceratites, Arietites, Coronites rotiforme* und zahlreiche andere Arten |
| Goldschnecken | Kopffüßer | *Cosmoceras* sp. |
| »Orthoceren«-Schlachtfelder | Kopffüßer (Nautiloideen) | *Michelinoceras* sp. (Syn. *Orthoceras*) |
| Albschoßsteine, Luchssteine, Donnerkeile, Gewittersteine, Hexenpfeile, Hexenschuß, Mahrenzitzen, Teufelsfinger, Schrecksteine | Belemniten | *Belemnitella mucronata, Hastites clavatus* (= Belemniten»schlachtfelder«) |

Tabelle 1.2. (Fortsetzung)

| Bezeichnung der Fossilien im Volksmund | Pflanzen- und Tiergruppe | Wissenschaftlicher Name (Gattung und/oder Art) |
|---|---|---|
| Zungensteine, Steinzungen, Glossopetren | Haifische (spez. Zähne) | *Carcharodon, Isurus* (Syn. *Lamna*), *Odontaspis* |
| Krötensteine, Bufoniten | Fische (spez. Zähne) | *Lepidotus* sp. |
| Richelsdorfer »Kinderhand« | Reptilien | *Protorosaurus speneri* |
| Fliegende Schlangen | Schlangen | *Gigantophis garstini* (Rückenwirbel) |
| Riesen | Säugetiere (speziell des Tertiärs und Pleistozäns) | Mammut (*Mammuthus primigenius*) Zwergelefant (*Palaeoloxodon falconieri*) Wollhaarnashorn (*Coelodonta antiquitatis*) |
| Donnerpferde | Reptilien | Titanotherien: *Brontotherium* |
| »Versteinerte Wälder« — Riesen | Gymnospermen | *Dadoxylon* sp., *Araucarioxylon arizonicum* |
| Einhorn | pleistozäne Säugetiere (Großsäuger) | Mammutstoßzähne und Extremitäten, Wollhaarnashorn (*Coelodonta antiquitatis*), *Elasmotherium* |
| Drachen, Lindwürmer | pleistozäne Großsäuger | Wollhaarnashorn — meist Schädelteile, Höhlenbären (*Ursus spelaeus*) |
| | Reptilien (Saurier) | *Plesiosaurus, Mesosaurus* |
| Frankenberger oder Ilmenauer »Kornähren« | Koniferen, Equisetales | *Ullmannia frumentaria* |

## 1.4. Paläontologische Arbeitsmethoden

### 1.4.1. Aufsammlung, Bergung und Ausgrabung von Fossilien

Fossilien treten nur in Sedimentgesteinen (= Absatzgesteine, z. B. Ton, Sand, Sandstein, Mergel, Kalkstein), seltener in einigen metamorphen Gesteinen (z. B. Tonschiefer, Marmor) auf. Man findet sie in natürlichen Aufschlüssen und an durch Wasser- und Winderosion freigelegten Meeresküsten und dem davorliegenden steinigen Meeresstrand oder an Flußufern. Aber auch auf Feldern, deren Untergrund von fossilführenden Sedimentgesteinen (z. B. Muschelkalk) gebildet wird, lassen sich Fossilien sammeln und vor allem in den zahlreichen von Menschenhand geschaffenen Aufschlüssen, die häufig als »künstliche« Aufschlüsse bezeichnet werden. Dazu gehören Sand-, Kies- und Tongruben, Steinbrüche, Tief- und Tagebaue des Kohlenbergbaues, Erzbergwerke (Kupferschiefer), Erkundungs- und Wasserbohrungen sowie Baugruben. Ein Teil der »künstlichen« Aufschlüsse ist jedoch nur relativ kurzzeitig aufgeschlossen und zugänglich (z. B. Baugruben), andere (Tief- und Tagebaue, Bohrungen), Sand-, Ton- und Kiesgruben, Steinbrüche, Kippen und Halden erlauben über viele Jahre hinweg ein kontinuierliches Aufsammeln von Fossilmaterial. Sie sind jedoch ausschließlich dem Fachwissenschaftler zugänglich.

Man unterscheidet zwischen Aufsammlung (auf Feldern, am Strand (Tafel 7, Bild 9) oder auf Kippen und Halden), Bergung (in Sand-, Ton- und Kiesgruben, in Steinbrüchen und in Tagebauen) und planmäßiger Ausgrabung (in Tagebauen, Steinbrüchen, Tongruben, Höhlen, bei Spaltenfüllungen usw.). Während Aufsammlung und Bergung relativ wenig arbeitsaufwendig sind, verlangt die planmäßige Ausgrabung, bedingt durch das notwendige Abtragen der Deckschichten, evtl. Probegrabungen oder Anlegen von Schurfgräben usw., einen hohen Aufwand (Tafel 7, Bild 10 und Tafel 8, Bilder 11, 12).

Bei der Aufsammlung verwendet der Geowissenschaftler eine topographische und eine geologische Karte. Darin gibt er den Fundort genau an (z. B. Feld, 1,5 km südlich von A-Dorf am Nordhang des B-Berges) und fügt dem Fossilfund eine topographische Skizze der Lokalität bei.

Ausdauer und gute Beobachtungsgabe sind die Garantien für eine erfolgreiche Ausbeute.

Bei der Bergung wird neben den geographischen Daten noch eine genaue geologische Horizontierung der fossilführenden Schicht innerhalb des Aufschlusses in Form eines Profiles angegeben. So ist es möglich, die Fossilien aus einem oder mehreren verschiedenen Horizonten genau zu lokalisieren (z. B. Fossil x, Hangendtone, 1,2 m über dem 2. Kohleflöz) (s. Tafel 9, Bild 13).

Bei einer planmäßigen und quantitativen Ausgrabung sollte man die

Methoden der Biostratonomie (J. WEIGELT) anwenden. Dabei werden die Fossilfundstellen mit Hilfe eines Gradnetzes vermessen, der Fundinhalt an Fossilien in seinen Lagebeziehungen untereinander genauestens registriert und später in Kartendarstellungen (sog. Fundkarten) festgehalten. Diese lückenlose Dokumentation am Fossil und am Sediment führt zu sicheren paläobiologischen, insbesondere palökologischen Ergebnissen (z. B. Geiseltalausgrabungen, Ausgrabung paläozäner Säugetiere in Walbeck bei Magdeburg, Ausgrabung quartärer Säugetiere in Pisede, Krs. Parchim u. a. Orts).

### 1.4.2. Aufbereitung und Präparation von Fossilien

### 1.4.2.1. Aufbereitung

Die Aufbereitung und die Präparation der Fossilien beginnen eigentlich schon bei der Bergung. Sie sind vom Erhaltungszustand der Fossilien und der lithologischen Beschaffenheit der Sedimentgesteine, in denen sie eingebettet sind, von Fall zu Fall verschieden.
So verlangen z. B. inkohlte Pflanzenreste, die aus tonigen tertiären Sedimenten geborgen werden, eine rasche Verpackung, um ein zu schnelles Austrocknen der inkohlten organischen Substanz, die sehr rasch absplittern kann, zu verhindern. Grobes Formatisieren der grubenfrischen Proben mit einem scharfen Spachtel oder einem feststehenden Messer und vorsichtige Entfernung evtl. anhaftender Sandpartikeln mit einem weichen Pinsel kann eine spätere Präparation wesentlich erleichtern. Größere Stücke können in Zeitungspapier verpackt werden, wobei die Markierung von Fundort und Fundschicht mit Bleistift (nicht mit Tinte oder Kugelschreiber) auf einem beiliegenden Zettel oder direkt auf der Verpackung anzubringen ist. Kleinere, leicht zerbrechliche Fossilreste oder solche auf sehr weichem Ton müssen mit Zellstoff umhüllt werden, dem etwas Formalin oder Phenol zugesetzt wird, um Schimmelbildungen zu vermeiden. Diese Fundstücke werden dann in entsprechende Schachteln verpackt. Kleine körperlich erhaltene Fossilreste (tertiäre Früchte und Samen) verwahrt man in verschieden großen Glasröhren (Tablettenröhrchen). Größere fossilführende Probemengen, die später geschlämmt werden sollen, sind in Plastikbeutel zu füllen. Auch hier empfiehlt es sich, etwas Phenol oder Formalin zuzusetzen.
Ganz anders hingegen ist Fossilmaterial aus grobkörnigerem Sedimentgestein (z. B. Kreidesandstein mit *Inoceramus*) zu behandeln. Oft sind hier nur Teile eines tierischen Fossils auf dem Fundstück zu erkennen. Die Probe wird zunächst im Gelände mit einem scharfkantigen Hammer vorsichtig formatisiert. Die Freilegung dieses Fossils und endgültige Präparation finden im Labor oder daheim statt. Bei der Bergung aus feingeschichteten Sedimenten verwendet man zum

Spalten des Gesteins einen Hammer mit querstehender Schneide sowie verschieden große Meißel (s. Bilder 1.4 bis 1.7). Zusammengehörende Fossilreste werden entsprechend gekennzeichnet, d. h. bei Abdrücken der sogenannte Abdruck und der Gegendruck, bei Steinkernen der

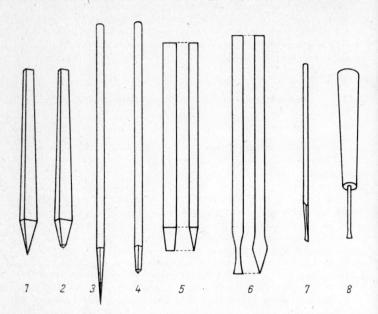

Bild 1.4. Verschiedene Meißel, die zur mechanischen Präparation von Fossilien benutzt werden

*1* Schrifteisen, *2* Schrifteisen mit kurzer Spitze, *3* Spitzeisen, *4* Spitzeisen mit kurzer Spitze, *5* Flacheisen, *6* Nuteisen oder Kreuzmeißel, *7* kleines Flacheisen, *8* kleines Flacheisen in Holzfassung
(nach SEITZ und GOTHAN)

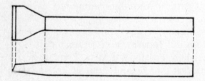

Bild 1.5. Sprengeisen zur Übertragung gut gerichteter Hammerschläge auf das Gestein (nach SEITZ und GOTHAN)

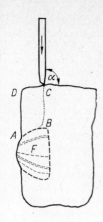

Bild 1.6. Anwendung des Sprengeisens an einem Gesteinsstück mit einem Fossileinschluß *(F)*.
*ABCD* – abzusprengendes Gesteinsstück, *C* – Ansatzstelle des Sprengeisens, *alpha* – Ansatzwinkel des Sprengeisens.

Die Richtung des Sprengrisses ist abhängig von der Größe *alpha*, da die Sprengwirkung in der Richtung der Längsachse (Pfeil) des Sprengeisens verläuft. Verfahren zum Formatisieren von größeren Handstücken mit Fossilien (nach SEITZ und GOTHAN)

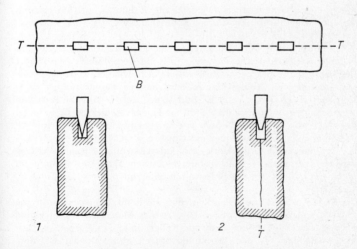

Bild 1.7. Aufspalten einer Gesteinsplatte an einer Trennungslinie *(T–T)* durch Schroten
In rechtwinklig ausgearbeiteten kleinen Bohrlöchern (B) werden ungehärtete Flachkeile eingesetzt, mit deren Hilfe man bei möglichst gleichstarkem Einschlagen derselben die Platte langsam auseinander treibt.
Falscher *(1)* und richtiger *(2)* Ansatz der Keile (nach SEITZ und GOTHAN)

eigentliche Steinkern und der Abdruck desselben. Zerbrochene Stücke sind gut zu numerieren, um später ein sachgerechtes Verkitten der Bruchstücke zu ermöglichen.

Unter bestimmten Bedingungen ist die Bergung von Fossilien nur nach vorherigem Tränken und Härten mit Konservierungsflüssigkeiten (Schellack, Geiseltallack, Zaponlack) möglich. Für die Bergung der zahlreichen Wirbeltierreste aus der eozänen Kohle des Geiseltales wurden spezielle Methoden entwickelt. So werden kleinere Objekte, wie Fische, Frösche, Eidechsen, Halbaffen – aber auch Blattreste – mit der von E. VOIGT entwickelten Lackfilmmethode geborgen (s. Tafel 9, Bild 14). Diese Methode eignet sich auch bei der Gewinnung geologischer, bodenkundlicher und prähistorischer Profile. Auf die freigelegten Fossilreste wird zunächst zur oberflächlichen Härtung ein stark verdünnter Lack (Verhältnis 1:4 bis 5) mit einer Spritzpistole aufgebracht. Es bildet sich ein Film, der nach dem Trocknen mit dickflüssigerem Lack überzogen wird. Durch Einlage von Gaze und Zellstoff in die Lackmasse erreicht man einen festeren Zusammenhalt. Nach ± längerer Trocknung kann nun der gesamte Film vorsichtig gelöst und abgezogen werden. Durch Freipräparation der anhaftenden Fossilien oder nachträgliche Mazeration des Filmes kann z. B. das Skelett eines Frosches auf dem wenige Millimeter dicken, elastischen und durchscheinenden Lackfilm gewonnen werden. Die so geborgenen Fossilien lassen alle wissenschaftlichen Spezialuntersuchungen zu (Mazerieren, Auf- und Durchlichtmikroskopie, Röntgenanalyse, UV- und Infrarotanalyse).

Größere Wirbeltierreste (Skeletteile oder Einzelknochen) werden im Gelände, wie oben beschrieben, ebenfalls mit Geiseltallack vorgehärtet und konserviert. Das gehärtete Fossilmaterial wird entweder nach der Lacktränkung mit Kohleschlamm oder nassem Papier (Papier-Gips-Methode) überdeckt (s. Tafel 10, Bild 16 u. Tafel 11, Bild 18). Anschließend bringt man einen durch Stoffbandagen verstärkten Gipsmantel an. Nach Abbinden des Gipses wird der Fund unterhöhlt, auf die Oberseite gelegt und auch hier mit Gipsbrei abgedeckt und beschriftet. Der so entstandene Gipsblock von kalottenartiger Form enthält in seinem Inneren die luftdicht abgeschlossenen Tierreste, die nun im Labor einer allseitigen Freipräparation unterzogen werden (s. Tafel 11, Bild 17).

Die Funde sind so zu verpacken, daß sie beim Transport nicht beschädigt werden. Gruben- oder bergfrisches Material wird in einem nicht zu trockenen Raum (feuchter Keller) in seiner Verpackung solange belassen, bis der Trocknungsprozeß abgeschlossen ist, d. h. wenn das Verpackungspapier, das langsam die Feuchtigkeit der Proben annimmt, trocken ist.

## 1.4.2.2. Präparation

Die eigentliche Präparation dient dazu, das Fossil unter Vermeidung von Beschädigungen aus dem es umgebenden Gestein weitestgehend freizulegen. Grundsätzlich gilt, daß es dafür keine allgemeingültigen Methoden der Präparation gibt, sondern daß diese Freilegung vom Gesteinsmaterial und der Beherrschung der Präparationstechnik sowie vom Fingerspitzengefühl, der Ausdauer und der Erfahrung des Präparierenden abhängig sind. So haben sich im Laufe der Zeit zahlreiche Präparationsverfahren und -techniken entwickelt, von denen hier nur die wichtigsten angeführt werden können.

Fossilien in weichem, tonigem und mergeligem Gestein werden mit Präparier- oder Lanzettnadeln durch vorsichtiges Absprengen des umgebenden Gesteins freigelegt (s. Bilder 1.8, 1.9). Besonders bei Abdrücken ist darauf zu achten, daß man auf der freizulegenden Schicht wenig Eindrücke hinterläßt. Bei härterem Material wird mit Hilfe eines Meißels mit stumpfkegliger Spitze die über dem Fossil liegende Gesteinsschicht entfernt. Dabei darf der Meißel nicht direkt aufgesetzt werden, sondern soll leicht darüber federnd gehalten werden. Zur Entfernung der Gesteinstrümmer dient ein breiter weicher Pinsel. Fossilien in harten Gesteinen (Kalkstein, Sandstein) werden mit Hammer und Meißel freipräpariert. Hier empfiehlt es sich, verschieden feine Meißel und einen leichten Hammer zu benutzen. Das zu präparierende Stück legt man dabei in einen Sandkasten oder auf einen Sandsack. Das weiche Widerlager verhindert ein Zerspringen der Stücke. Bei diesen Präparationstechniken führt langsames und vorsichtiges Arbeiten eher zu dem gewünschten Erfolg als ein rasches Abschlagen des umhüllenden Gesteins. Verläuft die Präparation in

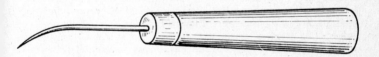

Bild 1.8. Schusterpfriem zum Reinigen von Höhlungen, kleinen Kanälen und Vertiefungen an Fossilien (nach SEITZ und GOTHAN)

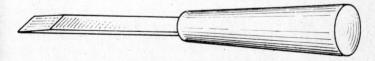

Bild 1.9. Kerbschnitzmesser (einseitig geschärft) zur Bearbeitung weicher Gesteine (Ton, Kreide, Schiefer) mit Fossileinschlüssen (nach SEITZ und GOTHAN)

geschichtetem Gestein in der Regel relativ einfach, so ist sie bei ungeschichtetem, sprödem Material äußerst schwierig und zeitaufwendig. Doch Ausdauer und Vorsicht führen auch hier zum gewünschten Erfolg (s. Bilder 1.10, 1.11).

Schneller und auch leichter läßt es sich mit Zahnarztbohrmaschinen präparieren, die mit Schleif- oder Schlagansätzen arbeiten. Allerdings erfordert diese Technik Übung und Erfahrung und sollte Fachkräften in paläontologischen Labors vorbehalten bleiben.

In Sanden und Tonen eingeschlossene kleine körperlich erhaltene Fossilien, wie Früchte, Samen, Megasporen, Characeenoogonien und auch Kleinsäugerreste, werden durch Schlämmen gewonnen. Dieses Gesteinsmaterial gibt man in feinmaschige Siebe und schlämmt die feinkörnigen Bestandteile mit einer Brause vorsichtig heraus. Dabei ist es erforderlich, Siebsätze mit unterschiedlicher Maschenweite zu benutzen. Zur Gewinnung von Früchten und Samen, aber mitunter auch von Kleinsäugern reichen schon größere Siebe, sog. Bäckersiebe, völlig aus. Die Rückstände werden sehr langsam getrocknet und unter dem Binokular systematisch ausgelesen. Ältere, feste Tone müssen vor dem Schlämmen aufgeschlossen, d. h. wieder quellfähig gemacht werden. Dies geschieht durch langsames Übergießen der Proben mit Wasserstoffperoxid oder Aufkochen in Wasser oder Sodalösung. (Vorsicht! Spritzen infolge Gasentwicklung!)

Fossile Hölzer (Kieselhölzer, Kalkhölzer – Intuskrustationen und inkohlte Braunkohlenhölzer – Xylite) lassen äußerlich nur selten wesentliche Einzelheiten erkennen. Für ihre systematische Bestimmung ist die Anatomie von großer Bedeutung. Schnitte, An- und Dünnschliffe (Quer-, Längs-, Radial- und Tangentialschnitte) können wesentliche Informationen über den anatomischen Bau fossiler Hölzer geben (z. B. Tracheen, Tracheiden, Markstrahlen, Harzgänge usw.).

Schnitte lassen sich nur durch körperlich erhaltene inkohlte Hölzer, Früchte und Samen herstellen. Vor dem Schneiden werden die Fossilien zum Aufweichen mehrere Tage in eine konzentrierte Lösung von Phenol und Alkohol gebracht. Danach lassen sich mit einer Rasierklinge, oder besser mit einem Rasiermesser, die entsprechenden Schnitte anfertigen. Zur Herstellung von Schnittserien verwendet man ein Mikrotom.

Anschliffe werden vor allem von echten Versteinerungen (Intuskrustationen) hergestellt. Inkohlte Reste müssen vor dem Anschleifen durch Tränken mit Kanadabalsam, Paraffin oder Hartwachs gehärtet werden. Zum Schneiden verwendet man Gesteinssägen unterschiedlicher Bauart. Schon dieser technische Aufwand zeigt deutlich, daß diese Methode in erster Linie nur in paläontologischen Labors durchgeführt werden kann. Je nach Härte des Materials benutzt man zum Schneiden Korund-Schleifscheiben (verkalkte Hölzer) und Diamant-Schleifscheiben (verkieselte Hölzer). Die Schnittflächen werden zunächst mit grobem Schleifpulver plangeschliffen. Anschließend wird die Fläche

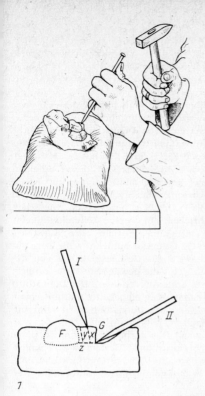

Bild 1.10. Bearbeitung eines fossilführenden Gesteinsstückes mit den Meißeln auf einem Sandsack. Als Unterlage kann auch eine Bleiplatte verwendet werden. Haltung des Meißels bei der Hammerarbeit. Vorsichtige und mit Geduld ausgeführte Präparation zeigt mit dieser Methode gute Erfolge! Schnelligkeit ist fehl am Platze! (nach SEITZ und GOTHAN)

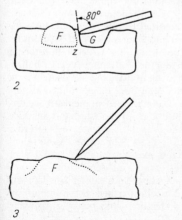

Bild 1.11. Verschiedene Stellungen des Meißels bei der Präparation von Fossilien (F)

G – Vertiefung, von der aus man sich durch Abspaltung kleiner Gesteinssplitter (x, y, z) an das Fossil heranpräpariert (1, 2). Dieses sitzt tief im Gestein, ist aber in seiner Form schon bekannt. Bei nicht bekannter Form des Fossils muß man sich dagegen durch vorsichtiges Tasten mit dem Spitzeisen an das Fossil heranarbeiten (3) (nach SEITZ und GOTHAN)

stufenweise mit immer feinerem Pulver feingeschliffen und schließlich mit Lindenholz- oder Filzscheiben poliert. Anschliffe geben bereits einen sehr guten Einblick in den anatomischen Bau eines fossilen Holzes. Unter Zuhilfenahme der Auflichtmikroskopie treten dann die Einzelheiten noch deutlicher hervor.

Weit schwieriger ist die Herstellung von Dünnschliffen, die eine noch umfangreichere Apparatur und große Erfahrungen in der Arbeitstechnik voraussetzt. Die Untersuchung von Dünnschliffen ermöglicht sehr wichtige Aussagen über den anatomischen und histologischen Bau zahlreicher fossiler Hölzer (speziell Kiesel- und Kalkhölzer). Mit einer Gesteinssäge werden z. B. aus dem Kieselholz sehr dünne Scheiben in der gewünschten Schliffebene herausgeschnitten (quer zur Faserrichtung, parallel zu den Zuwachszonen (tangential) und senkrecht in Richtung Stammittelpunkt (radial). Die Plättchen werden, wie schon bei der Anschliffmethode beschrieben, auf wenige Zehntelmillimeter heruntergeschliffen und dann mit Kanadabalsam oder Kunstharz einem ebenfalls angeschliffenen Objektträger aufgekittet (größere auf Dia- oder Fotoplatten). Danach wird das Gesteinsplättchen von der freien Seite so lange abgeschliffen, bis die gewünschte Dicke erreicht ist (grobes Schleifpulver, feineres Schleifpulver usw.). Der Dünnschliff wird dann in xylolgelöstem Kanadabalsam eingebettet und mit einem Deckglas abgedeckt. Die Herstellung von Dünnschliffen ist sehr zeitaufwendig, erfordert größte Sauberkeit beim Arbeiten mit den verschiedenen Schleifpulverfraktionen (Kratzerbildung!) und verlangt eine relativ komplizierte Laboreinrichtung (Gesteinssägen, Schleifmaschinen). Außerdem sind die Schliffe leicht zerbrechlich und müssen sorgfältig behandelt und in besonderen Kästen aufbewahrt werden.

In neuerer Zeit hat man in der Methode der Herstellung von Lackfilmabzügen eine weitaus bessere Technik gefunden. Man ätzt die vorher feingeschliffene Fläche des fossilen Holzes entweder mit Salzsäure bei verkalkten Fossilien oder mit Fluorwasserstoff (Flußsäure) bei verkieselten Fossilien an. Die Einwirkung der ätzenden Substanzen sowie ihre Konzentration sind von der Beschaffenheit des zu behandelnden Materials abhängig. Nach dem Ätzvorgang wird die Fläche mit warmem Wasser leicht abgespült. Man trägt einen dünnen azetonlöslichen Lack (Geiseltallack) auf. Danach werden mehrere weitere Schichten aufgebracht, so daß der Film dick genug ist, damit anschließend abgezogen und nun mikroskopisch weiter untersucht werden kann. Neuerdings verwendet man für diese Filmabzüge Azetatfolien. Hierbei wird die angeätzte Fläche mit Azeton eingepinselt und dann rasch mit der Folie abgedeckt. Diese wird von dem schnell verdunstenden Azeton auf der Unterseite angelöst. Nach kurzer Zeit läßt sich ein völlig gleichmäßiger Film (engl. peel) abziehen. Diese Filme können nun trocken oder in Glyzeringelatine eingebettet aufbewahrt werden.

Nur sehr selten lassen sich vollständig erhaltene, inkohlte Blätter (Tertiär) aus dem Sediment herauslösen und zwischen dünnen Glasplatten in Glyzeringelatine einbetten. Mit Hilfe der Kollodiumfilmmethode kann man aber selbst schwach inkohlte Blattreste aus dem Sediment isolieren und ein sog. »gläsernes Herbar« anlegen. Das hierfür zu bearbeitende Probenmaterial wird solange in konzentrierten Alkohol gelegt, bis die gesamte Luft aus den Gesteinsproben entwichen ist. Nach kurzem Antrocknen wird mit einem sehr weichen Pinsel ein mäßig dicker Kollodiumfilm aufgetragen, dabei ist sehr schnelles Arbeiten erforderlich. Nach endgültigem Antrocknen des Filmes wird die Probe in Wasser gegeben (z. B. bei tonigem Material), wo sich das Sediment löst und der Kollodiumfilm mit dem anhaftenden inkohlten Blattrest übrigbleibt. Nach dem Wässern kann der Film entweder gepreßt und trocken aufbewahrt werden oder man bettet ihn in Glyzeringelatine ein. Bei anderen Sedimenten (Diatomite usw.) wird nach einer kurzen Behandlung mit konzentrierter Salzsäure das Gestein in Flußsäure gelöst. Danach ist eine gründliche und lange Spülung mit Wasser nötig, um die restliche Flußsäure zu entfernen, bevor der Film weiter behandelt werden kann.

Eine wichtige paläobotanische Arbeitsmethode ist die sog. Kutikularanalyse, die seit Jahrzehnten mit großem Erfolg an inkohlten Blattresten besonders aus dem Tertiär und dem Karbon bzw. Permokarbon angewendet wird. Es ist eine der zahlreichen Mazerationsmethoden, die im Laufe der letzten 100 Jahre entwickelt wurden. Unter Mazeration versteht man die Auflösung eines pflanzlichen Gewebes in seine Bestandteile durch Behandlung mit Säuren oder Basen. Zu diesem Vorgang werden die parenchymatischen Zellen, Mittellamellen usw. aufgelöst, oder es bleiben nur bestimmte Gewebearten oder Teile derselben, wie Kutikulen (Blattoberhäutchen), übrig. Bei der Inkohlung der Blätter werden in der Regel außer der Kutikula alle anderen Blattbestandteile (Mesophyll und Epidermen) zerstört. Die Kutikula, die als dünne, glasklare und eng anschließende Kutinhaut anzusehen ist, die die Epidermis samt ihrer Haarbildung an Blättern und Stengeln umschließt, zeigt somit ein getreues Abbild des anatomischen Aufbaues der Epidermis (Umrisse der Epidermiszellen, Abdrücke der Stomata = Spaltöffnungen, Abguß aller Haarbildungen, s. Tafel 56, Bild 94). Neben diesen sog. Epikutikularstrukturen treten noch idiokutikulare Strukturen (Eigengebilde der Kutikula), wie Kutikularstreifen, -knoten und -papillen, auf. Die Mazeration der Blattoberhäutchen (Kutikularanalyse) hat die Aufgabe, unter Beseitigung der kohligen Bestandteile die durchsichtigen Kutikulen für mikroskopische Untersuchungen zu gewinnen. Bei Torfen und sehr jungen Braunkohlen, sog. Ligniten, können die dunklen Bestandteile (Huminsäuren und deren Abkömmlinge) mit Natronlauge oder Ammoniumhydroxid herausgelöst werden. Jedoch wird man bei den meisten inkohlten tertiären Blattresten zu stärkeren Mazerationsmitteln greifen müssen. Der Inkohlungsprozeß kann allgemein als eine Reduktion bezeichnet werden, deshalb müssen die störenden Stoffe oxydiert werden. Das erreicht man mit Wasserstoffperoxid, aber auch mit Eau de Javelle (wäßrige Lösung von Kaliumhypochlorit). Besonders wirkungsvoll hat sich die Verwendung des seit über 100 Jahren bekannten »Schulzeschen Gemisches« erwiesen, ein Gemisch aus Kaliumchlorat und Salpetersäure, dessen Konzentration sich bei der Anwendung nach dem Inkohlungsgrad des zu behandelnden Fossilmaterials richtet. Mit diesem Mazerationsmittel konnten nicht nur inkohlte Blattreste aus älteren Braunkohlen oder deren Begleitgesteinen erfolgreich bearbeitet werden, sondern auch zahlreiche inkohlte Farnpflanzen (Pteridophyten) aus dem Permokarbon. Durch Nachbehandlung mit Ammoniumhydroxid gehen bis auf die Kutikulen alle anderen Stoffe in Lösung. Die so gewonnenen Kutikulen können nach Wässerung und Färbung in Glyzeringelatine eingebettet werden, so daß sie als Dauerpräparate jederzeit für eine wissenschaftliche Untersuchung zur Verfügung stehen. In den letzten Jahren hat diese Methode die verschiedensten Abwandlungen erfahren, und es haben sich für das erhaltungs- aber auch altersmäßig unterschiedliche Fossilmaterial eigene Arbeitstechniken entwickelt.

Durch den in den letzten beiden Jahrzehnten weltweiten Aufschwung der Mikropaläontologie, die besonders für die Erdölerkundung zu einem unerläßlichen Wissenszweig geworden ist, haben sich für dieses Teilgebiet der Paläontologie spezielle Arbeitstechniken entwickelt. Unter Mikrofossilien (Nanno- oder Kleinstfossilien) versteht man sämtliche Fossilien, deren Untersuchung nur unter dem Binokular oder dem Mikroskop möglich ist, ganz gleich welcher systematischen Zugehörigkeit (tierische Reste: Foraminiferen, Silicoflagellaten, Coccolithineen, Radiolarien, Ostracoden, Conodonten, Otolithen; pflanzliche Reste: Diatomeen, Pollen und Sporen). Aufgabe der mikropaläontologischen Präparationsmethoden ist die Trennung der Mikrofossilien von dem sie umgebenden Sediment. Da es sich bei den Sedimentproben neben sandigem und tonigem Material auch um mehr oder weniger hartes Gestein handeln kann, muß dieses vorher aufbereitet werden. Eine bekannte Methode ist dabei nach der vorausgehenden vorsichtigen mechanischen Zerkleinerung die Kristallsprengung mit Natriumsulfat (Glaubersalz, $Na_2SO_4$). Sie hat sich besonders bei nicht zu hartem, tonigem, sandigem oder mergeligem Gestein bewährt. Nach sorgfältiger Trocknung bzw. trockener Erhitzung wird die Probe in eine konzentrierte Glaubersalzlösung gebracht. Beim nachfolgenden Abkühlen kristallisiert das Salz aus, d. h., die in die Gesteinsporen eingedrungene Lösung bildet Kristalle, die durch den bei der Auskristallisation entstehenden Druck (Kristallisationsdruck) die Gesteinsporen erweitern und das Gestein zersprengen. Je nach Struktur und Textur des Gesteins muß dieser Vorgang so lange wiederholt werden, bis das Gesteinsgefüge völlig gelockert ist und die Probe zerfällt und sich nun schlämmen läßt. Festeres Gestein wird zwischen den Backen einer hydraulischen Handpresse, eines Parallelschraubstockes oder aber in einer alten Kopierpresse durch mechanischen Druck in kleinere Stücke zerlegt. Das Zertrümmern der Proben mit einem Hammer ist zu vermeiden, weil dadurch ein großer Teil der Mikrofossilien, besonders die tierischen, zermalmt wird.

Spezielle Aufbereitungsmethoden, die ausschließlich in geeigneten Laborräumen durchgeführt werden können, sind die Schwerbenzin-Methode nach WICK (1942), die Leichtbenzin-Methode nach LAYNE (1950) und die Benzin-Soda-Methode nach BOLLI (1952). Die relativ leichtflüchtigen organischen Verbindungen dringen bei gleichzeitiger Erwärmung selbst in winzige Gesteinsporen ein.

Das, wie oben beschrieben, aufbereitete Gestein wird in Sieben mit Maschenweiten von 0,5 bis 0,15 mm mit kaltem oder warmem Wasser geschlämmt. Unter Verwendung einer regulierbaren Düse kann der Druck entsprechend variiert werden. Der in den Sieben verbleibende Rückstand wird im Gegensatz zu den pflanzlichen Kleinfossilien (Samen, Früchte) bei 60 bis 70 °C in einem Trockenschrank oder unter einer Ultrarot-Lampe rasch getrocknet. Das Auslesen der Fossilien erfolgt unter dem Binokular auf dafür speziell entwickelten Ausleseplatten. Dabei leisten Präparier- oder Insektennadeln, deren Spitzen mit Bienenwachs oder Knetmasse klebrig gemacht werden, sehr gute Dienste. Die ausgelesenen Mikrofossilien werden in sog. FRANKE-Zellen verschiedenster Formate aufbewahrt.

Die gleiche Bedeutung wie die tierischen Mikrofossilien haben die mikroskopisch kleinen Pollen und Sporen, die in Staubblättern und Sporangien, meist homogen verteilt in den Kohlen und deren Begleitgesteinen, nachzuweisen sind. Für die Bearbeitung dieser Fossilien hat sich ein spezieller Wissenschaftszweig der Paläontologie, die Palynologie, entwickelt.

Aus Torf und Kohlen lassen sich die Sporen und Pollen durch Mazeration (s. oben) gewinnen. Da diese Objekte mit bloßem Auge nicht erkennbar sind, reichert man sie durch Sedimentieren, Dekantieren und Zentrifugieren an. Schwieriger ist ihre Gewinnung aus anorganischen Sedimenten (Tone, Kalke). Durch Zerstörung der anorganischen Bestandteile kann man die organischen Substanzen gewinnen. Das geschieht bei kalkigen Gesteinen durch Behandlung mit Salzsäure, bei Silikatgesteinen mit Fluorwasserstoff oder Flußsäure. Dabei ist zu beachten, daß in jedem Fall vor der Flußsäurebehandlung mit Salzsäure vorbehandelt werden muß, da die meisten Gesteine etwas Kalk enthalten, der mit dem Fluorwasserstoff das unlösliche Kalziumfluorid bildet. Die Einwirkung der Flußsäure kann kalt und heiß erfolgen (nur in speziell dafür vorgesehenen Abdampfeinrichtungen – Fluorwasserstoffdämpfe und -verletzungen sind lebensgefährlich!). Der verbleibende Niederschlag wird mit verdünnter Salzsäure gelöst. Sollten noch Minerale vorhanden sein, dann werden diese mit einer sogenannten Schwereflüssigkeit, z. B. Bromoform, abgetrennt. Nachfolgendes Zentrifugieren dient der Anreicherung der organischen Substanzmasse. Die Proben werden nach den bekannten Methoden mazeriert, evtl. angefärbt und in Glyzeringelatine eingebettet. Auch in der Palynologie haben sich zahlreiche Spezialverfahren entwickelt, auf die hier nicht weiter eingegangen werden kann.

### 1.4.3. Das Fotografieren von Fossilien

Wie jede Fotodokumentation setzt das Fotografieren von Fossilien exakte Handhabung der Geräte sowie einige Grundkenntnisse über geometrisch-optische Zusammenhänge voraus. Das wissenschaftlich-technische Foto unterscheidet sich von der künstlerisch gestalteten Fotoaufnahme durch seine Wahrheitstreue und Sachlichkeit in der Aussage. Es ist ein Beweisstück für die Existenz und die Struktur seiner Vorlage, ist ein Faksimile. Diese wenigen Grundsätze sollte man sich beim Fotografieren von Fossilien stets vergegenwärtigen.

Die geringsten Umstände bei der Fossilfotografie bereiten Übersichtsaufnahmen von Großfossilien, also in Einstellbereichen, die durch die Konstruktion der Kamera ohne zusätzliche Hilfsmittel vorgeschrieben sind. Die Gegenstandsweiten bewegen sich zwischen unendlich (im optischen Sinne zu verstehen) und etwa 1 m; die Scharfeinstellung erfolgt, je nach Kameramodell, mit dem Objektiv-Schneckengang oder einfachem Balgenauszug.

Hierzu eignen sich alle Kameras, die mit einem leistungsfähigen Anastigmaten (unverzerrt abbildende Photolinse) und einem exakte Bildeinstellung gewährenden Einstellsystem ausgestattet sind. Anspruchsarme Konstruktionen, wie Boxmodelle u. ä., genügen den Ansprüchen nicht. Dagegen sind 9 × 12-Balgenkameras älteren Typs (aus den zwanziger Jahren), ausgerüstet z. B. mit einem Tessar von 13,5 oder 15 cm Brennweite, Computerverschluß und Planfilmkassetten, recht gut zu verwenden. Einstelltuch und Stativ vervollständigen diese Ausrüstung. Bildausschnitt und -schärfe lassen sich auf der Mattscheibe präzise festlegen. Das verhältnismäßig große Ausgangsformat liefert bereits im Kontaktabzug Positive guter Schärfe und Brillanz, so daß sich in vielen Fällen Nachvergrößerungen erübrigen.

Verbreiteter als die 9 ×12-Kameras sind heute Modelle der Mittelformatklasse (6 × 6-, 6 × 9-Bildformate). Den Vorzug verdienen »einäugige« und »zweiäugige« Spiegelreflexkameras; vor allem jene sind aufgrund ihres parallaxefreien, auswechselbaren Suchersystems (bestehend aus Lichtschacht, PENTA-Prisma, Lupeneinsatz und TTL-Prisma), des umfangreichen Sortiments an Wechselobjektiven und sonstigen Zubehörs für Fossilaufnahmen besonders zu empfehlen. Je nach Typ werden sie mit Rollfilmen 120 (12 Aufnahmen) und 220 (24 Aufnahmen) »geladen«.

Das verhältnismäßig kleine Negativformat von 6 × 6 cm setzt zumindest eine geringe Nachvergrößerung voraus; Kontaktkopien eignen sich lediglich für den Bildkatalog eines Negativarchivs.
Am häufigsten besitzt der Fossiliensammler eine Kleinbildkamera. Für Übersichtsaufnahmen von Fossilien sind Entfernungsmeß- und Spiegelreflexsysteme gleich gut geeignet. Die Verwendung von perforiertem Kleinbildfilm bietet den Vorteil, daß bei geringem Aufwand von Kosten und Zeit umfangreiche Bildserien, vor allem auch an Fossilfundorten, angefertigt werden können. Hinzu kommt die Ausschaltung eines gewissen Unsicherheitsfaktors in Hinblick auf Wahl der günstigsten Belichtungszeit, wenn man die richtige Belichtung nach dem »Schrotschußverfahren«, d. h. Anfertigung einer Aufnahmeserie unterschiedlicher Belichtungszeiten, finden kann, sofern ein elektrischer Belichtungsmesser fehlt.
Wie beim Mittelformat beschränkt sich die Arbeit mit dem Stativ auf Belichtungszeiten, die mit Kamerahaltung in der Hand nicht erschütterungsfrei zu erhalten sind.
Neben Geräten und Aufnahmematerialien kommt dem Licht bei der Aufnahme die wesentlichste Bedeutung zu. In dieser Hinsicht bereiten Übersichtsaufnahmen bei Tageslicht die geringsten Schwierigkeiten, sowohl im Freien, z. B. an den Fundorten, als auch in Räumen, wie musealen Einrichtungen und wissenschaftlichen Sammlungen. Da hier meist recht ungünstige Lichtverhältnisse herrschen können, ist zusätzliche Aufhellung mit Kunstlicht oder, bei Ausschaltung des Tageslichtes, reine Kunstlichtbeleuchtung angebracht. Hierfür kommen Fotolampen von 500 bis 1 000 Watt Leistung in Frage (Nitraphot- oder Halogenleuchten). Leuchtstoffröhren sind wegen der ungünstigen spektralen Zusammensetzung ihres Lichtes nur für Schwarz-Weiß-Aufnahmen zu verwenden.
Zu beachten ist bei Kunstlichtbeleuchtung immer, daß sich die Helligkeit des bestrahlten Objektes im umgekehrten quadratischen Verhältnis zum Lampenabstand verändert. Das bedeutet, wächst z. B. der Lampenabstand auf das Doppelte, sinkt die Objekthelligkeit auf ein Viertel des ursprünglichen Wertes und umgekehrt. Dies ist bei der Einstellung des Zeit-Blenden-Verhältnisses zu berücksichtigen.
Die Beleuchtung kann direkt, mit scharfer Licht-Schatten-Kontrastierung oder indirekt, also diffus sein. Dazwischen liegen alle Kombinationsvarianten zur mehr oder weniger starken Schattenaufhellung des Fossilobjektes.
Ist die Kamera für Objektivwechsel konstruiert, empfiehlt sich die zusätzliche Anschaffung eines Weitwinkelobjektives; ein Objektiv langer Brennweite ist hier kaum oder selten von Bedeutung, höchstens für Aufnahmen in schwer zugängigen Aufschlüssen von Fossilfundpunkten. Der Fotograf wird weit häufiger vor die Aufgabe gestellt, ein verhältnismäßig großes Objekt unter beengten Raumverhältnissen zu fotografieren, als ein kleines Objekt aus der Ferne »heranzuholen«.

Allerdings droht hierbei der nachteilige Einfluß auf die Bildperspektive spürbar zu werden, wenn der Fotograf, von der Weitwinkelwirkung verleitet, durch Standortveränderung die Gegenstandsweite merklich verkürzt. Die Folge wären außergewöhnliche perspektivische Übertreibungen und Proportionsverfälschungen. Es gilt grundsätzlich die Regel: Die Bildperspektive steht in direkter Abhängigkeit von der Gegenstandsweite; sie wird von der Brennweite nicht beeinflußt.

Das Objekt tritt in den fotografischen Nahbereich, wenn die Scharfeinstellung des Bildes nur noch mit Hilfe des doppelten Auszuges oder zusätzlicher, den Kameraauszug verlängernder Geräte möglich wird, z. B. mit Zwischenringen oder Balgen-Naheinstellgerät. Hier dominiert die Verwendung von »einäugigen« Spiegelreflexkameras im Kleinbild- und Mittelformat. Die $9 \times 12$-Modelle sind nur mit doppeltem Bodenauszug zu verwenden. Der mittels Balgen oder Zwischenringen erreichbare Kamera-Gesamtauszug wird bereits recht lang und entspricht beim Maßstab 1:1 dem Betrag der doppelten Brennweite (2 f, f/Brennweite).

Mit wachsendem Kameraauszug und Abbildungsmaßstab nimmt die Bildhelligkeit spürbar ab; im gleichen Verhältnis ist die Belichtungszeit zu verlängern. Die für Übersichtsaufnahmen gültigen Zeitwerte sind dann mit einem Belichtungsverlängerungsfaktor zu erweitern; z. B. beim Maßstab 1:2 beträgt er bereits 2,25, beim Maßstab 1:1 = 4 usw.; er errechnet sich anhand der Formel:

Belichtungs-Verlängerungsfaktor = (Abbildungsmaßstab + 1)$^2$. Diese Umrechnung erübrigt sich, wenn eine Kamera mit Innenmessung oder TTL-Prisma zur Verfügung steht.

Der Abbildungsmaßstab läßt sich am einfachsten vor der Aufnahme durch Vergleich eines am Objekt angelegten Maßstabes mit einer Millimetereinteilung auf der Kameramattscheibe oder -feldlinse bestimmen.

Die Schärfentiefe nimmt mit wachsendem Abbildungsmaßstab rapide ab und beträgt beim Maßstab 1:1 nur wenige Millimeter. Beim Schließen der Blende vergrößert sie sich mit jeder Blendenstufe um das 1,4fache. Demzufolge sind bei Nahaufnahmen an Kameras mit Wechselfassungen stark abblendbare Objektive langer Brennweite kurzen Brennweiten vorzuziehen, sofern der Kameraauszug dies zuläßt (z. B. f = 5 cm/Blende 16 austauschen gegen f = 13,5 cm/Blende 45; Gewinn 2,8facher Schärfentiefe).

Unter diesen Bedingungen ist nur die Arbeit auf dem Stativ möglich; zumindest können Freihandaufnahmen nur bei günstigsten Lichtverhältnissen getätigt werden.

Die Beleuchtung ist der Objekthelligkeit und -oberflächenstruktur anzupassen. Fossile tertiäre Knochenfunde aus der Braunkohle z. B. können bei hartem gerichtetem Licht infolge ihrer schwarzbraunen Farbe in den Schatten jede Zeichnung verlieren, während sie sich bei weichem diffusem Tageslicht bis ins feinste Detail klar und plastisch abbilden. Andererseits werden z. B. kleine weißgraue Ammoniten oder ihre Abdrücke im flach angesetzten Gegenlicht mit bestechender Brillanz abgebildet. In dieser Hinsicht kann kein Patentrezept empfohlen werden; es entscheiden immer die Eigenschaften des Fossilobjektes und persönliche Erfahrungen bei der Ausleuchtung derselben.

Hellfeldaufnahmen (s. Bild 1.12), d. h. die Abbildung des mehr oder weniger dunklen Objektes auf schattenfreiem, weißem Untergrund, erhält man, indem dieses auf einer von unten durchleuchteten Milchglasscheibe gelagert und nach Bedarf von oben ausgeleuchtet wird. Die Helligkeit der Opalscheibe und damit des Untergrundes regelt man durch Verändern des Abstandes der Lichtquelle unter der Scheibe.

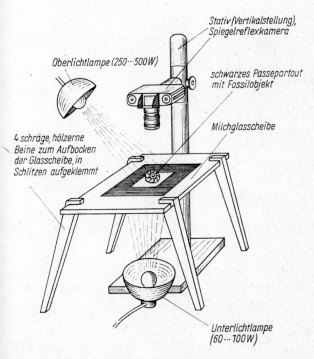

Bild 1.12. Technische Geräteanordnung für »Hellfeld«-Aufnahmen (schattenloser, weißer Untergrund) bei Fossilfotografie (nach BRANDT)

Umgekehrt fotografiert man helle Objekte im Dunkelfeld auf einer fehlerfreien Glasscheibe, die über einem mit schwarzem Velourpapier ausgekleideten Karton angemessener Größe liegt, je nach Bedarf bei diffusem oder flach (!) angesetztem, gerichtetem Licht (s. Bild 1.13).

Bis auf einige Ergänzungen gilt das für Herstellung von Nahaufnahmen Gesagte auch für Aufnahmen im Lupenbereich, also bei Abbildungsmaßstäben zwischen 1:1 und etwa 10:1.

Werden Lupenaufnahmen mit den allgemein gebräuchlichen Objektiven angefertigt, sind diese mit Hilfe eines Umkehrringes umgedreht zu erfassen; d. h., die Frontseite des Objektives wird zur Kamera gerichtet. Nur so ist vor allem bei relativ starker Vergrößerung im Negativ optimale Schärfe möglich. Die weitere Aufnahmearbeit erfolgt wie üblich.

Die Brennweite wählt man nunmehr mit Rücksicht auf den ohnehin recht langen Kameraauszug so kurz wie möglich. Die Kamera soll

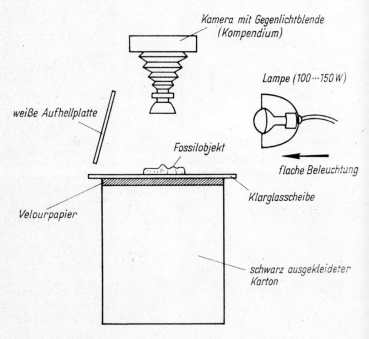

Bild 1.13. Technische Geräteanordnung für »Dunkelfeld«-Aufnahmen (schwarzer Untergrund) bei Fossilfotografie (nach BRANDT)

absolut erschütterungsfrei aufgestellt werden. Kunstlicht liefert die besten Arbeitsbedingungen. Der Lichtschalter kann den Kameraverschluß ersetzen, um die vom Verschlußablauf hervorgerufenen Schwingungsunschärfen zu vermeiden. Verfahrensweise: Licht ausschalten, Verschluß öffnen (T-Stellung), Licht einschalten, nach Ablauf der Belichtungszeit (mehrere Sekunden) Verschluß schließen.

Für Schwarz-Weiß-Aufnahmen verwendet man die für bildmäßige Fotografie üblichen Filme mittlerer Empfindlichkeit, wie NP 15 oder NP 20 als Kleinbild-, Roll- oder Planfilm, für Color-Negativ-Aufnahmen den NC 19 MASK. Mit ORWOCHROM UT 18 und 21 (für Tageslicht) und UK 17 (für Kunstlicht) erhält man projektions- und klischeefähige Farbdiapositive.

Für Mikroaufnahmen (Lichtmikroskop) z. B. von Bakterien, Foraminiferen, Ostracoden, Sporen und Pollen sowie Kutikulen u. a. werden in den mikropaläontologischen Labors spezielle Belichtungsautomatiken, die vom VEB Carl Zeiss Jena entwickelt wurden, verwendet (s. Tafel 12, Bild 20; Tafel 56, Bilder 93, 94; Tafel 57, Bild 95).

Sowohl bei der Makro- als auch bei der Mikrofossilfotografie kommen spezielle Aufnahmeverfahren, wie Infrarot-, Röntgen- und elektronenmikroskopische Fotografie, zwecks detaillierter Diagnose der Fossilien zur Anwendung (s. Tafel 12, Bilder 19, 21; Tafel 13, Bild 22; Tafel 56, Bilder 93, 94).

## 1.4.4. Wie legt man eine Fossilsammlung an?

Von Anfang an ist genau zu überlegen, wie, wo und was man sammeln kann und will. Dabei sollte der zu erwartende materielle Wert einer künftigen Sammlung niemals im Mittelpunkt stehen.

Wie schon mehrfach betont wurde, sind Fossilien Urkunden des Lebens aus der Vergangenheit unserer Erde, die es gilt sorgfältig zu bewahren und zu pflegen. Oft kann dabei ein Hinweis von Fachwissenschaftlern der Museen und anderer wissenschaftlicher Einrichtungen sehr wertvoll sein und sollte niemals als Bevormundung angesehen werden.

Was geschieht mit den Fossilien, die gesammelt, gereinigt und, falls nötig, präpariert werden?

Bevor die Funde in die Sammlung eingeordnet werden, sind sie zu »schachteln« und zu etikettieren. Fossilien bewahrt man am besten in Papp- oder Plasteschachteln von größenmäßig aufeinander abgestimmten Formaten auf. Da es keine Norm für die Größe der Fossilien geben kann, wie bei den Handstücken der Gesteine, sollte man sich nötigenfalls von einem Buchbinder verschieden große Sammlungsschachteln anfertigen lassen. Kleine leicht zerbrechliche Fossilien (z. B. kleine Schnecken, tertiäre Früchte und Samen u. a.) müssen in verschließbaren Glasröhrchen (Tablettenröhrchen) aufgehoben werden. Jedem

Fossil wird dann ein Etikett (5 × 7 oder 4 × 5½ cm) von dünnem, weißem, glattem Karton beigelegt mit den folgenden Angaben:

**Pflanzenfossil:**

Nr. 123 (Sammlungsnummer)

(Fossilnamen) *Taxodium dubium* (STERNBERG) HEER
(Fundhorizont und                    Polierschieferhalde (Fundort)
geologisches Alter) Unteres Miozän Seifhennersdorf/OL.
leg. et det.: H. WALTHER 1957

**Tierfossil:** aus Sedimentgestein

Nr. 333

*Gervilleia (Hoernesia) socialis* v. SCHLOTHEIM
Untere Schaumkalkbank      Steinbruch
Unterer Muschelkalk (mu 2 χ)     Zementwerk Karsdorf
leg. et det.: H. WEBER 1956     bei Freyburg/Unstrut

                aus einem Geschiebe
Nr. 42 077

*Echinosphaerites aurantium* HIS.
in grauem Kalkstein des schwedischen Ordoviziums
Strandgeröll                    Lobber Ort
Pleistozäner Geschiebemergel    Insel Rügen/Mönchsgut
leg. et det.: F. SCHMIDT 1950

Ist das Fossil vorläufig weder zu bestimmen noch stratigraphisch einzustufen, dann muß der Fundort besonders genau angegeben werden. Fossilien ohne Fundort sind wertlos! Man sollte auch in der linken unteren Ecke des Etikettes den Namen des Sammlers (*leg.* = legitur = es wurde gesammelt), des Schenkenden (*ded.* = deditur = es wurde gegeben) und desjenigen, der das Fossil paläontologisch bestimmt hat (*det.* = determinatur = es wurde bestimmt), angeben. Über diese Vermerke kommt man bei der wissenschaftlichen Bearbeitung zu einem späteren Zeitpunkt zu ergänzenden Auskünften über das Fossil. Auf dem Fossil (möglichst an einer unauffälligen Stelle!) ist die Sammlungs- bzw. Inventarnummer anzubringen. Man kann z. B. mit weißer Lackfarbe einen kleinen Strich oder Punkt auftragen, darauf wird mit Tusche die Nummer geschrieben und diese mit farblosem Lack überstrichen.
Bleibt nun die Frage zu beantworten, nach welchen Gesichtspunkten eine Sammlung angelegt werden kann. Prinzipiell unterscheidet man:

1. stratigraphische Sammlungen
2. regionale Sammlungen
3. lokale Sammlungen und
4. systematische Sammlungen

Jeder Sammler wird anfangs alles sammeln, ganz gleich, ob es sich z. B. um Kreide-Inoceramen, Karbonfarne oder tertiäre Früchte handelt. Jedoch wird er schon bald merken, daß die Anlage einer »Universalsammlung« seine Möglichkeiten übersteigt. Allerdings vermittelt universelles Sammeln einen guten Überblick über die Paläontologie. Nach geologischen Systemen geordnet, erhalten derartige Sammlungen den Charakter einer stratigraphischen Sammlung.

Nach einer bestimmten Zeit wird der Sammler sich hauptsächlich für die Gebiete interessieren, die er mühelos erreichen kann. Er wird sich dabei nur auf eine bestimmte Region beschränken, in der er die Fossilien aus den Fundorten der vorhandenen Systeme sammelt. In langjähriger Sammeltätigkeit können auf diesem Wege ansehnliche regionale Sammlungen geschaffen werden, deren wissenschaftlicher Wert wesentlich höher liegt als bei den allgemein stratigraphisch angelegten Sammlungen. Diese können logischerweise nur wenige Belege enthalten.

Eine der dankbarsten, aber auch erfolgreichsten Sammeltätigkeiten ist die Anlage einer lokalen Sammlung. Fossilien, von einer Halde oder einer Kiesgrube in langjähriger Arbeit abgesammelt, stellen die wissenschaftlich wertvollsten Sammlungen dar. Nicht nur, daß ausreichendes Fossilmaterial geborgen wird, sondern der Sammler kann sein Wissen automatisch so erweitern, daß er der »Fachmann« für »seine« Fundstelle wird.

Die Anlage systematischer Sammlungen wird nur wenigen wissenschaftlichen Einrichtungen (Fachinstituten oder Museen) vorbehalten bleiben.

Um die Bedeutung der durch Laienpaläontologen geschaffenen Sammlungen zu würdigen, sei nur so viel gesagt, daß gerade sie in der Vergangenheit und Gegenwart zahllose Belege für die fachwissenschaftlichen Arbeiten, z. B. Monographien über bestimmte Fossilgruppen, geliefert haben.

Es soll und kann auch keine Vorschrift gegeben werden, nach welchen Gesichtspunkten eine Sammlung anzulegen ist. Das liegt allein im Ermessen des betreffenden Sammlers, seinen Möglichkeiten und den ihm zur Verfügung stehenden Platzverhältnissen, aber vor allem seinem persönlichen Interesse.

Natürlich verlangt eine Sammlung auch sorgfältige Pflege. Staub und Feuchtigkeit sind die schlimmsten Feinde einer paläontologischen Sammlung. Ein feuchter Keller beispielsweise kann in relativ kurzer Zeit Fossilien zum Ausblühen bringen und damit wertlos machen. Reinigen sollte man nur mit einem weichen Pinsel. Steinkerne können allerdings schadlos mit milder Seifenlauge und einer weichen Bürste gereinigt werden. Im Zweifelsfalle empfiehlt es sich, einen Fachmann zu konsultieren (s. Abschn. 1.4.).

Lohn aller Arbeiten, Mühen und Entbehrungen, die beim Sammeln von Fossilien entstehen, ist eine wohlgeordnete Sammlung, in der jedes Stück seine eigene geologische, aber auch eine persönliche Sammlungsgeschichte besitzt.

## 1.5. Probleme um Fossilien

### 1.5.1. Leitfossilien und Biostratigraphie

Wie jede Geschichtsepoche von ihren charakteristischen Vorgängen und Dokumenten gekennzeichnet ist, so besitzen die einzelnen Zeitabschnitte der Erdgeschichte ihre für sie typischen »Versteinerungen« oder Fossilien. Sie dienen als Zeitmarken der relativen Altersbestimmung und zur Parallelisierung der Sedimentgesteine. Diese Fossilien sind auf bestimmte vertikale zeitliche und regionale Zonen beschränkt, man nennt sie Leitfossilien.

Der Leitfossil-Begriff wurde von LEOPOLD v. BUCH (1774 bis 1853) geprägt. In seiner inhaltlichen Bedeutung ist er aber schon älter und geht auf die Engländer MARTIN LISTER (1638 bis 1711) und JOHN WOODWARD (1665 bis 1728) zurück. Sie entdeckten die Horizontbeständigkeit gewisser Fossilien. Damit wurde Stratigraphie (geologische Schichtenkunde) möglich. Es ist das Verdienst des englischen Ingenieurs WILLIAM SMITH (1769 bis 1839), des »Schichten«-SMITH, Schichtenfolgen mit Hilfe von Fossilien zu parallelisieren. Seine praktischen Erfahrungen bei Kanalbauten in Mittelengland brachten ihn zu der Erkenntnis, daß die Fossilien nicht regellos, sondern in bestimmter Folge in den Schichtenfolgen eingebettet sind. Er verhalf somit in Großbritannien dem »Leitfossilprinzip« innerhalb der stratigraphischen Paläontologie zum Durchbruch und wurde zum Begründer der Biostratigraphie, später auch Biochronologie genannt, der Zeit- und Altersbestimmung mit Hilfe der Fossilien.

Bereits GEORG CHRISTIAN FÜCHSEL (1722 bis 1773) hatte vor ihm erkannt, daß einzelne Fossilarten an ganz bestimmte Horizonte oder Schichtenfolgen gebunden sind. Er nutzte seine Befunde als Argumente gegen die biblische Schöpfungsgeschichte. Seit NIELS STENSEN (NICOLAUS STENOSIUS oder STENO, 1638 bis 1686), einem Dänen, spielte in der Stratigraphie das »Lagerungsgesetz« eine wichtige Rolle. Es besagt, daß in ungestörten Sedimentgesteinen die geologisch ältesten Schichten stets die untersten sind und von den jüngeren Schichten überlagert werden. Überall tritt in den Schichten eine regelmäßige

Abfolge tierischer und pflanzlicher Fossilien auf. Hierauf beruht in seinen Grundprinzipien das in den Jahren 1820 bis 1850 von zahlreichen Wissenschaftlern aufgestellte und noch heute gültige stratigraphische System, die sog. »System- (früher auch Formationstabelle) tabelle« (s. Tabelle 2.1 bis 2.4 der Beilage). Leitfossilien sind Einzelorganismen bzw. Organismengruppen, die drei Bedingungen erfüllen sollen, um als Zeitmarken dienen zu können: (s. Bild 1.14)

1. rasche morphologische Veränderungen innerhalb eines kurzen geologischen Zeitraumes, d. h. Kurzlebigkeit und daher geringe vertikale Verbreitung
2. zahlenmäßig, individuenmäßig, große Häufigkeit im Auftreten
3. weite regionale, also horizontale Verbreitung, unabhängig von der Fazies, der Gesteinsbeschaffenheit, auf der Erde, natürlich immer nur im gleichen Lebensraum

Die wichtigsten und klassischen Leitfossilien unter den Makro- oder Großfossilien sind:

— Brachiopoden (Armfüßer) (Paläozoikum, Mesozoikum)
— Echinodermen (Stachelhäuter) (Paläozoikum, Tertiär)
— Trilobiten (Dreilappkrebse) (Kambrium bis Silur)
— Cephalopoden mit
  - Nautiloideen (Altpaläozoikum)
  - Ammonoideen (Silur bis Kreide)
  - Belemniten (Jura bis Kreide)
— Graptolithen (»Schriftsteine«) (Ordovizium bis Silur)
— Gastropoden (Schnecken) (Tertiär bis Quartär)
— Lamellibranchiaten (Muscheln) (Tertiär bis Quartär) (s. Bild 1.15)

Diese Fossilien spielen wegen ihrer guten Erhaltungsfähigkeit vor allem in marinen Ablagerungen als Leitmarken eine besondere Rolle. Bei der zeitlichen Einstufung festländischer Sedimente sind besonders zeitempfindlich während ihrer Entwicklung Reptilien (Mesozoikum) und die Säugetiere (Tertiär, Pleistozän). In neuerer Zeit haben in der paläontologischen Praxis die Mikro- oder Kleinfossilien, wie Foraminiferen (Kammerlinge), Ostracoden (Muschelkrebse), Conodonten und andere zunehmend an Bedeutung gewonnen. In limnischen Sedimenten, z. B. Polierschiefern oder Diatomiten, dienen Diatomeen (Kieselalgen), in Kohle- und Torfablagerungen und Salzschichten auch pflanzliche Reste, wie Pollen und Sporen oder Blatt- (Kutikulen) und Holzreste als Leitfossilien.

Die zeitlich kleinste stratigraphisch abgrenzbare Grundeinheit ist die Zone; ist sie durch typische Fossilien belegbar, spricht man von Biozone. Dieser Zeitabschnitt wird durch die Lebensdauer einer bestimmten Art gekennzeichnet (s. S. 199). Die Existenzdauer solcher Fossilarten umfaßt den Zeitraum von 300 000 Jahren bis zu einer Million Jahre. Er kann aber auch noch stärker schwanken. Heute faßt man, vor allem in der Mikropaläontologie, mehrere Arten zu Leitfaunen

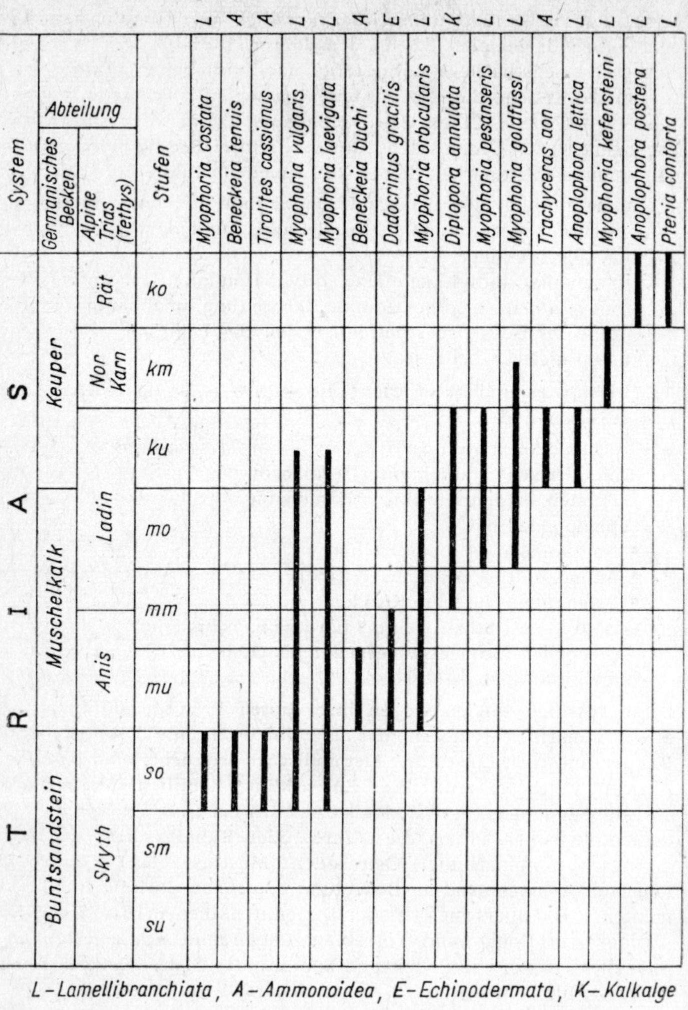

| System | Abteilung | | Stufen | Myophoria costata (L) | Beneckeia tenuis (A) | Tirolites cassianus (A) | Myophoria vulgaris (L) | Myophoria laevigata (L) | Beneckeia buchi (A) | Dadocrinus gracilis (E) | Myophoria orbicularis (L) | Diplopora annulata (K) | Myophoria pesanseris (L) | Myophoria goldfussi (L) | Trachyceras aon (A) | Anoplophora lettica (L) | Myophoria kefersteini (L) | Anoplophora postera (L) | Pteria contorta (L) |
|---|---|---|---|---|---|---|---|---|---|---|---|---|---|---|---|---|---|---|---|
| | Germanisches Becken | Alpine Trias (Tethys) | | | | | | | | | | | | | | | | | |
| T R I A S | Keuper | Rät | ko | | | | | | | | | | | | | | | ■ | ■ |
| | | Nor Karn | km | | | | | | | | | | | ■ | | | ■ | | |
| | | Ladin | ku | | | | ■ | ■ | | | | ■ | ■ | ■ | ■ | ■ | | | |
| | Muschelkalk | | mo | | | | ■ | ■ | | | ■ | ■ | | | | | | | |
| | | | mm | | | | | | | ■ | ■ | | | | | | | | |
| | | Anis | mu | | | | ■ | | ■ | | ■ | | | | | | | | |
| | Buntsandstein | Skyth | so | ■ | ■ | ■ | | | | | | | | | | | | | |
| | | | sm | | | | | | | | | | | | | | | | |
| | | | su | | | | | | | | | | | | | | | | |

L – Lamellibranchiata, A – Ammonoidea, E – Echinodermata, K – Kalkalge

Bild 1.14. Beispiel der Bedeutung von Muscheln, Kopffüßern und Echinodermen sowie Kalkalgen als biostratigraphische Zeitmarken (Leitfossilien) in der Erdgeschichte, während der Trias im germanischen Becken (verändert nach JORDAN)

Tabelle 2.4. Erdgeschichtliche Entwicklung im Neo- oder Känozoikum (Erdneuzeit)

| Gruppe (Ära) in der Tierwelt | System (Periode) (Dauer in Millionen Jahren) | Abteilung (Epoche) | Beginn vor Millionen Jahren | Klima und Umwelt | | Entwicklung der Lebewelt | | Gruppe (Ära) in der Pflanzenwelt |
|---|---|---|---|---|---|---|---|---|
| | | | | | | Tierwelt | Pflanzenwelt | |
| | | | | GEGENWART | | | | |
| Erdneuzeit oder Känozoikum (Neozoikum) | Quartär (1,8···2) | Holozän (Alluvium) | 0,01 | Erdbild nimmt heutiges Aussehen mit seinen Landschaftsformen an | Zeitalter der Säugetiere | **prähistorische und historische Entwicklung des Menschen** (Kulturstufen) Gesellschaftsordnungen Aussterben und Ausrottung von Tieren Anpassung der Tierwelt an die nacheiszeitlichen Klimate | **Ausbildung der gegenwärtigen Vegetationszonen** entsprechend den nacheiszeitlichen Klimaten Aussterben und Ausrottung von Pflanzen | Zeitalter der Bedecktsamer (Angiospermen), Neo- oder Känophytikum |
| | | Pleistozän (Diluvium) | 1,8 ± 0,5 | Wechsel von Warmzeiten und Kaltzeiten weltweit | | **Auftreten des Menschen** *Leitfossilien*: einige in rascher Entwicklung befindliche Säugergruppen (Elefanten, Nager, vorzeitlicher Mensch) einige Muscheln und Schnecken vielfältiges Tierleben in den Warmzeiten, Abwanderung der Tiere während der Kaltzeiten nach Süden | Anordnung klimabedingter Vegetationsgürtel | |
| | Tertiär (65) | Neogen (Jungtertiär) | 26 ± 2 | wechselnde Klimate: mehrfache Schwankungen zwischen subtropischem und gemäßigtem Klima **ausgedehnte Moorbildungen** (Höhepunkt der Klimaentwicklung) subtropisch-gemäßigtes, wintertrockenes Klima | Klima durch zunehmende Abkühlung charakterisiert | **erste Vertreter der Primaten** (Herrentiere) **Entfaltung der Säugetiere** in zahlreichen Stammlinien Reptilien zahlreich Insekten und Vögel ebenso Schnecken: Höhepunkte der Entwicklung *Leitfossilien*: Foraminiferen, Nannoplankton, Ostracoden, Weichtiere, Säugetiere weite Verbreitung der Muscheln, Schnecken, Bryozoen, Seeigel, Knochenfische | »**Herrschaft der Angiospermen**« nach Arten- und Individuenzahl den Hauptanteil bildend, der gegenwärtigen Flora angenähert **Blütenpflanzen und Nadelhölzer** Sumpfzypressen Mammutbäume | |
| | | Paläogen (Alttertiär) | 67 ± 3 | | | | | |
| | | | | MESOZOIKUM | | | | |

Tabelle 2.3. Erdgeschichtliche Entwicklung im Mesozoikum (Erdmittelalter)

| Gruppe (Ära) in der Tierwelt | System (Periode) (Dauer in Millionen Jahren) | Abteilung (Epoche) | Beginn vor Millionen Jahren | Klima und Umwelt | | Entwicklung der Lebewelt | | Gruppe (Ära) in der Pflanzenwelt |
|---|---|---|---|---|---|---|---|---|
| | | | | | | Tierwelt | Pflanzenwelt | |
| | | | | **KÄNOZOIKUM** | | | | |
| Erdmittelalter oder Mesozoikum | Kreide (70) | Oberkreide | 100 ± 5 | warm, z. T. arid Temperaturzunahme | Zeitalter der Reptilien (Blütezeit) | **Aussterben der Saurier, Ammoniten, Belemniten, Inoceramen (Muscheln)** beginnende Entfaltung der Säugetiere *Leitfossilien:* Kopffüßer, Belemnoideen, Seeigel, Muscheln, Foraminiferen Entwicklung aberranter Formen Höhepunkt der diapsiden Reptilien (Landsaurier) Blütezeit der Vögel und Flugsaurier Tierwelt der Kreide bildet eine Fortsetzung der Jurassischen | Einkeimblättler, Zweikeimblättler **Angiospermen (Blütenpflanzen dominieren)** Bennettiteen sterben aus tiefgreifende Umformung der Pflanzenwelt: **Bedecktsamer – Angiospermen erscheinen** erste Laubpflanzen ausgeglichene Pflanzenwelt | Neo- oder Känophytikum |
| | | Unterkreide | 137 ± 5 | humides Klima feucht und kühl | | | | Zeitalter der Nacktsamer (Gymnospermen) oder Mesophytikum |
| | Jura (58) | Malm (weißer Jura) | 162 ± 5 | warm-arid z. T. warmfeucht Riffe | | Urvogel – *Archaeopteryx*: **erster Vogel**; Flugsaurier *Leitfossilien:* Kopffüßer, Belemnoideen, Armfüßer, Foraminiferen Wirbeltiere: Kleinraubtiere, Insektenfresser **Zeit der gewaltigen Saurier** Fische häufig; Amphibien formenarm und selten Meeresitere: Muscheln, Schnecken, Schwämme, Korallen, Seeigel | sehr gleichförmige Pflanzenwelt Formenfülle der Nacktsamer überwiegt (Nadelbäume, Palmfarne, Ginkgogewächse) und Farne | |
| | | Dogger (brauner Jura) | 172 ± 5 | warm und ausgeglichen | | | | |
| | | Lias (schwarzer Jura) | 195 ± 5 | kühlfeucht euxinische Bildungen | | | | |
| | Trias (35) | Keuper | 205 ± 5 | lagunär-terrestrische Ablagerungen feuchtes Klima | | **erste Säugetiere** (Multituberkulaten) reiche Entfaltung der Reptilien (erste Dinosaurier) *Leitfossilien:* Muscheln, Armfüßer, Kopffüßer, Crinoiden, Reptilien **Aussterben der Böden- und Tetrakorallen** | Cycadeen und Bennettiteen bemerkenswerte Bestandteile sind Ginkgogewächse Algenriffe (Kalkalgen) letzte Farnsamer Buntsandstein – Trockenflora *Leitfossilien:* Pleuromaien, Schachtelhalme, Nadelbäume | |
| | | Muschelkalk | 215 ± 5 | boreale und warme Meere (ausgeglichene Klimate) | | | | |
| | | Buntsandstein | 230 ± 5 | halbarides, trockenes Klima | | | | |
| | | | | **PALÄOZOIKUM** | | | | |

Fossilien

Tabelle 2.2. Erdgeschichtliche Entwicklung im Paläozoikum (Erdaltertum)

| Gruppe (Ära) in der Tierwelt | System (Periode) (Dauer in Millionen Jahren) | Abteilung (Epoche) | Beginn vor Millionen Jahren | Klima und Umwelt | Entwicklung der Lebewelt | | | | Gruppe (Ära) in der Pflanzenwelt |
|---|---|---|---|---|---|---|---|---|---|
| | | | | | Tierwelt | | Pflanzenwelt | | |
| | | | | | M E S O Z O I K U M | | | | |
| Erdaltertum oder Paläozoikum | Perm (55) | Zechstein | 240 ± 10 | Riffbildungen warmarides trockenes Klima (Salze, Rotverwitterungen) | Umbildung der paläozoischen Lebewelt in die mesozoische  Leitfossilien: Ammoniten, Armfüßer, Foraminiferen, Reptilien  **erste säugetierähnliche Reptilien**  Knochenfische weit verbreitet  **•Aussterben der Trilobiten,**  altertümliche Stachelhäuter und Armfüßer und Großforaminiferen sowie Urinsekten  Entwicklung und Differenzierung der Reptilien | variskische Epoche | **erste Ginkgogewächse Nadelbäume vorherrschend Nacktsamer (Gymnospermen)**  höhere Sporenpflanzen  Algen als Riffbildner bedeutend  Steinkohlenwälder aus  **Gefäßkryptogamen:**  Leitfossilien  (Bärlappe, Schachtelhalme, Farne)  Farnsamer (Cordaiten und vereinzelt Nadelbäume)  als erste Nacktsamer | Mesophytikum | Zeitalter der Gefäßsporenpflanzen oder Pteridophytikum (Paläophytikum) |
| | | Rotliegendes | 285 ± 10 | | | | | | |
| | Karbon (65) | Oberkarbon (Siles) | 325 ± 10 | kaltarides Klima;  permokarbone Vereisung auf den Südkontinenten  kaltaride (Tillite) und feuchtwarme (Kohlen) Klimazeugen  (gleichmäßiges warmfeuchtes Klima)  ausgedehnte Wald-Moore weltweit verbreitet | reich entwickelte Tierwelt  **erste Reptilien** treten auf (Cotylosaurier)  Leitfossilien: Kopffüßer, Korallen, Brachiopoden, Großforaminiferen (erste Blütezeit), Muscheln, Schnecken, Knochenfische und Knorpelfische  **Aussterben der Graptolithen und Panzerfische** | Zeitalter der Fische und Amphibien | Pteridospermophytikum (Farnsamer) | | |
| | | Unterkarbon | 350 ± 10 | | | | | | |
| | Devon (55) | Oberdevon | 360 ± 10 | semiarides Klima mit Wechsel von Trocken- und Regenzeiten (Rotsedimentation) | **erste Amphibien und flügellose Insekten** (Ichthyostegiden)  Leitfossilien: Brachiopoden, Cephalopoden, Fische, Conodonten, Korallen  wichtig: Muscheln, Korallen, Trilobiten, Ostracoden  breite Entwicklung der Fische | | Pteridophytikum | Archaeopteris-Flora  **stürmische Entwicklung der Land-Pflanzenwelt** (älteste Wälder)  Hyenia-Flora  Algen verlieren an Bedeutung  Nacktpflanzen (Psilophyten-Flora) | | |
| | | Mitteldevon | 370 ± 10 | | | | | | |
| | | Unterdevon | 405 ± 10 | frühdevonische Eiszeit in Südamerika und Südafrika | | | Psilophytenzeit | | | |
| | Silur (35) | | 440 ± 10 | arides, trockenes Klima (Salze)  erste Korallenriffe  warm, feucht  weiterer Temperaturanstieg | **marine Wirbellose vorherrschend**  Auftreten der eigentlichen Fische (Panzerfische)  Leitfossilien: Graptolithen, Trilobiten, daneben Korallen und Armfüßer  Aufblühen der Korallen  Riesenkrebse | Zeitalter der marinen Wirbellosen | | **erste Gefäßpflanzen –** älteste Landpflanzen | | Algenzeit oder Algophytikum |
| | Ordovizium (70) | | 500 ± 15 | gleichmäßiges mildes Klima mit ansteigenden Temperaturen; mild-warm, feucht | **erste Wirbeltiere** («Fische»):  Agnathen (Kieferlose)  Leitfossilien: Graptolithen daneben Trilobiten und Armfüßer  erstmaliges Auftreten von Korallen, Muscheln, Crinoiden, Seeigeln und Kieselschwämmen | | | auffällige Entfaltung der Kalkalgen | | |
| | Kambrium (70) | Oberkambrium | 515 ± 15 | wärmeres Klima (Riffe) | **sprunghafte Entfaltung der marinen wirbellosen Tierwelt**  Leitfossilien: Trilobiten schon deutliche Faunenprovinzen  **Vertreter von 9 Tierstämmen nachgewiesen**  Wirbeltiere fehlen noch! | | | Algen weiterhin vorherrschend | | |
| | | Mittelkambrium | 540 ± 15 | trockenes Klima (Salzablagerungen) | | | | | | |
| | | Unterkambrium | 570 ± 15 | humid (feucht)-gemäßigt  infrakambrische Vereisung | | | | | | |
| | | | | P R Ä K A M B R I U M | | | | | | |

Tabelle 2.1. Erdgeschichtliche Entwicklung im Präkambrium

| Gruppe (Ära) in der Tierwelt | System (Periode) (Dauer in Millionen Jahren) | Abteilung (Epoche) | Beginn vor Millionen Jahren | Klima und Umwelt | Entwicklung der Lebewelt | | Gruppe (Ära) in der Pflanzenwelt |
|---|---|---|---|---|---|---|---|
| | | | | | Tierwelt | Pflanzenwelt | |
| | | | | P A L Ä O Z O I K U M | | | |
| Erdfrühzeit oder Präkambrium (Kryptozoikum) | Riphäikum (400) | | etwa 1 000 ± 50 | kühles Klima Vereisungen (Inlandeisfelder) freier Sauerstoff (1 % PAL.) | erste Vielzeller: Ediacara-Fauna (Hohltiere, Glieder- oder Ringelwürmer, Gliederfüßer) »Echte Fossilien« »Geburtsstunde des Tierreiches« | keine Pflanzen bisher nachgewiesen<br><br>Algen (Stromatolithen Chlorophyceen) | Zeitalter der Algen oder Algophytikum |
| | Proterozoikum (1 000) | | etwa 2 000 ± 50 | pflanzenleere Urwüsten; vorwiegend kühles und feuchtes Klima, Vereisungen bzw. Vergletscherungen | | vorwiegend niedere Wasserpflanzen: Kiesel-, Kalkalgen, Bakterien, Einzeller *Leitfossilien:* Stromatolithen (Algenkalke) »**Sauerstoffatmung**« | |
| | Archaikum (800) | | etwa 2 800 ± 50 | **Entwicklung einer O$_2$-führenden Atmosphäre** | älteste strukturierte Lebensspuren anaerobe, autotrophe Vorläufer der Grünpflanzen (Grünalgen) Cyanophyceen (Blaualgen) Dinoflagellaten Eisenbakterien | | |
| | Katarchaikum (1 200) | | etwa 4 000 | anaerobe Lebensbedingungen im Flachwasser (»**Urmeer**«) | Beginn der biologischen Entwicklung (Ernährung durch »**Photosynthese**«) bakterienartige Organismen | | |
| Erdurzeit Azoikum | | | vor 4,5···5,0 Milliarden Jahren | reduzierende »**Uratmosphäre**« aus H$_2$, CH$_4$, NH$_3$ und H$_2$O (sauerstofffrei!) | abiologisch-chemische Entwicklung (»**Milchsäuregärung**«) (»Eobionten« Urzeugung) | | |

Fossilien

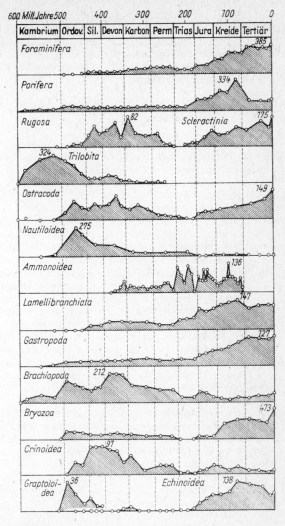

Bild 1.15. Die stammesgeschichtliche Entfaltung einiger Gruppen der marinen Wirbellosen. Es ist dargestellt die Zahl der Gattungen, jeweils bezogen auf die Gesamtzahl der bekannten Gattungen (nach HOUSE in BRINKMANN)

und Leitfloren zusammen. Diese Ahnen- oder Entwicklungsreihen von Organismen mit ihren artlich unterschiedlichen Angehörigen und statistisch faßbaren Merkmalsverschiebungen stellen daher ideale Leitfossilien in der Paläontologie dar, um Zonen und weitere Untereinheiten (Subzonen) auszugliedern. Es sind sozusagen die Seitenzahlen im Buch der Erdgeschichte.

### 1.5.2. Biostratonomie

Eines der vielseitigsten und umfangreichsten Teilgebiete der allgemeinen Paläontologie ist die Fossilisationslehre, die sich mit den Problemen des Überganges der Organismen aus der Biosphäre in die Lithosphäre beschäftigt. Sie umfaßt die Fossildiagenese (s. Abschn. 1.2.) und die Biostratonomie.
Die Biostratonomie ermittelt die spezifischen Zustände und Faktoren, die an gegebener Stelle während der Ablagerung organischer Reste, z. B. in einem fossilen Bachlauf oder See oder Küstensaum, wirksam waren. Sie untersucht die mechanischen Lagebeziehungen der organischen Reste (Fossilien) zueinander und zum Sediment (s. Bild 1.16). Hielt man zunächst nur die Einregelung und Anordnung der Fossilien im Gestein für wichtig, so werden heute bei biostratonomischen Untersuchungen alle Vorgänge vom Zeitpunkt des Absterbens eines Organismus bis zur endgültigen Einbettung des Kadavers oder seiner Einzelteile ins Sediment festgehalten. Alle äußeren und inneren Kräfte, wie Strömung, Schwerkraft, Windrichtung, Wirkung der Verwesungsgase, Auftrieb und andere Faktoren, die auf die Leichen einwirken, werden systematisch und quantitativ erfaßt. Dabei bedient man sich des Prinzips des Aktualismus. Aktuopaläontologische Beobachtungen und Erkenntnisse durch Erfassen rezenter Zustände in der Natur helfen bei der biostratonomischen Auswertung fossiler Befunde.
Erste biostratonomische Betrachtungen gehen auf den halleschen Geologie- und Paläontologieprofessor JOHANNES WALTHER (1860 bis 1937) zurück. Richtungsweisend und als der eigentliche Begründer der Biostratonomie ist der ehemalige Ordinarius für Geologie und Paläontologie des Geologisch-Paläontologischen Institutes der Universität Halle, Professor Dr. JOHANNES WEIGELT (1890 bis 1948), anzusehen. Was WEIGELT mit dieser neuen Forschungsdisziplin beabsichtigte, brachte er so zum Ausdruck:
»Vom Geschehen an Schalenmassen von Wirbellosen ausgehend, hatte ich die rezenten Wirbeltierleichen zum Forschungsgegenstand der Biostratonomie erhoben und gelehrt, in den rezenten wie in den fossilen Wirbeltierleichen Indikatoren für allgemein geologische, paläogeographische, klimatologische und ökologische Vorgänge zu sehen. Todesursache und Transport, richtende Kräfte und Einbettungsmedium, Verwesung und Verschleppung wie Konzentration, dies und

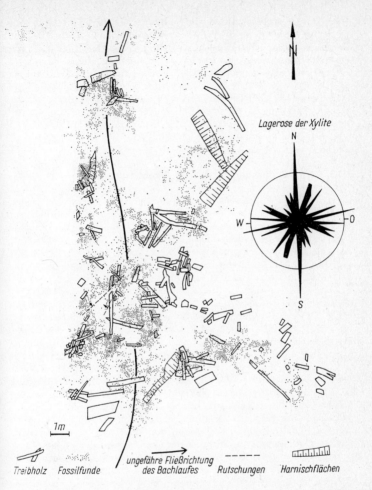

Bild 1.16. Biostratonomischer Lageplan (Fundstellenkarte) von Fossilresten und Xyliten (Baumstämmen und Hölzern) in einem fossilen Bachlauf innerhalb einer Fossilfundstelle in der eozänen Braunkohle des Geiseltales bei Merseburg.

Die Richtungsrose (Lagerose) der Xylite deutet die süd-nördliche Fließrichtung des ehemaligen Bachlaufes an, zahlreiche untergeordnete Nebenrichtungen der Rose beruhen auf im Bach verklemmten und in der Strömung hängengebliebenen Hölzern. Deutlich erkennbar ist die Wirkung der Hölzer als »Fossilfallen« (Häufungsstellen der Fossilfunde). Diese Fundkarte weist auf die paläökologischen Aussagemöglichkeiten bei biostratonomischen Untersuchungsmethoden hin (nach KRUMBIEGEL) vieles andere ist für den Geologen wichtiges Naturgeschehen in Gegenwart und Vergangenheit.«

Dieses WEIGELTsche »biostratonomische Programm« wurde in der Praxis beispielgebend von ihm selbst bei der Bearbeitung der Kupferschieferflora angewendet (WEIGELT 1928). Später wurde es bei der Erforschung der tertiären Wirbeltiere aus der Braunkohle des Geiseltales erweitert (s. KRUMBIEGEL 1959), und es befruchtete bis heute die paläontologische Forschung, besonders die Palökologie, in der Paläozoologie, der Paläobotanik, der Grundlagenforschung wie auch der angewandten Forschung (s. Abschn. 1.6.).

### 1.5.3. »Connecting links« oder »Mosaiktypen«

Erst ziemlich spät erkannte man in der Naturwissenschaft die Bedeutung der Paläontologie als wesentliche Disziplin zur Klärung von Fragestellungen des stammesgeschichtlichen Ablaufes der Organismen während der erdgeschichtlichen Entwicklung.

Die Abstammungshypothese war 1809 von JEAN BAPTISTE DE LAMARCK (1744 bis 1829) in seiner »Philosophie zoologique« formuliert worden. Diese LAMARCKsche Abstammungshypothese hatte bei bedeutenden Geologen und Paläontologen, wie CHRISTIAN LEOPOLD v. BUCH (1774 bis 1853), ALCIDE DESSALINIS d'ORBIGNY (1802 bis 1857), GEORG Graf zu MÜNSTER (1776 bis 1844) und FRIEDRICH AUGUST QUENSTEDT (1809 bis 1889) in aller Stille auf der Grundlage vergleichender Untersuchungen fossiler Organismen, z. B. Ammoniten, Bestätigung gefunden. Grundlegend für die Evolutionstheorie sind aber dann die Gedanken von CHARLES DARWIN (1809 bis 1882), die in seiner Arbeit 1859 »Über die Entstehung der Arten« Ausdruck fanden. Sie wurden von ERNST HAECKEL (1834 bis 1919) weitergeführt, und damit setzte sich schließlich endgültig der Entwicklungsgedanke in der Paläontologie durch. Argumente, wie »Lückenhaftigkeit der Fossilüberlieferung« und »Mangelhaftigkeit der Beweiskraft der Fossilien für stammesgeschichtliche Fragen«, seitens der Biologie stellten sich zunächst der Durchsetzung des Entwicklungsgedankens in der Paläontologie immer wieder in den Weg. Es fehlte seinerzeit bei den pflanzlichen und tierischen Fossilien noch die genügende Anzahl von sog. Übergangsformen. Für diese »Lücken« wurde von DARWIN der Begriff »missing link« geprägt, englisch: »fehlendes Glied« einer Kette. Heute nun, da reichere Fossilfunde als Bindeglieder diese »Lücken« ausfüllen, ist stattdessen der Begriff »connecting link« (»verbindendes Glied« bzw. »Mosaiktyp«) eingeführt worden.

Neue Baupläne bei Organismen entstehen nicht plötzlich, sie entwickeln sich allmählich aus dem vorangehenden Bauplantypus. Diese Zwischen- oder Übergangsformen, die zeitlich und morphologisch eine Lücke zwischen einer Stammform und den aus ihr hervorgegangenen

»Höherentwickelten« bzw. Descendenten überbrücken, nennt man auch »Mosaiktypen«. Sie vereinigen in sich also morphologische Merkmale einer systematisch niederen und einer systematisch höheren Ordnung im Tier- oder Pflanzenreich. Dieser »Mosaiktypmodus der Entwicklung« wird als die WATSONsche Regel, nach dem englischen Wirbeltierpaläontologen D. M. S. WATSON (1886 bis 1973), bezeichnet.

Marksteine der Entdeckung von »Mosaiktypen«, insbesondere bei den Wirbeltieren, deren stammesgeschichtliche Entwicklung in nachkambrischer Zeit liegt, sind in historischer Reihenfolge:

1861 *Archaeopteryx:* Reptilien – Vögel
1904 *Seymouria:* Amphibien – Reptilien
 (heute abgelöst durch *Gephyrostegus*)
1931 Ichthyostega: Fische – Amphibien
1932 Ictidosaurier: Reptilien – Säugetiere

Der Urvogel (Archaeopterygiformes) ist das bekannteste und berühmteste Fossil, das das Paradebeispiel eines »Mosaiktyps« darstellt und damit besonders zur Demonstration von Evolutionsprozessen geeignet ist.

Bis heute sind sechs Fossilfunde von Urvogelresten bekannt, und jeder neue Fund hilft Details ihrer Entwicklung weiter zu klären und das Bild über dieses »connecting link« zu vervollständigen. Die Aufstellung enthält die wichtigsten Daten (Fundjahr, Erhaltungszustand, Kurzbezeichnung, heutige Aufbewahrung) der bisher gefundenen Urvogelreste:

1. Fund: 1860, Abdruck einer Feder, Platte in München, Staatssammlung; Gegenplatte in Berlin (Naturkunde-Museum)
2. Fund: 1861, vollständiges Skelett (Londoner Exemplar), Britisches Museum London
3. Fund: 1877, vollständiges Skelett (Berliner Exemplar), heute im Paläontologischen Museum des Museums für Naturkunde in Berlin
4. Fund: 1956, Skelett mit unvollständigen Federabdrücken (Maxberger Exemplar), Geologisches Institut Erlangen (BRD)
5. Fund: 1970/1857, Skelett-Teile (Haarlemer Exemplar), Teyler Museum, Haarlem, Niederlande
6. Fund: 1951, Skelett eines kleinen Exemplares (Eichstätter Exemplar), Museum Willibaldsburg Eichstätt (BRD)

Der *Archaeopteryx* stellt das Übergangsglied zwischen Reptilien und Vögeln dar. Die Kombination der morphologischen Merkmale der Urvögel führte dazu, daß in Fachkreisen lange die Meinungen auseinander gingen, ob es sich *(noch)* um ein Reptil oder *(schon)* um einen Vogel handelte. Die Mischung dieser Reptil- und Vogelmerkmale zeigt deutlich die Gegenüberstellung:

**Reptilmerkmale:**

- Gehirn einfach mit kleinem Cerebellum (Kleinhirn)
- bezahnte Kiefer
- Wirbel amphicoel (hinten und vorn – bikonkav – tief trichterförmig ausgehöhlt)
- Kreuzbein aus sechs Wirbeln
- lange Schwanzwirbelsäule (20 Wirbel)
- einfache Rippen
- freie Metacarpalia (Finger)
- drei Finger mit Krallen
- Fibula (Wadenbein) lang
- Gastralia (Bauchrippen) vorhanden
- Sternum (Brustbein) flach

**Vogelmerkmale:**

- Claviculae (Schlüsselbeine) verwachsen (Furcula-Gabelbein)
- Pubis (Schambein) nach hinten gerichtet
- Metatarsalia (Mittelfußknochen) verwachsen (Tarsometatarsus)
- Halux (Großzehe) opponierbar
- Federn
- Schwungfedern wie bei den Vögeln angeordnet

Der Besitz von Federn ist das charakteristische Merkmal, den *Archaeopteryx* zu den Vögeln zu stellen, wenngleich viele andere Eigenschaften noch reptilartig waren.

## 1.6. Vorzeitliche Lebensräume – die Rekonstruktion fossiler Organismen und ihrer Lebensräume

Die Voraussetzungen zur Rekonstruktion einer fossilen Flora und Fauna eines Fossilfundpunktes sind systematische und quantitative Fossilaufsammlungen und gezielt angesetzte Ausgrabungen unter Anwendung biostratigraphischer und biostratonomischer Arbeitsmethoden.

Mit der Bestimmung von Fossilien und deren Vergleich mit rezenten Lebewesen (soweit dies überhaupt möglich ist) allein ist weder eine Aussage über das Aussehen des ehemaligen Lebewesens noch über die Lebensgemeinschaft (Biozönose), in der es einmal lebte, gegeben. Da oft nur Bruchstücke von Tieren und vor allem von Pflanzen gefunden werden, müssen in mühevoller Kleinarbeit erst einmal die Organismen rekonstruiert werden (z. B. Lepidodendren, Sigillarien, Karbonfarne usw.). Daraus ergibt sich auch eine gewisse Dynamik im Erkenntnisprozeß, die wiederum von den Möglichkeiten einer detaillierten Untersuchung und der Anwendung neuer Techniken (s. Abschn. 1.4.2.) abhängt. Die beschreibende Untersuchung der Fossilien läßt dann erstens die Rekonstruktion des Gesamtorganismus, seiner Ökologie (Biotop) und Verbreitung und zweitens — da kein Lebewesen für sich allein existieren kann — seiner Stellung in der für ihn zutreffenden Lebensgemeinschaft (Biozönose) zu. Man erhält also erst durch die Rekonstruktion des fossilen Lebewesens und seiner Lebensgemeinschaft ein umfassendes Bild vom vergangenen Leben auf unserem Planeten. In der Paläontologie hat man sich schon sehr früh mit derartigen Rekonstruktionen beschäftigt und ist dabei zu unterschiedlichen Ergebnissen gekommen. Das beweist, daß derartige Rekonstruktionen vom jeweiligen Stand der Erkenntnis abhängig sind.

Im folgenden Text soll an Beispielen der Systeme Karbon, Perm und Tertiär gezeigt werden, wie man zu einer Rekonstruktion von Einzelorganismen und von Lebensgemeinschaften auf Grund gezielt und systematisch angesetzter Untersuchungen von Fossilien gelangen kann.

### 1.6.1. Rekonstruktion einer fossilen Pflanze

Vielleicht erscheint es dem Laien phantastisch, wenn er die Rekonstruktion einer mehr als 200 Millionen Jahre alten Pflanze vor sich sieht. Sind es doch nur Organe, wenn nicht sogar nur Organteile, die fossil überliefert sind. Es gehört mit zu den schwierigsten Aufgaben in der Paläontologie, aus Teilen einen Organismus so wiederherzustellen, daß er annähernd den Realitäten der entsprechenden Zeitepoche entspricht. Ein Vorhaben, das nie vollkommen sein wird, da es vom jeweiligen Kenntnisstand abhängig ist. Diese Rekonstruktionen sind das Ergebnis jahrzehntelangen Forschens, das kriminalistischen Spürsinn und umfangreiche Detailkenntnisse unter Anwendung spezieller Präparationsmethoden verlangt. Begünstigt durch gute Erhaltungszustände der fossilen Organreste und der genauen geologischen Kenntnis der Fundstelle läßt sich dann die Rekonstruktion einer Pflanze, in unserem Beispiel des etwa 1 m hohen Karbonfarnes *Nemejcopteris feminaeformis*, durchführen.

Als »*Pecopteris*« *feminaeformis* wurden seit langer Zeit Fiederchen mit einfacher fiederförmiger Nervatur und gesägtem Rand eines Karbonfarnes aus dem Oberkarbon (Stefan) und Unterperm (Unterrotliegendes) der euramerischen Flora beschrieben. Dabei wurde immer festgestellt, daß diese »Art« innerhalb der Formgattung *Pecopteris* eine Sonderstellung einnehmen muß. Erst durch jahrzehntelange Aufsammlung und Untersuchung von verschiedenen Organresten aus dem Rotliegenden des Döhlener Beckens bei Dresden gelang es, mittels einer Rekonstruktion diesen Farn entsprechend systematisch einzustufen.

Auf Grund der Erkenntnis über den morphologischen und anatomischen Bau dieser Pflanze gehört sie heute zu einer neuen Gattung und wird als *Nemejcopteris feminaeformis* geführt.

Die einzelnen Organteile dieses Farnes waren in vorzüglichem Erhaltungszustand überliefert. Neben den zahlreichen sterilen Fiederchen wurden 3 bis 6 mm dicke, sich mehrfach dichotom teilende, runde Sprosse mit sehr dichter Behaarung gefunden; die Haare waren stachelförmig und bis 3 mm lang. Es handelt sich hierbei um die Rhizome (Rhizom = unterirdischer Sproßteil), von denen in kurzen Abständen rechtwinklig fiedertragende Achsen (Phyllophore) abzweigten. Durch weitere Funde wurde festgestellt, daß die Ansatzstellen der Phyllophore scheidenförmig von Aphlebien umgeben waren. Die fiedertragenden Achsen sind relativ dünn und dicht mit 1 bis 3 mm langen starren spitzen Haaren, die auf kleinen runden Höckern stehen, besetzt. Von den Achsen entspringen wechselständig Fiedern, die sich unmittelbar an der Basis gabeln, was wiederum durch günstige Funde von Bruchstücken nachgewiesen werden konnte. An der Basis der räumlich angeordneten Gabeläste sitzen jeweils eine bis 7 mm lange Aphlebie, die basal breit linear ist, zum Rande sich aber in zahlreiche zugespitzte Segmente dichotom verzweigt. Nur vereinzelt wurden fertile Fiedernreste gefunden, deren Achsen gleichfalls eine steife Behaarung besaßen. Morphologisch weichen diese fertilen stark von den sterilen Fiedern infolge einer ausgesprochenen Heterophyllie (Verschiedenblättrigkeit) ab. Sie kommen als zwei- bis dreimal dichotom gegabelte, schmal-lineale Fiederchen vor und andererseits in Form deutlich gestielter Sporangiengruppen. Jede dieser Gruppen besteht aus 5 bis 6 fiederförmig angeordneten Sporangien. Der vorzügliche Erhaltungszustand erlaubte es, alle Einzelheiten des Sporangienbaues mit Hilfe spezieller Untersuchungsmethoden, z. B. Kutikularanalyse (s. Abschn. 1.4.2.) nachzuweisen. In der Vergangenheit wurden die einzelnen Organe dieser Pflanze mit unterschiedlichen Namen belegt, weil der Zusammenhang dieser noch nicht zu erkennen war: z. B. nach der Morphologie der Wedel zu *Saccopteris*, nach der anatomischen Struktur der Fiederachsen zu *Etapteris*, nach den fertilen Fiedern I. Ordnung zu *Schizostachys*, nach denen der II. Ordnung zu *Zygopteris*, nach den Sporangien zu *Biscalitheca* und *Monoscalitheca*, nach den Sporen zu *Verrucosisporites*.

Erst die äußerst günstigen Fundumstände und eine jahrelange Bearbeitung ermöglichten es, den wahren Sachverhalt zu erkennen und eine Rekonstruktion dieses Karbonfarnes vorzunehmen (s. Bilder 1.17 und 2.96/18). Es lassen sich auch wesentliche Rückschlüsse über die Palökologie und Soziologie dieser Pflanze ziehen. Die schlanken, fiedertragenden Achsen waren nicht in der Lage, freistehend die großen Fiedern zu tragen. Da die Phyllophore in sehr geringen Abständen vom Rhizom entsprangen, wird vermutet, daß sich die dicht stehenden Wedel mit ihren Fiedergabeln und den bestachelten Achsen gegenseitig stützten.

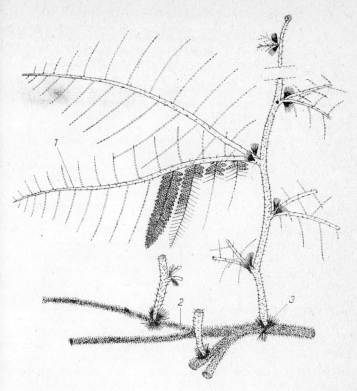

Bild 1.17. Rekonstruktion des Farnes *Nemejcopteris feminaeformis* (SCHLOTH) BARTHEL (nach BARTHEL)

*1* sterile Fiedern, *2* kriechendes Rhizom, *3* Aphlebien

Die Pflanze war ein Spreizklimmer. Aus der Untersuchung der Fundschichten, in denen *Nemejcopteris feminaeformis* gehäuft auftritt, ist bekannt, daß mit ihnen zusammen entweder Calamiten (Schachtelhalme) oder Sphenophyllen (Keilblattgewächse) vorkommen. Dies läßt vermuten, daß sich der Standort dieses Karbonfarnes innerhalb eines sehr nassen Moores oder am Rande stehender Gewässer befand.

Dieses Beispiel soll zeigen, daß es sich bei Rekonstruktionen keinesfalls nur um phantasievolle Nachbildungen handelt, sondern daß sie das Ergebnis mühevoller Kleinarbeit sind, bei der eine kritische und abgewogene schöpferische Phantasie stimulierend wirkt.

## 1.6.2. Rekonstruktion des karbonischen Florenbildes

Einen weiteren Schritt in der Rekonstruktion stellen die Floren- oder Vegetationsbilder dar. Auf Grund des zahlreichen pflanzlichen Fossilmaterials sind schon seit vielen Jahrzehnten die Lebensbilder des karbonen »Steinkohlenwaldes« bekannt. Anfangs lagen einer Rekonstruktion nur Großreste zugrunde (Stämme, Wedelteile, Fiedern usw.). Wesentliche Ergänzungen ermöglichte die mikroskopische Erforschung der Kohle in den letzten Jahrzehnten, wie das folgende Beispiel zeigt. Dabei handelt es sich um die allgemeine Rekonstruktion eines Karbonwaldes. Bei diesem Florenbild sind weniger die einzelnen Arten dargestellt, wie es in vielen Lebensbildern des »Steinkohlenwaldes« zu finden ist. Es wird vielmehr ein Überblick der Verbreitung einzelner Pflanzengruppierungen oder Pflanzengesellschaften sowie die ihnen entsprechenden Moortypen gezeigt. Leider sind bei vielen Darstellungen des Karbonwaldes die einzelnen Pflanzen so angeordnet wie gelegentlich in einem Botanischen Garten.

Bild 1.18 zeigt ein Süßwasserbecken, an dessen Rande sich ein Waldmoor ausbreitet, beide waren getrennt durch einen in der Verlandungszone wachsenden Calamitenröhricht. Den Grund des Sees bedeckte sporenreicher Faulschlamm, in dem auch vom Ufer eingewehte und eingeschwemmte Pflanzenteile eingelagert waren. Durit, ein besonderer Kohlebestandteil, der sich durch Sporenreichtum auszeichnet, entstand durch nachfolgende diagenetische Vorgänge. An der unmittelbaren Uferzone bildeten sich hingegen feinschichtige Clarite und sog. Kutikulenclarite, ebenfalls besondere Kohlevarietäten. Der Sporenreichtum der Calamiten der Verlandungszone spiegelt sich in dem sporenreichen Clarit wider. Diese Befunde sprechen für die Autochthonie der Kohle, d. h., daß die Pflanzen unmittelbar an ihrem Wuchsort eingebettet wurden und zur Inkohlung kamen. (Von Allochthonie spricht man dagegen, wenn das Pflanzenmaterial vor der Inkohlung zusammengeschwemmt wurde, also Wuchsort nicht gleich »Begräbnis-

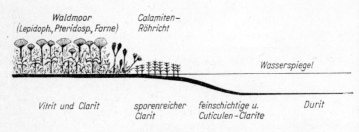

Bild 1.18. Die Biotope eines Steinkohlenmoores des Karbons in ihrer seitlichen Aufeinanderfolge und die zugehörigen, daraus entstandenen Steinkohlenarten (nach TEICHMÜLLER)

ort« ist.) Als weitere Beweise für die Autochthonie gelten die oft senkrecht in den Kohleflözen bzw. den ihnen zwischengelagerten Schichten stehenden Calamitenstämme. Die überwiegende Menge der Karbonpflanzen (Farne, Farnsamer, Siegel- und Schuppenbäume, Keilblattgewächse und Cordaiten) bildeten eine Vergesellschaftung, die unter dem Namen Waldmoor bekannt wurde. Das Vorherrschen baumbildender Bärlappe (Sigillarien, Lepidodendren), die zu den Mikrophyllen (Kleinblättlern) gehören, und von Karbonfarnen mit stark aufgegliederten Wedeln verursachte, daß der Karbonwald im Gegensatz zu den heutigen tropischen Wäldern sehr licht gewesen ist. Daß es innerhalb dieser Waldmoore noch weitere Pflanzenvergesellschaftungen gegeben haben mag, steht außer Zweifel. Es soll dies aber an dem vorliegenden Beispiel nicht erörtert werden.
Die optimalen Umweltbedingungen (Klima) ließen eine enorme Produktion an pflanzlicher Substanz zu. Durch die zahlreichen absterbenden Pflanzen kam es zu starker Humusbildung, allmähliches Absinken des Untergrundes und nachfolgende Bedeckung mit Sedimentmaterial führten schließlich zur Bildung mächtiger Steinkohlenflöze. Claritische (reich an Gewebeteilen, Sporen und Kutikulen) und vitritische Kohle (keinerlei Differenzierung, Schichtung und Gewebeteile erkennbar, Humusgel) verdanken ihre Entstehung diesen Waldmooren.

### 1.6.3. Rekonstruktion einer lokalen Flora des Tertiärs

Die Rekonstruktion der fossilen Flora eines lokalen Fundpunktes ist nur möglich, wenn sehr viel Fossilmaterial vorhanden ist. Dazu ist eine systematische und quantitative Aufsammlung über mehrere Jahrzehnte nötig (eine lohnenswerte Aufgabe für einen Laiensammler).
Als Beispiel soll die Flora aus dem Tertiär (Unteres Miozän) der bekannten Polierschieferfundstätte von Seifhennersdorf/OL. dienen. Bisher sind von diesem Fundort seit Ende des vergangenen Jahrhunderts mehr als 50 Pflanzenarten bestimmt worden, die zu über 25 Familien gehören. Diese relativ hohe Artenzahl ermöglicht es, einzelne Pflanzengesellschaften, aus denen sich diese tertiäre Flora zusammensetzt, herauszufinden.
Die Rekonstruktion einer tertiären Flora erscheint einerseits einfacher als die aus älteren Systemen, da die tertiären Arten auch heute noch ihre verwandten Sippen z. B. in nordamerikanischen und südostasiatischen Gebieten haben. Andererseits ist die Bestimmung besonders der Blattreste, die hier gehäuft auftreten, recht schwierig wegen der z. T. morphologischen Ähnlichkeit der Blätter in den einzelnen Pflanzenfamilien. Deshalb sind umfangreiche Vergleiche mit rezenten Arten und das Studium der heutigen Pflanzengesellschaften notwendig (Aktuopaläontologie).
Durch die genaue Kenntnis der vorkommenden Arten, der geologisch-

lithologischen Situation und den Vergleich mit rezenten Pflanzengesellschaften ergibt sich für diese Flora folgendes Bild (s. Bild 1.19 der Beilage):
Ein größerer Süßwassersee war von mehreren Pflanzengesellschaften umgeben. Der Untergrund eines Seeufers bestand aus stark verwittertem Granit, wobei besonders an der Uferzone tektonisch bedingte Senkungen auftraten. Hier war der Standort von Pflanzen, die auf nährstoffarmem (oligotrophem) Boden gedeihen konnten. An der Randzone des Sees, in unmittelbarer Ufernähe, findet man Vertreter der Seerosen- und Laichkrautgesellschaften. Die Seerosen sind belegt durch Samen der fossilen Art *Brasenia victoria,* deren rezente Vergleichsart heute in den warmgemäßigten Gebieten Nordamerikas und Japans vorkommt. Von den Laichkräutern tritt *Potamogeton seifhennersdorfensis* mit zierlichen Sproßteilen auf. Diese fossile Art ist der weltweit verbreiteten rezenten Form *Potamogeton pusillus* sehr ähnlich. In der folgenden, fast ständig vom Wasser überdeckten Uferzone ist eine Pflanzengesellschaft ansässig – wie sie heute in den als Swamps bezeichneten Sümpfen von Florida im südlichen Nordamerika bekannt ist – der *Nyssa-Taxodium*-Moorwald (s. Bild 1.19). Die Sumpfzypressen *(Taxodium distichum)* waren im Tertiär auf der Nordhalbkugel der Erde weit verbreitet. Heute ist ihr Areal nur auf den südlichen Teil Nordamerikas beschränkt. Es sind sommergrüne Nadelbäume, die jährlich ihre 5 bis 10 cm langen Kurztriebe, die die Nadelblätter tragen, abwerfen. Die Bäume können bis zu 50 m hoch werden und besitzen eine kegelförmig angeschwollene Stammbasis. Es konnten von dem Fundort Seifhennersdorf Hunderte von Kurztrieben, aber auch Zapfen, Zapfenschuppen und Samen der tertiären Sumpfzypresse *(Taxodium dubium)* nachgewiesen werden. Von dem sommergrünen, heute in vier Arten im südöstlichen Nordamerika und Zentralchina vorkommenden Tupelobaum wurden die Hartteile der Früchte, die Steinkerne, gefunden. Diese Art wird als *Nyssa ornithobroma* geführt.
Auf teilweise vertorftem Boden folgten Pflanzengesellschaften, die als Moorgebüsch und Farn-Monokotylen-Gesellschaft bezeichnet werden. Man findet hier Blattreste von Vertretern der Gagelgewächse (Myricaceen). Auch die Büsche von Stechpalmenarten *(Ilex)* hatten in dieser Gesellschaft ihren Standort. Fossil sind nur kleine Steinkerne *(Ilex tenuiputamenta)* erhalten. An diesen Sträuchern rankte die Stechwinde *(Smilax),* ein Liliengewächs, empor, von dem vereinzelt Blätter gefunden wurden. Die Farn-Monokotylen-Gesellschaft setzt sich aus Farnarten und einkeimblättrigen Pflanzen (Monokotyledonen), z. B. Sauergräser, zusammen. Von den Farnen treten Fiederblätter von *Osmunda lignitum* (Königsfarn) und von *Pronephrium stiriacum* auf. Diese Farne sind in den Braunkohlenfloren Mitteleuropas sehr häufig zu finden, z. B. auch im Geiseltal. Von den heute hauptsächlich in den subtropischen bis tropischen Gebieten Südasiens vorkommenden Ing-

wergewächsen (Zingiberaceae) wurden die bis zu 10 cm langen Früchte mit den charakteristischen Samen gefunden. Es handelt sich dabei um eine ausgestorbene Art *(Spirematospermum wetzleri)*.
Das nun folgende uferferne Gebiet stieg leicht an, so daß es auch bei Hochwasser trocken blieb. Hier breitete sich ein artenreicher, mesophytischer (Mesophyten sind Pflanzen, die an mäßig feuchten Standorten vorkommen) Wald aus Nadelbäumen und Sommerlaubbäumen aus, mit einzelnen immergrünen Bäumen und Sträuchern. Die tertiäre Hainbuche *(Carpinus grandis)* trat gehäuft auf, wie die reichlichen Funde von Blättern und die charakteristischen Früchte belegen. Ihre rezenten Vergleichsformen sind in Nordostasien und Japan verbreitet. Von den Birken *(Betula)* sind ebenfalls zwei Arten bekannt: *Betula dryadum* und *Betula subpubescens* (der rezenten Moorbirke ähnlich). Fossile Ulmengewächse (Ulmaceae) konnten durch Blattfunde der Gattungen *Ulmus* (Ulme), *Celtis* (Zürgelbaum) und *Zelkova* (Zelkova) ebenfalls nachgewiesen werden. Auch Linden *(Tilia)* waren in diesem artenreichen Wald durch die fossile *Tilia irtyschensis*, die sich mit nordamerikanischen und nordasiatischen Linden vergleichen läßt, vertreten. Mit fünf Arten kamen die Ahorne *(Acer)* vor, wie es durch Blattfunde und Reste der Teilfrüchte (»Ahornnasen«) belegt werden kann. Die fossilen Arten wie *Acer tricuspidatum* zeigen teils zum nordamerikanischen Rotahorn *(Acer rubrum)* und dem Silberahorn *(Acer saccharinum)* verwandtschaftliche Beziehungen, teils bestehen auch Analogien zu der Sektion, in der unser einheimischer Bergahorn *(Acer pseudoplatanus)* eingeordnet ist. Die durch ihre schönen, auffallenden Blüten bei uns in Gärten und Parkanlagen besonders im Frühjahr hervortretenden Magnolien *(Magnolia)* kommen ebenfalls mit zwei Arten *(Magnolia dianae* und *Magnolia denudataeformis)* vor und haben große Ähnlichkeit mit den hauptsächlich auf Ostasien beschränkten *Magnolia*-Arten. Von den Lorbeergewächsen (Lauraceae), die sich durch immergrüne, ganzrandige Blätter (laurophylle Blätter) auszeichnen, treten nach der Häufigkeit der Funde zu schließen nur drei Arten auf. Danach spielten die in anderen tertiären Floren dominierenden Lorbeerarten in der Flora von Seifhennersdorf nur eine untergeordnete Rolle. Floren, bei denen die laubwerfenden Arten überwiegen, werden als arktotertiäre bezeichnet. Auch Nadelhölzer gehören in diesen artenreichen mesophytischen Wald. So findet man die Doppelnadelblätter der heute nur noch mit einer Art in den feuchten Bergwäldern des subtropischen Japans vorkommenden Schirmtanne *(Sciadopitys verticilliata)*. Von den Zypressengewächsen (Cupressaceae) konnten die auffallenden Zweigreste der im Tertiär nicht seltenen *Libocedrites salicornoides* nachgewiesen werden. Gewisse Ähnlichkeiten bestehen zu der heute in Südspanien, auf Malta und in Nordafrika vorkommenden Gliederzypresse *(Tetraclinis articulata)*.
Der Boden des anderen Seeufers war sehr flach, sein Untergrund wurde von Basalttuffen gebildet, die bei der Verwitterung sehr nähr-

stoffreiche (eutrophe) Böden ergaben. Auch hier findet man wieder ganz bestimmte Pflanzengesellschaften.

An der Uferzone breitete sich die Wassernuß-Hornblatt-Gesellschaft aus, nachgewiesen durch fossile Frucht- und Blattreste. Dieser Gesellschaft folgte uferwärts ein dichter Röhrichtgürtel, hauptsächlich aus dem Schilfrohr *(Phragmites)*. Fossil sind davon nur die breiten parallelnervigen Blattreste überliefert. Die weitere Uferzone war bei Niedrigwasser teilweise, bei Hochwasser völlig mit Wasser bedeckt. Es breitete sich ein Erlen-Flachwasser-Uferwald aus, der von einem Großseggensumpf durchsetzt war. Drei fossile Erlenarten sind durch Blattfunde und Fruchtzapfen belegt worden, von denen die Art *Alnus kefersteinii* im Tertiär allgemein verbreitet war. An den Bächen und Rinnsalen, die das Ufer durchzogen, stand ein Weiden-Ufer-Gebüsch. Im angrenzenden Pekan-Eichenwald der Überschwemmungsebene kamen neben Eichen *(Quercus)* vor allem diverse Arten der Nußbaumgewächse (Juglandaceae) vor. Bei den Eichen sind es besonders die Arten mit scharf gesägten Blatträndern, wie sie heute unter den in Japan, Korea, der VR China und im Himalaja-Gebiet verbreiteten Eichen anzutreffen sind. Die fossile Art, *Quercus drymeja*, besitzt schmale Blätter mit einem stachelspitzigen Rand. Die Nußbaumgewächse waren vor allem durch die fossile »Pekan«-Nuß, *Carya serraefolia*, vertreten. Die Gattung *Carya* ist heute mit mehreren Arten in Ostasien und Nordamerika beheimatet. Ferner kommt in dieser Pflanzengesellschaft die bereits beschriebene tertiäre Hainbuche vor.

Die Rekonstruktion der Flora von Seifhennersdorf läßt weiterhin Aussagen über die klimatischen Verhältnisse (paläoklimatische Aussage) zu. Die größte Anzahl der fossilen Pflanzenarten zeigt enge verwandtschaftliche Beziehungen zu heute in Ostasien vorkommenden Arten. Ein weiterer Teil der Fossilien weist auf Beziehungen zu jetzt im atlantischen Nordamerika vorkommenden Arten hin. Die klimatischen Bedingungen in der genannten Fundstelle müssen während des Tertiärs denen der Verbreitungsgebiete der rezenten Vergleichpflanzen entsprochen haben. Danach war das Klima warm-gemäßigt, humid (feucht) mit nur wenigen Frosttagen im Winter, also nicht, wie oft fälschlich angenommen wurde, subtropisch oder gar tropisch.

Dieses Beispiel soll zeigen, wie man mit Hilfe von pflanzlichen Fossilien in der Lage ist, eine Flora von etwa 25 Millionen Jahren Alter so zu rekonstruieren, daß man davon ein anschauliches Bild über die Vegetation in einem bestimmten Abschnitt des Tertiärs erhält. Da die tierischen Funde in Seifhennersdorf relativ selten sind, eignen sie sich nicht zur Lebensbildbeschreibung, wie dies im folgenden Beispiel der berühmten Fossilfundstelle des Geiseltales bei Merseburg der Fall ist.

## 1.6.4. Rekonstruktion einer lokalen Flora und Fauna sowie ihrer Ökologie

Die mitteleozäne »Fossillagerstätte« Geiseltal südlich Halle/Saale lieferte in den vergangenen 50 Jahren etwa 50 000 größere Fossilreste mit weit über 200 Arten verschiedenster Tiergruppen aus etwa 150 paläozoologischen und paläobotanischen Fundstellen. Dieses Fundmaterial ermöglicht es daher schon heute, grundlegende paläontologische, palökologische und sedimentologische (Sedimentologie – Lehre von der Entstehung, Bildung und Umbildung der Sedimentgesteine) Aussagen zu machen über die fossilen Biotope und ihre ehemaligen Biozönosen und Pflanzengesellschaften sowie über die geologischen Vorgänge, die zur Entstehung der verschiedenen Fundstellentypen führten. Damit dienen diese Funde der Klärung von unmittelbaren Problemen der Erd- und Lebensgeschichte und ließen zum Teil detaillierte Rekonstruktionen von Tier- und Pflanzenwelt im Alttertiär, vor etwa 50 Millionen Jahren, zu.

Die paläozoologischen Reste (Wirbellose und Wirbeltiere) der eozänen Braunkohle des Geiseltales sind nicht gleichmäßig in der Kohle verteilt, sondern regional an engbegrenzte Gebiete (Schwellenbereiche im ehemaligen Moorgebiet) und stratigraphisch an bestimmte Flözhorizonte mit hohem Kalkgehalt gebunden. Es lassen sich daher die Fundstellen genetisch und palökologisch bestimmten Typen zuordnen: Einsturztrichter (dolinenartige Erdfälle oder diagenetische Sackungstümpel), Leichenfelder (Überschwemmungsgebiete der Regenzeiten) und Bachläufe (Zuflüsse von kalkhaltigen konservierenden Wässern von außerhalb der Moorniederungen).

Voraussetzung für die Rekonstruktion der fossilen Biotopverhältnisse im Bereich dieser Fundstellen und gleichzeitig verallgemeinernd auf das Landschaftsbild des gesamten tertiären Geiseltalmoores bildeten die vorzüglich erhaltenen Oryktozönosen (fossile Toten- oder Grabgemeinschaften) von tierischen Organismen und die Pflanzenreste. So entstand die schematische Rekonstruktion eines Lebensbildes (Bild 1.20 der Beilage), die speziell die Landschaftsverhältnisse im Bereich der Fundstellentypen Einsturztrichter und Bachlauf sowie in deren näherer und weiterer Umgebung zeigt.

Danach gliederte sich die etwa 3 000 bis 4 000 m in der Nord-Süd-Erstreckung breite Moorniederung des Geiseltales von innen nach außen in fünf floristisch bedingte, aber auch von bestimmten Tiergesellschaften bewohnte Biotopzonen:

Zone I wurde von einem Gebiet mit kleineren Seen und Tümpeln gebildet, die durchschnittlich 8 bis 10 m Durchmesser besaßen. Sie stellten Zonen irregulärer Auslaugung infolge fossilen Gipskarstes im Untergrund dar, wobei es zu unregelmäßigen Einbrüchen, aber auch ungleichmäßigen Setzungen des Torfes am Seeuntergrund während der Diagenese kam. Die wassergefüllten Dolinen wurden von der

Tierwelt als Tränkstellen genutzt, und hier kam es zum Massensterben und zur Ausbildung von Toten- oder Grabgemeinschaften.
Die ufernahen Zonen der höheren Wasserschichten dieser Tümpel sind sauerstoffreich und gut durchlüftet gewesen. Am Seeboden dagegen herrschte Sauerstoffarmut infolge Fäulnis und Verwesung eingeschwemmter Tierkadaver, geringe bzw. keine Strömung und Wasserbewegung. Am Seegrund entstanden Amphisapropelite. Sie werden in der Bergmannssprache Pappdeckelkohlen genannt; es sind lithologisch Blätterkohlen (Dysodil). In diesen Ablagerungen kam es infolge anaerober Bedingungen zur Chlorophyllerhaltung in Blattresten von Angiospermen (Bedecktsamern), z. B. *Apocynophyllum* (Apocynaceae = Hundsgiftgewächse). Eingelagert in diese Sedimente sind fossile Grabgemeinschaften (Fossilkonzentrationen) von hauptsächlich Wirbeltieren verschiedenster systematischer Zugehörigkeit (Lophiodontiden, Paläohippiden, Crocodilier, Testudinata u. a.).
Die sich rings um den See anschließende Uferzone (Zone II), der Verlandungsgürtel, wurde von einer limnisch-telmatischen *Acrostichum*-Zone gebildet. Hier herrschte im Pflanzenbestand *Acrostichum aureum*, der Lagunen- oder Sumpffarn, vor, daneben traten Myricaceen (Gagelgewächse) und Restionaceen (Restiogewächse) auf. Aufsteigende Kalk- und Gipswässer führten an Quellen zur »Stengel«- und »Blätter«-Kalktuff-Bildung mit zahlreichen intuskrustierten und inkrustierten Organismenresten, besonders Ostracoden-, Gastropoden- und Diatomeenresten.
Die Umgebung dieser Seen (Zone III und IV) wurde gebildet von einer Strauch- und Baumzone (Laub- und Nadelhölzer) mit artenreicher Fauna und Flora, im einzelnen bestehend aus einem Mammutbaumgürtel (s. Tafeln 13, 14, Bilder 23, 24) mit vorherrschend *Athrotaxis (Sequoia)* und einem Busch- und Laubbaumstandmoor. Beide Zonen wurden von einem mäandrierenden Gewässersystem durchflossen, dessen sumpfige Ufergebiete wichtige Fossilfallen für die Säugetiere (Lophiodontiden, Paläohippiden) bildeten. Während des Hochwassers der Regenzeiten und anschließend beim Austrocknen der Wasserflächen der Überschwemmungsgebiete kam es hier örtlich zur Leichenfeldbildung mit flächenhafter Fossilanreicherung. Myricaceen, Lauraceen (Lorbeergewächse), Myrtaceen (Myrtengewächse) und Fagaceen bildeten in diesen Bereichen die meisten pflanzlichen Organismen.
Im Süden wurde das Niederungsmoorgebiet des Geiseltales begrenzt durch eine Muschelkalkhochfläche mit nach Norden bis Nordosten morphologisch steil abfallendem Hang. Die Hochfläche war stellenweise verkarstet (Kalkkarst). Temporäre chemische Verwitterung ermöglichte die Zufuhr der für die Fossilerhaltung, vor allem für die der Wirbeltiere, im Geiseltal maßgeblichen neutralisierenden und konservierenden Kalkwässer. Den Nordrand des Geiseltalbeckens bildete eine flach ansteigende Buntsandsteinhochfläche mit vermutlich offener buschsteppenartiger Landschaft.

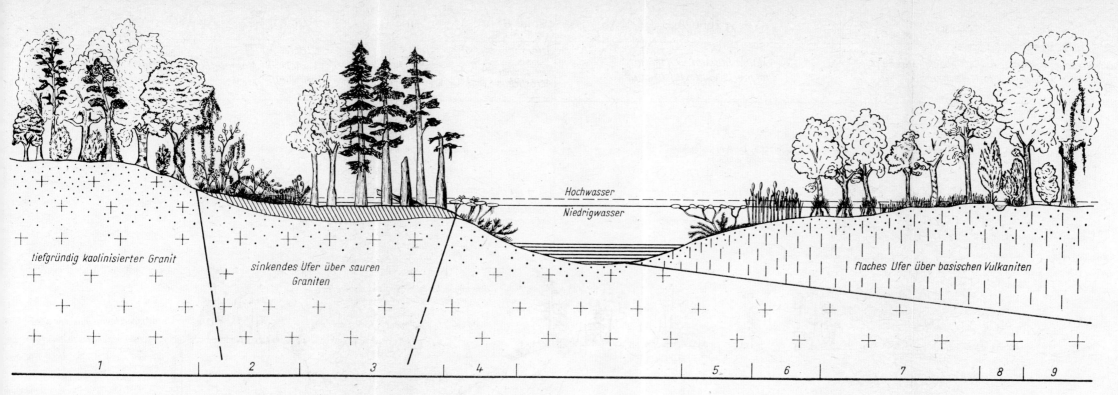

Bild 1.19. Schematischer Biotopschnitt (Flora) durch das Tertiärbecken von Seifhennersdorf/OL. (Miozän)

*1* artenreicher mesophytischer Wald aus Koniferen und Sommerlaubbäumen, *2* Moorgebüsch und Farnmonokotylengesellschaft, *3* *Nyssa-Taxodium*-Moorwald, *4* Seerosen- und Laichkrautgesellschaft, zwischen *4* und *5* befindet sich ein größerer Süßwassersee, *5* Wassernuß-Hornblatt-Gesellschaft, *6* Röhricht-Gürtel, *7* Erlen-Flachwasser-Uferwald und Großseggensumpf, *8* Weiden-Ufer-Gebüsch, *9* Pekan-Eichenwald der Überschwemmungsebene (Entwurf nach MAI, D., und H. WALTHER 1974)

Fossilien

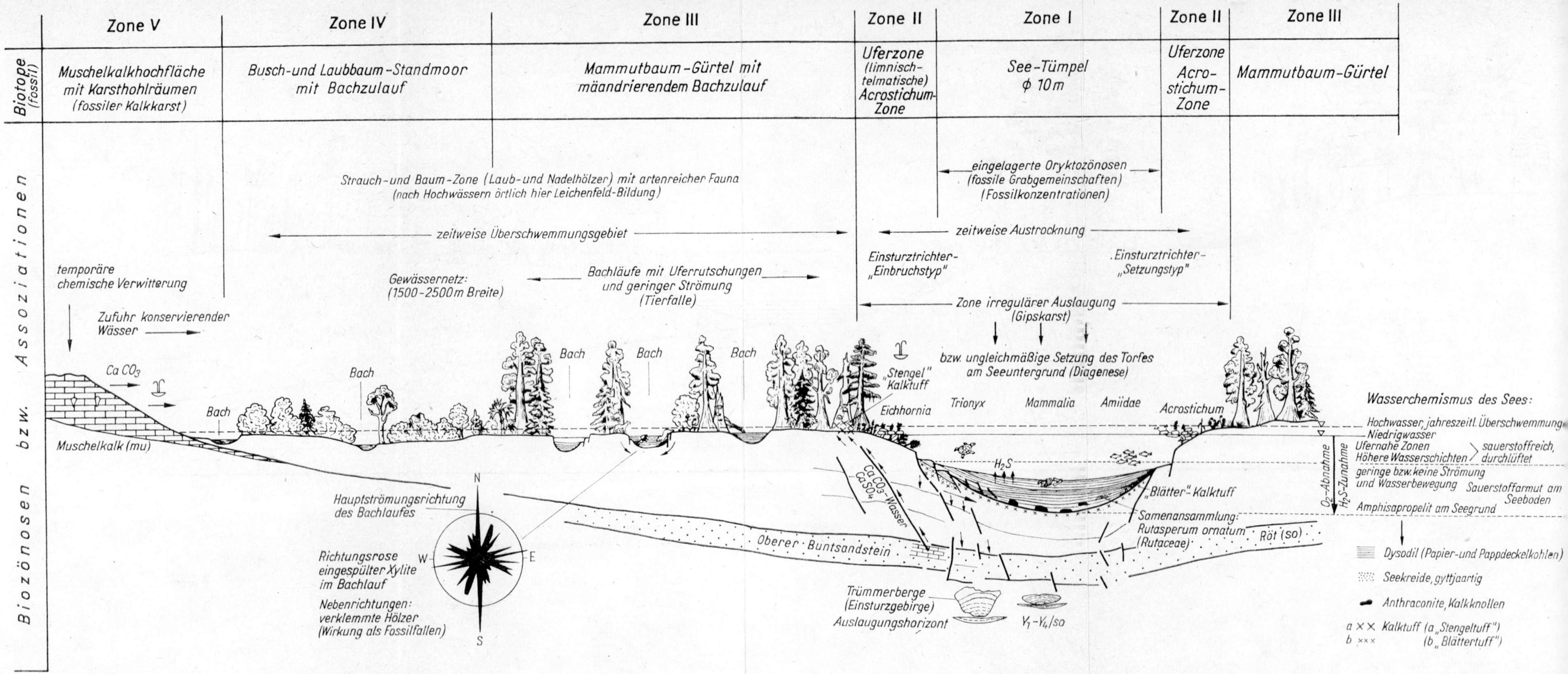

Bild 1.20. Rekonstruktion von fossilen Pflanzen- und Tiergesellschaften (fossile Biozönosen) sowie Lebensräumen (fossile Biotope) auf der Grundlage von Organismenresten in fossilen Grabgemeinschaften (Oryktozönosen) am Beispiel der »Fossillagerstätte Geiseltal« in der mitteleozänen Braunkohle des Geiseltales bei Merseburg (Entwurf nach KRUMBIEGEL 1975)

Diese Biotopzonen wurden, wie die faunistische Zusammensetzung der als Fossilkonzentrationen in bestimmten Horizonten auftretenden Oryktozönosen zeigt, von drei ökologisch bedingten Organismengruppen bewohnt:

1. Lebewesen, die dauernd den See bzw. Tümpel und die Bachläufe bewohnten. Hierher gehören in den Zonen I bis III Süßwasserschnecken *(Australorbis)*, Sumpf- und Weich- (Fluß-) Schildkröten, z. B. *Trionyx*, Fische, z. B. Raub- und Schlammfische (Amiidae).
2. amphibisch lebende Organismen, die zeitweise mehr oder weniger an den See und seine limnisch-telmatischen Uferzonen sowie an die Uferbereiche der Bachläufe gebunden waren (Zone II und III); es sind Molche, Olme, Frösche, verschiedenste Schildkröten und Krokodile.
3. Landbewohner, die nur bedingt an den See und die Bachläufe sowie deren Uferzonen gebunden waren. Sie nutzten diese Wasserstellen als Tränkstellen. Das sumpfige Gelände wurde ihnen zum Verhängnis, sie stürzten hinein oder wurden durch amphibisch lebende Tiere hineingezerrt und verendeten (Zonen II, III, IV und V). Diese Lebewelt setzte sich zusammen aus Insekten, Vögeln, Schlangen, Eidechsen und vor allem aus zahlreichen Säugetieren unterschiedlichster systematischer Zugehörigkeit.

Klimatisch läßt sich vor allem auf Grund karpologischer Reste (Früchte und Samen) sagen, daß es während des Mitteleozäns im Gebiet des Geiseltales subtropisch-warm war, stark wintertrocken (mindestens zwei Monate lang) und im allgemeinen frostfrei. Es gab vermutlich nur eine Trockenzeit. Auch die tierischen Reste lassen hier keine besseren Aussagen zu, als daß das Klima wärmer und feuchter als heute im Geiseltal war (Krokodilfunde). Die allgemeinen Lebensbedingungen in diesen Sekundärwäldern waren ähnlich denen der gegenwärtigen Kiefern-Palmen-Lorbeer-Eichenwälder Indomalaysias, Hinterindiens und Südchinas. Nur relativ wenig floristische Beziehungen ergeben sich zu den heutigen Kiefern-Trockenwäldern der Antillen und Floridas sowie den Sumpfwäldern des atlantischen Nordamerikas. Die Wälder sind aber auch vergleichbar mit der Cayetano-Formation in bestimmten Gegenden Kubas. Es waren lichte, krautreiche, savannenartige Wälder auf sehr sauren, wechselfeuchten Torfen (freundliche Mitteilung D. MAI, Berlin).

Die wenigen Beispiele aus der Geiseltalbraunkohle zeigen erneut, wie wichtig es ist, unter Anwendung des Aktualitätsprinzips mit Hilfe vielseitigster paläontologischer Arbeitsmethoden palökologische Aussagen zu machen. So lassen sich mit dem gesamten paläontologischen Fossilmaterial einer »Fossillagerstätte« nicht nur Rückschlüsse auf die Totengemeinschaften ziehen, sondern es offenbart sich uns heute bereits ein Bild der tertiären Lebensgemeinschaften und des damaligen Landschaftsbildes, das es jedoch durch komplexe Untersuchungen in vielem weiter zu verfeinern gilt und damit die Möglichkeiten der Aussagen bei der Rekonstruktion vorzeitlicher Lebensräume und ihrer Lebewelt erweitert.

## 1.7. »Lebende Fossilien« im Pflanzen- und Tierreich

»Es ist bekannt, daß die jetzt existierenden Arten nur einen sehr kleinen Teil von jenen darstellen, die auf der Erde existiert haben ... Noch finden wir eine Anzahl von überlebenden Arten, die – in Form von seltenen Arten oft gefährdet – mit bestimmten wesentlichen Verbindungsgliedern, die schon lange ausgestorben sind, eng verwandt sind. Die Forschung hierüber und die systematische Erhaltung dieser Arten sollte sofort unternommen werden, wenn sie nicht verschwinden sollen, bevor sie gründlich untersucht worden sind. Ein internationales Programm, das durch eine der betreffenden Einrichtungen ausgearbeitet wird, könnte großes Verdienst erwerben und unwiederbringliche Verluste abwenden« (nach PIERRE AUGER). Dieser Ausspruch eines Sonderberaters der UNESCO auf der 780. Generalversammlung der Vereinten Nationen weist darauf hin, welche evolutionsgeschichtliche große Bedeutung die »lebenden Fossilien« haben.

»Lebende Fossilien« sind also Organismen in der heutigen Tier- und Pflanzenwelt, die man auch »stammesgeschichtliche Dauertypen« nennt. Bei ihnen treten über Jahrmillionen hinweg keine Evolutionsfortschritte auf. Es sind typische Beispiele für einen Stillstand innerhalb der stammesgeschichtlichen Entwicklung (Phylogenese) einer Gattung, einer Familie usw. im Laufe der geologischen Zeiteinheiten (Systeme). Für die »lebenden Fossilien« ist nicht allein deren absolutes Alter ausschlaggebend, um als »lebendes Fossil« bezeichnet zu werden, dieses kann bei den einzelnen Formen erheblich schwanken, insbesondere bei alten Landpflanzengattungen. Solche Pflanzenformen, die bisher besonders gut von der Paläontologie, der Paläobotanik, erforscht wurden, sind Konservativtypen und haben sich im Vergleich zu verwandten Formen in der geologischen Vergangenheit seit Jahrmillionen entweder überhaupt nicht oder nur sehr wenig verändert.

CHARLES DARWIN (1809 bis 1882) wendete erstmals den Begriff »living fossils« am Beispiel des ostasiatischen Ginkgobaumes *(Ginkgo biloba)* an. »Lebende Fossilien« weisen vielfach den heute lebenden, rezenten Formen gegenüber einen altertümlichen Bauplan auf. Sie haben oft zusätzlich erworbene, hochspezialisierte Eigenschaften, die ihren ursprünglichen Charakter verdecken. Sie nehmen im rezenten System der Lebewesen eine isolierte Stellung ein, da ihre Verwandten längst ausgestorben sind. Ähnliches gilt auch für die räumliche Verbreitung. Diese ist reliktartig, d. h., gegenüber der Verbreitung der vorzeitlichen Formen ist sie bei den heute lebenden Formen sehr beschränkt.

Was sind die Ursachen für die Existenz »lebender Fossilien«? Sie finden sich in allen größeren stammesgeschichtlichen Einheiten, in den verschiedensten Lebensräumen, wie Tiefsee, Küstenbereich, tropischem Urwald oder offenen Steppenlandschaften, aber auch in sämtlichen Gewässern. Konstante Lebensbedingungen sind jedoch in solchen Biotopen oder Lebensräumen die wichtigste Voraussetzung für ihre Existenz. Aber diese Gegebenheiten sind nicht allein ausschlaggebend für die Erhaltung derartiger Konservativtypen. Das Vorhandensein nur einzelner Formen und nicht ganzer Faunen- und Florengesellschaften weist auf andere Faktoren hin, die für die Erhaltung wichtig sind. Das Auftreten »lebender Fossilien« in geographisch eng begrenzten Räumen verdeutlicht, daß auch der »geographischen Isolierung« eine wichtige Rolle für die Erhaltung von sogenannten Reliktfaunen und -floren mit zahlreichen Endemismen, d. h. ortsgebundenen Arten, zukommt. Beispielsweise sind die Inseln Neuseeland, Madagaskar und Australien typische Gebiete mit terrestrischen Formen »lebender Fossilien«. Limnische Formen finden sich in abgeschlossenen Seen, wie im Baikalsee (südliches Sibirien, UdSSR), Ochridsee (VR Albanien/SFR Jugoslawien) und dem Malawi-/Niassasee (Malawi/Afrika).

Auch kann das Fehlen von Nahrungskonkurrenten und Räubern unter den Kommensalen (Mitbewohner) ein Erhaltungsfaktor sein. Nicht eine einzige, sondern ein ganzer Komplex von Bedingungen war ausschlaggebend für das Überdauern dieser Organismen über viele Jahrmillionen hinweg. Das Vorhandensein dieser Tier- und Pflanzenformen trägt wesentlich dazu bei, in Zoologie, Botanik und Paläontologie interessante Fragestellungen der Evolution klären zu helfen.

Abschließend seien eine Auswahl »lebender Fossilien« und ihre Fossilbelege der Vorzeit unter den Wirbellosen, den Wirbeltieren und im Pflanzenreich genannt.

Die bekanntesten unter den Invertebraten oder Wirbellosen sind das »Urmollusk«, *Neopilina galathea*. Es wurde erst 1952 im Stillen Ozean vor der Küste von Kostarika (Mittelamerika) in 3 590 m Meerestiefe durch das dänische Forschungsschiff »Galathea« entdeckt. Seine fossilen Ahnen sind die Amphigastropoda (= Monoplacophoren) des Altpaläozoikums, die Urschaltiere (s. Bild 1.21).

Weiter ist hier zu nennen das »Perlboot« oder der *Nautilus*. Es ist die einzige lebende Gattung der Vierkiemer unter den Kopffüßern mit einer im Inneren kammerartig aufgebauten Außenschale, die den Weichteilen des Tieres Schutz bietet, gleichzeitig aber auch infolge der darin befindlichen Luftkammern das Tiefenschwimmen des Tieres reguliert. Es ist ein »lebendes Bathyskaph«. Die fossilen Vorfahren des *Nautilus* entwickelten sich im Jungpaläozoikum bis Mesozoikum. *Nautilus* bevorzugt als Lebensraum die Stillwassergebiete von 40 bis

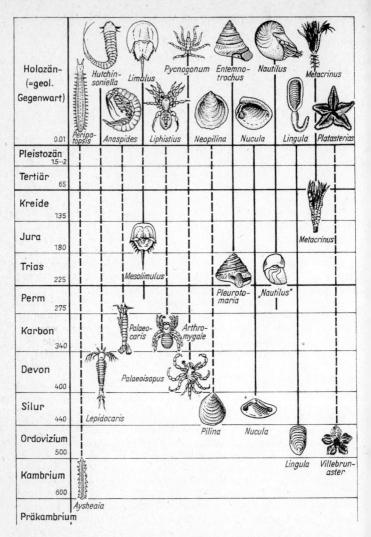

Bild 1.21. »Lebende Fossilien« unter den Wirbellosen und ihre fossilen Verwandten (gerissene Linie bedeutet fossil nicht nachgewiesen) (nach THENIUS)

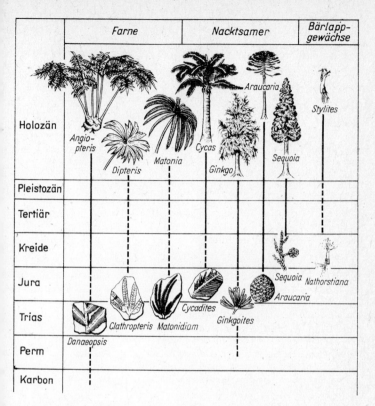

Bild 1.22. »Lebende Fossilien« des Pflanzenreiches und ihre fossilen Verwandten (gerissene Linie bedeutet fossil nicht nachgewiesen) (nach THENIUS)

700 m Tiefe im südwestlichen Pazifischen Ozean und im Indischen Ozean (s. Vorderseite des Schutzumschlages).
Schließlich gehört hierher der Schwertschwanz oder »Hufeisenkrebs« oder Pfeilschwanz»krebs« *Limulus,* ein den Skorpionen und Spinnen näher stehender Invertebrate. Schwertschwänze (Xiphosuren) bevorzugen heute das Flachwasser, während der Fortpflanzung sogar küstennahe Bereiche des Wassers. Im Paläozoikum waren sie gattungsmäßig weit verbreitet.
Bekanntestes Beispiel »lebender Fossilien« unter den Wirbeltieren ist *Latimeria chalumnae,* ein rezenter Quastenflosser. Galten die Quastenflosser bis 1938 als ausgestorben, so wurden seither diese Fische mehrfach vor der Küste Südafrikas gefangen. Infolge des Aufenthaltes die-

ser Tiere in Tiefen zwischen 150 und 800 m und ihrer bodenbewohnenden Lebensweise blieben sie so lange unentdeckt.
Von landbewohnenden »lebenden Fossilien« sind hier zu nennen: die Brückenechse *(Sphenodon punctatus)*, der Urfrosch *(Leiopelma)* und die Schnepfenstrauße oder Kiwis, alle auf Neuseeland beheimatet. Vom australischen Kontinent sind Schnabeltiere und Ameisenigel als Eierleger oder Kloakentiere durch einen stammesgeschichtlichen Eigenweg in ihrer morphologischen und physiologischen Entwicklung gekennzeichnet.
Aus dem Pflanzenreich sind die bekanntesten »lebenden Fossilien« der Ginkgobaum, die Cycadinae oder »Palmenfarne«, die Mammutbäume oder Sequoien und die Araukarien (z. B. gehört hierher auch die heutige »Zimmertanne«) (s. Bild 1.22, s. S. 85).

## 1.8. Fossilien im Alltag

Kann es dem Paläontologen, sowohl dem Fachmann als auch dem Liebhaber, gleichgültig sein, ob und was in den mannigfaltigsten Bereichen des Alltages seines Landes und dem anderer Völker über Gegenstände seiner täglichen Arbeit oder seines Hobbys, die Fossilien, ausgesagt wird? Nur wenige Bereiche sollen hier genannt und mit Beispielen belegt werden, in denen das »Fossil« eine aussagekräftige und attraktive Rolle spielt. Da erscheinen z. B. Fossilien auf Briefmarken, in der Baukunst, in der Kunstschmiedearbeit, im Schmuck, in der Werbung, in der Karikatur und an noch zahlreichen anderen Stellen.

### Briefmarken mit Fossilien

Fossilien als Bildmotive auf Briefmarken finden sich auf Postwertzeichen zahlreicher Staaten der Erde, wie der DDR, Volksrepublik Polen, Niederlande, Schweiz, Belgien, Indien, Mongolische Volksrepublik, Volksrepublik China und anderen Ländern. Oft stellen diese Markenausgaben in ihrer ästhetischen Aussagekraft und in ihrer fachlichen Aussagefähigkeit sowie in ihrem Informationsgehalt kleine Kunstwerke dar. Mit Recht darf gesagt werden, daß das Fossil auf einer Briefmarke die verbreitetste und verständlichste Form der Propaganda für die Paläontologie sein kann. Es ist aber auch in der Darstellung von Fossilien auf Briefmarken möglich, mit dem Markenbild auf wenig Bekanntes hinzuweisen, zur Betrachtung dieser lebensgeschichtlich wichtigen Objekte hinzuleiten und letztlich zur Beschäftigung mit ihnen anzuregen.

Eine interessante Markenausgabe ist die zweite Emission der DDR des Jahres 1973. Sie zeigt eine Serie von Darstellungen paläontologischer Objekte aus Museen der DDR. Die auf den Sonderbriefmarken dargestellten Pflanzen- (10-, 15- und 25-Pf.-Werte) und Tierfossilien (20-, 35- und 70-Pf.-Werte) aus den paläontologischen Sammlungen des Museums für Naturkunde (Paläontologisches Museum) der Humboldt-Universität zu Berlin stellen besonders bedeutende und wertvolle Sachzeugen der Geschichte des Lebens auf der Erde dar. Es sind auf den Marken die ältesten Nadelgehölze *(Lebachia speciosa* FLORIN), karbonische Farnsamer *(Sphenopteris hollandica* GOTHAN u. JONGMANS) und ein permischer Farn *(Botryopteris sp.)* abgebildet, s. hinteres Umschlagbild. An tierischen Fossilresten sieht man einen Flugsaurier *(Pterodactylus kochi* WAGLER), den Urvogel *(Archaeopteryx lithographica* H. v. MEYER), das entwicklungsgeschichtliche Bindeglied (»connecting link«) zwischen Reptilien und Vögeln, und einen Trilobiten (*Odontopleura ovata* EMMRICH). Alle sechs Fossilien sind paläontologische Forschungsobjekte, aber gleichzeitig häufig und vielfältig verwendetes Anschauungs- und Ausstellungsmaterial in der Lehr- und Bildungsarbeit des Berliner Museums (s. Tafel 15, Bild 25).

**Baukunst und Fossilien**

Die Bausteine der heutigen Landschaft und oft besonders diejenigen, die in großer Anzahl Fossilien enthalten, liefern dem Menschen den denkbar besten Werkstein als Material und Motiv in der Baukunst. Natursteine mit Fossilresten verwendet man in der Innen- und Außenarchitektur häufig zur modernen Sichtflächengestaltung, um damit attraktive künstlerische Effekte zu erzielen. Die eingeschlossenen Fossilien verleihen dem Gestein eine interessante und aufgelockerte Struktur. So findet man sie z. B. in den Platten von Fassadenbekleidungen, Wandverkleidungen und Fußbodenbelägen oder als Tür- und Fensterumrahmungen oder Gartenmauern wieder. In der DDR sind es eine ganze Reihe repräsentativer Bauten, in denen solche Gesteine verbaut sind: Amtssitz des Staatsrates der DDR in Berlin, Rechenzentrum Leuna, Interhotel »Warnow« in Rostock, Haus der Kultur in Neubrandenburg. Das Material stammt meist aus fossilführenden Gesteinsbänken unterschiedlich alter Systeme der Erdgeschichte, wie z. B. Devon, Trias, Kreide, Pleistozän. Hier sind unter anderem zu nennen die Brachiopoden- und Muschelbänke (Terebratelbänke – Armfüßer, Myophorien-Schichten – Muscheln) des Muschelkalkes der germanischen Trias, Nautiloideen und Brachiopoden auf Schichtflächen in Silur- und Devonkalken (Platten mit sog. »Orthoceren«-Schlachtfeldern), Kopffüßer in anisischen und karnischen Kalken der Alpen (bunte und rote Ammonitenkalke der Reiflinger und Hallstätter Schichten), Fossilien verschiedenster systematischer Zugehörigkeit in den Solnhofener Plattenkalken oder Lithographenschiefern und den Holzmadener Schiefern des Juras oder pflanzenführender Süßwasserkalke, sogenannte Travertine, des Pleistozäns und Holozäns, um nur einige aus einer Vielzahl zu nennen.

In der Bildhauerei benutzt man z. B. stilisierte Fossilmotive, deren Fossilien sich durch besonders attraktive und verzierte Einzelformen auszeichnen, wie Einzelkorallen *(Omphyma)*, Brachiopoden *(Rhynchonella)*, Ammoniten (Juraformen: *Arietites, Aegoceras*), Muscheln (Ostreen), Trilobiten (Phacopiden u. a.) und Pflanzenfossilien (Schuppenbäume, Siegelbäume und Schachtelhalme) als Schmuckelemente von größeren Portalen. Sie finden sich hauptsächlich in den Kapitälen und den Schäften der Säulen sowie in den Rundbogenfriesen oder Türanschlägen als Zierelemente verarbeitet. Ein besonders schönes und vielleicht einmaliges Beispiel ist das Eingangsportal zur Petrographischen Sammlung der Sektion Geowissenschaften der Bergakademie Freiberg im G.-A.-WERNER-Bau in der Brennhausgasse in Freiberg (s. Tafel 16, Bild 26).

## Kunstschmiedearbeiten mit Fossilmotiven

Das eben genannte Portal weist außerdem kunstschmiedeeiserne Türbeschläge auf, deren Verzierungen paläontologische, insbesondere paläobotanische Fossilreste darstellen. So sind die Türbänder als karbonische Farnsamer (Sphenopteriden) herausgearbeitet, und weitere Verzierungen auf den Türflügeln stellen Schachtelhalmgewächse des Permokarbons *(Annularia)* dar (s. Tafel 16, Bild 27).

## Fossilien als Schmuck

Das wohl bekannteste Beispiel der Schmuckindustrie, wo uns besonders schöne Fossilien begegnen können, ist das »Gold der Ostsee«, der Bernstein. Er wird zu dem sehr beliebten und begehrten Bernstein-, Ostsee- oder Fischlandschmuck verarbeitet. Als Zeugen versunkener tertiärer Wälder und ihrer Lebewelt auf dem europäischen Festland spülen noch heute die Wellen der Ostsee bei Sturmfluten Bernsteinbrocken an den Strand an, der zur Schmuckverarbeitung gefischt (s. Tafel 7, Bild 9) oder abgesammelt wird. In der DDR, der Volksrepublik Polen und in der Sowjetunion wird er in Tagebauen oder Stollenabbauen auch bergmännisch gewonnen. Diese fossilen Harze bergen oft wie in einem »gläsernen Sarg« die Reste von Pflanzen und Tieren in sich, besonders von Insekten und Käfern, die wichtige Aufschlüsse über Flora und Fauna des frühen Tertiärs (Eozän) unseres Kontinentes geben. Diese Inklusen, durch entsprechende Verarbeitungsmaßnahmen, wie Schleif- und Poliertechnik, besonders wirkungsvoll gestaltet und mit Edelmetallen verarbeitet, finden wir in Halsketten, Ringen, Broschen, Anhängern, Armbändern und anderen geschmackvollen Schmuckgegenständen wieder.

## Fossilien als Elemente in der Werbung

Eingang gefunden haben die pflanzlichen und tierischen Fossilien auch in ansprechender künstlerisch-graphischer Gestaltung in der Werbung. In der DDR sind es vor allem einige der naturwissenschaftlichen (paläontologischen) Sammlungen (Berlin, Dresden, Karl-Marx-Stadt, Görlitz), die in Form von Plakatwerbung mit bedeutenden musealen Ausstellungsobjekten ihrer Institutionen zum Besuch in der Öffentlichkeit auffordern. So findet man in einem Plakat des Museums für Naturkunde zu Berlin das Berliner Exemplar des weltbekannten Urvogels, *Archaeopteryx lithographica* H. v. MEYER, dargestellt (s. Tafel 17, Bild 29). Er verkörpert das berühmteste Fossil in der DDR (s. S. 69). Er ist einer der bedeutendsten Belege für die Abstimmungslehre und Evolutionsforschung. Die Darstellung deutet gleichzeitig auf die unterschiedlichen morphologischen Merkmale hin, die dieses als Bindeglied zwischen zwei Wirbeltierklassen, den Reptilien und Vögeln, geltende Fossil aus den Plattenkalken des Oberen Jura (Malm) von Solnhofen aufweist.

Eine schon lange bestehende, aber erst 1971 neu und modern gestaltete Abteilung des Museums für Naturkunde, das »Sterzeleanum«, in Karl-Marx-Stadt, führt den verkieselten »Steinernen Wald« in seinem Werbeplakat. Hier sind es die ebenfalls international bekannten fossilen verkieselten Hölzer (*Dadoxylon*, Pteridospermen, Pteridophyten) u. a. des Unterrotliegenden (250 Millionen Jahre alt) der Mulde von Karl-Marx-Stadt/Hilbersdorf, die zum Besuch der einmaligen paläobotanischen Ausstellung anregen und auffordern.

Das Staatliche Museum für Mineralogie und Geologie zu Dresden

Bild 1.23. Motive der Paläontologie in der kommerziellen Werbung: »Sangerhäuser Mammutbräu« mit dem Steppenmammut *Mammuthus trogontherii* (nach Bierdeckel der VEB Brauerei und Malzfabrik Sangerhausen)

weist dagegen auf zwei seiner Werbeplakate mit einem rotliegenden Farn *(Callipteris)* und einem mesozoischen Ammoniten *(Aegoceras)* in ganz allgemeiner Form auf seine paläontologische Schau- und Belegsammlung hin.

Eine völlig andere Form der Werbung, nämlich kommerzieller Art, fordert ebenfalls mit einem Fossil zum Verbrauch seiner Produkte auf. Es ist der VEB Brauerei und Malzfabrik Sangerhausen – »Mammutbräu«. Das Emblem dieses volkseigenen Betriebes auf Bierdeckeln (s. Bild 1.23), auf Biergläsern, an Gastwirtschaften und anderenorts führt als Darstellung das etwa 475 000 Jahre alte Steppen- oder Altmammut, *Mammuthus trogontherii* (POHLIG), einen Fund aus den pleistozänen Schottern bzw. Kiesen von Voigtstedt/Edersleben bei Sangerhausen, die während der Elster-Vereisung abgelagert wurden. Dieser Fund ist eines der vollständigsten Großsäugerskelette des mitteleuropäischen Vereisungsgebietes. Es ist im SPENGLER-Museum zu Sangerhausen mit seiner Begleitfauna zusammen aufgestellt.

### Karikatur und Fossilien

Schließlich soll noch ein Bereich des Alltages genannt werden, in den der Paläontologe und die ihn beschäftigenden Fossilien auch Eingang gefunden haben, die Karikatur oder das Spottbild. Oft recht kritische oder satirische Darstellungen kennzeichnen hier in sehr anschaulicher Weise den interessanten und vielseitigen Beruf des Paläontologen oder den Laienforscher und Liebhaber in der Paläontologie (s. Bild 1.24). Sie bringen aber ebenso anschaulich die Fossilien und paläontologischen Probleme in ihrer Vielgestalt, ihrer Schönheit und ihrer Aussagekraft zur Darstellung und weisen somit auf ihre Bedeutung ganz allgemein und im Bereich der Geowissenschaften hin.

Noch zahlreiche weitere Beispiele ließen sich anfügen, doch aus den wenigen genannten wird auch für den gedankenlosesten Betrachter deutlich, daß die Paläontologie mit ihren Fossilien, die ihm in seiner nächsten Umgebung vielleicht verborgen blieb, in ihren Wirkungen aus dem Leben seines Alltages nicht wegzudenken ist.

Bild 1.24
Motive der Paläontologie in der Karikatur:
»Kampf des Plattenlegers mit dem Fossiliensammler« (nach »ATLAS«, Elsevier P. C., Amsterdam)

## 1.9. Bedeutende geowissenschaftliche Museen und Sammlungen der DDR und ihre Fossilsammlungen (Auswahl)

Gegenwärtig existieren im Gebiet der DDR etwa 150 Museen bzw. Schausammlungen, die geologische, mineralogische und paläontologische Bestände und teilweise auch öffentlich zugängige Ausstellungen haben. Unter diesen Einrichtungen befinden sich einige, deren Ursprung in den »kurfürstlichen Kunstkammern« des 16. Jahrhunderts, als das damalige Deutschland in feudale Fürsten- und Herzogtümer zersplittert war, begründet ist. Diese Sammlungen dienten hauptsächlich Repräsentationszwecken und waren selten systematisch aufgebaut. In der kurfürstlichen Kunstkammer in Dresden sind bereits 1587 Gesteine und Mineralien nachweisbar. Im 18. Jahrhundert existierten in größeren Orten, wie Bernburg, Meiningen, Halle, Rudolstadt, Berlin, sog. Kunst- und Naturalienkammern bzw. -kabinette. Diese sind kennzeichnend für die Periode des Barocks. Die Häufung geowissenschaftlicher Museen und Sammlungen in den mittleren und südlichen Teilen der DDR ist nicht zufällig, sondern historisch und im variablen geologischen Aufbau dieser Gebiete begründet. Vorzügliche Aufschlußverhältnisse ließen hier bereits im 18. und 19. Jahrhundert eine rege Sammeltätigkeit aufkommen, die es mit sich brachte, dieses Material in Museen zu deponieren, zu bearbeiten und auszustellen. Unterstützt wurden diese Bestrebungen bis zu Beginn der 30er Jahre des 20. Jahrhunderts durch die Gründung naturwissenschaftlicher Vereine und deren Tätigkeit, initiiert in der Mitte des 19. Jahrhunderts durch das fortschrittliche Bürgertum. Es entstanden national und international bedeutende und bekannte Museen im Erzgebirge, der Lausitz, dem Vogtland, im Thüringer Becken und im Thüringer Wald sowie im Harz. Im Norden der DDR verlief die Entwicklung anders. Am Ende des 19. Jahrhunderts kam es hier nur zur Anlage einzelner Sammlungen und Museen, deren Inhalt sich hauptsächlich aus Lockergesteinsmaterial, insbesondere Geschiebematerial, rekrutierte (z. B. Neubrandenburg, Rostock). Auch hier waren jedoch die naturkundlichen Vereine der musealen Entwicklung förderlich. Die erste Hälfte des 20. Jahrhunderts verzeichnete besonders in den Mittelgebirgsgebieten zahlreiche Museumsgründungen, denen sich nach 1945 die Nordbezirke mit Museen in ihren Touristen- und Urlauberzentren anschlossen. Das Museumswesen in der DDR mißt heute auch den geowissenschaftlichen musealen Einrichtungen großen Wert als bedeutenden Kultur- und Bildungsstätten bei und fördert gezielt deren ständige und moderne Entwicklung.

Das Arbeitsmaterial der Paläontologie sind die Fossilien. Die »versteinerten Organismen« und ihre Probleme gewinnen aber erst Leben, wenn man sie begreift und «begreift» auch im wahrsten Sinne des

Wortes, indem man sie selbst sammelt oder das Fossilmaterial in einer paläontologischen Sammlung ansieht, in die Hand nimmt oder bearbeitet. Dann beginnen die vorzeitlichen Organismen wieder zu leben, und man kann damit im »Buch der Erd- und Lebensgeschichte« lesen.

Hierzu bieten national und international bekannte und öffentlich zugängige paläontologische Museen und Sammlungen in der DDR, aber oft auch die kleineren Sammlungen in den Bezirks- und Heimatmuseen der DDR ausreichend Gelegenheit. Nicht alle diese Museen und Sammlungen können genannt werden, sondern es wird hier nur eine Auswahl der größten und für die Wissenschaftsgeschichte der Paläontologie bedeutendsten unter ihnen zum Besuch empfohlen.

In der DDR gibt es gegenwärtig vier Museen bzw. Sammlungen, die auf Grund ihrer klassischen Sammlungsbestände (über 50 000 Einzelstücke), der Unterstellung, der Größe, der Besetzung mit Fachwissenschaftlern von besonderer nationaler und internationaler Bedeutung sind. Ihre Sammlungen sind von hohem wissenschaftshistorischem Wert; sie sind volkswirtschaftlich und bildungspolitisch als wissenschaftliche und lebensgeschichtliche Archive von größter Bedeutung.

**Berlin** – Museum für Naturkunde an der Humboldt-Universität zu Berlin (Paläontologisches Museum)

Anfänge in der königlichen Kunst- und Naturalienkammer. 1770 Eröffnung der Berliner Bergakademie: »Königliche Cabinet Sammlung« durch C. A. GERHARD mit Mineralien und Fossilien. Sammlungszuwachs durch Erweiterung der Sammlungen unter Leitung von M. H. KLAPROTH, Ch. S. WEISS, F. A. QUENSTEDT, G. ROSE, E. BEYRICH. Im 19. Jahrhundert Erwerb der Sammlungen von E. F. v. SCHLOTHEIM, H. COTTA, G. W. MÜLLER, KOCH, C. G. EHRENBERG. 1880 Erwerb des *Archaeopteryx*-Exemplares. 1909 bis 1912 Ausgrabungen im Jura des heutigen Tansania: *Brachiosaurus brancai*-Skelett und weiterer Saurier aus Trias und Perm. Seit 1886 Mineralogisches, Paläontologisches und Zoologisches Museum im heutigen Haus, seit 1856 bereits jedes Museum eine selbständige Einrichtung. Die paläontologischen Sammlungen umfassen etwa eine Million Wirbellose, eine Million Pflanzenfossilien, 100 000 Wirbeltierreste aus Fundstellen aller Gebiete der Welt. Zahlreiche Typen und Originale zu grundlegenden wissenschaftlichen Veröffentlichungen der Paläontologie. Größte Meteoritensammlung der DDR. Umfassende geowissenschaftliche Bibliotheksbestände.

*Literatur:* DIETRICH, W. O.: Geschichte der Sammlungen des Geologisch-Paläontologischen Instituts und Museums der Humboldt-Universität zu Berlin. Ber. Geol. Ges. DDR, 5. Bd., Berlin 1960

**Dresden** – Staatliches Museum für Mineralogie und Geologie zu Dresden (s. Tafel 17, Bild 28)

1587 aus der kurfürstlichen Kunst- und Naturalienkammer hervorgegangen. Die Entwicklung und Vergrößerung der Sammlung ist mit den Namen C. H. TITUS, H. B. GEINITZ, E. KALKOWSKY und E. RIMANN verbunden. Die geologisch-paläontologischen Sammlungen umfassen etwa eine Million Objekte: Aufsammlungen von H. B. GEINITZ: Pflanzenfossilien des Perms, Fossilien der sächsischen Oberkreide; von P. MENZEL: tertiäre Pflanzenfossilien Nordböhmens/ČSSR. 1857 Verselbständigung als Mineralogisch-Geologisches Museum. Heute stellt das Dresdener Museum eine moderne geowissenschaftliche Schau- und Belegsammlung dar. 30 000 Titel geowissenschaftlicher Bibliotheksbestände (speziell über das ehemalige Land Sachsen).

*Literatur:* PRESCHER, H.: Wissenschaftliche Materialien im Staatlichen Museum für Mineralogie und Geologie zu Dresden. Geologie, Bd. 19, H. 6, Berlin 1970

**Freiberg** – Bergakademie Freiberg, Sektion Geowissenschaften, Bereich Sammlungen

Schwerpunkte der Freiberger Akademie-Sammlungen sind die mineralogischen, petrographischen und lagerstättenkundlichen Sammlungen, die bereits 1765 durch F. A. v. HEYNITZ und F. W. v. OPPEL gegründet wurden. Die geologisch-paläontologische Sammlung mit ihren Beständen reicht zurück bis ins 17. Jahrhundert. Sie enthält Belegmaterial bedeutender Arbeiten des 19. Jahrhunderts, u. a. C. WALCH, A. v. GUTBIER, H. R. GÖPPERT, C. G. GIEBEL, J. T. STERZEL, und Fossilmaterial zu über 120 Publikationen aus neuester Zeit. Umfangreiche brennstoffgeologische und paläobotanische Sammlungen und Ausstellungen wurden seit Beginn der 30er Jahre dieses Jahrhunderts aufgebaut.

*Literatur:* HOFMANN, F., H. JORDAN, G. ROSELT u. G. WEINHOLD: Historische Bestände in den geowissenschaftlichen Sammlungen der Bergakademie Freiberg. Geologie, Bd. 19, H. 6, Berlin 1970
ROSELT, G.: Die Sammlungen des Instituts für Brennstoffgeologie der Bergakademie Freiberg. Ber. deut. Ges. geol. Wiss., A, 11. Bd., H. 5, Berlin 1966

**Halle/Saale** – Geiseltalmuseum (Paläozoologische Forschungsstelle) der Sektion Biowissenschaften der Martin-Luther-Universität Halle-Wittenberg (s. Tafel 18, Bild 30).

Gründung 1934 durch J. WEIGELT: Fossilmaterial (50 000 Stück), hauptsächlich Wirbeltiere aus der mitteleozänen Braunkohle des Geiseltales bei Merseburg. Seit 1968 Übernahme der umfangreichen und klassischen Sammlungen des ehemaligen Geologisch-Paläontologischen Institutes: 2 bis 3 Millionen Fossilien, Gesteine und Mineralien. 1787 erste Anlagen einer Sammlung im Königlichen Mineralogischen Kabinett mit der berühmten J. F. GOLDHAGEN-Sammlung. Zahlreiche Typen und Originale: paläozäne Säugetiere von Walbeck bei Magdeburg; umfangreiche Sammlung Paläobotanik: Permokarbone Pflanzen von Wettin/Löbejün (F. GERMAR); Tertiär der Lausitz, Öhningen; Karbon-Saar- und Ruhrgebiet, Thüringen und Schlesien; Fauna und Flora des Kupferschiefers (J. WEIGELT); Saurier des Buntsandsteins von Bernburg; Jura-Sammlung Solnhofen; und historisch bedeutende andere paläontologische Sammlungen. 25 000 bis 30 000 Titel geowissenschaftlicher Bibliotheksbestände.

*Literatur:* KRUMBIEGEL, G.: Wissenschaftshistorische Bestände des Geiseltalmuseums in Halle. Geologie, Bd. 19, H. 6, Berlin 1970

**Greifswald** – Museum zur Geologie der drei Nordbezirke der DDR – Sektion Geologische Wissenschaften der Ernst-Moritz-Arndt-Universität Greifswald

Als ehemalige »Pommersche Geologische Landessammlung« von W. DEECKE (1893 bis 1906 in Greifswald) angelegt. Erweitert unter O. JAEKEL, S. v. BUBNOFF und H. WEHRLI. Bedeutende Zugänge durch Ankäufe (Slg. PLATEN: Steinzeitliche Werkzeuge; Slg. VIEDT: Versteinerungen des »Pommerschen Jura« u. a.) sowie durch Überführung der Sammlungen des ehemaligen Geologisch-Paläontologischen Instituts der Universität Rostock nach Greifswald.
Die Sammlung enthält umfangreiches Fossilmaterial aus dem Norden der DDR und der VR Polen mit geschlossenen Kollektionen aus dem Lias von Dobbertin und Grimmen, von Dogger-Geschieben und von Fossilien der Unter-Maastricht-Schreibkreide. Zahlreiche Typen und Originale.
Teilmagaziniert sind das »Deutsche Geschiebearchiv« mit regional geordneten Sedimentärgeschieben und ihren Versteinerungen und die »Nordische Sammlung«.
Außerdem eine umfangreiche Lehr- und Schausammlung zur Paläontologie der Invertebraten.

*Literatur:* BUBNOFF, S. v.: Aufgabe und Arbeit der Geologischen Landessammlung von Pommern. – In: 25 Jahre Pommersche geologische Landessammlung. – Mitt. geol. pal. Inst. Greifswald, H. 9, Greifswald 1933
WEHRLI, H.: Das Geologisch-Paläontologische Institut. – Festschrift zur 500-Jahr-Feier der Universität Greifswald, Bd. 2, Greifswald 1956


Neben den genannten Museen sind die nachfolgend aufgeführten Museen und Sammlungen (Auswahl) für einen Besuch zu empfehlen, da sie wertvolles paläontologisches Beleg-, Vergleichs- und Anschauungsmaterial besitzen (*kursiv:* besonders interessante Museen).

*Altenburg* · Naturkundliches Museum »Mauritianum«
    Tertiärslg. Weißelsterbecken, Graptolithen-Slg. KIRSTE und HEMMANN

Aschersleben · Kreisheimatmuseum
Slg. M. SCHMIDT: Fossilien

Bernburg · Museum des Kreises
Buntsandstein Saurier, Erdgeschichte

Dessau · Museum für Naturkunde und Vorgeschichte
z. T. Saurierreste von Bernburg, Tertiärfossilien von Latdorf

*Ebersbach/OL.* · Heimatmuseum »Humboldt-Baude«
Kreidefossilien Elbsandsteingebirge, Lausitz, Böhmen/ČSSR

Erfurt · Museum der Stadt Erfurt, Bereich Naturkunde
Fossilien aus der Trias Thüringens

Gera · Städtische Museen Gera, Museum für Naturkunde
Slg. HUNDT-Graptolithen

Göhren/Rügen · Heimatmuseum
Bernstein-Slg., Geologie und Paläontologie der Insel Rügen

*Goldberg* · Heimatmuseum (alte Wassermühle)
Fossilfundpunkte: Lias Dobbertin; Tertiär: »Sternberger Gestein«

*Gotha* · Bezirksnaturkundemuseum
Slgn. v. HOFF, HEIM, H. CREDNER u. a.
Literatur: KAUTER, K., u. M. OSCHMANN: Zur Bedeutung der geologischen Bestände im Bezirksnaturkundemuseum Gotha. Geologie, Bd. 19, H. 6, Berlin 1970

*Görlitz* · Staatliches Museum für Naturkunde
Entwicklungsgeschichte der Organismen, wertvolle alte geowissenschaftliche Bibliotheksbestände

*Halberstadt* · Museum »Heineanum«
Halberstädter Saurier (Keuper und Jura) (s. Tafel 38, Bild 64 u. Tafel 39, Bild 65)

*Halle/Saale* · Landesmuseum für Vorgeschichte
vollständiges Mammutskelett: *Mammuthus primigenius;* Menschenfunde von Bilzingsleben/Thür. *(Homo erectus),* 375 000 Jahre alt (Holstein-Warmzeit)

*Karl-Marx-Stadt* · Museum für Naturkunde – Sterzeleanum (s.Tafel 19, Bild 31)
Slg. STERZEL – Rotliegend Kieselhölzer
Literatur: URBAN, G.: Wissenschaftliche Materialien des Museums für Naturkunde Karl-Marx-Stadt. Geologie, Bd. 19, H. 6, Berlin 1970

Leipzig · Naturwissenschaftliches Museum
Slg. GLÄSEL – pleistozäne Geschiebe; Tertiär Böhlen

Magdeburg · Kulturhistorisches Museum
Slg. BÖTTCHER – Trias Thüringen; Pleistozän-Fossilien der Umgebung von Magdeburg; erdgeschichtliche Ausstellung

Meiningen · Staatliche Museen
Plio- und Pleistozänfunde von Sülzfeld; Fossilien Thüringen (Thüringer Becken)

Mühlhausen · Heimatmuseum
Slg. KLETT — Thüringer Mollusken

*Ribnitz-Damgarten* · Bernsteinmuseum

*Rudolstadt* · Staatliche Museen Heidecksburg-Naturkundemuseum

*Sangerhausen* · SPENGLER-Museum
vollständiges Altmammut-Skelett: *Mammuthus trogontherii*

Schmalkalden · Heimatmuseum Schloß Wilhelmsburg
Fossilien aus Thüringen (Rotliegendes, Karbon, Zechstein, Trias)

*Seifhennersdorf/OL.* · Museum
Geologie, Paläobiologie und Bergbaugeschichte des tertiären Polierschiefervorkommens
Literatur: WALTHER, H.: Die geologische, paläontologische und bergbaugeschichtliche Ausstellung des Museums Seifhennersdorf. Neugersdorf 1976

*Weimar* · Nationale Forschungs- und Gedenkstätten der klassischen deutschen Literatur
Paläontologische Sammlung J. W. v. GOETHEs
Literatur: PRESCHER, W.: Die Sammlungen zur Mineralogie, Geologie und Paläontologie JOHANN WOLFGANG von GOETHEs in Weimar. Geologie, Bd. 19, H. 6, Berlin 1970

*Zittau* · Stadtmuseum, Dr.-Curt-Heinke-Museum
Paläontologie des Zittauer Gebirges (Oberkreide) und des Zittauer Beckens (Tertiär)

*Zwickau* · Städtische Museen
Originale an Pflanzen des Oberkarbon von Zwickau; Tertiär von Mosel

Zur Perspektive der geowissenschaftlichen Museen und Sammlungen in der DDR finden sich Bemerkungen und kartenmäßige Darstellungen bei:
KRUMBIEGEL, G., G. URBAN u. H. WALTHER: Probleme und Erfahrungen bei der Koordinierung geowissenschaftlicher Museen und Sammlungen der DDR. Neue Museumskunde, Jg. 16, H. 4, Berlin 1973

# 2. Übersicht der wichtigsten Fossilien im Tier- und Pflanzenreich und ihre paläontologische Bestimmung (Morphologie und Systematik)

## 2.1. Allgemeines

Die wohl schwierigste Aufgabe für den Fossiliensammler ist das Bestimmen der Fossilien. Erst die paläontologische Bestimmung des Fossilmaterials macht den Wert einer Sammlung aus. Sieht man von der Formschönheit der Fossilien einmal ab, so sind diese »unbestimmt« nur totes Material. Unterzieht man sich der Mühe, die Fossilien zu bestimmen, sie in das System der Tiere und Pflanzen auf Grund ihrer morphologischen Beschaffenheit einzuordnen, so werden sie erneut zum Leben erweckt, und man kann mit ihrer Hilfe und bei richtiger Beurteilung der Fossilreste einen Überblick über die Ereignisse früheren Lebens gewinnen.

Fossilbestimmung ist oft recht schwierig, da der ursprüngliche Zustand der Organismenreste im Laufe der Jahrmillionen erheblich gestaltliche (Verdrückung) und stoffliche (Umkristallisation) Veränderungen durchgemacht hat. Diese Veränderungen müssen bei der Bestimmung eliminiert werden, d. h., man hat neben den biologischen Gesichtspunkten bei der Bestimmung auch die geologischen Faktoren zu beachten, die auf den fossilen Organismus seit seiner Ablagerung eingewirkt und ihn verändert haben. Hinzu kommt die Lückenhaftigkeit der Erhaltung der Teile eines fossilen Organismus, meist sind es nur die Hartteile oder Bruchstücke derselben, die erhalten bleiben und die Bestimmung erheblich erschweren.

Auf all die vielen Fragen, die beim Fossilbestimmen noch auftreten, zum Beispiel
— Wie finde ich Fossilien?
— Was kann ein Fossil aussagen?
— Wie bewerte ich Fossilien?
— Wie berate ich mich über Fossilien?
— Was tue ich mit seltenen Funden von Fossilien?

kann hier nicht näher eingegangen werden. Hierüber informiere sich der Fossilliebhaber und -sammler in dem Buch von DABER u. HELMS: »Mein kleines Fossilienbuch«, Leipzig 1976.

Hier soll nur die Frage beantwortet werden: Wie bestimme ich Fossilien (Grobbestimmung), und welche Voraussetzungen sind hierfür notwendig?

Stellt die heutige Tier- und Pflanzenwelt eine einheitliche und gleichzeitig lebende Organismenwelt dar, so liegen in den Fossilien Zeugnisse zahlreicher, zeitlich nacheinander folgender Lebewelten, die oft genetisch auseinander hervorgegangen sind, vor uns. Jedes geologische System wird durch bestimmte Organismengruppen, die für das System typisch sind, gekennzeichnet. Daher bieten die unterschiedlichen Gesteinsabfolgen der erdgeschichtlichen Systemtabelle einen ersten Anhaltspunkt für die Bestimmung der verschiedenen Fossilien. Aus diesem Grunde ist es für das Bestimmen der Fossilien besonders wichtig, den Fundpunkt des Objektes möglichst genau zu kennen, um dann mit Hilfe der geologischen Übersichtskarte Rückschlüsse auf die Zugehörigkeit des Fundes zum geologischen System, das am Fundpunkt ansteht, zu ziehen. So ist eine erste Grobbestimmung möglich und angezeigt. Sammelt man beispielsweise im Thüringer Becken, so wird es sich bei den gesammelten Fossilien überwiegend um in Kalkerhaltung vorliegende Armfüßer, Muscheln und Kopffüßer der Trias handeln. Über die Verteilung und Entwicklung der tierischen und pflanzlichen Fossilien (Leitfossilien usw.) in den geologischen Systemen geben die Tabellen 2.1 bis 2.4 eine einführende Übersicht (s. Beilagen).

Die wissenschaftliche Bearbeitung der Fossilien setzt nicht nur eine genaue morphologische Kenntnis der einstigen Lebewesen voraus, sondern man muß diese auch sortieren, d. h. klassifizieren, in ein System einordnen. Diese Ordnungswissenschaft in der Paläontologie heißt Taxionomie (griech. taxis = Ordnung, Gliederung; nomos = Regel, Gesetz). Ihr liegt das taxionomische System des schwedischen Naturforschers Karl von LINNÉ (1707 bis 1778) zugrunde. Oft müssen aber auch künstliche Systeme geschaffen werden, um Ordnung in die Fossilreste zu bringen, da es infolge Unvollständigkeit der Erhaltung nicht möglich ist, diese Organismenreste mit lebenden Formen zu vergleichen und ins natürliche System einzuordnen. So werden z. B. die künstlichen Formgattungen und Formarten bei Sporen und Pollen, aber auch anderen Tier- und Pflanzengruppen aufgestellt.

Die Organismenwelt wird in zwei große Reiche gegliedert: das Pflanzenreich (Plantae) und das Tierreich (Animalia). In den beiden Reichen unterscheidet man sechs Stufen von höheren Kategorien abwärts zu den niederen (Tabelle 2.5).

Bei weitem reichen diese sieben Stufen zur Gliederung der verschiedenen Organismengruppen nicht aus, so daß es notwendig wird, diese durch eine Vorstellung der Präfixe: super- (Über-), sub- (Unter-) bzw.

Tabelle 2.5. Klassifikation des Pflanzen- und Tierreiches in die systematischen Kategorien (Hauptstufen)

| Haupt-stufen | lateinische Bezeichnung | Beispiel Tierreich | | Beispiel Pflanzenreich | |
|---|---|---|---|---|---|
| Reich | Regnum | Animalia | Tiere | Plantae | Pflanzen |
| Stamm | Phylum | Chordata | Chordatiere | Angiospermae | Bedecktsamer |
| Klasse | Classis | Mammalia | Säugetiere | Dicotyledoneae | Zweikeimblättler |
| Ordnung | Ordo | Carnivora | Fleischfresser (Raubtiere) | Magnoliales | Magnolienartige |
| Familie | Familia | Canidae | Hund | Magnoliaceae | Magnoliengewächse |
| Gattung | Genus | Canis | Hund | Magnolia | Magnolie |
| Art | Spezies | Canis familiaris | Haushund | Magnolia stellata | »Sternblütige« Magnolie |

infra- weiter zu unterteilen. An den Endungen der lateinischen Namen der Fossilien (oberhalb der Gattungen) sind diese systematischen Kategorien gut erkennbar (Tabelle 2.6).

Alle Fossilien werden mit einem doppelten Namen versehen, man nennt dies die binäre oder binominale Nomenklatur oder Benennungsweise, die auf den schwedischen Naturforscher KARL von LINNÉ zurückgeht, z. B. *Homo erectus*.

Der erste Name stellt den Gattungsnamen, der zweite den Artnamen dar. Der vollständige Name des Fossils enthält schließlich noch den oder die Namen des oder der Wissenschaftler, die das Fossil als erste in der Literatur beschrieben und abgebildet haben, z. B. *Archaeopteryx lithographica* H. v. MEYER. Christian Erich Hermann von MEYER (1801 bis 1869), der den Urvogel als erster wissenschaftlich bearbeitete, war der Begründer der Wirbeltierpaläontologie Deutschlands und gleichzeitig der Mitbegründer der 1846 ins Leben gerufenen bedeutenden paläontologischen Zeitschrift, der »Palaeontographica«, in der bis heute zahlreiche bedeutende paläontologische Arbeiten veröffentlicht wurden.

Die hier nur kurz angedeutete Namensgebung (Nomenklatur) der Fossilien ist international durch ein System von Richtlinien für alle Paläontologen festgelegt in den »Internationalen Regeln für die zoologische Nomenklatur« und dem »Internationalen Code der botanischen Nomenklatur«. Diesen Grundsätzen liegen das Bemühen und das Ziel zugrunde, daß jede systematische Kategorie nur eine einzige Benennung erhält und daß Irrtümer und Mißverständnisse vermieden werden, die unter Forschern aus der gegenseitigen Unkenntnis ihrer Arbeitsergebnisse und der Literaturquellen entstehen können.

Tabelle 2.6. Endungen der lateinischen Fossilnamen
als Erkennungsmittel der systematischen Kategorien
(nach MOORE)

| Pflanzenreich | Systematische Kategorie | Tierreich |
|---|---|---|
| -a, | Stamm | -a, -ea |
| -da | Unterstamm | -a |
| -eae, -es | Klasse | -a, -ae, -es, -ida, -idea |
| -ae, -eae, -ideae, -oideae | Unterklasse | -a, -ata, -es, -ea, -i, -ia, -ida, -idia -ina |
| -ales, -ata | Ordnung | -a, -ae, -acea, -aria, -ata, -ea. -i, -ia, -ida, -idea, -iformes, -ina, -oidina, |
| -atae, -eae, -ineae, -oideae | Unterordnung | -a, -aria, -ata, -ea, -ia, -ina, -ites, -oidea |
| -oideae | Oberfamilie | -a, -acea, -aceae, -icae, -ida, -oida -oidae |
| -aceae | Familie | -idae |
| -oideae, -ideae | Unterfamilie | -inae |
| -eae, -ae | Tribus | -ae, -i, -ites, ides |
| -inae | Untertribus | |

## 2.2. Morphologische Merkmale der durch Fossilien vertretenen Tierstämme (Invertebraten und Vertebraten)

Zunächst gliedert man das Tierreich in die zwei Unterreiche: Protozoa oder Urtiere bzw. Einzeller und Metazoa oder Mehr- bzw. Vielzeller. Bei den tierischen Organismen unterscheidet man ferner:
*Invertebrata* – Wirbellose (ohne Wirbelsäule) und
*Vertebrata* – Wirbeltiere (mit Wirbelsäule und Schädel).

Zu den Wirbellosen gehören die

- Protozoa – Protozoen, Einzeller, Urtiere
- Porifera – Schwämme
- Archaeocyatha – Archaeocyathiden
- Coelenterata – Hohltiere mit Hydrozoa und Anthozoa – Korallen
- Bryozoa – Moostierchen
- Brachiopoda – Armfüßer
- Mollusca – Weichtiere mit
  Scaphopoda – Grabfüßer
  Lamellibranchiata – Muscheln
  Gastropoda – Schnecken
  Cephalopoda – Kopffüßer
- Arthropoda – Gliederfüßer
- Echinodermata – Stachelhäuter mit
  Pelmatozoa – gestielte Tiere:
  Cystoidea – Beutelstrahler
  Blastoidea – Knospenstrahler
  Crinoidea – Seelilien, Haarsterne
  Asterozoa – Sterntiere:
  Asteroidea – Seesterne
  Ophiuroidea – Schlangensterne
  Echinozoa – Stacheltiere:
  Echinoidea – Seeigel
- Hemichordata – Eichelwürmer mit
  Graptolithina – Graptolithen

Zu den Wirbeltieren gehören die

- Agnatha – Kieferlosen
- Placodermi – Panzerfische
- Chondrichthyes – Knorpelfische } Pisces – Fische
- Osteichthyes – Knochenfische
- Amphibia – Amphibien, Lurche
- Reptilia – Reptilien, Kriechtiere
- Aves – Vögel
- Mammalia – Säugetiere

## 2.2.1. Einzeller oder Urtiere (Protozoa)

Die Protozoen sind mikroskopisch kleine, einzellige Urtiere von stark wechselnder Gestalt. Paläontologisch von Bedeutung sind hauptsächlich die Formen, die anorganische Skelettelemente (Hartteile) ausscheiden. Sie treten in den Erdschichten von Kambrium bis rezent auf.
Man unterscheidet bei Einzellern vier Klassen, von denen zwei, die Flagellaten (Geißeltierchen) und die Rhizopoden (Wurzelfüßer) mit den Radiolarien (Strahlentierchen) und Foraminiferen (Lochträger), paläontologisch besonders gut untersucht sind. Sie haben vor allem in der angewandten Paläontologie als stratigraphische Leitformen bei der Horizontierung von Schichtkomplexen, insbesondere erdölführenden Horizonten, große wirtschaftliche Bedeutung. Aber auch in der paläontologischen Grundlagenforschung, z. B. der variationsstatistischen Populationsgenetik, eignen sich vor allem Foraminiferen infolge ihres massenhaften Auftretens als Untersuchungsobjekte.
Der Fossilsammler wird wegen der Kleinheit dieser Organismen nur selten mit ihnen in Berührung kommen. Zum genauen Studium der Protozoen ist ein für den Laien zu hoher Aufwand notwendig, so daß die Untersuchung dieser Fossilien dem Mikropaläontologen in einem Speziallabor vorbehalten bleiben wird.
Nur zwei Unterordnungen der Foraminiferen, deren Gehäuse oft eine deutliche Kammerung zeigen, sollen hier genannt werden, mit denen gelegentlich auch der Fossilsammler konfrontiert werden kann. Es sind Großforaminiferen: die planspiral (scheibenförmig) aufgerollten »Riesenkammerlinge« (Bild 2.1) (Nummulitidae: Gattungen *Assilina*, *Nummulites* (s. Tafel 19, Bild 32), *Operculina*) und die »Ringkammerlinge« (Orbitolinidae) sowie die »Schrauben- und Zopfkammerlinge« u. a. solche der Familie Fusulinidae: Gattungen *Fusulina*, *Triticites*, *Schwagerina* u. a. (Bild 2.2). Fusulinidae lieferten im Jungpaläozoikum, Nummulitidae im Tertiär ausgezeichnete Leitformen, letzte bilden in den Kalkalpen (BRD) ganze Gesteinskomplexe.
Im Karbon, in der Kreide und im Tertiär findet man die Großforaminiferen massenweise und dann oft gesteinsbildend und in mannigfaltiger Formenfülle z. B. in den Fusulinen- und Nummulitenkalken.
Die kreisrunden tertiären Nummuliten erreichen bis 10 cm Durchmesser und wurden oft von Laien als Münzen gedeutet (vgl. S. 37). Nummulitenkalke treten z. B. im Pariser Becken, wo sie als geschätzte Bausteine gewonnen werden, in den Wüsten Nordafrikas (z. T. zum Pyramidenbau verwendet) und in den Gebirgsmassiven Zentralasiens auf.
Die erdgeschichtlich älteren Fusuliniden kommen massenweise am Ende des Erdaltertums (Karbon bis Perm) vor. Ihre Gestalt und Größe ist der eines Getreidekornes (Gattung *Fusulina*) oder einer Erbse (Gattung *Schwagerina*) ähnlich. In der Sowjetunion sind sie massenhaft im Kohlenkalk zu finden und gelten als gute Leitfossilien.

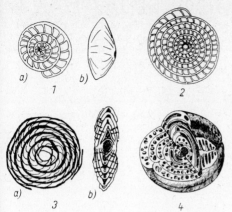

Bild 2.1. Großforaminiferen (Einzeller, Riesenkammerlinge) des Tertiärs. Die *Nummulites*-Formen werden im Volksmund als »Versteinerte Linsen« oder »Münzen« bezeichnet (Zusammenstellung nach R. BRINKMANN)

1 *Nummulites solitarium*, Paläozän; a — Medianschnitt, b — Seitenansicht, 2 *Assilina spira*, Eozän; Medianschnitt, 3 *Nummulites tchihatscheffi*, Eozän; a — Medianschnitt, b — senkrechter Schnitt, 4 *Borelis melo*, Miozän

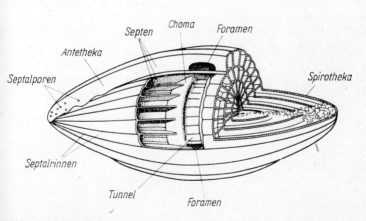

Bild 2.2. Gehäuseaufbau einer spindelförmigen Großforaminifere *(Fusulinella)*. Ein Teil der Wand der letzten Windung ist ausgeschnitten. Der komplizierte innere Aufbau des Einzellers wird deutlich sichtbar. Die Fusulinen sind zum Teil sehr wichtige Leitfossilien (verändert nach POKORNY)

Mit den Radiolarien, marinen, mit einem kieseligen Schwebeskelett ausgestatteten Urtierchen, kommt der Sammler nur selten in Berührung. Hat man Glück, so findet man die Strahlentierchen gesteinsbildend in Kieselschiefern, Hornsteinen und anderen harten Sedimenten. Diese Tiere zeichnen sich gegenüber den Kammerlingen durch besondere Formschönheit aus. Es treten konzentrisch-kugelige, glockenförmige oder strahlige Gestalten auf, oft von filigranartigem Aussehen. Ihr Durchmesser beträgt durchschnittlich zwischen 100 und 200 $\mu$m, so daß auch sie nur unter dem Mikroskop eingehender untersucht werden können.

## 2.2.2. Schwämme (Porifera)

Schon aus dem Unterkambrium sind die Schwämme, eine geologisch sehr alte Tiergruppe, bekannt. Während des Erdmittelalters erlangten sie als Gesteinsbildner massiger Riffbauten größere Bedeutung, zeitweise auch als Leitformen (Malm, Oberkreide). Sie weisen einige Höhepunkte in ihrer Entwicklung auf, so z. B. während des Malms, der Oberkreide und dem Alttertiär. So treten sie fossil relativ selten in Erscheinung. Infolge ihrer je nach Standort und Umweltbedingungen sehr unregelmäßigen Gestalt, wie Becher-, Trichter-, Pilz- und Vasenform, Klumpen, Knollen, Kugeln, Krusten, Stauden, verästelte Bäumchen, ist die äußere Form für eine Bestimmung ungeeignet und nicht immer ausschlaggebend. Die systematische Einteilung beruht vielmehr auf einzelnen Skelettelementen, den sog. Skleren oder Skleriten, die den Weichkörper der Porifera stützen. Nach dem Material der Skleren, wie Kieselsäure (Skelettopal), Kalziumkarbonat (Kalzit), organische Substanz (Spongin) oder kleinen Fremdkörpern, oder nach der Form der Skelettelemente (einachsig vierstrahlig, dreiachsig bzw. sechsstrahlig, vielachsig) gründet sich ihre systematische Einteilung. Danach unterscheidet man heute paläontologisch Horn- (Demospongea), Kiesel- (Hexactinellidea) und Kalkschwämme (Calcispongea).

Bild 2.3. Kiesel- oder Steinschwämme (Lithistida)

*1 a Astylospongia praemorsa*, Silur, pleistozänes Geschiebe, Durchmesser etwa 4 cm, *1 b* Teil des Kieselskelettes, stark vergrößert (100 $\times$), *2 Aulocopium aurantium*, Ordovizium, pleistozänes Geschiebe, ($^2/_5$ $\times$), *3 a Siphonia tulipa*, Oberkreide, vertikaler Schnitt durch den oberen Teil eines Exemplares mit deutlichen Kanälen, Höhe etwa 5 cm, *3 b* vollständiges Exemplar mit Stiel und Wurzel, Höhe etwa 14 cm, *4 Jerea pyriformis*, Oberkreide (Cenoman, Grünsand); Seitenansicht, links oben z. T. aufgeschnitten, Größe 10 bis 12 cm (Zusammenstellung nach Vorlagen aus A. H. MÜLLER)

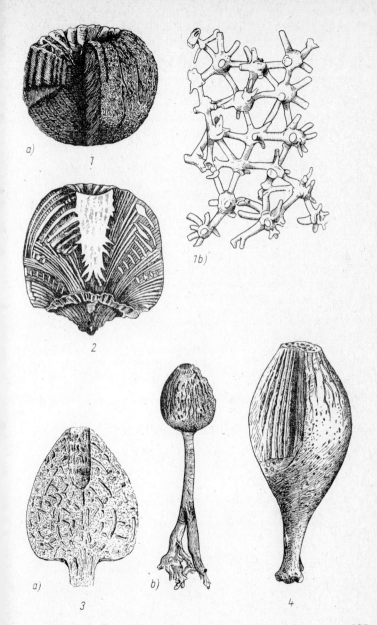

105

Dieses Stützgerüst der Schwämme zerfällt nach dem Tode, und die Nadeln werden ins Sediment eingebettet. Hieraus lassen sich bei nicht allzu starker Verfestigung durch besondere präparative Aufbereitung die Skleren gewinnen und mikroskopisch bestimmen. Diese Spezialbestimmung mit Mikroskop und Dünnschliff setzt eine intensive und spezielle Beschäftigung mit Schwämmen voraus.

Man findet Schwämme hauptsächlich unter den pleistozänen Geschieben am Strand der Ostsee, an der Kreidesteilküste der Insel Rügen, aber auch in binnenländischen Kiesgruben. Nur einige, schon an Hand der äußeren Form gut bestimmbare Gattungen sollen hier genannt werden (vgl. Bilder 2.3, s. S. 105 und 2.4).

Ein recht häufiger Vertreter der lithistiden Kiesel- oder Steinschwämme ist *Astylospongia*. Es ist ein unregelmäßig kugeliges Gebilde mit Rinnen und Poren auf der Oberfläche.

Ähnliche Form weist *Aulocopium* auf. Er ist apfelförmig, halbkugelig oder schüsselförmig und hat einen kurzen Stiel. Auf der Unterseite trägt er eine dichte, runzelige Kieselhaut.

Nicht selten finden sich beide ordovizisch bis silurische Gattungen auf sekundärer Lagerstätte in den Geschiebemergeln des Pleistozäns in den nördlichen und mittleren Bereichen der DDR.

Bei den Kieselschwammformen der Kreideablagerungen ist der birnen-, apfel- oder feigenförmige, aber auch kugelige, mit kurzem oder langem Stiel (bis 10 cm lang) und ästiger Wurzel versehene *Siphonia* zu nennen. Ähnlich ist der mehr flaschenförmig bis zylindrisch gestielte *Jerea*.

Die Hexactinelliden oder Glasschwämme weisen während der Jura- und Kreidezeit besonders eindrucksvolle Formen auf. Als formschönste Gattungen gelten die trichterförmigen, z. T. dickwandigen Gestalten von *Tremadictyon* und *Ventriculites* und der schirm- oder pilzförmige, gestielte *Coeloptychium*, dessen Schirmdurchmesser bis etwa 14 cm erreicht.

Bild 2.4. Hexactinelliden oder Glasschwämme und ein Kalkschwamm (Calcispongea)

1 *Tremadictyon reticulatum*, Malm (Jura), mit verdickter Basis und in alternierenden Reihen stehenden Kanalostien, Höhe etwa 13 cm, 2 a *Ventriculites striatus*, Obere Kreide (Quadratensenon), Exemplar mit schmaler Basis und wurzelartigen Ausläufern, Größe etwa 12 cm, 2 b Querschnitt durch den becherförmigen Schwamm, etwa natürliche Größe, 2 c Teil des Skelettes, 3 *Coeloptychium agaricoides*, Oberkreide, a – von der Seite, b – von unten, c – von oben; Schirmdurchmesser 9 cm; auf der Unterseite radiär angeordnete, sich nach außen zum Schirmrand gabelnde Falten; Kanalostien auf den Faltenrücken der Schirmunterseite, 4 – *Porosphaera globularis*, ein häufiger Kalkschwamm der Oberkreide (Senon), angebohrt (Loch in Schwammitte), Durchmesser etwa 2 cm (Zusammenstellung nach Vorlagen aus A. H. MÜLLER und HUCKE)

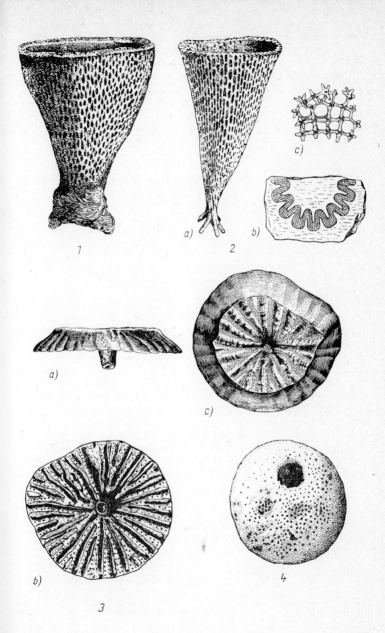

Die Calcispongea oder Kalkschwämme sind fossil von geringer Bedeutung. Sie treten erstmals häufiger in der alpinen Trias (berühmte Fundstelle: St. Cassian in Tirol) auf, lokal haben sie im Jura und in der Kreide Bedeutung. Eine Gattung aus der Schreibkreide der Insel Rügen ist der kuglige, mit einer feinen porösen und von Stacheln bedeckten Oberfläche versehene Kalkschwamm *Porosphaera* (speziell sehr häufig *Porosphaera globularis*). Sein Durchmesser ist selten größer als 1 cm; er erreicht aber auch Größen bis 2,5 cm.
Die erbsen- bis haselnußgroßen Knollen sind häufig zentral von Bohrorganismen durchbohrt, oder die Löcher stammen von einem ursprünglich vorhandenen, später zerstörten Fremdkörper (z. B. Stengel). Sie dienten dem prähistorischen Menschen zur Herstellung von Perlenketten.
An Kieselschwämmen, die oft in Feuersteinerhaltung vorliegen, sind die wurst- bis gurkenförmige *Aulaxinia* und der mit einem sechseckigen Wabenmuster versehene, glockenförmige *Aphrocallites* (früher *Hexagonaria*) zu nennen.

## 2.2.3. Archaeocyathiden (Archaeocyatha)

Die Archaeocyathiden sind ein sehr formenreicher Tierstamm, den man heute zwischen Schwämme und Hohltiere einordnet. Wie im Namen zum Ausdruck kommt, sind es kalkschalige Organismen von becher- oder kelchartiger Gestalt, daher auch »Urbecher« genannt.
Das meist konische, doppelwandige Kalkskelett besitzt zwischen Innen- und Außenwand, dem Intervallum, stützende, vertikal verlaufende Radialsepten. Die Wandungen sind ganz oder teilweise perforiert. Durch sie drang das mit Nahrung versehene Wasser in den zentralen Hohlraum und von hier über die große Öffnung wieder nach außen.
Die Archaeocyathiden sind Leitfossilien des Unteren und Mittleren Kambriums. Sie waren zu dieser Zeit kolonie- und riffbildend weltweit in den seichten warmen Meeresgebieten verbreitet, besonders zahlreich in Nordamerika, Eurasien (z. B. Sibirien) und Australien.
Mit Archaeocyathiden wird der heimische Fossiliensammler nur wenig in Berührung kommen, da es auf dem Gebiet der DDR kaum zum Sammeln geeignete Vorkommen gibt. Unterkambrische Kalksteine der Lausitz (Görlitzer Schiefergebirge) und von Delitzsch haben Archaeocyathidenreste geliefert. Eine Spezialbestimmung dieser aus drei Klassen bestehenden Tiergruppe ist nur durch Dünnschliffuntersuchung möglich.

## 2.2.4. Hohltiere (Coelenterata)

Die Hohltiere, mehrzellige marine Lebewesen mit einem einfachen sackartigen zentralen Hohlraum (Gastralraum), sind eine erdgeschichtlich sehr alte Tiergruppe. Sie bilden z. B. mit 67 % einen wesentlichen Bestandteil der präkambrischen Ediacara-Fauna, in der sie durch Medusen, Hydrozoen, Conulaten, Scyphozoen und Anthozoen vertreten sind. Von den beiden Unterstämmen, den Cnidaria oder Nesseltieren und den Ctenophora oder Rippenquallen, ist paläontologisch nur die erste Gruppe von Interesse. Von den Resten der fünf Klassen umfassenden Cnidarier (Protomedusae, Dipleurozoa, Scyphozoa, Hydrozoa, Anthozoa) können diejenigen, die nur selten Hartteile bilden, wie Protomedusen und Quallen, vernachlässigt werden. Gelegentlich bilden sie in den kambrischen Schichten einen gewissen Formenreichtum und sind uns in Gestalt von Abdrücken und Ausgüssen des Körperhohlraumes überliefert, z. B. *Brooksella*.

Ein Fundort vorzüglich erhaltener Scyphozoenreste ist der Solnhofener Plattenkalk (Malm *Zeta*) der Fränkischen Alb (BRD) mit seinen bis 0,5 m Durchmesser erreichenden Formen von *Rhizostomites admirandus*. Dem Sammler von Geschieben begegnen Scyphozoen gelegentlich im grauen Orthocerenkalk des Ordoviziums in Form der Conularien *(Conularia cancellata)*, vierstrahlig symmetrische, spitzkonische, meist feingestreifte Gehäuse von 6 bis 10 cm Größe.

Von den fossilen Hydrozoen sollen die Stromatopora genannt werden. Es ist eine heute ausgestorbene Gruppe der Nesseltiere. Sie bilden massige, knäulige oder nasenförmige Kolonien. Die festsitzenden Polypen scheiden ein Kalkskelett mit parallel zur Oberfläche wellig verlaufenden Lamellen (Laminae) und dazwischenliegenden vertikalen Stützelementen, sog. Säulchen oder Pfeilern (Pilae), aus. Die Gattungen und Arten lassen sich nur durch Dünn- und Anschliffe bestimmen, wobei es auf das Verhältnis der Lamellen zu den vertikalen Pfeilern ankommt. Die Stromatoporen treten vom Kambrium bis zur Kreide als Riffbildner auf, ihre Blütezeit liegt zwischen Silur und Devon. Für die Erkundung von Erdöllagerstätten in Amerika haben sie große praktische Bedeutung. Der Fossilsammler kann am Strand der Ostsee gelegentlich auch Stromatoporengerölle aus silurischen Kalken der Insel Gotland finden.

Die Korallen, Anthozoen oder Blumentiere, gehören mit ihren massigen Kalkbildungen zu den wichtigsten Fossilien, und ihre Reste sind seit dem Ordovizium bis heute bekannt, wobei sie während dieses Zeitraumes vom Silur bis zum Perm und vom Jura bis zur Gegenwart Blütezeiten durchlaufen. Sie zeichnen sich durch differenzierten Körperbau und große Formenfülle aus. Von den drei Unterklassen: Ceriantipatharia, Octocorallia (= Octactinia, Alcyonaria) und Zoantharia interessieren die Octocorallia insofern, da man ihnen die präkambrischen Seefedern oder Pennatulacea zuordnet. Erdgeschichtlich und

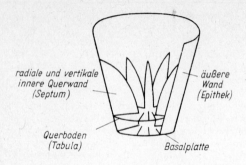

Bild 2.5
Schematischer Aufbau eines Anthozoenskelettes mit den Hauptbauelementen (ergänzt nach VANGEROW)

zoologisch sind die Zoantharia oder Blumentiere die wichtigste Gruppe.

Die Korallen sind solitäre (einzeln) oder in Kolonien, ausschließlich marin und sessil (seßhaft) lebende Organismen. Sie bauen ein meist kalkiges Exo- oder Außenskelett (Polypar) auf. Es besteht aus diesen Hauptbauelementen: Mit der Basalplatte oder Fußscheibe haftet das Tier am Boden fest. Die randlich nach oben gerichtete Fortsetzung

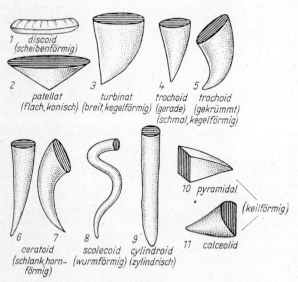

Bild 2.6. Die wichtigsten Formen des Corallums bei den Einzelkorallen (schematisch) (nach A. H. MÜLLER)

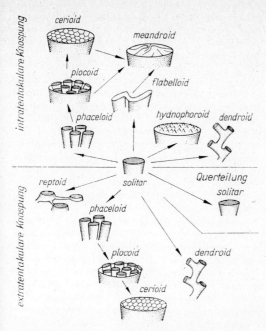

Bild 2.7. Möglichkeiten der Koloniebildung bei den skelettbildenden Korallen (nach WELLS und A. H. MÜLLER)

derselben ist die Epithek oder äußere Wand. Im Innenraum stehen radial Septen als weitere senkrechte Bauelemente. Waagerechte Hartgebilde sind Tubulae oder Querböden und einzelne Dissepimente. Sie trennen die unteren, nicht mehr bewohnten Teile des Skeletts von den oberen vom Korallentier bewohnten Teilen (Bild 2.5). Die obere Öffnung des Polypars ist der Kelch (Calyx).

Von Bedeutung für die Bestimmung der Korallen ist die äußere Gestalt des Polypars und des Corallums, die bei den Einzelkorallen und kolonialen Formen eine große Formenvielfalt aufweisen (s. Bild 2.6).

Die Korallen vermehren sich geschlechtlich, aber viel häufiger ungeschlechtlich durch Knospung, Sprossung oder Teilung. Dabei entstehen Kolonien oder Stöcke unterschiedlicher Größe und Ausbildung. Die Teilung erfolgt durch Seiten- und Kelchsprossung, oder es entstehen massive Kolonien von halbkugeliger, scheibenförmiger oder anderer mannigfaltigster Gestalt (s. Bild 2.7).

Hauptmerkmale zur systematischen Einteilung der Korallen sind Anlage und Bau der Septen, das Verhältnis der Septen zu den Böden und der Aufbau der Wand. Paläontologisch sind von den acht Ordnungen der Zoantharia nur vier fossil von Bedeutung: Rugosa (= Tetracorallia, Pterocorallia), Heterocorallia, Scleractinia (= Hexacorallia, Cyclocorallia) und Tabulata (= Bödenkorallen) (s. Tafel 22, Bild 34).

Die Septen sind radial- und vertikalstehende Scheidewände innerhalb des Polypars, die dieses in randliche Taschen und einen Zentralraum gliedern. Die Septen sind fiederförmig oder radiär angeordnet, können perforiert oder in Einzelstücke aufgelöst sein (gegittert, gefenstert). Ihr Wachstum erfolgt in reihenförmigen Kalzitverbänden, sog. Trabekeln, oder schalenförmig sich überlagernden Lamellen.

Eine detaillierte Artbestimmung der Korallen ist kompliziert und verlangt eine Sonderuntersuchung (Serienschliffe), um die Anlagenfolge der Septen im Laufe der Individualentwicklung verfolgen zu können.

Bei den Rugosa erfolgt die Septenbildung nach dem KUNTHschen Gesetz, einem Gesetz, nach dem die bilateralsymmetrisch-fiederstellige Einschaltung der Septen vor sich geht.

Die Septenbildung beginnt mit der Anlage eines Haupt- und eines gegenüberliegenden Gegenseptums. Diesem folgt die Bildung von je zwei Hauptseiten- und Gegenseitensepten, wodurch eine sechszählige Symmetrie entsteht. Durch Heranrücken der Gegenseitensepten an das Gegenhauptseptum im Verlaufe der Ontogenese werden bei den Rugosen weitere Septen nur in vier Feldern gebildet, daher hießen sie früher auch Tetrakorallen. Später erfolgt in allen Feldern in unterschiedlicher Längenentwicklung und fiederförmiger Anordnung weitere Großseptenbildung (Proto-, Metasepten). Sie reichen meist ± bis zum Zentrum des Polypars. Danach schalten sich kranzförmig an der Epithek Kleinsepten ein (Bild 2.8).

Eine besonders eigenartige Familie der Rugosa sind die Deckelkoral-

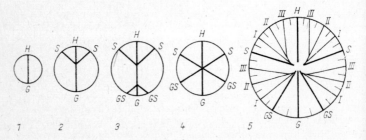

Bild 2.8. Schematische, serienmäßige Querschnitte durch eine rugose Koralle (früher Tetrakoralle genannt, nach der Anlage der Septen). Es wird die Anlagenfolge der Septen im Verlaufe des Entwicklungsablaufes (Ontogenese) eines einzelnen Individuums sichtbar.

H – Hauptseptum, G – Gegenseptum, S – Hauptseitenseptum, GS – Gegenseitenseptum
(nach A. H. MÜLLER)

Einfachripper mit Zopfkiel

δ ("Amaltheen-Schichten")

*Amaltheus margaritatus*; das "geperlte Füllhorn", benannt nach der Ziege Amaltheia, sie säugte den Zeus auf Kreta
   oxycon (hochmündig), bzw. quadratisch, einfache etwas geschwungene Rippen (Sigmoidalrippen), Innenrippen mit Tuberkeln besetzt; Zopfkiel abgesetzt und dicht gekerbt; schmales, spitz bogenförmiges Gehäuse. Leitform für $\delta_1$

*Amaltheus (Pleuroceras) spinatum*
   planulate Form mit fast quadratischem Windungsquerschnitt, kräftige Einfachrippen, an der Externseite in Knoten endend. Leitform für $\delta_2$
   bemerkenswerte Gattungsarmut; noch *Liparoceras* und *Androgynoceras*

Sichelripper i. w. S.

ε ("Dactylioceraten-Schichten", Posidonienschiefer)

*Harpoceras*
   hochmündig, stark abgeplattet; Hohlkiel, ohne Furche; Berippung fein, engständig, S-förmig geschwungen; stark verfaltete Lobenlinie
   Leitform: *H. (Tiltoniceras) acutum, H. (H.) falcifer*

*Dactylioceras*
   serpenticon, Einfach- oder Gabelrippen, ⌀ kreisförmig, einfache Mündung
   Leitform: *D. (Dactylioceras) commune*, ferner: *D. tenuicostatum*

*Hildoceras*
   evolut, planulat, weiter Nabel, ⌀ quadratisch, Externkiel (Vollkiel), mit Spiralfurche, Rippen stark geschwungen; äußerer stark berippter, innerer nahezu glatter Windungsbereich; Wohnkammer $^3/_4$ der letzten Windung einnehmend
   Leitform: *H. (Hildoceras) bifrons, H. (H.) falcifer*
   ferner: *Phylloceras heterophyllum*, Hervortreten der Lytoceraten

ζ ("Grammoceraten-Schichten")

*Grammoceras*
   planulat, weit genabelt mit Vollkiel; dicht stehende, feine einfache, nur wenig S-förmige, kräftige Rippen
   Leitform: *G. (G.) striatulum*, ferner: *Lytoceras jurense, Pleydellia aalensis, Dumortieria levesquei*

**Dogger (Brauner Jura)** (Aalenium, Bajocium, Bathonium, Callovium)

Sichelripper i. e. S.

α («Leioceraten-Schichten«, Opalinustone)
*Leioceras*
  involut, enggenabelt, hochmündig, scheibenförmig; gegabelte, außen in Sichelstreifen übergehende Rippen; weniger deutlicher Vollkiel
  Leitform: *Leioceras opalinum, Lytoceras* sp.

β («Ludwigien-Schichten«, Sandflaserschichten)
*Ludwigia*
  scheibenförmig, mäßig weit genabelt, Externseite gerundet, Kiel; relativ dick; am Nabel Knoten von denen gegabelte Sichelrippen ausgehen
  Leitform: *L. (L.) murchisonae*, ferner: *Tmetoceras scissum, Leioceras comptum, Staufenia* sp. sp.

Gabelripper

γ («Sonninien-Schichten«)
*Sonninia*
  planulat, oxycon, Hohlkiel, mäßig weit genabelt; geschwungene Gabelrippen mit Lateralknoten und -dornen
  Leitform: *Sonninia sowerbyi*, ferner: *Otoites (O.) sauzei* u. a.

δ («Stephanoceraten-Parkinsonien-Schichten«)
*Stephanoceras*
  planulat, niedrige Windungen, offener tiefer Nabel, Gablungspunkt der Rippen mit schwachen Knoten; leicht kontrahierte Mündung, starke Verfaltung der Lobenlinie
  Leitform: *St. (St.) humphriesianum, St. subfurcatum*
*Garantiana*
  Unterbrechung der Rippen durch Außenfurche, abgeflachte Flanken ohne Knoten. *G. (G.) garanti*
*Spiroceras*, die »Schnörkelhörner«
  criocron, immer offene Umgänge (uhrfederartig). *Sp. bifurcatum*
*Parkinsonia*
  weit genabelt, einfach gegabelte Rippen, beiderseitig alternierend, auf der Externseite unterbrochen durch glattes Band oder Grube; seitlich abgeflacht, scheibenförmig; Öhrchen fehlt
  Leitform: *P. (P.) parkinsoni, P. wuerttembergica*

(»Oxyceriten-Schichten«)

*Oppelia*
involut, seitlich abgeflacht, schwach gekielt; S-förmig geschwungene Rippen, extern sekundäre, dicht stehende Rippen eingeschaltet. *O. (O.) aspidoides*

*Procerites*
einfacher Mundsaum, großwüchsig

*Zigzagiceras (Zigzagiceras) zigzag*

(»Kosmoceraten-Schichten«)

*Macrocephalites*, der »Dickkopf«
aufgebläht, hochmündig, eng und tief genabelt, involut, Oberfläche mit scharfen zweifach an der Naht gegabelten Rippen, ohne Unterbrechung über gleichmäßig gerundete Externseite verlaufend
Leitform: *M. (M.) macrocephalus*

*Kepplerites*
abgeplattete Außenseite, sonst ähnlich *Macrocephalites. K. (K.) keppleri*

*Kosmoceras*, das »Schmuckhorn«
scheibenförmiges Gehäuse, mäßig weit genabelt; Rippen zahlreich und dicht angeordnet, zwei- oder mehrfach gegabelt, glatte Externfurche, neben dem Nabel an den Gablungsstellen Knoten- oder Stachelreihen
Leitform: *K. (K.) ornatum, K. (Gulielmites) jason*

*Peltoceras*
weitgenabeltes Gehäuse; berippte Innenwindungen, Außenwindungen mit zwei Knotenreihen und kräftigen umlaufenden Rippen, breite Externseite, niemals gekielt; ⌀ quadratisch
Leitform: *Peltoceras (Peltoceras) athleta*

*Quenstedtoceras*
mäßig involut, stark berippt mit zweispaltigen Sichelrippen; Externseite gerundet bis kielförmig zugeschärft
Leitform: *Q. lamberti*

## Malm (Weißer Jura) (Oxfordium, Kimeridgium)

χ   (»Cardioceraten-Schichten«)

*Cardioceras*
    mäßig weit genabelt, grob geschwungene Gabelrippen, kräftig gekielte Externseite
    Leitform: *C. (C.) cordatum*, ferner: *Rursiceras transversarium* u. a.

Spaltripper

β  (»Idoceraten-Schichten«)

*Perisphinctes*, der »ringsum Eingeschnürte«
    weit genabelt, ⌀ quadratisch, innere Windungen kräftige, engständige Rippen, Einschnürungen fehlen oder nur periodisch
    Leitform: *P. (P.) plicatilis*

*Ringsteadia*
    Innenwindungen perisphinctisch mit tiefen Einschnürungen, evolut, hochmündig, glatte Wohnkammer
    Leitform: *R. pseudocordata*
    ferner: *Epipeltoceras bimammatum*, *Idoceras planula* und viele weitere Spezies

γ  (»Ataxioceraten-Schichten«); Ammoniten beherrschen das Faunenbild

*Rasenia*
    Bündelrippen, Spaltpunkte am Nabel, scharf und kräftig berippt, Externseite überziehend, niedrigmündig
*Rasenia mutabilis*, *Sutneria platynota*, *Ataxioceras hypselocyclum*, *Katroliceras divisium*, *Streblites tenuilobatus*

δ  («Aulacostephanen-Schichten», Felsenkalke)

*Aulacostephanus*
    hochmündig, nahtgabelig, 4–6 Gabeläste mit Knoten, Externseite mit glattem Band (Furche)
    Leitform: *A. (A.) pseudomutabilis*, *A. eudoxus*, *Streblites* u. a.

ε  (»Hibonoticeraten-Schichten«)

*Hybonoticeras beckeri* und *Hybonoticeras knopi*
    ferner: *Sutneria pedinopleura*, *S. subeumela*, *Virgatosphinctes setatius*

ζ  (»Gravesien-Schichten«)

*Gravesia*
    ohne Medianfurche, coronat, weit genabelt, nahtständige Knoten mit 2–3 davon ausgehenden Rippen, ohne Unterbrechung über Externseite verlaufend
    Leitform: *Gravesia gravesiana*; ferner *Oppelia lithographica*, *Glochiceras (G.) politulum*, *Gl. (Paralingulaticeras) lithographicum*

# Tabelle 2.7a. Ammonoideen des Jura (Auswahl)

In keinem geologischen System sind die Ammoniten als Zonen- und Stufenfossilien so berühmt geworden, wie im Jura. Die auftretenden Arten gehören zu den Neoammonoidea und erleben im Jura eine Blütezeit. Stark zerschlitzte Lobenlinie und große Mannigfaltigkeit der Skulptur sind charakteristisch für ihre Entwicklung.

Die Bezeichnungen F. A. QUENSTEDTs, des »geologischen Erforschers der Alb«, in Schwarzen, Braunen und Weißen Jura mit jeweils 6 Stufen ($\alpha-\zeta$) finden bis heute im Schwäbischen und Fränkischen Jura (BRD) Anwendung, nicht immer jedoch stimmen diese Stufen mit der internationalen Stufengliederung überein.

Allein über 100 Arten von Ammoniten gehören zu den notwendigsten für eine Ammonoideen-Feinstratigraphie in den genannten Verbreitungsgebieten des süddeutschen Juras. Die aufgeführte Literatur ermöglicht ein tieferes Eindringen in die Ammonitenpaläontologie und -stratigraphie des Juras.

Literatur: BACHMANN, G. H., und M. P. GWINNER: Nordwürttemberg. Sammlg. Geol. Führer, Bd. 54, Berlin – Stuttgart: Gebr. Borntraeger 1971.

GEYER, O. F., und M. P. GWINNER: Der Schwäbische Jura. Sammlg. Geol. Führer, Bd. 40, Berlin: Gebr. Borntraeger 1962.

HÖLDER, H.: Jura. Hdb. Stratigr. Geol., Bd. IV, Stuttgart: F. Enke Verlag 1964.

LEHMANN, U.: Ammoniten. Ihr Leben und ihre Umwelt. Stuttgart: F. Enke Verlag 1976.

SCHLEGELMILCH, R.: Die Ammoniten des süddeutschen Lias. Ein Bestimmungsbuch für Fossilsammler und Geologen. Stuttgart–New York, G. Fischer Verlag 1976.

**Lias (Schwarzer Jura)** (Hettangium, Sinemurium, Pliensbachium, Toarcium)

Einfachripper

$\alpha_1$ (»Psiloceraten-Schichten«, Psiloceratentone)

*Psiloceras;* das »Glatthorn«
> weit genabelt, ⌀ rundlich, Radialstreifen oder kurze Faltenrippen meist glatt
> Leitform: *Psiloceras planorbis*

$\alpha_2$ (»Schlotheimien-Schichten«, Angulatensandsteine)

*Schlotheimia;* nach dem Paläontologen E. v. SCHLOTHEIM (1764 bis 1832)
> ± weit genabelt, ⌀ oval und hoch, Externseite gerundet, Rippen auf der Außenseite eine Furche freilassend (Außenfurche), gegenständig
> Leitform: *Schlotheimia angulata*

$\alpha_3$ (»Arieten-Schichten«, »Gryphaeenkalke« bzw. »-sandsteine«)

*Arietites* (Syn. »*Ammonites*«); nach *aries*-Widder, dem Jupiter Ammon heiliges Tier: »Ammonshorn«
> ⌀ quadratisch bis oval, Umgänge wenig umfassend, Rippen auf den Flanken gerade, Kiel (»gekielte Psiloceraten«) umgrenzt durch Furchen
> Leitform: *Arietites bucklandi;* ferner: *A. geometricum, Vermiceras spiratissimum*

Ringripper (einfache R.)

$\beta_1$ (»Oxynoticeraten-Schichten«)

*Promicroceras* (Syn. *Aegoceras*), der »Siegelring«-*Aegoceras serpenticon,* Außenseite umspannende und auf ihr verbreiterte Rippen
> Leitform: *P. planicosta, Asteroceras obtusum, A. turneri*

$\beta_2$ *Oxynoticeras*
> glatte bis feine an der Naht gegabelte Rippchen, flach scheibenförmig, engnabelig, zugespitzte Externseite mit scharfem Hohlkiel schwache bis fehlende Skulptur, Lobenlinie wenig zerschlitzt
> Leitform: *O. oxynotum;* ferner: *Echioceras raricostatoides, Biferi ceras curvicosta, Crucilobiceras subplanicosta*

$\gamma$ (»Uptonien-Schichten«)

*Liparoceras*
> rasch zunehmende Windungshöhe, Nabel eng, ⌀ subquadratisch Randknoten an der Außenseite, 2–4 Rippen verlaufen über die breite gerundete Außenseite, kein Kiel
> Leitform: *Uptonia jamsoni;* ferner: *Phriodoceras taylori, Trago phylloceras ibex, Prodactylioceras davoei, Hastites clavatus*

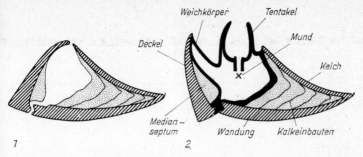

Bild 2.9. Rekonstruktion der rugosen »Pantoffelkoralle« (gedeckelte Koralle) *Calceola sandalina*, einem Leitfossil des Mitteldevons

1 Deckel geschlossen, 2 Deckel geöffnet, Tentakel fangbereit ausgestreckt (verändert nach R. RICHTER)

len. Es sind Einzelkorallen, bei denen der Kelch durch einen ein- oder mehrteiligen Deckel verschlossen wird. Hierzu gehört die »Pantoffelkoralle« *Calceola sandalina*, ein Leitfossil des Mitteldevons (Bild 2.9).
Weitere Korallen der Ordnungen Rugosa und Scleractinia sowie einige ihrer morphologischen Merkmale sind in Tab. 2.7, s. S. 114, zusammengefaßt.
Die dritte große Korallenordnung, die wie die Rugosen auf das Paläozoikum beschränkt ist (mittleres Ordovizium bis Perm), ist die der Tabulaten (lat. tabulatum = Stockwerk) oder Bödenkorallen. Dies sind ausschließlich koloniebildende Formen mit meist sehr schlanken Polyparen mit Querböden (Tabulae) und Septen, die entweder rudimentär oder zu Septenleisten oder -dornen zurückgebildet sind. Die Wände sind von Poren durchsetzt, wodurch eine Verbindung der Einzelindividuen der Kolonie bzw. des Stockes gewährleistet ist.
Zahlreiche Gattungen der Tabulaten findet man z. B. in den Geschieben des silurischen »Gotländer Korallenkalkes« am Strand der Ostsee oder in den Korallenkalken des Devons im Harz, im Vogtland und in Thüringen. Die Korallen sind hier am Aufbau großer submariner Riffbildungen beteiligt (s. Tafel 22, Bild 34).
Beispielsweise bildet *Favosites* sehr dicht stehende und massive Kolonien (Bild 2.10, s. S. 115) und ist in den Geschieben mit der Art *Favosites (»Calamopora«) gotlandica* zu finden. Lockere Stöcke bildet die im Querschnitt wie die aneinandergereihten Glieder einer Kette aussehende »Kettenkoralle« *Halysites catenularia* und *Catenipora escharoides*. Die Gattung *Aulopora* wächst meist kriechend, ästig oder netzförmig auf der Oberfläche anderer Tabulatenstöcke (Bild 2.11, s. S. 116), und sie besitzt hornförmige Kelche. Als Lebensgemeinschaft (Symbiose) zwischen einem Korallenstock und einem Wurm gilt das weltweit verbreitete *Pleurodictyum problematicum* (Bild 2.12, s. S. 116).

Tabelle 2.7. Gegenüberstellung einiger morphologischer Merkmale von Rugosen und Scleractinien

| Merkmale | Rugosa (= Tetracoralla) | Scleractinia (= Hexacoralla) |
|---|---|---|
| Lebensdauer | ?Kambrium, Ordovizium-Muschelkalk | Perm-Gegenwart |
| Septen – Grundzahl | 4 (bzw. 1) | 6 |
| Septen – Größenordnungen | 1–2 | bis 8 |
| Septen – Stellung | vorwiegend fiederstellig – bilateral | vorwiegend radiär |
| Gesamtgestalt | Einzelkorallen häufig, im allgemeinen länger als breit | überwiegend Stöcke, fortschreitende Abplattung bei Individuen und Stöcken |
| Mäandertyp | fehlt | seit Trias auftretend, seit Tertiär vorherrschend |
| Theka des Individuums | fast stets entwickelt | oft verkümmert bis fehlend |
| Coenesteum der Stöcke | fehlt | nicht selten |
| Dissepimente (Traversen) | häufig und stark, Böden (Tabulae) vorkommend | nur Astraeiden-Amphiastreiden (auch Tabulae!), sonst fehlend |
| Synaptikel (Querbälkchen) (Stützen des Septalapparates) | fehlend | zuweilen vorhanden |
| Säulchen | vorwiegend »Pseudocolumella« | häufig Columella; auch Pali (Pfählchen) und Paluli |
| äußere Längsrippen | zwischen den Septen (Rugae) | in Verlängerung der Septen (Costae) |

Tabelle 2.7. (Fortsetzung)

| Merkmale | Rugosa (= Tetracoralla) | Scleractinia (= Hexacoralla) |
|---|---|---|
| Porosität | sehr selten | in gesteigertem Maße auftretend |
| Wachstumsrichtung | Höhenwachstum, Theka das primäre | Breitenwachstum, Septalapparat |
| Gattungen (Auswahl): Einzelkorallen | *Porpites* (Unterkarbon) *Zaphrentis* (Unterkarbon) *Calceola* (Mitteldevon) *Goniophyllum* } Deckelkorallen | *Parasmilia* (Kreide Rügen) *Cyclolites* (Kreide) *Montlivaultia* (Trias) *Anabacia* (Jura) *Parasmilia* (Kreide-rezent) *Flabellum* (Tertiär-rezent) |
| Kolonien | *Hexagonaria* (Devon) *Phillipsastrea* (Oberdevon) *Lithostrotion* (Unterkarbon) | *Solenastraea* (Tertiär) *Thamnasterea* (Trias-Tertiär) *Madrepora* (Kreide-rezent) |

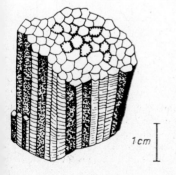

Bild 2.10. *Favosites*, Bruchstück eines größeren Korallenstockes, aus dem Mitteldevon der Eifel (nach VANGEROW)

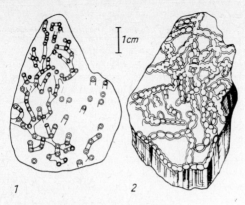

Bild 2.11. Lockere stockbildende Korallen:
1 *Aulopora* aus dem Mitteldevon der Eifel mit ästigen oder netzförmigen Verzweigungen und becher- oder trompetenförmigen Polyparen, 2 *Halysites*, die »Kettenkoralle«, aus dem Silur der Insel Gotland (nach VANGEROW)

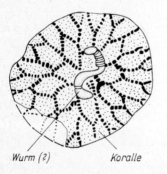

Bild 2.12. *Pleurodictyum*, scheibenförmige bis halbkugelige, weltweit verbreitete Korallenkolonie für die sandige Fazies des Unterdevons (Steinkernerhaltung). In der Mitte gebogene, mit Sand gefüllte Röhre, die als Wurmgang gedeutet wird. Symbiose zwischen Wurm (?) und Korallenstock (Kommensalismus), Durchmesser etwa 2 bis 4 cm (nach VANGEROW)

## 2.2.5. Moostierchen (Bryozoa)

Die Bryozoen oder Moostierchen sind kleine, seßhafte, vorwiegend marin lebende, koloniebildende Tiere, die höher entwickelt sind als die Korallen (s. Tafeln 20 u. 21). Sie bilden verästelte Stöcke und Überzüge auf anderen Organismen. Seit dem Ordovizium und vor allem im jüngeren Paläozoikum (Zechstein), am Ende des Mesozoikums

(Kreide) und in der Gegenwart gehören sie zu den wichtigsten Riffbildnern des Meeres. Hier spielen sie für die zeitliche Gliederung der Schichtenfolgen als Leitformen eine bedeutende Rolle. Die ungeheuere Formenmannigfaltigkeit der Bryozoen, fossil sind weit über 900 Gattungen nachgewiesen, macht dem Fossiliensammler eine eingehendere Beschäftigung mit dieser Tiergruppe kaum möglich, sondern Untersuchung und Bearbeitung der Bryozoen ist fast ausschließlich Sache des Spezialisten. Es soll daher im folgenden auch nicht näher auf die recht komplizierte Morphologie und Systematik eingegangen werden. Nur einige wichtige Formen seien genannt, die in den Fossilfundpunkten der DDR häufiger in Erscheinung treten und auch ohne aufwendige Hilfsmittel, mit bloßem Auge oder mit der Lupe, für den Laien bestimmbar sind.

Vom Ordovizium bis zum Perm ist weltweit verbreitet die Ordnung der Cryptostomata. Deren Kolonien bilden meist fein verzweigte Netzwerke, und sie sind vor allem gemeinsam mit Kalkalgen in den Bryozoenkalken des germanischen Zechsteins als Gesteinsbildner in den Riffen wichtig. Doch findet man sie auch in den Riffkalken des Devons häufig.

Die wohl bekannteste Art dieser Gruppe ist *Fenestella retiformis*. Die oft recht großen trichter- bis fächerförmigen Stöcke bilden ein feines Netz. Es besteht aus zahlreichen von der Basis ausstrahlenden nach oben hin sich gabelnden Ästen, durch Quersprosse miteinander verbunden erhalten sie dadurch ein maschenartiges Aussehen. Die Ästchen tragen auf einer Seite zwei Längsreihen runder Zellöffnungen (Bild 2.13).

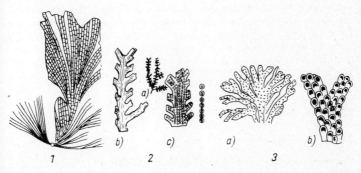

Bild 2.13. Bryozoen oder Moostierchen der Ordnung Cryptostomata des germanischen Zechsteins aus Riffkalken Ostthüringens (Oepitz und Pößneck)

*1 Fenestella retiformis*, etwa natürliche Größe; *2 Acanthocladia anceps*, a – Kolonie (Zoarium), b – Zweig von unten, c – Zweig von oben mit Aperturae (Öffnungen); *3 Thamniscus geometricus*, a – Teil des Zoariums, b – Teil eines Zoariums mit lippenförmig umgebildeten Unterrändern der Aperturae (nach KORN und A. H. MÜLLER)

Weiter gehört zu den Cryptostomen-Arten *Acanthocladia anceps*. Es sind in der Regel feine, frei verästelte Stöcke, die sich in einer Ebene ausbreiten, mehrere Hauptäste bilden, von denen kleine Neben- oder Seitenzweige abzweigen. Auf den Zweigoberseiten liegen die rundlichen, knopfartigen Zellmündungen. Im Aussehen ähnlich ist *Thamniscus geometricus*, im Gegensatz zu *Acanthocladia* haben hier die Mündungen lippenförmig umgestaltete Unterränder.

Die Cheilostomata, die fraglich im Jura, sicher von der Kreide bis zur Gegenwart leben, wo ihre Blüte liegt, übertreffen die Arten- und Individuenzahl der paläozoischen Bryozoen bei weitem. Viele Cheilostomata sind fraglich in den Korallenkalken des Malms, und vor allem in der Schreibkreide (Oberkreide) des Maastricht und Danien horizontal weit verbreitet, aber kurzlebig und somit vorzügliche Leitfossilien während dieser Zeitabschnitte. Es sind die hinsichtlich der Morphologie am höchsten entwickelten und differenzierten Bryozoen. Die verschiedenen Körpermerkmale sind von besonderer Formenmannigfaltigkeit, so daß die Bestimmung dieser Arten sich äußerst schwierig gestaltet. Um einen Eindruck der Vielfalt der Formen zu gewinnen, lohnt sich die Aufbereitung (Schlämmen) einer Probe aus der Schreibkreide der Insel Rügen. Hier an der Küste findet der Sammler gelegentlich auch bryozoenführende Geschiebe des Danien, z. B. mit Bryozoen auf grauem und/oder grauschwarzem Feuerstein und Bryozoenkalk oder »Limsten«, der größtenteils aus zarten Bruchstücken von ästigen Bryozoen besteht. Eine charakteristische Bryozoe ist *Tuberculipora östrupi*, sie ist korkenzieherartig gewunden. Der weiße, dichte Faxekalk (Oberkreide/Danien) enthält mitunter ebenfalls Bryozoenbruchstücke. Nicht so häufig ist der von Bryozoen durchsetzte »ockergelbe jaspisartige, zuweilen löcherig-poröse Hornstein« des Danien. Bryozoenführende Danien-Feuersteingerölle finden sich ferner in der Niederlausitz in einer 25 m mächtigen miozänen hellgrauen Quarzsandfolge über dem 2. Lausitzer Flözhorizont (Tertiär/Miozän) eingelagert. Die Arten hier gehören zu den Cyclostomata und Cheilostomata (VOIGT 1970, Faunenliste).

## 2.2.6. Armfüßer (Brachiopoda)

### 2.2.6.1. Allgemeines

Die Brachiopoden oder Armfüßer, auch Armkiemer, Tascheln oder Lampen»muscheln« genannt, wegen ihrer Ähnlichkeit mit antiken etruskischen Lampen, sind zwar nach ihrer Lebensweise als Meeresbewohner und ihrem äußeren Aussehen für den Laien den Muscheln sehr ähnlich, doch sind der innere Bau und ihre Entwicklungsgeschichte völlig anders. Sie werden gelegentlich als »Weichtierähnliche« oder Molluscoidae bezeichnet.

Die Brachiopoden haben gegenwärtig nur eine untergeordnete Bedeutung. Es gab aber in erdgeschichtlicher Vergangenheit Zeitabschnitte, z. B. im Kambrium (Blütezeit der schloßlosen Brachiopoden) und besonders vom Ordovizium (Beginn einer großen Entfaltung) bis ins Karbon, in der Trias (zeitweiser Niedergang, doch einige wichtige Leitformen liefernd), dem Jura (vereinzelte Gattungen mit erneuter Entfaltung), wo Brachiopodenschalen massenhaft in den Schichtfolgen auftreten. Hier sind sie örtlich sogar gesteinsbildend (Brachiopodenkalke). Diese Tiergruppe hat auch eine Vielzahl von Leitformen geliefert, wie *Stringocephalus burtini* (Mitteldevon, Givet), die Gattung *Spirifer* mit einer Vielzahl von Leitarten (Mitteldevon), die Gattung *Productus* mit z. T. großwüchsigen Formen wie *Gigantoproductus giganteus*, *P. mesolobus*, *P. horridus* (beide Karbon und Zechstein). *Lingula* dagegen ist ein entwicklungsgeschichtlicher Konservativ- oder Dauertyp oder »lebendes Fossil«, der sich über fast 430 Millionen Jahre hinweg unverändert erhalten hat. So verdienen die Brachiopoden durchaus, einer näheren Betrachtung gewürdigt zu werden.

Im Gegensatz zur Rechts-Links-Symmetrie der Muscheln besitzen die Brachiopoden eine dorsoventrale Symmetrie, d. h., die Symmetrieebene geht quer über die Schalen hinweg und fällt mit der Mittellinie des inneren Weichkörpers zusammen. Die Brachiopoden haben also eine kleinere »obere«, dorsale Arm- und eine größere »untere«, ventrale Stielklappe; beide sind ungleich, aber jede in sich spiegelbildlich symmetrisch (bilateral symmetrisch) (Bild 2.14). Die chemische Sub-

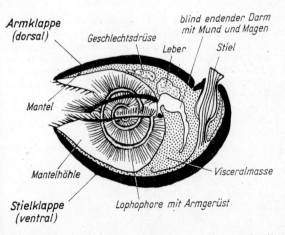

Bild 2.14. Schematischer Längsschnitt durch einen schloßtragenden (Articulaten) Brachiopoden (Armfüßer) (nach A. H. MÜLLER)

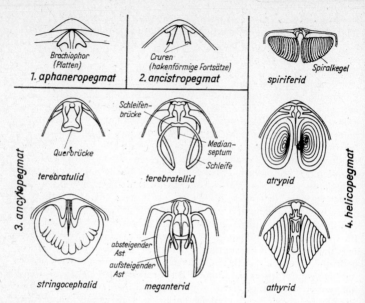

Bild 2.15. Die wichtigsten Typen der Armgerüste bei Brachiopoden (nach DAVIDSON, SHROCK und TWENHOFEL, ZITTEL)

stanz der Schalen ist kalkig oder hornig-phosphatisch. Die beiden Klappen werden durch Öffner- (Divaricatores) und Schließmuskeln (Adductores) bewegt. Charakteristisch sind zwei spiralig aufgerollte Kiemenarme (Lophophore) oder Tentakel, die dem Heranstrudeln der Nahrung und der Atmung dienen und häufig durch kalkige Armgerüste gestützt werden. Es sind hakenförmig gekrümmte Fortsätze (Cruren), ± lange Schleifen oder zu Hohlkegeln aufgewundene Bänder. Diese Ausbildungsformen der Armgerüste (Brachidia) bilden die Grundlage für die systematische Einteilung und die Bestimmung der Brachiopoden (Bild 2.15).

Nach Vorhandensein und Ausbildung der Armgerüste unterscheidet man:

1. Aphaneropegmata (Ohngerüstler)
   ohne Armgerüst (Bild 2.15/1)
   (alle Inarticulata, Palaeotremata, ein Teil der Strophomenida)

2. Formen mit Brachiophoren
   Plattenbildung als Basis zum Ansatz der Kiemenarme (bei den meisten Orthida)

3. Ancistropegmata (Hakengerüstler)
   kurze hakenförmige Fortsätze (Cruren) (Bild 2.15/2)
   (Rhynchonellida, Pentamerida)
4. Ancylopegmata (Schleifengerüstler)
   die Cruren setzen sich fort in zwei kürzere oder längere Schleifen.
   Nach der Ausbildung der Schleifen unterscheidet man:
   centronellid: mit offener Schleife, ohne Einbuchtung
   terebratulid: mit Einbuchtung (Bild 2.15/3)
   terebratellid: mit rückläufiger Schleife (Doppelschleife)
   bei Vorhandensein eines Medianseptums: meganterid (Terebratulida)
5. Helicopegmata (Spiralgerüstler)
   mit dünnen, zu Hohlkegeln aufgewundenen Bändern (Spiralkegel = Spiralia); (s. Tafel 23, Bild 35).
   Art der Aufrollung, Höhe und Richtung der Spiralia ist verschieden: spiriferid, atrypid, athyrid (Bild 2.15/4)
   (Spiriferida)

Die ontogenetische Entwicklung und Veränderung der Armgerüste läßt ferner Rückschlüsse auf die verwandtschaftlichen, insbesondere stammesgeschichtlichen Beziehungen der Gattungen und Arten zu.
Durch Anschleifen (Serienschliffe), Mikrotomschnitte und Röntgen kann man an intuskrustierten Schalen das Armgerüst gut feststellen und seine räumliche Beschaffenheit rekonstruieren.
Mittels eines muskulösen Stiels (Adjustores = Stielmuskeln), der aus der unteren Klappe, daher Stielklappe, durch ein Stielloch (= Delthyrium) hervortritt, sind die Armfüßer dauernd oder während des Jugendstadiums an einer Unterlage (Meeresboden, Pflanzen) festgewachsen. Ältere Tiere, bei denen der Stiel verkümmern kann, gehen zur freien Lebensweise über.
Es treten ferner aberrante Formen, wie die rübenförmige *Richthofenia* mit korallinem Höhenwachstum und die halbkugelig aufgetriebene *Oldhamina* im Perm auf, die infolge Umbildung der Schalen kaum noch als Brachiopoden zu erkennen sind.
Die beiden Klappen sind durch Muskeln (Inarticulata = schloßlose Brachiopoden) und durch ein Schloß mit Schloßzähnen in der Stielklappe und entsprechenden Zahngruben in der Armklappe (Articulata = schloßtragende Brachiopoden) miteinander verbunden.
Bei der systematischen Bestimmung sollte auf folgende, sich während der stammesgeschichtlichen Entwicklung abwandelnde Merkmale geachtet werden:

1. äußere Form (Gestalt)
2. Struktur und Skulptur der Schalen
3. Delthyrium (Form und Lage) und die Ausbildung seiner Verschlüsse
4. Armgerüst

5. Schloß und Außenform des Schloßbereiches (Area)
6. Eindrücke von Muskeln und Gefäßen (besonders geeignet für Rückschlüsse auf die Lebensweise)

Da die Artenzahl der Brachiopoden sehr groß ist, es sind mehr als 956 Gattungen bekannt, können hier nur einige Leitformen beschrieben werden. Als weiterführende Literatur zur Bestimmung im einzelnen muß hier, und das gilt ebenso für alle im folgenden noch zu beschreibenden Fossilgruppen, auf einschlägige Werke, wie BEURLEN 1970, BRINKMANN 1966, BUBNOFF 1949, 1956, FRAAS 1973, HUCKE u. VOIGT 1967, A. H. MÜLLER 1963 bis 1970, verwiesen werden.

### 2.2.6.2. Systematische Übersicht über die Brachiopoden (Auswahl)

**Inarticulata:**

schloßlos, hornig-kalkig, oval-kreisförmig, teils zungenförmig
(? Präkambrium, Kambrium – rezent)

- Atremata:

  dreieckig-oval bis kreis-/zungenförmig, ohne besondere Stielöffnung
  (? Präkambrium, Unt. Kambrium – rezent)
  Gattungen:
  *Obolus* (= Schärflein, Münzchen, Hufsteine); dreieckige, quergestreifte Area, Stielfurche konzentrisch gestreift, als Geschiebe im Obolussandstein
  *Lingulella*; vier- oder dreiseitig, Stielklappe zugespitzt, Stielfurche
  *Lingula* (= Züngelchen, Zungen»muschel«); länglich-oval, gerundet viereckig, langer wurmartiger Stiel
  *L. credneri*; massenweise im Kupferschiefer und Zechstein

- Neotremata:

  kegelförmige Stielklappe, Stielaustritt durch subzentrales Loch oder Schlitz mit besonderer Stielöffnung bzw. aufgewachsen (Unt. Kambrium – rezent)
  Gattungen:
  *Acrotreta*; Stielklappe hochkonisch, sehr klein
  *Discinisca* (= Scheibchen); ± kreisrund, Wirbel subzentral
  *Crania* (= Totenköpfchen); ungestielt, aufgewachsen, Schalenränder breit/glatt/gekörnelt, subquadratisch, Innenseite der Schale wie stilisierter Totenkopf, im Unteren Craniakalk-Geschieben und paläozänen Echinodermenkonglomerat

  Auftreten vorwiegend im Altpaläozoikum (Kambrium bis Silur)

**Articulata:**

schloßtragend, im allgemeinen kalkschalig, sehr unterschiedliche Gestalt; zahlreiche Arten haben große Bedeutung als Leitformen, umfaßt die überwiegende Anzahl der fossilen Formen (Unterkambrium – rezent, Blütezeit: Ordovizium bis Devon)

- Palaeotremata:

  primitivste bisher bekannte schloßtragende Brachiopoden (Unt. – Mittelkambrium)

- Orthida (= Gerad»muscheln«):

  Schalen meist bikonvex, Schloßrand und Area ± gerade, bedeutungsvolle Gruppe der paläozoischen Brachiopoden (Unterkambrium bis Oberperm)

  Gattungen:

  *Orthis;* vierseitig bis oval, radial gestreift oder gerippt, freies dreiseitiges Stielloch, starke Schloßzähne, sehr häufig in den ordovizischen grauen Orthocerenkalken als Geschiebe, als Steinkerne in devonischen Grauwacken *(O. vulvaria)*

  *Schizophoria;* großwüchsig, bikonvex, feinberippt, Stielklappe stärker gewölbt als Armklappe, Devon des Harzes und Vogtland

- Strophomenida (= Krumm»muscheln«):

  Schloßrand gerade gestreckt, Schale stets pseudopunctat, Oberfläche radial berippt, Ventralklappe konkav, Dorsalklappe konvex; keine Armgerüste (aphaneropegmat)
  (? Kambrium, Unt. Ordovizium – rezent)

  Gattungen:

  *Plectambonites;* Armklappe mit Septen und Wülsten, konzentrische Streifung

  *Leptaena* (= Dünn»muscheln«); 5- bis 6eckige abgerundete Klappen, beidseitige Area, knieförmig gebogene Klappen, konzentrische Runzeln, starke Schloßzähne; im grauen Orthocerenkalk des Silurs (Geschiebe)

  *Strophomena;* mit Knie, Radialstreifen

  *Orthothetes;* konvex-plan, Radialstreifen

  *Chonetes;* Stacheln am Schloßrand der Stielklappe, punktiert, kleinwüchsig, halbkreisförmig, konkav-konvex, feine Radialrippen; charakteristisch für silurische Beyrichienkalke (Geschiebe)

  *Productus* (= Erdprodukt); gerader Schloßrand, mittel- bis sehr groß (*Productus horridus, Gigantoproductus giganteus* (= Leitform): hochgewölbte Ventralklappe, Schalenoberfläche mit Wärzchen, Dornen und Stacheln; Zechstein

  *Strophalosia* (= Knötchen»muschel«); konkav-konvex, kurzer Schloßrand, Stacheln, dreieckige gestreifte Area; Leitform *(St. goldfussi, St. exavata)*

- Pentamerida (= Fünfecker):
Schale bikonvex, glatt oder radial gefaltet, kurzer Schloßrand, fünfeckiger Umriß (Mittl. Kambrium – Ob. Devon)

Gattungen:

*Porambonites;* kugelförmig gebläht, glatte Schale, Oberfläche tiefe Grübchen, runde Stielöffnung, beide Schnabelspitzen der Klappen durchbohrend; im ordovizischen grauen Orthocerenkalk (Geschiebe) *(P. schmidti)*

*Pentamerus;* stark ungleichklappig, Schalen stark gewölbt, Ventralwirbel sehr vorgewölbt, wenig berippt bis glatt, mit Cruren; wichtiges Fossil in Devonkalken

- Rhynchonellida (= Schnäbelchen); Schale bikonvex, z. T. kugelig, klein bis mittelgroß, gefaltet, Umriß dreieckig gerundet, kurzer Schloßrand, spitzer Wirbel, Cruren, selten punktiert; besondere Bedeutung im Mesozoikum, viele Arten (Mittl. Ordovizium – rezent)

Gattungen:

*Rhynchonella;* vorwiegend zierlich, kräftig radial gefaltet, gerundet dreieckig, spitzer ungebogener Wirbel; Muschelkalk, Zechstein

*Cyclothyris;* zahlreiche Rippen

- Terebratulida (= Bohrloch»muscheln«):
ancylopegmat, punktierte Schale, sehr kurzer Schloßrand (Ob. Silur – rezent)

1. Unterordnung: Terebratulacea; rundliche Schale, meist glatt, Schloßrand gerade oder leicht gebogen, rundes Stielloch, Deltidium, centronellides oder terebratulides Armgerüst

2. Unterordnung: Terebratellacea; Armgerüst terebratellid

zu 1.: *Stringocephalus* (= der »Eulenkopf«); bis 8 cm groß, gut erhaltene Steinkerne mit Medianseptum der Stiel- und Armklappe, stark vorspringender Wirbel; Leitform des Mitteldevons (Stringocephalenkalk)

*Coenothyris* (früher *»Terebratula«*); Schale glatt, meist langoval; bedeutend zwei Arten im germanischen Muschelkalk:
*C. vulgaris* i. mu (Terebratelbänke)
*C. cycloides:* für *Cycloides*-Bank des mo typisch, klein, kreisrund und flache Form

*Antinomia (»Pygope«);* tiefe Einbuchtung (zweilappige Form) unter Bildung eines Loches in der Mittellinie; Leitfossil im Oberen Jura

- Spiriferida:

sehr kurzlebige und differenzierte Gruppe der Brachiopoden, seitlich ausgedehnte, geflügelte Formen, radial berippt oder gefaltet, impunktat und vereinzelt punktat (Mittl. Ordovizium – Lias, Blüte im Devon)

Gattungen:

*Atrypa* (= undurchbohrt); hochgewölbte Armklappe, radial bis schwach konzentrisch berippt; *A. reticularis:* Leitfossil des Oberdevons im Gotländer Korallenkalk (Geschiebe)

*Spirifer;* langer Schloßrand, niedrige Area, Sinus und Wulst gefaltet, radial gefaltet, meist geflügelt, sehr vielgestaltet; zahlreiche Leitformen im Devon, vgl. BEURLEN 1970, BUBNOFF 1956
*Sp. primaevus; Sp. mercurii; Sp. cultrijugatus; Sp. paradoxus*

*Hysterolites* m. Untergattungen: *Hysterolites, Acrospirifer, Paraspirifer;* meist stark radial gefaltete und geflügelte Formen, kräftiger Sinus und Wulst, glatt

*Uncites;* Wirbel der Stielklappe schnabelartig nach hinten gekrümmt, groß, länglich, oval; Leitform des oberen Mitteldevons

*Athyris;* bikonvex, mittelgroße Schalen, rund, glatt. *A. concentrica:* Leitform des Mitteldevons

*Spiriferina: Sp. fragilis;* klein, radial berippt, punktiert, langer gerader Schloßrand, dreieckiges Schloßfeld; Leitform des mu und mo

## 2.2.7. Weichtiere (Mollusca)

Die Mollusken oder Weichtiere sind eine der entwicklungsgeschichtlich erfolgreichsten Gruppen der Wirbellosen. In den verschiedenen Lebensräumen des Meeres und des Landes haben sie während der Erdgeschichte eine außerordentliche Formenfülle entwickelt und sich hier ihrer Umgebung angepaßt. Daher spielen sie als wichtige Faziesfossilien oft eine bedeutende Rolle für den Paläontologen. Man nimmt an, daß es etwa 112 000 Arten gibt, davon etwa 60 000 rezent und etwa 50 000 fossil.

Der Körper der Weichtiere gliedert sich in vier Regionen (Bild 2.16):

1. den Kopf mit Augen und Fühlern
2. den muskulösen Fuß
3. den Eingeweidesack und
4. den Mantel, der eine ein- oder zweiteilige, seltener mehrteilige Kalkschale nach innen oder außen ausscheidet.

Die ältesten Vertreter der Mollusken stammen aus dem Unterkambrium.

Nach Gestalt, Schalenausbildung und Lebensweise werden die Mollusken heute in fünf Klassen eingeteilt:

1. Amphineura (Käferschnecken)

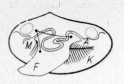  

Bild 2.16. Schematischer Vergleich der Organisation (Weichkörper, Gehäuse) bei Mollusken oder Weichtieren

*1* Lamellibranchiata – Muscheln, *2* Gastropoda – Schnecken, *3* Cephalopoda – Kopffüßer  *F* – Fuß, *A* – After, *K* – Kiemen, *M* – Mund, schwarze Punkte – Ganglienknoten, punktierte Flächen – Deckel (ergänzt nach H. SCHMIDT)

2. Scaphopoda (Grabfüßer)
3. Lamellibranchiata (Muscheln)
4. Gastropoda (Schnecken)
5. Cephalopoda (Kopffüßer)

Da die Amphineura für den Laiensammler nur wenig Bedeutung haben, soll nicht weiter auf diese streng marin lebenden, wurmähnlichen primitiven Weichtiere eingegangen werden.

### 2.2.7.1. Grabfüßer (Scaphopoda)

Die Grabfüßer, Solenoconchen oder Rohrschnecken, sind bilateralsymmetrische Mollusken, die eine konisch verlaufende, schwach gekrümmte, elefantenzahnartige, an beiden Enden offene Kalkröhre ohne Kammerung bilden. Es fehlen ihnen Augen und Kiemen; sie besitzen eine sogenannte Wasserlunge, d. h., sie respirieren mit der gesamten Körperoberfläche. Mit einem dreiteiligen schwellfähigen Fuß graben sie sich tief ins Sediment ein; das engere Röhrenende ragt dabei ins freie Wasser hinaus. Sie kommen nur im Meer vom Litoral (Gezeitenbereich) bis in die Tiefsee (bis 4 570 m) vor. Als Nahrung dienen ihnen Foraminiferen, kleine Weichtiere und andere Kleinorganismen. Ihre Größe ist unterschiedlich (max. 60 cm lang), normalerweise 2 bis 4 cm.

Im Paläo- und Mesozoikum haben sie nur lokal und in bestimmten Schichtkomplexen Bedeutung. Im Neozoikum dagegen findet sie der Fossiliensammler recht häufig in marinen tertiären Ablagerungen.

Der bekannteste Vertreter der Grabfüßer ist die Gattung *Dentalium*. Es ist eine glatte oder berippte sich nach vorn erweiternde Kalkröhre. Als Geschiebe findet man gelegentlich *Dentalium dollfusi* oder *Dentalium badense* aus dem miozänen Glimmerton. In den oligozänen Meeresablagerungen der Braunkohlenlagerstätten bildet die Art *Dentalium kickxi* eine Leitform.

## 2.2.7.2. Muscheln (Lamellibranchiata)

Die Lamellibranchiaten oder Muscheln (auch kopflose Beilfüßer, Schalenträger, Lamellenkiemer, Zweischaler genannt) sind Weichtiere der limnischen, brackischen und marinen Lebensbereiche und schon seit dem Kambrium fossil bekannt. Der Weichkörper ist bilateral-symmetrisch und wird von zwei Schalen umgeben (Bild 2.17). Daher spricht man im Gegensatz zu den Armfüßern von rechter und linker Schale oder Klappe. Diese können gelegentlich gleich groß sein und gleiches Aussehen haben (gleichklappig), meist sind sie jedoch ungleichklappig, aber auch ungleichseitig.

Fossil erhalten sind von den Muscheln meist nur ihre Hartteile, die Schalen. Daher spielt die Morphologie derselben bei der systematischen Bestimmung für den Paläontologen die entscheidende Rolle. Hier sind es folgende wichtige Merkmale:

1. das Ligament und die Ligamentgrube (Verbindung der Klappen)
2. der Schloßbau
3. die Schließmuskelabdrücke und
4. der Mantelrand bzw. die Mantellinie

Gestalt und Skulptur erlauben dagegen nur Rückschlüsse auf Lebensbedingungen und Umwelt. Sie sind brauchbar als Art- und Gattungsmerkmale.

In allen Zeitabschnitten haben die Muscheln als Leit- (z. B. Oberkreide) und Faziesfossilien (z. B. Tertiär) eine hervorragende Bedeutung (s. Farbtafel III, Bild 3).

Da der Sammler von den Muscheln nur die Hartteile, die Schalen, findet, sollen die wichtigsten morphologischen Merkmale derselben

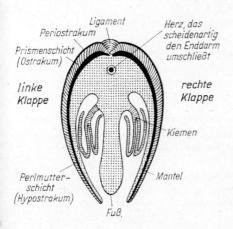

Bild 2.17
Schematischer Querschnitt durch eine Muschel, den bilateral-symmetrischen Bauplan zeigend
(nach A. H. MÜLLER)

im folgenden aufgezeigt werden. Es bestehen jedoch enge Beziehungen zwischen den Weichteilen einer Muschel und der Morphologie der Hartteile und ihrer Details, und diese läßt Rückschlüsse auf den Innenbau zu.

Die Schalensubstanz besteht aus Kalziumkarbonat in den Modifikationen Kalzit und Aragonit. Sie ist meist dreischichtig aufgebaut. Außen liegt das aus Konchiolin (Protein) bestehende dünne Periostrakum, dem das aus Kalzitprismen aufgebaute Ostrakum folgt, das von den inneren Aragonitlamellen, dem Hypostrakum oder der meist bunt schillernden (Interferenzerscheinungen) Perlmuttschicht abgedeckt wird. Umwachsungen von Fremdkörpern in den beiden zuletzt genannten Schichten führen zur Perlenbildung. Die Wachstumsrhythmen der Schale finden ihren Ausdruck in der äußeren Anwachsstreifung und der Skulptur (konzentrische und radiale Rippen, Dornen, Knoten). Der Embryonalteil der Schale, das Prodissoconch, entwickelt den Wirbel (Umbo), von wo aus das weitere Schalenwachstum erfolgt. Ein besonders abgegrenztes und oft skulpturiertes Feld längs des Dorsalrandes vor den Wirbeln ist die Lunula. Hinter den Wirbeln liegt die Cardinal-Area. Die Verbindung der Schalen und der Schalenverschluß werden von Ligament (Band) und Schloß gewährleistet.

Das Ligament übernimmt die Funktion des Zusammenhaltes der beiden Muschelschalen und einer passiven Schalenöffnung. Es besteht aus organischer Substanz (Konchiolin) und ist elastisch. Beim Nachlassen der Kontraktionskräfte der Schließmuskeln auf die Klappen bringt es diese zum Klaffen. Seine Lage ist meist oberhalb des Schlosses im Bereich der oft skulpturierten sog. Ligamentarea in Ligamentfeldern oder -gruben.

Das Schloß mit den Schloßzähnen und Zahngruben dient ebenfalls einem festen Verschluß der Muscheln, daneben verhindert es eine seitliche Verschiebung der Schalen.

Man unterscheidet 10 Schloßbautypen (Bild 2.18):

1. lamellidont: parallel zum Schloßrand verlaufende Zähne und Gruben (ältester Schloßtyp)

2. taxodont (= Reihenzähner) (Bild 2.19): zahlreiche (bis 35), ± gleichartige Zähnchen quer zum Schloßrand orientiert:
   ctenodont: Zähnchen konvergieren zur Schalenmitte *(Ctenodonta, Nucula, Glycimeris, Arca)*
   actinodont: Zähnchen konvergieren zum Wirbel *(Actinodonta)*

3. praeheterodont (= diagenodont): zahlenmäßige Reduktion der Zähnchen und Gruben bis auf 3 und weniger Haupt- oder Cardinalzähne

4. heterodont (= Ungleichzähner) (Bild 2.20): verbreitetster Schloßtyp; zu den Hauptzähnen gesellen sich vordere und hintere Seitenzähne oder Nebenzähne (sog. Leistenzähne): *(Cardium, Crassatella, Cyprina)*

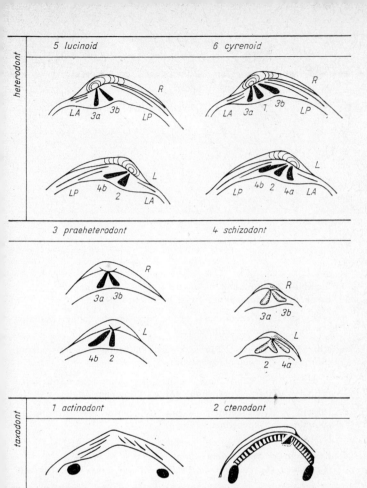

Bild 2.18. Die wichtigsten bei den Muscheln auftretenden Schloßtypen (schematische Darstellung)

$R$ – rechte Klappe, $L$ – linke Klappe

**Bezifferung der Kardinal- und Seitenzähne, die zur Schloß- oder Zahnformel zusammengestellt werden:** $R$ – ungerade Zahlen, $L$ – gerade Zahlen; Kardinalzahn, $R$ – unmittelbar unter dem Wirbel = Ziffer 1; $LA$ – vorderer Seitenzahn, $LP$ – hinterer Nebenzahn oder Nebenzahn (nach A. H. MÜLLER)

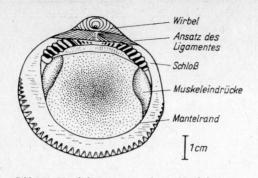

Bild 2.19. Morphologie einer taxodonten Muschel
*Glycimeris* aus dem Tertiär des Weißelsterbeckens (Tagebau Böhlen) (ergänzt nach VANGEROW)

lucinoid: 2 Hauptzähne, 1 oder 2 v. u. h. Seitenzähne
cyrenoid: 3 Hauptzähne, 2 v. u. h. Seitenzähne

5. pachydont (= Dickzähner): breite, vergrößerte Zähne (Rudisten: *Caprina, Requienia, Hippurites)*

6. schizodont (= Spalt-, Spreizzähner): V-förmiger Hauptspaltzahn *(Schizodus, Trigonia, Myophoria)*

7. desmodont (= Bandzähner): eigentliche Zähne fehlen, nur löffelartig verbreiterte Vorsprünge *(Mya)*, (Ligamentlöffel)

8. isodont (= Gleichzähner): wenige (2), gleiche, hakenförmig und symmetrisch angeordnete Zähne
*(Spondylus)*

9. dysodont (= Mißzähner): Zähne fehlen
*(Gryphaea, Ostrea, Avicula, Pecten, Mytilus, Lima, Inoceramus)*

10. kryptodont (= Versteckzähner): Anfangs- und Primitivstadium einer Art Schloß: Höckerchen und Grübchen angedeutet
*(Cardiola)*

Über die Anzahl der Schloßelemente gibt die Schloß- oder Zahnformel Auskunft. Sie wird speziell für praeheterodonte bzw. heterodonte Schlösser benutzt.

$$\frac{\text{Wirbel}}{\text{LA} - 3a - 1 - 3b - \text{LP}}{\text{LA } 4a - 2a - 2b - 4b \text{ LP}}$$

rechte Klappe
Schloßlinie
linke Klappe

In dieser Formel bedeuten:

**LA**: vorderer Seiten- oder Nebenzahn
**LP**: hinterer Seiten- oder Nebenzahn
Hauptzähne rechte Klappe: ungerade Zahlen
Hauptzähne linke Klappe: gerade Zahlen
**1**: Hauptzahn der rechten Klappe unmittelbar unter dem Wirbel
**a**: anterior = vorn
**b**: posterior = hinten

Weitere Schalenmerkmale, die für die Einteilung der Muscheln Bedeutung haben, sind die Mantellinie und die Schließmuskeleindrücke.
Die Grenze der Verwachsung der den Weichkörper umhüllenden beiden Mantellappen mit den Schalen bildet die Mantellinie. Im Hinterende des Tieres liegen zwischen den Mantellappen Atem- und Afteröffnung (Siphonen). Diese verursachen mitunter infolge Verwachsung eine Ausbuchtung der Mantellinie, so daß zwei taxionomische Gruppen unterschieden werden können (Bild 2.21):

1. sinupalliate Formen: mit Mantelbucht, Mantellinie mit hinterem Sinus (Einbuchtung)

2. integripalliate Formen: ohne Mantelbucht, Mantellinie ganzrandig, parallel dem Schalenrand

Das Schließen der Muschelschalen bewirkt die aktive Muskelkontraktion der Adduktoren oder Schließmuskeln. Es sind bei den Muscheln maximal zwei solcher Muskeln vorhanden, deren Anwachsstellen an den Schalen als Insertionen bezeichnet werden. Gelegentlich treten auch akzessorische Muskeleindrücke auf (z. B. Muskelfasern des

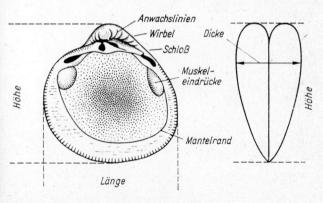

Bild 2.20. Morphologie einer heterodonten Muschel
*Cytherea* aus dem Tertiär des Mainzer Beckens (ergänzt nach VANGEROW)

Fußes). Entsprechend dem Vorhandensein der Eindrücke unterscheidet man:

— isomyar oder homomyar (gleichmuskelig): zwei etwa gleichgroße Insertionen

— anisomyar oder heteromyar (ungleichmuskelig): vorderer kleiner und hinterer großer Eindruck

— monomyar (einmuskelig): vorderer Eindruck fehlt bzw. reduziert; nur noch ein hinterer kräftiger Eindruck vorhanden

Anzahl und Form der Muskeleindrücke läßt Rückschlüsse auf die Ökologie der Muscheln zu und dient auch zur systematischen Einteilung (Homomyarier, Anisomyarier, Monomyarier) (Bilder 2.21, 2.22).

Die paläontologische systematische Gliederung der Muscheln ist auch heute noch mitunter recht problematisch. Die meisten Systeme der höheren systematischen Einheiten bevorzugen jedoch ein Ordnungsprinzip nach dem Schloßbau, für die niederen Kategorien sind Schließmuskeleindrücke, Umriß, Skulptur und Größe ausschlaggebend.

Die Vielzahl der fossilen Muscheln sowie die unterschiedlichen systematischen Gliederungen machen es nötig, sich nachfolgend auf einige

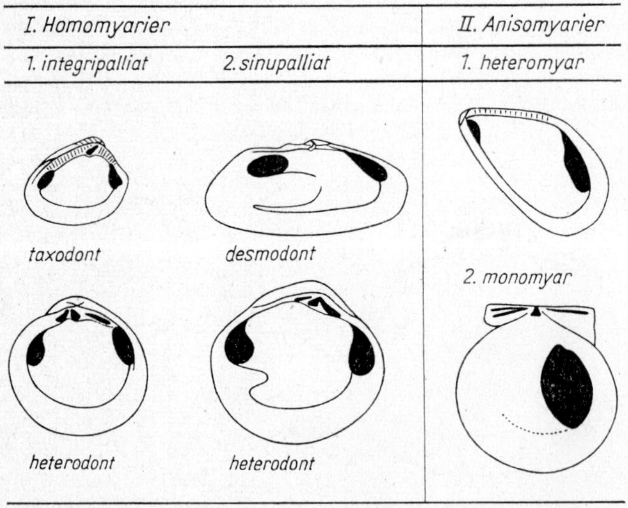

| I. Homomyarier | | II. Anisomyarier |
|---|---|---|
| 1. integripalliat | 2. sinupalliat | 1. heteromyar |
| taxodont | desmodont | |
| | | 2. monomyar |
| heterodont | heterodont | |

Bild 2.21. Schema der Ausbildung der Schließmuskelabdrücke und des Verlaufes der Mantellinie bei den Homomyariern (gleichstarke Muskeleindrücke) und bei den Anisomyariern (ungleiche Muskeleindrücke), (nach A. H. MÜLLER)

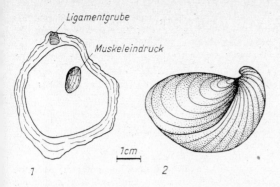

Bild 2.22. Zwei Muscheln der Familie der Ostreidae (Austern) mit nur einem Schließmuskeleindruck

1 *Ostrea*, die Auster, Kreide bis Gegenwart; 2 *Gryphaea*, eine Verwandte der Auster, mit zwei ungleichen Klappen, die kleinere rechte Klappe ist flach und bildet eine Art Deckel. Lias bis Gegenwart (ergänzt nach VANGEROW)

repräsentative Vertreter des Systems nach A. H. MÜLLER zu beschränken. Danach werden acht Ordnungen unterschieden.

- Palaeoconcha
  (Ordovizium – rezent) kryptodont, isomyar

  Gattung:
  *Cardiola*: Schloßrand flügelartig verlängert, Wirbel vorspringend; dreieckige Area; Gitterskulptur
    Leitfossil: *C. cornucopiae, C. bohemica*
    (im Silur der ČSSR)

- Taxodonta
  (Kambrium – rezent) taxodont, homomyar, integripalliat

  Gattungen:
  *Ctenodonta*: rundlich oval, langgestreckt, glatt, konzentrische Streifen
  *Nucula* («Nüßchen»): oval bis eiförmig, konzentrisch fein gestreift, herzförmige Lunula typisch, häufig im germanischen mo
  *Nuculana* (syn. *Leda*): *N. deshayesiana*: Leitfossil des Oligozäns, rostrumartig nach hinten verlängerte Schale
  *Carbonicola* (syn. *Anthracosia*): länglich oval, gleichklappig, dünne konzentrische Anwachsstreifung; *C. carbonaria*: Rotliegendes

*Anoplophora:* Muschelkalk mo und Keuper ku; länglich-oval bis dreieckig, wenig gewölbte Schale, rechte Klappe dicker, stumpfer Zahn, sog. »Gurkenkernschicht«
*A. lettica* (Rhät Thüringens)

*Glycymeris* (syn. *Pectunculus*) (Bild 2.19): Leitfossil im Tertiär *(G. obovatus);* kreisförmig, dicke Schale, dreieckige Bandarea mit geknickten Kerben

■ Schizodonta
(Ordovizium – rezent) schizodont, homomyar, integripalliat

Gattungen:

*Schizodus:* schief, dreieckig, oval; glatt bis konzentrisch gestreift, Vorderrand gerundet; *Sch. obscurus:* Leitfossil des Zechsteins (Thüringen)

*Myophoria:* schief oval bis trapezförmig, Hauptkante vom Wirbel bis zum Hinterende verlaufend, sog. »Dreiecksmuschel«
*M. laevigata* (so – ku), *M. orbicularis* (mu, mm), *M. costata, M. vulgaris* (so – ku), *M. pesanseris* (mo) »Gänselatsche«, *M. kefersteini* (km): Leitformen der germanischen Trias

*Trigonia:* gleichklappig, ziemlich dick, vorn abgerundet, reich verziert (Rippen, Knoten), hinten verlängert oder abgestutzt; Leitformen im Jura: *T. costata*

■ Dysodonta
(Ordovizium – rezent); dysodont, anisomyar, integripalliat

Gattungen:

*Pteria* (syn. *Avicula*) (= Flügelmuschel): radiale Rippen bzw. Streifen; *P. contorta:* Leitform des Rhät; stark gewölbt, schief gebogen, hinten großes Ohr, germanische Trias

*Posidonia* (syn. *Posidonomya*): konzentrisch gerippt oder gefaltet, nach hinten unten angerundete Ecke; *P. becheri:* Leit- und Faziesfossil des Unterkarbons (Kulm)
*P. bronni:* Leitform des Posidonienschiefers (Lias ε)

*Pecten* (= Kammuschel): rundlich, beiderseitig fast gleichgroße Ohren, radiale Rippen, z. T. glatt
*P. discites:* germanischer Muschelkalk
*P. asper:* Leitform des Senon
*Pleuronectites laevigatus* (syn. *Pecten laevigatus*): Leitform des germanischen Muschelkalk

*Mytilus* (= Miesmuschel): länglich dreiseitig, spitzwirbelig
*M. eduliformis:* mu Lieskau; Leitform im Oligozän

*Gervilleia:* ungleichklappig, langgestreckt, schraubenartig gekrümmt; *G. (Hoernesia) socialis:* Leitfossil Trias (mu)

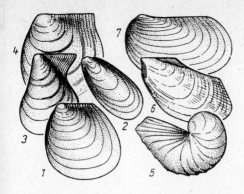

Bild 2.23
Stratigraphische Leitformen
der Inoceramen
in der Oberkreide

1 *Inoceramus crippsi*, Cenoman; 2 *Inoceramus labiatus*, Unteres Turon; 3 *Inoceramus lamarcki*, unteres Mittelturon; 4 *Inoceramus («schloenbachi») deformis*, Oberes Turon; 5 *Inoceramus involutus*, Mittleres Coniacien; 6 *Inoceramus cardissoides*, Santonien; 7 *Inoceramus balticus*, Campanien (nach H. SCHMIDT)

*Inoceramus* (Bild 2.23): eiförmig bis rundlich, ungleichklappig, konzentrisch auch radial berippt bzw. gefaltet, stark ausgebildeter Wirbel; Leitformen der Kreide

*Pinna* (= Steckmuschel): spitz dreieckig, viereckiger Querschnitt; *P. decussata*: Leitfossil der Oberkreide im Elbsandsteingebirge, auch als Geschiebe; Vaginellensandstein der Hemmoorstufe *(P. (Atrina)pectinata)*

*Ostrea* (= Auster): ungleichklappig, dicke blättrige Formen, Leitformen im mitteleuropäischen Miozän

*Gryphaea*: klauenartige Schale, linke Klappe hochgewölbt, rechte Klappe deckelförmig (s. Farbtafel V, Bild 7)

*G. vesicularis*: Leitform der Oberkreide (Rügen), *G. arcuata*: Leitformen im Jura

*Exogyra*: spiral mit beiden Wirbeln nach vorn gedreht, Leitformen bildend im Jura und in der Kreide

*Lima*: gleichklappig, ungleichseitig, schiefoval, radial berippt oder gestreift; *L. lineata*: Leitform mu, ziemlich glatt, fein radial gestreift; *L. striata*: Leitform mo, rundlich, radial scharf gerippt

*Congeria*: Schale vierseitig, eingekrümmte Wirbel, Leitfossil im Tertiär; »versteinerte Ziegenklauen«

- Isodonta
  (Perm – rezent);
  isodont, monomyar

Gattung:

*Spondylus:* gewölbt, dickschalig, radial gerippt, mit Stacheln
*Sp. (Prospondylus) spinosus:* Leitform der Oberkreide (Turon), weitere Leitarten im Lias und Tertiär Böhmens

- Heterodonta

(Devon – rezent): heterodont, integri- oder sinupalliat

Gattungen:

*Crassatella:* dicke Schale, länglichoval, jede Klappe 2 Schloßzähne; Leitformen im Tertiär

*Corbicula:* dreieckig rundlich, konzentrisch berippt; *C. fluminalis:* Leitform im Pleistozän

*Cyprina:* rundlich eiförmig, fein konzentrisch gestreift, Wirbel vor der Mitte; *C. islandicoides:* Leitform der Eem-Warmzeit (Pleistozän), im sog. Holsteiner Gestein als Geschiebe

*Cardium* (= Herzmuschel): gleichklappig, oval, radial berippt, unterer Schalenrand innen gekerbt

*Tellina:* gleichklappig, dünnwandig seitlich zusammengedrückt, lang eiförmig

- Pachydonta

(Jura – rezent); pachyodont, isomyar, meist aberrante Formen, z. B. *Diceras, Requienia, Hippurites;* Leitfossilien in der alpinen Trias, z. B. Hippuritenkalk

Gattung:

*Chama:* dickschalig, unregelmäßig gestaltet, mit Stacheln bedeckte Schalen, hauptsächlich im Eozän (Lutet)

- Desmodonta

(Ordovizium – rezent): mit Ligamentlöffel, sinupalliat (vergraben lebend oder bohrende Arten), heteromyar

Gattungen:

*Mya* (= Klaffmuschel): gleichklappig, oval, vorn und hinten klaffend

*Pholadomya:* gleichklappig, ungleichseitig, dünnschalig, hochgewölbt, konzentrisch gestreift oder gerunzelt, radial und knotig berippt

### 2.2.7.3. Schnecken (Gastropoda)

Die Gastropoden oder Schnecken, auch Bauchfüßer und Magenfüßer genannt, sind ebenso wie die Muscheln eine sehr formreiche Tiergruppe der Weichtiere, die ebenfalls limnische, brackische und marine

Lebensbereiche bewohnen. Sie sind fossil bereits seit dem Kambrium bekannt, entwickelten und verbreiteten sich aber erst seit dem Jura und erreichten im Tertiär ihren Entwicklungshöhepunkt.

Ihr Körper gliedert sich in Kopf, Fuß, Eingeweidesack und Mantel. Besonders der Mantel ist von Bedeutung, da die in ihm gelegenen Drüsen neben Farbstoffen u. a. auch den Kalk für die Schalen bzw. Gehäuse ausscheiden. Da das abgeschiedene Kalziumkarbonat jedoch in Form von relativ leicht löslichem Aragonit vorliegt, sind die Schalen fossiler Schnecken, besonders die der erdgeschichtlich älteren, nur selten erhalten. Eine Einordnung der fossilen Schnecken in das zoologische System der rezenten Formen ist kompliziert, da dieses auf der Kreuzung des Nervensystems, der Kiemen (Vorder- und Hinterkiemer) und der Radula beruht, außerdem an den Gehäusen der Schnecken nicht so viele Weichkörpermerkmale erkennbar sind, wie beispielsweise bei den Muscheln und Armfüßern. So sind also für die Bestimmung der fossilen Schnecken hauptsächlich äußere Merkmale des Gehäuses, wie Art der Windung, Form und Ausbildung der Mündung und Skulpturen des Gehäuses für Gliederung und Bestimmung maßgeblich.

Die Skulpturen (Verzierungen der Schale) sind: vertiefte Linien, Furchen, Leisten, Rippen, Knoten, Stacheln, Falten u. a. Sie sind entweder in Längsrichtung der Röhre, parallel zur Naht angeordnet (Längs- oder Spiralverzierungen) oder senkrecht bzw. schräg (Querverzierungen). Die Anordnung und Ausbildung dieser Zuwachsstreifung ist z. B. für die taxionomische Bestimmung von Wichtigkeit (s. Farbtafel VIII; Bild 14).

Die Schneckengehäuse werden für die Bestimmung mit der Spitze (Apex) nach oben aufgestellt und so, daß die Mündung (Apertura) zum Beschauer zeigt (Bild 2.24). Liegt dann die Mündung rechts der Gehäuselängsachse, so spricht man von rechtsgewundenen (von oben im Uhrzeigersinn gedreht), liegt sie links davon, von linksgewundenen (leiostroph, von oben entgegen dem Uhrzeigersinn gedreht) Schnecken. Die meisten Schnecken sind rechtsgewunden (z. B. Clausiliidae, Physidae); linksgewundene treten gelegentlich auf (z. B. *Bulimus perversus, Physa gigantea*).

Nach der Art der Aufwindung der Umgänge oder Windungen unterscheidet man planspiral (Mittellinie aller Windungen in einer Ebene), pseudoplanspiral (Mittellinie nicht genau in einer Ebene, aber nur wenig davon abweichend) und trochispiral (Windungen sind räumlich spiral angeordnet).

Nach dem Grad der Einrollung der Umgänge unterscheidet man vier Typen von Gehäusen (Bild 2.25):

— devoluter Typ: Umgänge bilden eine lose Spirale, ohne gegenseitige Berührung

— avoluter Typ (evolut): Umgänge berühren einander gerade

- convoluter Typ: Umgänge berühren sich auf einer größeren Fläche; letzte Windung umhüllt alle älteren Windungen; keine Nabelbildung
- involuter Typ: Umgänge berühren sich auf einer größeren Fläche und umfassen sich seitlich, sehr enger Nabel

Der Mundsaum (Peristoma) der Mündung des Schneckengehäuses ist entweder ganzrandig (holostom) oder unten ausgeschnitten (siphonostom) mit einem Ausguß versehen, der als Rinne neben der Spindel verläuft und die Atemröhre aufnimmt. Lippenbildungen sind Kalkanlagerungen am Außen- oder Innenrand des Mundsaumes. Sie können ganzrandig, eingeschnürt, verdickt, umgebogen, gelappt, gezähnelt, flügelig oder mit krallenartigen Fortsätzen versehen sein.

Mitunter besitzt der Mantelrand einen Schlitz, dem auf der Außenlippe eine Spalte (Schalenschlitz) entspricht, die sich beim weiteren Wachstum ganz oder teilweise wieder verschließt. Es entsteht dann ein Schlitzband z. B. bei *Bellerophon*, *Pleurotomaria* oder eine Lochreihe, z. B. bei *Haliotis*. Die Innenlippe ist meist faltig ornamentiert.

Viele Schnecken verschließen im Jugendstadium ihre Mündung mit einem Deckel oder Operculum.

Die ersten Umgänge (Embryonalgewinde), die während der embryo-

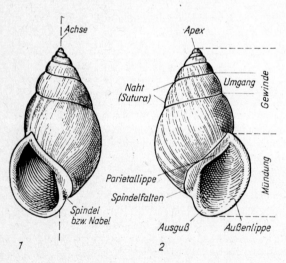

Bild 2.24. Morphologie eines Schneckengehäuses

1 linksgewundenes Gehäuse, 2 rechtsgewundenes Gehäuse
tropische Landschnecke *Bulimus perversus* (nach MARTENS)

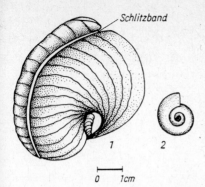

Bild 2.25. Aufrollungsformen der Schnecken
1 involut aufgerollte Schnecke (Windungen umfassen einander stark, Nabel z. T. verdeckt) aus dem Devon mit Schlitzband (Einschnitt der Außenlippe) (*Bellerophon* sp.)
2 evolut aufgerollte Schnecke (Windungen umfassen einander nicht oder wenig) aus dem Pleistozän (*Planorbis* sp. = Tellerschnecke) (nach VANGEROW)

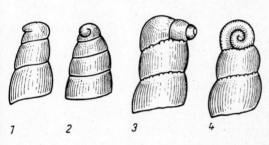

Bild 2.26. Formen des Embryonal- oder Anfangsgewindes (erste Umgänge) von Schnekken, das für die taxionomische Bestimmung von Bedeutung ist

1 orthostroph oder homöostroph (am häufigsten auftretend), 2 alloiostroph (Drehung des Embryonalgewindes bis um etwa 90°), 3 und 4 heterostroph (= heterogyr) mit entgegengesetztem Windungssinn) (nach WENZ)

nalen Entwicklung des Gehäuses angelegt werden, sind hinsichtlich Form und Skulptur sehr unterschiedlich gegenüber dem späteren Gewinde und daher für die systematische Bestimmung der Schnecken besonders wichtig. Die Entwicklung geht aus von einem glatten und glänzenden, meist rundlichen Kern, dem Nucleus. Das Embryonalgewinde kann sein (nach A. H. MÜLLER):

— ortho- oder homöostroph: (am häufigsten) gleicher Windungssinn wie das übrige Gewinde (Bild 2.26/1)
— heterostroph: entgegengesetzter Windungssinn (Bild 2.26/3/4)
— alloistroph: Embryonalgewinde bis um etwa 90° gegen das übrige Gewinde abgebogen (Bild 2.26/2)

— paucispiral: mit 1 bis 2 Umgängen
— multispiral: mit 3 oder mehr Umgängen

Die Schnecken dienen im Gegensatz zu Muscheln und Kopffüßern relativ selten als Leitfossilien. Nur bei den tertiären Landschnecken ist eine gewisse Entwicklung und Veränderung bestimmter Gastropodenfaunen zu beobachten, so daß sie für bestimmte Horizonte als Leitfossilien verwendet werden können (z. B. *Australorbis pseudoammonius* (s. Farbtafel III, Bild 4), *Galba aquensis michelini*: Leitformen des Mitteleozäns in Mitteleuropa oder die pleistozäne Lößschnecke *Succinea oblonga*). Als Faziesanzeiger, besonders in der jüngeren Erdgeschichte, dem Tertiär und Pleistozän, haben sie große palökologische Bedeutung für die fossile Biotop- (Lebensräume) und Biozönosenbestimmung (Lebensgemeinschaften). In den jüngeren geologischen Systemen treten sie auch gesteinsbildend (z. B. Cerithienkalk, Turritellenkalk, Süßwasserkalke) auf.

Die systematische Einteilung der Gastropoden beruht auf Bau und Lage der Kiemen und anderen Merkmalen der Weichteile. Dieser Systematik der Neontologen folgen auch die Paläontologen und ergänzen dieses System durch eine Oberordnung überwiegend fossil auftretender Formen. So werden vier Oberordnungen unterschieden:

Amphigastropoda (= Monoplacophora) (Kambrium – Untertrias, rezent)

Prosobranchia (= Vorderkiemer) (Kambrium – rezent)

Opisthobranchia (=Hinterkiemer) (Oberkarbon – rezent)

Pulmonata (= Lungenschnecken) (Oberkarbon – rezent)

Die Amphigastropoda sind im wesentlichen auf das Paläozoikum beschränkt. Sie werden vertreten durch Formen der Tryblidiacea mit primär napf- bis schüsselförmigem, nicht eingerolltem Gehäuse und eingekrümmtem Apex. Ein rezenter Vertreter ist das »lebende Fossil« *Neopilina galatheae* (Bild 1.21). Als zweite Ordnung gehören hierher die Bellerophontacea. Es sind stark eingerollte, dickschalige Formen mit typischem Schlitzband. Im Devon und vor allem im Unterkarbon (Kohlenkalk) bilden einige von ihnen gute Leitformen, z. B. *Bellerophon bicarenus*.

Die meisten fossilen, aber auch rezenten Schnecken gehören zu den Prosobranchiern oder Vorderkiemern, deren Entwicklungshöhepunkt ebenfalls im Paläozoikum liegt (Bild 2.27).

Von den drei Ordnungen:

— Archaeogastropoda (= Diotocardia, Aspidobranchia)
— Mesogastropoda (= Taenioglossa, Kammkiemer)
— Neogastropoda (= Stenoglossa)

können hier der großen Formenmannigfaltigkeit halber nur wenige genannt werden.

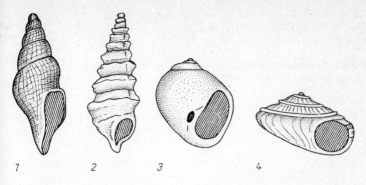

Bild 2.27. Verschiedene Schneckenarten

1 *Pleurotoma*, Tertiär; 2 *Cerithium*, Tertiär; 3 *Natica* (Raubschnecke), Tertiär bis Gegenwart, 4 *Pleurotomaria*, Paläozoikum (nach VANGEROW)

**Archaeogastropoda:** (Oberkambrium – rezent); sehr mannigfaltige Gehäusegestalt, stets ein Schlitzband

Gattungen:

*Pleurotomaria:* scheibenförmig oder hoch kegel- bis kreiselförmig

*Worthenia:* mäßig groß, hohes Gewinde, Umgänge abgesetzt mit ein oder meist zwei Kanten; zahlreiche Arten im Muschelkalk

*Euomphalus:* niedrig scheibenförmig; ziemlich groß; Kielwulst auf der Oberseite; kräftige Zuwachslinien; in Geschieben des oberen grauen ordovizischen Orthocerenkalkes; Unterkarbon (Kohlenkalk)

*Turbo:* kreisel- bis scheibenförmig; eng genabelt; Oberfläche ornamentiert; kreisrunde Mündung mit ganzrandiger Außenlippe

*Trochus:* pyramidenförmig bis kegelig mit flacher abgeplatteter Basis; Mündung schräg; kantige Windungen; Leitfossil im Miozän

*Naticopsis:* kugelig aufgetrieben, seitwärts gedrehtes Gewinde, große letzte Windung

*Neritina:* kleinwüchsig, eiförmig, abgeplattet; glatt oder bestachelt; Innenlippe mit fein gezähneltem Innenrand; häufig im Tertiär

*Murchisonia:* getürmt, kegelförmig, hohes Gehäuse; kantig gekielte Umgänge; schiefe Mündung, schwach ausgußförmig

*Loxonema:* turmartiges Gehäuse; mit s-förmigen Anwachsstreifen; eiförmige, ganzrandige Mündung, wenig gewölbte Umgänge; im germanischen Muschelkalk

*Undularia:* hoch getürmtes Gehäuse, Umgänge gekielt; mit eingesenkten Nähten; Mündung gerundet viereckig
Leitform: *U. scalata* im mu v. Rüdersdorf, Freyburg u. a.

**Mesogastropoda** (Mitteldevon − rezent); überwiegend meso- und känozoische Formen (12 Oberfamilien)

Gattungen:

*Turritella:* (s. Tafel 24, Bild 37) festschalig, spitz, hoch getürmt, zahlreiche Umgänge mit Längsfurchen oder -kielen bedeckt; ganzrandig ovale Mündung; z. B. Weißelsterbecken, Mainzer Becken

*Cerithium:* spitzkonisch, schwach gewölbte Umgänge, Skulptur glatt oder knotig, Mündung meist siphonostom und eiförmig, Spindel schwielig, z. B. Weißelsterbecken, Mainzer Becken

*Campanile:* schlank kegelförmig, sehr zahlreiche Umgänge mit Spiralstruktur; bis $1/2$ m groß

*Littorina:* rundlich kreiselförmig; ungenabelt dickwandig; glatt oder spiral gestreift; ovale Mündung
*L. littorea:* weit verbreitet an der Ostseeküste; typisch für postpleistozäne *Litorina-Zeit*

*Hydrobia:* kegel- bis turmförmig; Mündung eiförmig, holostom; dünnschalig
leitend für das Jungtertiär (Hydrobien-Schichten); gesteinsbildend; *H. acuta*

*Bithynia:* ähnlich *Hydrobia*, aber mit Nabelspalte
*B. gracilis:* Leitform der obermioz. Süßwassermolasse des Oberrheintalgrabens und des Mainzer Beckens

*Aporrhais:* turm- bis spindelförmig, dickschalig; Überentwicklung der Außenlippe zu einem Flügel (4 oder 5 spitze fingerartige Lappen) Leitform im Oligozän: z. B. Weißelsterbecken, Mainzer Becken

*Cypraea* (= Porzellanschnecken): oval, stark involut, dickschalig; Mündung eng, Außenlippe gezähnelt oder gefältelt; Spindelrand meist gezähnelt
*C. subexia:* Leitform im Mainzer Becken

*Natica:* rundlich, meist glatt, schiefe Zuwachsstreifen; Innenlippe schwielig verdickt, Außenlippe scharf; Mündung halbkreisförmig; Bohrschnecke

**Neogastropoda** (Mittelordovizium − rezent); siphonostom, meist lange Siphonalrinne, (6 Oberfamilien)

Gattungen:

*Subulites:* hochgetürmt spindelförmig; Gewinde hoch, Apex riefenförmig; eiförmige Mündung; Leitform im Silur

*Nerinea:* turmförmig, stark skulpturiert; dickschalig; erhabene Nähte; Mündung gerundet viereckig, unten mit kurzem Ausguß;
Leitformen im Malm (in Korallenkalken)

*Clavatula:* mittelgroß, hoch kegelförmig, Nähte auf ± wulstiger Erhöhung; Mündung oben breit, ausgußartig, unten Kanal, Spindelrand glatt, Außenrand bogig

*Turris* (syn. *Pleurotoma*): lang spindelförmig, Siphonalkanal; Umgänge mit Längsskulptur, quer verlaufende Rippen; Mundrand mit Analsinus
Leitformen im Tertiär wichtig

*Conus:* verkehrt kegelförmig, Gewinde stumpf kegelförmig; Umgänge umfassen sich, glatt oder mit einer Knotenreihe; Mündung schmal mit fast parallelen Rändern

*Murex:* gedrungenes Gehäuse, meist reich mit Dornen versehen; Ausguß z. T. röhrenartig; Raubschnecke
Leitformen im Tertiär

*Buccinum:* Gehäuse länglich eiförmig, Gewinde ± erhoben mit spitzem Apex; gewölbte Umgänge, Mündung weit eiförmig, mit breitem Kanal; Außenrand dünn, oben vorgezogen, glatt

Die Opisthobranchia sind fossil durch wenige Arten belegt, da nur einige Vertreter erhaltungsfähige Hartteile ausbilden, daher sind sie paläontologisch unbedeutend. Es sind nur die den Pteropodenschlamm der Hochsee zwischen 1 000 und 2 700 m Tiefe bildenden Pteropoda oder Flügel- bzw. Hochseeschnecken zu nennen. Sie leben planktonisch.

Die Pulmonata oder Lungenschnecken, Süßwasserbewohner und Landbewohner, umfassen etwa 7 800 Arten, wovon etwa 800 fossil wichtig sind. Nach Anzahl und Beschaffenheit der Tentakel gliedert man sie in zwei Ordnungen: Stylommatophora und Basommatophora.

Einige fossil u. a. als Leitformen bedeutende Gattungen sollen hier aufgeführt werden.

## Stylommatophora

Gattungen:

*Pupa:* Gehäuse max. 10 mm Höhe, zylindrisch, eiförmig, bienenkorbartig; Mündung mit Falten, Lamellen und Zähnen; Außenlippe umgeschlagen
*P. muscorum* (Lößschnecke): Leitform im Pleistozän

*Dendropupa:* mittelgroß; zahnlose, gedrückte halbrunde Mündung
*D. vetusta:* Leitform des Karbon

*Helix:* sehr großes kugeliges Gehäuse; großer bauchiger letzter Umgang; Mündung gerundet; große Verbreitung im Miozän
*H. pomatia* (Weinbergschnecke)

*Succinea* (= Bernsteinschnecke): ungenabeltes Gehäuse, bernsteinfarben, dünnschalig, großer letzter Umgang;
*S. oblonga*: Leitform im pleistozänen Löß

**Basommatophora**

Gattungen:

*Lymnaea*: (s. Tafel 23, Bild 36) dünne Schale, großer letzter Umgang, turmförmig; rechtsgewunden; eiförmige weite Mündung; in pleistozänen Ablagerungen auftretend

*Physa*: ähnlich *Lymnaea*, aber linksgewunden

*Planorbis* (= Tellerschnecke): planspiral, oben abgeflacht, z. T. eingesenktes Gewinde; unten ± tiefer Nabel; Mündung weit rundlich Leitformen im Tertiär

Abschließend sollen noch zwei Organismengruppen behandelt werden, deren Formen von unsicherer systematischer Stellung sind, deren morphologischer Bau es aber gestattet, sie bei oder in Nähe der Weichtiere unterzubringen. Sie werden heute als Angehörige einer ausgestorbenen paläozoischen Molluskenklasse gedeutet. Es sind das die Tentakuliten und Hyolithen.

Die Tentakuliten (s. Tafel 25, Bild 38) sind kleine, spitzkonische röhrenförmige Kalkgehäuse von Meeresorganismen des Paläozoikums. Sie sind millimeter- bis einige Zentimeter groß. Die Kalkröhrchen haben eine glatte, geringelte und/oder längsgestreifte Wand und sind gelegentlich im Anfangsteil gekammert. Ursprünglich hielt man sie für die Tentakel von Trilobiten, ehe sie in die Nähe der Weichtiere gestellt wurden. Sie lebten planktonisch und treten oft massenweise in den Gesteinen auf, z. B. im unterdevonischen Tentakulitenschiefer Thüringens. Tentakuliten findet man aber auch in Geschieben des Beyrichienkalkes.

Innerhalb der letzten Jahre erlangten sie große stratigraphische Bedeutung, und viele Arten haben zahlreiche mikropaläontologische Leitformen, z. B. *Tentaculites scalaris* im Mitteldevon, geliefert. Die wichtigsten Gattungen sind *Tentaculites*, *Nowakia* und *Styliolina*.

Die Hyolithen sind ebenfalls lange (bis 9 cm), spitze, tütenförmige Kalkgehäuse mit elliptischem, halbkreisförmigem oder etwa dreieckigem Querschnitt. In Längserstreckung sind sie entweder gerade oder leicht gekrümmt. Die Mündung besitzt einen beweglichen Kalkdeckel. Paarige, flossenartige Anhänge, möglicherweise Gleichgewichtsorgane, deuten eine freischwimmende Lebensweise an, möglicherweise steckten sie aber auch mit der Spitze des Gehäuses im Schlamm. Ihre Hauptverbreitung ist im Kambrium, z. B. in den Burgess-Schiefern von Britisch-Kolumbien, aber auch an vielen Stellen im Ordovizium und im Silur, z. B. Böhmens und Skandinaviens. So findet man gelegentlich *Hyolithes* sp. in Geschieben aus Oberem grauem Orthocerenkalk (z. B. *H. acutus*) oder ordovizischem Backsteinkalk und im »grünen Schiefer« von Bornholm (z. B. *Hyolithes (Orthotheca) degeeri*).

## 2.2.7.4. Kopffüßer (Cephalopoda)

Die Cephalopoden oder Kopffüßer sind bilateral-symmetrische Weichtiere. Es sind die am höchsten entwickelten Mollusken mit den morphologisch größten Vertretern der Invertebraten. Beispielsweise beträgt die Länge der heutigen Gattung *Architeuthis* 6,5 m, oder der größte Ammonit aus der Kreide Westfalens *Pachydiscus seppenradensis* hat 1,95 m Durchmesser.

Die Kopffüßer sind wohl auch für den Sammler eine der ergiebigsten Fossilgruppen, die besonders schöne und sammelwürdige Objekte liefern. Aber vor allem für den Fachwissenschaftler sind sie wegen ihrer raschen phyllogenetischen Veränderlichkeit als Leitfossilien während des erdgeschichtlichen Lebensablaufes und damit für die zeitliche Schichteneinstufung von großer Bedeutung.

Heute leben von den Cephalopoden nur noch wenige Vertreter, die nach Zahl der Kiemen in Dibranchiata (= Zweikiemer), vertreten durch Sepioideen, Teuthoideen und Octopoden, und Tetrabranchiata (= Vierkiemer), mit der Gattung *Nautilus*, eingeteilt werden. Da sich am Fossilmaterial die Zahl der Kiemen nicht feststellen läßt, erfolgt die Gliederung in Endocochlia mit einem Innenskelett und in Ecto-

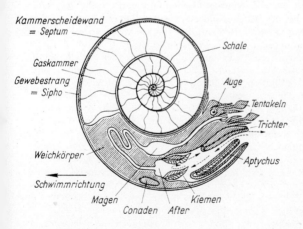

Bild 2.28. Schematische Rekonstruktion eines Ammoniten der Gattung *Aspidoceras* (nach TRAUTH)

cochlia mit einem Außenskelett. Erstere gewinnen ab Mesozoikum an Bedeutung, während letztere bereits seit dem oberen Kambrium bekannt sind.

Die Organisation des Weichkörpers eines Kopffüßers ist aus Bild 2.28, s. S. 145, ersichtlich. Einer der wichtigsten Teile des Weichkörpers ist der Mantel, eine den Rumpf umgebende Hautfalte. Mittels kalkausscheidender Drüsen, die im Mantelsaum eingelagert sind, wird das Schutzgehäuse der Tiere, die Schale, gebildet. Da die Schale das einzige fossil erhaltungsfähige Organ der Cephalopoden darstellt, ist sie für die Betrachtung fossiler Arten von ganz besonderer Bedeutung. Bau und Lage der Schale, Ausbildung der Kammerscheidewände (Septen), der Sipho oder Gewebestrang, die Skulptur der Schalen bilden wichtige Grundlagen für die systematische Gliederung der Cephalopoden. Es werden drei Ordnungen unterschieden:

— Nautiloidea (Kambrium – rezent)
— Ammonoidea (Unteres Ordovizium – Oberkreide)
— Dibranchiata (Oberkarbon – rezent)

### 2.2.7.4.1. Nautiloideen (Nautiloidea)

Die Nautiloideen sind gerade bis ± spiralig eingerollte Kopffüßer. Sie unterscheiden sich hinsichtlich ihrer Gehäusegestalt deutlich von der des rezenten Nautilus (Bild 2.29 und vorderes Umschlagbild).

Die Kammerscheidewände oder Septen, durch die der hintere Abschnitt des Gehäuses in eine Reihe von gasgefüllten Kammern gegliedert ist, sind bei den Nautiloideen einfach nach rückwärts gebogen und bilden mit der Außenwand eine glatte oder nur leicht geschwungene Verwachsungslinie (Lobenlinie). Die konkaven Seiten der Septen zeigen zur Mündung. Die Septen sind durchbohrt. Durch diese trichterförmigen, nach rückwärts gerichteten Öffnungen der Septen, den sog. Siphonaldüten, erstreckt sich der Sipho. Der Siphonalapparat (Sipho und Kalkhüllen desselben) (s. Bild 2.30) ist bei den Nautiliden sehr verschiedenartig gestaltet und spielt ebenso wie seine Lage, ob zentral *(Michelinoceras)* (s. Bild 2.31) oder randlich *(Endoceras)* gelegen, für die systematische Ordnung eine Rolle. Man erkennt den Innenbau der Nautiliden besonders gut in Längsschliffen, die Lage des Siphos in Querschliffen (s. Tafel 25, Bild 39). Zur Grobbestimmung dient daneben die äußere Gestalt des Gehäuses. Doch hier treten mitunter sog. Homöomorphien auf, d. h., es ist eine äußerlich ähnliche Gestalt bei entwicklungsgeschichtlich unterschiedlichen Tiergruppen vorhanden, die nach ihren inneren Merkmalen in verschiedene systematische Familien eingeordnet werden.

Neben den Schalenresten finden sich fossil auch die Freßwerkzeuge der Nautiliden: scharfe, vogelschnabelartig gestaltete, hornige »Kiefer« mit verkalkter Spitze, z. B. *Rhyncholites hirundo*, vermutlich Ober-

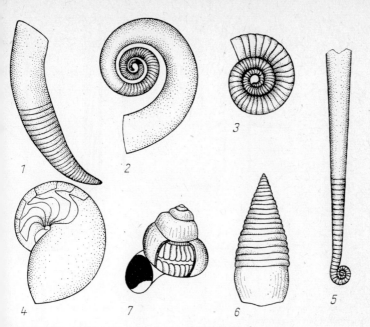

Bild 2.29. Die wichtigsten Typen der Gehäusegestalt bei den Nautiloideen

1 cyrtocon, 2 gyrocon, 3 nautilocon (advolut), 4 nautilocon (convolut), 5 lituicon, 6 brevicon, 7 trochicon (unmaßstäblich) (nach A. H. MÜLLER)

kiefer des *Germanonautilus bidorsatus* aus dem germanischen Oberen Muschelkalk.

Bei den Nautiliden lassen sich nach der Gestalt des Gehäuses drei Gruppen unterscheiden:

— gerade Röhren (Geradhörner)
— gekrümmte Röhren (Krummhörner)
— spiral aufgerollte Röhren (Nautilus-Ähnliche)

Zur ersten Gruppe gehört der wohl bekannteste Nautilide *Michelinoceras michelini* (syn. *»Orthoceras«*), das »Geradhorn« (Bild 2.32), mit einem langgestreckten, konischen Gehäuse und zentral gelegenem Sipho. Es ist eines der häufigsten Leitfossilien des böhmischen Silurs. Hier findet man ihn gelegentlich massenweise und parallel der Strömung eingeregelt in dunkelgrauen bis schwarzen Kalksteinen, sog. *»Orthoceren«*-Schlachtfelder (Tafel 25, Bild 39). Wegen seiner Attraktivität im Anschliff wurde er gerade in Böhmen vielerorts bei der

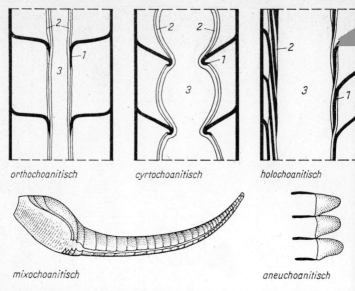

Bild 2.30. Die wichtigsten Typen des Siphonalapparates bei den Nautiloideen in Längsschnitten

*1* Siphonaldüten, *2* Siphonalhüllen, *3* Siphonalraum (nach A. H. MÜLLER)

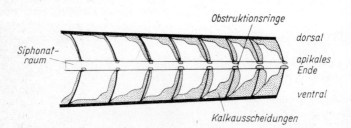

Bild 2.31. Dorsoventraler Längsschnitt durch den gekammerten Teil eines Vertreters der Michelinoceratina mit Obstruktionsringen im Siphonalraum und Kalkausscheidungen im Innern der Kammern. Die starken Kalkeinlagerungen ventral und am apikalen Ende weisen auf eine horizontale Lage des Gehäuses beim Schwimmen hin (ergänzt nach FLOWER)

Innenausstattung sakraler Bauten benutzt. Auch in den Geschieben der nordischen ordovizischen Orthocerenkalke tritt gelegentlich *Michelinoceras* zusammen mit *Endoceras*, einem Geradhorn mit randlich gelegenem Sipho, auf. In den Küstenstädten (z. B. Rostock, Wismar, Stralsund) werden diese dekorativen, fossilführenden Kalke sogar als Baustein, Grabplatten und Fußbodenbeläge und Gehwegplatten verwendet. Eine weitere Form ist der kurze gerade, birnenförmige *Gomphoceras* mit einer aufgeblähten, T-förmig verengten Mündung.

Die Formen der zweiten Gruppe zeigen eine hornförmige Krümmung, haben einen randständigen Sipho und ein meist voluminöses Gehäuse. Hierher gehören *Cyrtoceras* und der keulenförmige, mixochoanische *Ascoceras* mit seitlich gelegenen Luftkammern.

Die in- bis evolut eingerollten, spiralgewundenen Formen werden durch den krummstabförmigen oder bischofstabähnlichen *Lituites lituus* charakterisiert (benannt nach dem Augurstab *(lituus augurum)* der Römer) (Tafel 26, Bild 40). Anfänglich eingerollt, ist sein letzter Gehäuseumgang abgelöst und zeigt einen geradlinigen Verlauf. Er demonstriert ein Beispiel von Proterogenese, d. h., neue Körpermerkmale treten hier frühontogenetisch auf, aber im späteren Entwicklungsgang kehrt diese zur ursprünglich gerade ausgerichteten Form

Bild 2.32. Längsschnitte durch

1 *Michelinoceras michelini* (Syn. *Orthoceras*, das »Geradhorn«) mit dünnem, orthochoanitischem, zentral gelegenem Sipho aus dem Silur der ČSSR

2 *Leurocycloceras bucheri* aus dem Silur von Indiana/USA. Inneres der Luftkammern und des Siphonalraumes mit organogenen Kalkausscheidungen gefüllt (nach BASSE)

zurück. *Lituites* bildet ein Leitfossil des ordovizischen grauen Orthocerenkalkes und des gleichalten Echinosphaeritenkalkes, und er kommt gelegentlich in den entsprechenden Geschieben des norddeutschen Flachlandes vor. Schließlich gehört zu dieser Gruppe noch der *Nautilus* oder das »Perlboot« mit vollständiger Einrollung. Einige Arten stellen hier im Laufe der Erdgeschichte wichtige Leitformen dar, z. B. *Koninckioceras konincki* im unterkarbonen Kohlenkalk, *Germanonautilus bidorsatus* im germanischen Oberen Muschelkalk ($mo_2$) und *Atunia* sp. im Tertiär (mit geknickter Lobenlinie) vom Eozän bis zum Miozän.

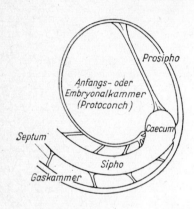

Bild 2.33. Medianschnitt durch die Anfangskammer (Embryonalkammer) eines Ammonitengehäuses (Gattung *Sphaeroceras*) (ergänzt nach MOORE und LEHMANN)

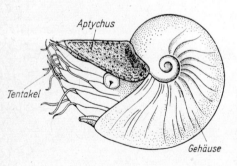

Bild 2.34. Rekonstruktion eines Ammoniten (Kopffüßer) mit Kopfklappe und in ihr eingeschlossenem Aptychus (hornig-kalkiger Deckel) (nach SCHINDEWOLF)

Bild 2.35. Differenzierte Ausbildungsformen der Mündung bei verschiedenen Ammonoideen (unmaßstäblich) (nach A. H. MÜLLER) ▶

## 2.2.7.4.2. Ammonoideen (Ammonoidea)

Die Ammonoideen, Ammonsbootler, Ammonshörner oder Ammoniten genannt, sind eine heute ausgestorbene Gruppe der Kopffüßer, die am Ende des Erdmittelalters erlosch (Bild 2.43). Benannt sind sie nach der ägyptischen Gottheit mit einem Widderkopf, Amon oder Ammon. Ihr Gehäuse sieht z. T. einem Widderhorn ähnlich, d. h., es sind vorwiegend planspiral aufgerollte, außenschalige Formen. Sie gehören zu den häufigsten Fossilien der Erdgeschichte mit einer riesigen Formenmannigfaltigkeit, etwa 1 550 Gattungen existieren. Bereits der Römer Plinius kannte sie. Die französische Stadt Villers-sur-Mer und das englische Whitby führen Ammoniten in ihrem Stadtwappen.

Ähnlich den Nautiliden gliedert sich ihr Gehäuse in durch einen Sipho miteinander verbundene, gasgefüllte, kalkschalige Kammern (s. Bild 2.33). Das Tier bewohnt den nicht gekammerten vorderen Teil des Gehäuses, die Wohnkammer, die durch einen einteiligen (Aptychus) oder zweiteiligen (Anaptychus) kalkigen oder hornigen Deckel verschlossen werden kann (Bild 2.34). Diese Deckel kommen in den Alpen und in der Schwäbisch-Fränkischen Alb im Oberen Jura (Malm) gelegentlich so häufig vor, daß sie für ganze Schichtenkomplexe namengebend sind: Aptychenkalke oder -mergel. Der Zuwachs des Gehäuses erfolgt im vorderen Teil der Wohnkammer im Bereich des Mundsaumes (Peristom), der oft in seiner Ausbildung sehr differenziert sein kann (Öhrchen, Rostren-schnabelartig, hornartig u. a.)

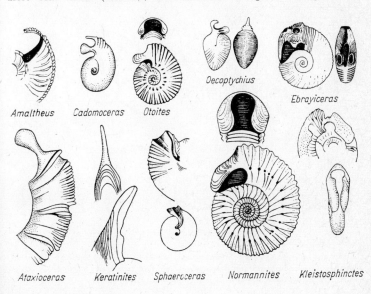

*Amaltheus*   *Cadomoceras*   *Otoites*   *Oecoptychius*   *Ebrayiceras*

*Ataxioceras*   *Keratinites*   *Sphaeroceras*   *Normannites*   *Kleistosphinctes*

(Bild 2.35). Die aufeinanderfolgenden Mundsäume durchsetzen die normale Schalenskulptur als ± feine Streifung; Stillstandsphasen des Längenwachstums rufen am Mündungssaum Verdickungen oder Wülste hervor, die dann auf den Steinkernen der Ammoniten als Furchen oder Einschnürungen in Erscheinung treten (Bild 2.36).

Die Schalen der Ammoniten sind überaus mannigfaltig in ihrer Gestalt. Jedoch lassen sich einige Grundtypen beobachten, die sich nach dem Ausmaß, mit dem sich die Umgänge gegenseitig überlappen, und nach den Querschnittsverhältnissen der Windungen voneinander unterscheiden (Bilder 2.37 u. 2.38).

Die übliche Schalenform der Ammoniten ist konservativ ein geschlossenes, spiralig eingerolltes, bilateral symmetrisches Gehäuse. Die Endstadien gewisser Entwicklungsreihen bei den Ammoniten weisen aber oft ± große Abweichungen von der normalen Gehäusegestalt auf, z. B. offene, lockere, uhrfederartige Spirale *(Crioceratites)*, schneckenartige Aufrollung *(Turrilites)*, hakenförmig zurückgebogen *(Scaphites)*, gestreckte Gehäuseformen *(Baculites)* u. a. (Bild 2.39).

Ein weiteres diagnostisches Merkmal ist die Skulptur des Gehäuses (Bild 2.40). Sie besitzt einen gewissen Leitwert. So ist bereits auf Grund der Skulpturmerkmale das erdgeschichtliche Alter der Ammoniten ablesbar. Die paläozoischen Formen sind meist glatt und wenig verziert, während diejenigen des Erdmittelalters in Trias, Jura und Kreide vorwiegend stark skulpturiert sind. Im zweimaligen Wechsel vollzieht sich hier eine ähnliche ontogenetische Entwicklung der

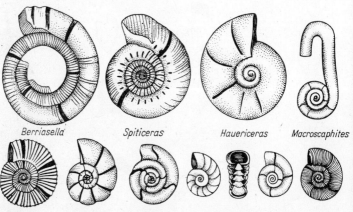

Bild 2.36. Ammonoideen mit Einschnürungen des Gehäuses. Die Einschnürungen verkörpern Stillstandsphasen des Gehäusewachstums und treten vor allem in den Endstadien von Entwicklungsreihen auf (nach A. H. MÜLLER)

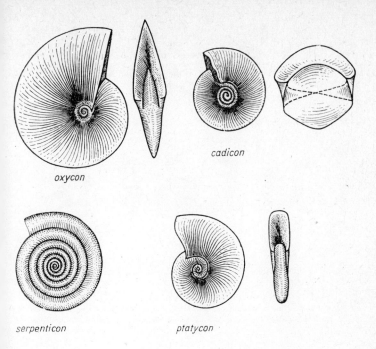

Bild 2.37. Einige Windungstypen bei den Ammonoideen (unmaßstäblich) (nach A. H. MÜLLER)

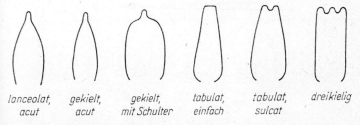

Bild 2.38. Querschnitte der Windungen bei einigen Ammonoideen (unmaßstäblich) (nach A. H. MÜLLER)

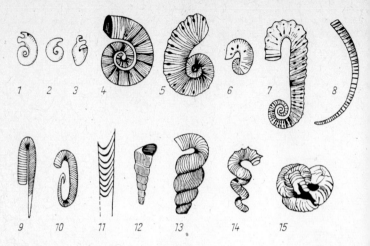

Bild 2.39. Die wichtigsten Typen der in den Endstadien gewisser Entwicklungsreihen der Ammonoideen auftretenden Abbauformen der Gehäusegestalt, die sog. aberranten Formen (unmaßstäblich) mit Beispielen (Auswahl) (nach A. H. MÜLLER)

1–3 scaphitoid *(Diaphorites, Creniceras)*, 4 criocon *(Crioceratites)*, 5 pediocon *(Pedioceras, Hoplocrioceras)* 6 scaphiticon *(Scaphites, Desmoscaphites)* 7 ancylocon *(Ancyloceras, Macroscaphites)*, 8 toxocon *(Toxoceras)*, 9 hamulicon *(Ptychoceras)*, 10 hamiticon *(Hamites, Diplomoceras)*, 11 baculicon *(Baculites)*, 12–14 turriliticon *(Turrilites, Bostrychoceras)*, 15 torticon *(Nipponites)*

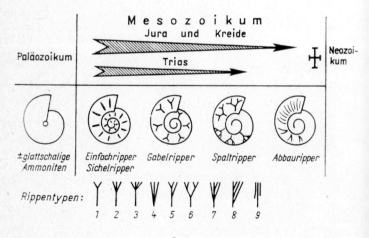

Skulptur. Beginnend mit ± glatten Vertretern, folgen solche mit radial angeordneten, ungespaltenen Rippen, die Einfachripper und Sichelripper. Diese gehen über durch einfache Gabelung der Rippen in Gabelripper. Durch Aufspaltung der Gabeläste entstehen dann die Spaltripper. Am Ende der Entwicklung wird diese rückläufig; es kommt zum Abbau der Skulpturen bei den Abbaurippern, insbesondere bei den kreidezeitlichen Formen. Dieser Gestaltungs- und Abbauprozeß ist im einzelnen sehr kompliziert und läßt viele Möglichkeiten der Skulpturbildung zu. Hinzu kommt als weitere Gehäuseverzierung die Ausbildung von Knoten, Dornen, Stacheln, Kielen, Spiralstreifen und Furchen, ein zusätzliches und variables Skulptur- und Schmuckelement der Ammoniten.

Die wohl bemerkenswerteste Eigenschaft der Ammonitenschale und damit das brauchbarste Merkmal für die Beurteilung und Bestimmung der Ammoniten ist die Lobenlinie, Nahtlinie oder Sutur und ihre Bauelemente. Es ist die periphere Berührungs- bzw. Verwachsungslinie der Kammerscheidewände mit der eigentlichen Außenwand des Gehäuses. Sie ist unmittelbar an den Steinkernen sichtbar oder wenn die Schale entfernt wird. Die Lobenlinie ist meist wellig. Die nach der Mündung (nach vorn) gerichteten, meist gerundeten Krümmungen dieser Linie werden als Sättel, die von der Mündung weg (nach hinten) gerichteten, spitz zulaufenden Fortsätze als Loben bezeichnet. Intensität und Mannigfaltigkeit der Form der Zerlappung der Sutur, die sich oft bis zu den feinsten Filigranmuster entwickeln kann, ist für die systematische Bestimmung besonders wichtig (Tafel 27, Bild 41). Graphisch wird die Lobenlinie aufgerollt dargestellt. Sie beginnt am konvexen Außenrand der Schale und verläuft bis zum konkaven Innenrand der Windung (Bild 2.41).

Man unterscheidet bei der Lobenlinie folgende Arten:

1. Prosutur: Lobenlinie der glatten, ovalen oder quereiförmigen Anfangskammer
2. Primärsutur: erste typische Lobenlinie der ersten Luftkammer im ontogenetischen Entwicklungsgang eines Ammoniten. Sie ist trilobat, d. h. zeigt folgende drei Elemente:
   Externlobus (E): ventral (außen) in der Medianebene gelegen
   Internlobus (I): dorsal (innen) in der Medianebene gelegen
   Laterallobus (L): auf der Gehäuseflanke gelegen (seitlich)
   (primäre Haupt- oder Grundelemente (= Protoloben) der Lobenlinie, die durch sekundäre Elemente (= Hilfs- oder Metaloben) vermehrt werden können).

◄ Bild 2.40. Vereinfachte schematische Darstellung der wichtigsten Skulpturformen am Gehäuse der Ammoniten im erdgeschichtlichen Ablauf und verschiedene Rippentypen bei Ammoniten (verändert nach A. H. MÜLLER und LEHMANN)

Rippentypen: *1* bipartit, *2* tripartit, *3* quadripartit, *4* fascipartit, *5* polygrat, *6* polyplok, *7* diversipartit, *8* virgatipartit, *9* Schaltrippen unterschiedlicher Länge

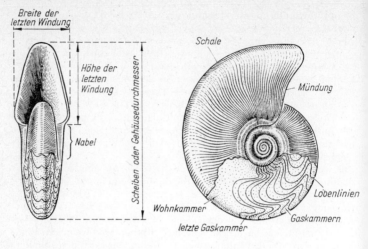

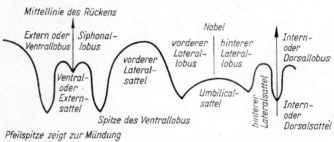

Bild 2.41. Schema eines Ammonitengehäuses und Elemente der Lobenlinie (nach MOORE)

3. Sekundärsutur: entsteht aus der Primärsutur durch Vermehrung von Loben, d. h. durch Loben- oder Sattelspaltung. Sattelspaltung beginnt zwischen I und L. Es entstehen auf dem Windungsumschlag Umschlag- oder Umbilikalloben (U).
Sattelspaltung zwischen E und L erzeugt Adventivloben (A).

Es lassen sich bei der Lobenlinie hinsichtlich Differenzierung folgende Stadien, d. h. Verfaltungsordnungen beobachten: Wellung – Zackung – Zähnelung – Kerbung (Bild 2.42).

Schließlich kann auch hier, ähnlich wie bei der Rippenbildung, ein rückläufiger Abbau- oder Reduktionsprozeß eintreten, wobei sekundär gezähnelte, gezackte (pseudoceratitische) oder gewellte (pseudogoniatitische) Lobenlinien entstehen.

Trotz der Vielfalt der Ammoniten und ihrer Lobenlinienausbildung sind drei Grundtypen beobachtbar, die auch entwicklungsgeschichtlich gesehen eine Entwicklungsreihe darstellen. Nach dem Grad der Kompliziertheit der Lobenlinie gliedern wir in

— Goniatiden-Form: wellenförmig gebogene oder zickzackförmig geknickte Sutur; keine Zerschlitzung der Loben und Sättel *(Manticoceras)*
— Ceratiten-Form: ganzrandige Sättel, Loben nach hinten gezähnelt *(Ceratites)*
— Ammoniten-Form: in hohem Maße zerschlitzte und verästelte Sättel und Loben *(Pinacoceras, Phylloceras)* (Tafel 27, Bild 42 und Farbtafel I, Bild 1).

Die biologische Bedeutung der Lobenlinie liegt in einer Erhöhung der Festigkeit des gesamten Gehäuses, einer Versteifung, nach dem Prin-

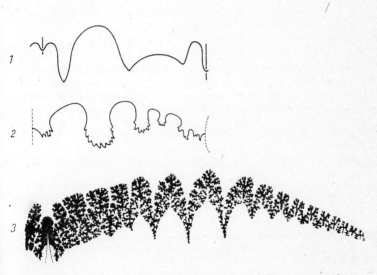

Bild 2.42. Die Lobenlinie und ihre Entwicklung bei den verschiedenen Ammonoideentypen

1 Paläoammonoideen – Goniatitenstufe *(Manticoceras)*, 2 Mesoammonoideen – Ceratitenstufe *(Ceratites)*, 3 Neoammonoideen – Ammonitenstufe *(Pinacoceras)*
(nach BACHMAYER)

zip der Wellblechtechnik. Das Entwicklungsstadium der Sutur spiegelt weiterhin verwandtschaftliche Beziehungen und phylogenetische Linien innerhalb der Ammoniten wider. Jedoch gibt es hinsichtlich dem Körpermerkmal »Lobenlinie« bei den Ammoniten noch zahlreiche ungeklärte Fragen.

Die riesige Formenfülle der Ammoniten wurde aus den geologischen Verhältnissen Mitteleuropas heraus und auf Grund ihrer erdgeschichtlichen Entwicklungs»schübe« früher in drei große Gruppen gegliedert (Bild 2.43). Nach den neuesten Erkenntnissen mußte diese Gliederung geringfügig abgeändert werden:

| Alte Gliederung | Neue Gliederung |
| --- | --- |
| Palaeoammonoidea = »Goniatiten« | Bactritina: Ordovizium – Ob. Perm |
| | Anarcestina: Unt. – Ob. Devon |
| | Clymeniina: Ob. Devon |
| | Goniatitina: Mittl. Devon – Ob. Perm |
| | Prolecanitina: Ob. Devon – Ob. Trias |
| Mesoammonoidea = »Ceratiten« | Ceratitina: Mittl. Perm – Ob. Trias |
| Neoammonoidea = »Ammoniten« | Phylloceratina: Unt. Trias – Ob. Kreide |
| | Lytoceratina: Lias – Ob. Kreide |
| | Ammonitina: Lias – Ob. Kreide |

Für den Sammler bilden vor allem die Ammoniten des Erdmittelalters die beliebtesten und begehrtesten Stücke. Sie treten hauptsächlich während dieses Erdzeitabschnittes in großer Häufigkeit auf und zeichnen sich durch Mannigfaltigkeit in Form, Größe und Schönheit aus (s. Farbtafel IV, Bild 5). Infolge ihrer schnellen Veränderlichkeit sind es vorzügliche Leitfossilien, auf denen eine detaillierte Stufengliederung aufgebaut ist, z. B. der Obere Muschelkalk mit Hilfe der Ceratiten oder der Jura (Tafel 28, Bilder 43, 44) mit verschiedenen anderen Ammonitenfamilien.

Die Fülle der Gattungen und Arten bei den Ammonoidea hier im einzelnen aufzuführen würde den Rahmen dieser Darstellung sprengen, so daß für eine systematische Bestimmung, wenn sie der Fossiliensammler durchzuführen beabsichtigt, auf die schon auf Seite 122 genannte Bestimmungsliteratur verwiesen wird. Es sollen dafür hier nur die wichtigsten zu einer Diagnose notwendigen Merkmale behandelt werden.

Eine ausführliche Beschreibung erfahren hier nur die Ceratiten der Trias (Röt, Muschelkalk, Keuper), da sie besonders im mittleren Teil der DDR (Raum Halle, Harzvorland und Subherzynes Becken, Thüringer Becken) sowie im Maingebiet, BRD, wieder zu finden sind.

Die Kopffüßer und insbesondere die Ceratiten haben im Bereich des

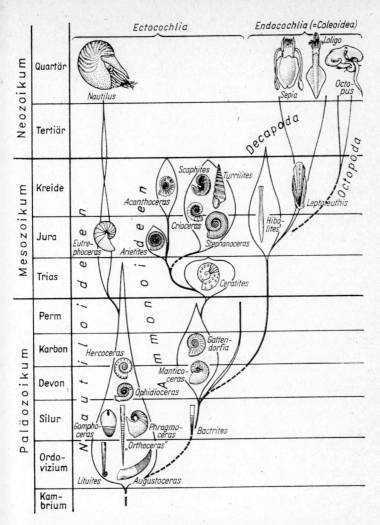

Bild 2.43. Vereinfachte Darstellung der stammesgeschichtlichen Entwicklung der Kopffüßer (Cephalopoda), (nach THENIUS). *Nautilus*, ein »lebendes Fossil«, als einziger Überlebender der im Paläozoikum mit großer Formenfülle auftretenden Nautiloidea. Die Ammoniten sterben am Ende der Trias und der Kreide aus. Die Bactritida bilden die gemeinsame Stammgruppe der Ammoniten und »echten« Tintenfische (Coleoidea)

germanischen Binnenbeckens große Bedeutung für die Zonengliederung dieser Schichtenfolgen. Ihre Entwicklung von bedornten Gabelrippern zu knotigen Einfachrippern sowie von dicken zu immer flacheren Scheibenformen macht sie zu ausgezeichneten Leitformen (vgl. CLAUS 1955, MÄGDEFRAU & MÜLLER 1957, KRUMBIEGEL & SCHWAB 1974).

### Röt (Unterer grauer Röt) $so_1$

*Beneckeia tenuis:* flach scheibenförmig, eng genabelt, hochmündig, glatt; breite Loben und Sättel; scharfer Kiel, sog. *Tenuis*-Bank, Göschwitz b. Jena

### Muschelkalk

- **Unterer Muschelkalk:** mu
  *Beneckeia buchi:* Loben wesentlich schmäler als die Sättel, scharfer Kiel

- **Oberer Muschelkalk:** mo: $mo_1$ = Trochitenkalk, $mo_2$ = Ceratitenschichten

#### a) kleine Ceratiten

*Ceratites atavus:* der »Urahn«; $\varnothing$ 5 cm; unt. Cerat. Schichten
  eng genabelt, beidseitig zwei Extern- oder Lateral-Knotenreihen, Gabelrippigkeit mit zwischengeschalteter Einfachrippigkeit; unterhalb der Flankenmitte 10 Lateralloben; binodose Skulptur; Externseite schmal und gewölbt

*Ceratites pulcher:* der »Schöne«; $\varnothing$ 8 cm;
  Externseite breiter und flacher; kräftigere Skulptur; Lateralknoten sind mit je 2 Externknoten durch zarte Wülste verbunden

*Ceratites robustus:* der »Kräftige«; $\varnothing$ 10 bis 12 cm; unt. u. mittl. Cerat. Schichten
  weiter genabelt; breiter flacher Rücken; Gabelrippen; auf der Wohnkammer bereits hohe, einfache Seitenwülste und Außenknoten

#### b) mittelgroße Ceratiten

*Ceratites compressus:* der »Zusammengedrückte«; $\varnothing$ 7 bis 8 cm; mittl. Cerat. Schichten
  große, flache Formen; weit genabelt; außer Gabelrippen 12 Einfachrippen; nicht gegabelte Seitenwülste bis zum Rand durchlaufend; Externseite und Flanken flach gewölbt; nodose Skulptur

*Ceratites evolutus:* der »Ausgerollte«; $\varnothing$ 9 bis 11, max. 15 cm; mittl. Cerat. Schichten noch weiter genabelt; Querschnitt oval; Rippen auf der Wohnkammer C-förmig nach vorn gebogen

*Ceratites spinosus:* der »Dornige«; ⌀ 9 bis 12 cm; mittl. Cerat. Schichten
ziemlich weit genabelt; Rippen nahezu gerade; spinose Skulptur: Externknoten, die in die Seitenwülste übergehen, sind dornartig erhöht, durch leichte Einsenkungen von den Wülsten abgesondert

*Ceratites postspinosus:* der »nach dem Dornigen« kommende; ⌀ 17 cm; Rippen schräg nach vorn gebogen; verlängerte Dornen (bis 12 mm), Trennung durch deutliche Vertiefungen von den Rippen
(Bei Erfurt bildet dieser Schichtbereich eine selbständige Zone; bis 10 m mächtig)

### c) große, dicke Ceratiten

$c_1$) breite Formen

*Ceratites similis:* der dem *evolutus* »Ähnliche«; ⌀ 12 cm, 4 cm dick; obere Cerat. Schichten
Rippen noch kräftiger

*Ceratites nodosus:* der »Knotige«; ⌀ 20 cm; obere Cerat. Schichten
weite Nabelung; quadratischer Querschnitt; Dicke der Wohnkammer 6 bis 7 cm, mit kräftigen Einfachrippen (bis 7), die an der Externseite dornenartig hervorragende Knoten besitzen; Rippen unterschiedlich dicht

*Ceratites levalloisi:* nach dem französischen Geologen LEVALLOIS
noch größer und dicker, ziemlich engnabelig

$c_2$) schmale Formen

*Ceratites intermedius:* der »Mittlere«; ⌀ 25 cm; obere Cerat. Schichten, weitere Größenzunahme!
(flacher werdend, stärkere Einrollung, Skulpturverlust)
gekammerter Teil schmächtig, schmaler Rücken mit scharfen Kanten; nur noch Externknoten; Wohnkammer noch dick und grobe Rippen

*Ceratites dorsoplanus:* der »Flachrückige«; ⌀ bis 25 cm; obere Ceratiten-Schichten
hoher Windungsdurchmesser, vollkommen glatt, flach scheibenförmig; eng genabelt; gelegentlich nur noch kleine Knoten und schwache Rippen; Externseite 1 bis 2 cm breit mit scharfen Kanten

*Ceratites semipartitus:* der »Halbierte«; ⌀ bis 36,5 cm; obere Cerat. Schichten
scheibenförmig, eng genabelt; hoher, auch auf die Wohnkammer zugeschärfter Windungsdurchmesser; skulpturlose Flanken

Es gibt zwischen allen Arten zahlreiche Übergangsformen. Die Lobenlinie kann zur Unterscheidung der Arten nicht verwendet werden (vgl. Bild 2.42, s. S. 157).
Der Sammler findet die genannten Arten vor allem sehr häufig im Gebiet des Thüringer Beckens.

**Keuper:** ku (Grenzdolomit)

*Alloceratites schmidi:* zwei bisher aus dem Keuper bekannt gewordene Ceratiten
sehr hochmündig, flach, glatt; äußere Windungen breiter werdend, stark involut; Wohnkammer mit unregelmäßigen Gabelrippen und scharfe, spitze Knoten

Das nächstfolgende System Jura ist auf dem Gebiet der DDR großflächiger nur wenig verbreitet. Hier dürften die Vorkommen des Lias in Thüringen zu den interessantesten gehören, die vor allem eine Vielzahl, nun zu großartiger Entfaltung kommenden Ammonoideen geliefert haben (vgl. WEBER 1955, S. 120, Tab.). Einige Ammoniten des süddeutschen Juras (Leitformen) sind in der Tab. 2.7 a (Falttafel) aufgeführt.

### 2.2.7.4.3. Dibranchiaten (Dibranchiata)

Die Dibranchiata oder »Tintenfische«, auch Schulpgerüstler genannt, sind zweikiemige Kopffüßer mit acht (Octopoda) oder zehn (Decapoda) Fangarmen. Sie leben ausschließlich marin. Im Gegensatz zu den Nautiliden und Ammoniten haben sie ein im Inneren des Weichteilsackes liegendes Innenskelett oder inneres Gehäuse, das im Laufe der stammesgeschichtlichen Entwicklung stark zurückgebildet worden ist.
Neben den fossil unbedeutenden Sepioidea und Teuthoidea spielen vor allem die ausgestorbenen Belemnoidea oder Belemniten (belemnon = Wurfspieß) oder »Donnerkeile«, »Figurensteine« oder Phragmomorpha als wichtige Leitfossilien während des Jura und der Kreide eine große Rolle.
Im hinteren Teil des Körpers besaßen sie eine gekammerte Schale (s. Bild 2.44), an die sich ein massives, zigarren- bis kegelförmiges oder zylindrisches Rostrum (Scheide) aus bituminösem radialstrahligem Kalzit anschloß. Es besteht aus konzentrisch angeordneten, im Wechsel organisch und anorganisch struierten Lamellen, den Amphitheca. Beim Reiben gibt das Rostrum einen eigentümlichen an »Katzenpiß« erinnernden Geruch von sich, daher auch vielfach im Volksmund »Katzenstein« genannt. Das Rostrum ist vorn trichterförmig eingesenkt, die sog. Alveole. Da das Rostrum auf Grund seiner kalkigen Beschaffenheit sehr widerstandsfähig ist, bleibt es von der Verwitterung verschont und fossil oft massenweise erhalten. Man spricht sogar von sog. »Belemnitenschlachtfeldern«. Diese »Donnerkeile« fielen

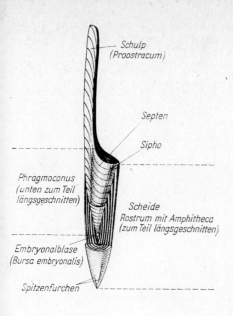

Bild 2.44. Die Skelettelemente eines Belemnitengehäuses (nach A. H. MÜLLER)

daher den Menschen schon frühzeitig auf und erlangten im Mythos örtlich große Bedeutung.

Das Rostrum erfüllt drei Aufgaben bei den Belemniten:

1. Kompensieren des Überauftriebes, der durch im Skelett vorhandene verkümmerte ursprüngliche Luftkammern existierte
2. Stabilisieren beim Schwimmen
3. Schutz vom Hinterende des Tieres

Die Belemniten starben am Ende der Kreide nachkommenlos aus, die ältesten Vertreter wurden im Oberkarbon nachgewiesen.

Auf den ersten Blick erscheinen die Belemniten recht gleichartig, so daß eine Bestimmung an Hand äußerer Merkmale schwierig erscheint und auch bei dieser Tiergruppe Schliffe der Rostren angebracht sind.

Mit Hilfe des Verlaufes der Amphitheca (=Lamellen) des jugendlichen Rostrum sind taxonomisch zwei Typen unterscheidbar (s. Bild 2.45):

1. clavirostrid: schlank, vorderes Ende keulenförmig vertieft
2. conirostrid: keil- bis tütenförmig

Die Oberfläche des Rostrum weist weitere taxonomisch wichtige Merkmale, wie Eindrücke, Furchen, Leisten, Granulation u. a., auf:

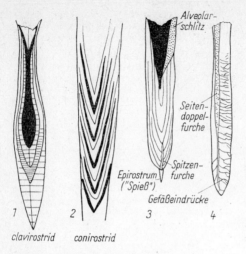

Bild 2.45. Die taxionomisch wichtigsten Typen des jugendlichen Rostrums bei Belemniten (in Anlehnung an A. H. MÜLLER)

1 *Hastites clavatus*, Lias; 2 *Megateuthis giganteus*, Dogger
Taxionomische Merkmale der Oberfläche des Rostrums
3 *Belemnitella mucronata*, Oberes Campanien (Leitform); 4 *Belemnitella lanceolata*, Unteres Untermaastricht (Leitform)

1. Gefäßeindrücke (Sulci vasculares): fein verästelte Eindrücke von Blutgefäßen
2. Seitendoppelfurche (Sulcus geminatus): Eindruck der Knorpelleiste einer seitlich ansitzenden Flosse
3. Spitzenfurche (Sulci apicales): verschieden gestaltete Furchen an der Spitze des Rostrums
4. Alveolarschlitze (Fissura ventromedialis; F. dorsomedialis): schlitzartige Bildungen, die ventral oder dorsal das Rostrum cavum radial durchschneiden; Eintrittsstellen von Flossensäumen

Die Belemniten haben in der Kreide noch größere Bedeutung als im Jura. Das gilt besonders auch für die Kreidevorkommen auf dem Gebiet der DDR und für die Niedersachsens, BRD. Insbesondere in der Schreibkreide der Insel Rügen sind diese Fossilien häufig zu finden. Die leitenden Belemniten der Oberkreide und ihre wichtigsten Merkmale sollen daher nachfolgend aufgeführt werden:

**Santon** (Mittel- und Obersanton)

*Actinocamax verus*
*Actinocamax westfalicus*

*Gonioteuthis granulata*
*Actinocamax:* conirostrid, zylindrisches Rostrum, seltener keulen- oder kegelförmig, tiefer kurzer Ventralschlitz, flache Alveole, Oberfläche gekörnelt

## Campan

- Untercampan
  *Gonioteuthis quadrata*
  *Actinocamax mammilatus*

- Obercampan
  *Belemnitella mucronata senior*
  *Belemnitella mucronata minor*
  *Belemnitella langei*
  *Belemnitella:* zylindrisches Rostrum, conirostrid, tiefe Alveolarfurche, tiefe Alveole, verzweigte Gefäßeindrücke auf der Oberfläche (Farbtafel V; Bild 7)

## Maastricht

- Untermaastricht
  — unteres: *Belemnella lanceolata*
  — oberes: *Belemnella occidentalis*
  *Belemnella:* clavirostrid, wellenförmige Biegung der dorsolateralen Linien im unteren Drittel, verkalkte Alveole

- Obermaastricht
  — unteres: *Belemnitella junior*
  — oberes: *Belemnella casimirovensis*

Aus der Oberkreide des Elbsandsteingebirges ist schließlich für den Horizont der *Plenus*-Zone der leitende und namengebende, jedoch seltener zu findende *Actinocamax plenus* mit einem zylindrischen, hinten zugespitzten Rostrum ohne Alveole zu nennen.

Auch der Lias γ und δ (Numismalismergel und Amaltheentone) der Thüringer Triasmulde weist an einigen Orten, z. B. Eisenach, Seeberge b. Gotha (Pliensbach), stellenweise sogar dicht gehäuft Belemniten auf. *»Belemnites« acutus,* kurz, glatt, mit tiefer Alveole am stumpfen Ende ist typisch für den tiefsten Lias. *Passalotheutis (»Belemnites«) paxillosus* (dick-pflockförmig) und *Hastites (»Belemnites«) clavatus* (s. Bild 2.45), klein keulenförmig, besitzen beide eine kurze Alveole und zwei seitliche Spitzenfurchen. *Dactyloteuthis digitalis,* seitlich abgeplattet, mit fingerförmigem Rostrum am Ende zugespitzt (Röhnberg b. Wandersleben) und *»Belemnites« tripartitus* sind Leitformen des Oberen Lias (Toars) in Thüringen.

## 2.2.8. Gliederfüßer (Arthropoda)

Die Arthropoda oder Gliederfüßer, auch Gliedertiere genannt auf Grund der Gliederung in ungleichartige Körperabschnitte mit paarigen, meist gegliederten Extremitäten, bilden eine der individuen- und artenreichsten Gruppen des Tierreiches. Schon aus dem Präkambrium sind Reste von ihnen bekannt, und im Paläozoikum bilden die mit den Krebsen verwandten Trilobiten mit die häufigsten und wichtigsten Fossilien. Aus der Fülle der etwa $3/4$ Millionen Arten genügt es hier, einige Hauptgruppen herauszugreifen, die vor allem für den Sammler von Bedeutung sind, da er in den geologischen Aufschlüssen mit ihnen gelegentlich in Berührung kommt. Es sind dies die Crustacea oder Krebstiere und die Insecta oder Insekten. Die übrigen Gruppen sollen hier vernachlässigt bzw. nur summarisch behandelt werden, da sie geologisch untergeordnete Bedeutung besitzen, sie oft Seltenheiten und infolge Fehlens von dauerhaften Hartteilen lediglich unter besonders günstigen Fossilisationsbedingungen erhalten geblieben sind.

Es werden nachfolgend die Klassen der Trilobita oder Trilobiten, der Crustacea oder Krebse mit den Branchiopoda (Kiemenfüßler), den Ostracoda (Muschelkrebse) und den Cirripedia (Rankenfüßler oder Gliederschaler, Meereicheln), die gelegentlich und örtlich im Tertiär von Bedeutung sind, sowie die Klasse der Insecta oder Insekten besprochen. Für speziell Interessierte ist erneut auf die auf Seite 122 genannte spezielle Bestimmungsliteratur zu verweisen.

### 2.2.8.1. Dreilapperkrebse (Trilobita)

Die Trilobiten sind ausschließlich auf das Paläozoikum und auf marin gebildete Schichtenfolgen beschränkt. Wegen der fast immer deutlichen Dreigliederung des Körpers sowohl in der Längsachse als auch im Querschnitt werden sie oft auch »Dreilapper« oder »Dreilapperkrebse« genannt (s. Bild 2.46). In der Längsrichtung gliedert man von vorn nach hinten in Cephalon (= Kopf), Thorax (= Rumpfteil) und Pygidium (= Schwanzteil), in der Querrichtung liegen rechts und links der Rhachis (= Achse, Spindel) die Seitenteile oder Pleuren. Bei den ältesten Trilobitenformen ist das Schwanzschild kleiner als das Kopfschild (z. B. *Paradoxides*), bei den geologisch jüngeren sind beide Schilde etwa gleich groß (z. B. *Asaphus*). Der Chitinpanzer (Außenskelett) der Trilobiten ist infolge Einlagerung von Kalk und Kalziumphosphat (bis zu 30 %) besonders widerstandsfähig und daher fossil gut überlieferbar. Er schützt die Dorsalseite und die randlichen Teile (Umschlag) der Ventralseite des Tieres. Seine Einzelteile waren gegeneinander beweglich. Sie konnten sich einrollen wie die heutigen Asseln und Tausendfüßer. Während der Individualentwicklung (= Ontogenese: Entwicklung des Einzelindividuums) der Trilobiten erfolgte eine mehrmalige (bei den Oleniden bis 30 Häutungen) regelmäßige Häutung. Diese Häutungsstadien der Panzer finden sich fossil recht häufig, sog. Exuvien.

Im Laufe der stammesgeschichtlichen Entwicklung verschmolzen am Kopf- und am Schwanzschild die ehemals frei gegeneinander beweglichen Segmente. Diese Vorgänge der Verschmelzung heißen am Kopf-

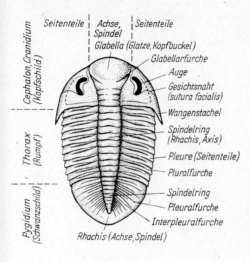

Bild 2.46. Bauplan des Dorsalpanzers eines Trilobiten mit Benennung der einzelnen Teile des Panzers (nach A. H. MÜLLER)

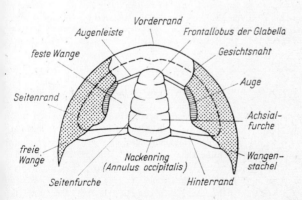

Bild 2.47. Die Bezeichnung der Einzelteile des Kopfschildes (Cephalon) eines Trilobiten. Der zentrale Teil des Kopfschildes (Cranidium) weiß, die freien Wangen punktiert (unmaßstäblich) (nach A. H. MÜLLER)

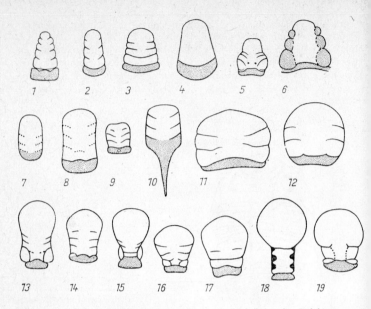

Bild 2.48. Die Ausbildung der Glabella (Glatze, Kopfbuckel) bei den Trilobiten. Nackenring punktiert (nach mehreren Autoren aus A. H. MÜLLER)

1 *Daguinaspis*, Unt. Kambrium; 2 *Redlichia*, Unt. Kambrium; 3 *Eops*, Unt. Kambrium; 4 *Rawlinsella*, Mittl. Kambrium; 5 *Dechenella*, Mittl. Devon; 6 *Aulacopleurina*, Mittl. Devon; 7 *Myopsomicmacca*, Unt. Kambrium; 8 *Micmacca*, Unt. Kambrium; 9 *Parabolinella*, Unt. Ordovizium; 10 *Redlichaspis*, Unt. Kambrium; 11 *Pliomerella*, Ob. Ordovizium; 12 *Pompeckia*, Ob. Ordovizium; 13 *Eocyphinium*, Unt. Karbon; 14 *Anabaraspis*, Unt. Kambrium; 15 *Cyphinoides*, Unt. Karbon; 16 *Dalmanitina*, Ordovizium; 17 *Paradoxides*, Mittl. Kambrium; 18 *Staurocephalus*, Ob. Ordovizium; 19 *Pradesia*, Unt. Ordovizium

schild Cephalisation und am Schwanzschild (Pygidium) Caudalisation.
Der Kopfschild des Trilobiten ist halbkreisförmig oder elliptisch und durch die in der Mitte liegende, buckelig aufgetriebene Glabella (= Glatze) sowie die sich seitlich anschließenden Wangen (= Genae) dreigeteilt. Weitere morphologische Einzelteile sind in Bild 2.47 ersichtlich. Als letzte Zeichen der Cephalisation und der ursprünglichen Segmentierung in Spindelringe (konstant 7 Stück) auch der Glabella sind deren teilweise kräftigen Seitenfurchen anzusehen. Es sind die Grenzen verschmolzener Körpersegmente (s. Bild 2.48). An der Unterseite des Kopfschildes liegen drei besondere Bauelemente: Rostralplatte (Rostrum), Hypostom (Oberlippenplatte) und Metastom. Diese

Teile werden jedoch fossil nicht sehr häufig gefunden. Unter der Glabella liegt der Magen (= Proventriculum). Die Seitenteile oder Wangen des Kopfschildes schützen die an der Unterseite gelegenen Mundwerkzeuge des Trilobiten. Durch Gesichtsnähte (Sutura facialis) werden sie in feste, unmittelbar um die Glabella gelegene, und freie, außerhalb des Cranidiums (Glabella + feste Wangen) befindliche Wangen gegliedert (s. Bild 2.49). Die freien Wangen sind gerundet oder laufen oft in ± lange Spitzen oder Stacheln aus, z. B. *Harpes* oder *Cryptolithus* (s. Bild 2.55/5). Nach dem Verlauf der Gesichtsnähte

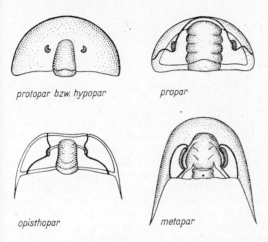

Bild 2.49. Die wichtigsten Typen der Gesichtsnähte und ihr Verlauf bei den Trilobiten (dicke Linie) (nach A. H. MÜLLER)

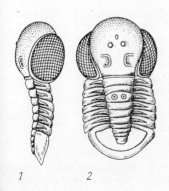

Bild 2.50. *Pricyclopyge prisca*, ein Trilobit aus dem Ordovizium von Osek (Böhmen, ČSSR) in Seitenansicht (*1*) und Oberansicht (*2*) (Körperlänge etwa 5 cm) Holochroale Ausbildung der Augen: die Sehfläche des Augenhügels besteht aus zahlreichen einzelnen Linsen polygonaler Facetten, sog. Facettenaugen, die eine geschlossene Sehfläche bilden (nach BACHMAYER)

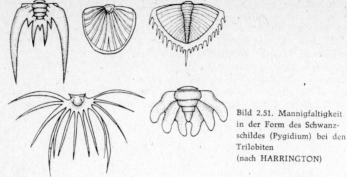

Bild 2.51. Mannigfaltigkeit in der Form des Schwanzschildes (Pygidium) bei den Trilobiten (nach HARRINGTON)

unterscheidet man protopare, hypopare, propare, opisthopare und metapare Trilobitenformen. Wahrscheinlich spielten die Gesichtsnähte beim Häutungsprozeß eine Rolle.

Auf den Seitenteilen des Kopfschildes liegen die beiden Augen (s. Bild 2.50). Bei primitiven, älteren Formen sind es zunächst nur Augenleisten. Die nachfolgenden jüngeren Formen besitzen kristalloptisch hochentwickelte Facettenaugen aus Kalkspat, die aus zahlreichen (100 bis zu 15 000) aneinandergrenzenden, einzelnen Linsen (Facetten) (holochroaler Typ) bestehen. Diese Augen boten optimale Sehmöglichkeiten und erzeugten klare Bilder (s. Tafel 29, Bild 48). Die Sehfläche zeigt nach außen. Sind die halbkugeligen Einzelaugen voneinander durch undurchsichtiges Chitin getrennt, d. h. sind nur wenige, aber größere Linsen vorhanden, liegt der schizochroale Augentyp vor (z. B. Phacopiden *Harpes, Cryptolithus*). Es treten auch gestielte Augen auf (z. B. *Staurocephalus, Otarion*), oder einige Formen können sekundär erblindet sein (z. B. *Trimerocephalus, Dianops*). Die Augenentwicklung bei den Trilobiten steht in engem Zusammenhang mit den Lichtverhältnissen in ihren Lebensbereichen.

Der deutlich segmentierte Rumpf (Thorax) besitzt minimal 2 *(Agnostus pisiformis)* oder 3 *(Eodiscina, Serrodiscus)* bis maximal 42, im allgemeinen aber zwischen 8 und 13 Segmente, die untereinander und mit dem Schwanzschild (Pygidium) beweglich verbunden sind.

Das Pygidium ist oft von unterschiedlichster Form und Gestalt (s. Bild 2.51). Es ist aus einer, je nach Gattung und Art, meist größeren Anzahl von Segmenten verwachsen (minimal 2, maximal 44, deutlich erkennbar bis 30). Unter dem letzten Schwanzsegment liegt der After.

An der Ventralseite des Trilobiten lassen sich bei besonders gut erhaltenen Exemplaren, z. B. in den unterdevonischen Bundenbacher Schiefern und aus den mittelkambrischen Burgess-Schiefern Nordamerikas,

Antennen (Fühler) und mehrere Gliedmaßen (zweiästige Spaltbeine) erkennen, die vermutlich durch kräftige Muskeln mit der Innenseite des Dorsalpanzers verbunden waren (s. Bild 2.52). Über den nur durch wenige, unvollständige Funde aus dem Ordovizium der ČSSR (Prager Mulde) nachgewiesenen Bau der inneren Organe gibt Bild 2.53 Aufschluß. Der eigentliche Tierkörper mit Magen, Darm, Blutgefäßen, Herz u. a. hat vermutlich unter der Spindel gelegen.

Der Panzer mancher Trilobiten trägt zusätzlich noch Schmuckelemente, Stacheln, Siebplatten, Knötchen, und erhält dadurch mitunter ein bizarres Aussehen (z. B. *Selenopeltis* aus dem Ordovizium der ČSSR, *Otarion* aus dem Mitteldevon der Eifel, *Odontopleura* aus dem Silur der ČSSR u. a.). Möglicherweise dienten diese Fortsätze auch als Abwehrorgane gegen angreifende Feinde des Meeresbodens.

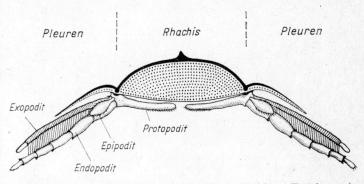

Bild 2.52. Querschnitt durch den Thorax (Rumpf) eines Trilobiten (*Triarthrus* sp.) (unmaßstäblich) (ergänzt nach H. SCHMIDT)

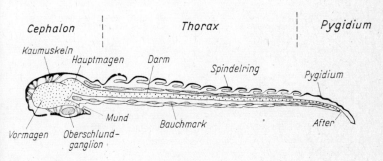

Bild 2.53. Längsschnitt durch einen Trilobiten (*Phacops* sp.) (unmaßstäblich) (nach R. RICHTER)

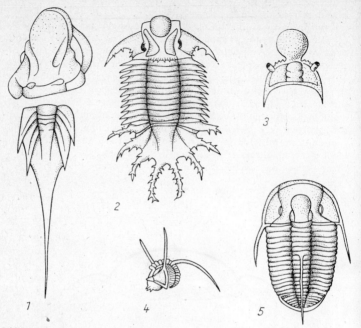

Bild 2.54. Extreme unter den Trilobiten

*1 Uralichas ribeiroi*, Mittleres Ordovizium Portugals; Länge etwa 70 cm; einer der größten Vertreter der Trilobiten

*2 Terataspis grandis*, Unterdevon Nordamerikas; extrem bedornte und bestachelte Trilobitenform

*3 Staurocephalus clavifrons* (Phacopide), Silur Englands; Trilobit mit extrem aufgeblähter Glabella

*4 + 5 Ottarion difractum*, Silur der ČSSR; Trilobit mit extremem Einrollungsvermögen, sehr langen Wangenstacheln und langen Dorsalstacheln (nach JORDAN)

Über die Größenverhältnisse bei den Trilobiten geben nachfolgende Daten eine grobe Übersicht (s. Bild 2.54):
Normalgrößen 3 bis 8 cm
Kleinster ausgewachsener Trilobit: etwa 0,5 cm (Agnostiden)
Bisher größter Trilobit: 75 cm *(Uralichas ribeiroi)*
*Paradoxides harlani:* 45 cm (Mittelkambrium)
*Terataspis grandis:* 60 cm (Mitteldevon)
Wegen der guten Erhaltungsfähigkeit der Trilobitenpanzer liefern sie ausgezeichnete Leitformen (s. Farbtafel V, Bild 8). So läßt sich das

kambrische System mit Hilfe der Trilobiten in Stufen gliedern (Unterkambrium – *Holmia*-Stufe, Mittelkambrium – *Paradoxides*-Stufe, Oberkambrium – *Olenus*-Stufe). Die Trilobiten sind also während des Altpaläozoikum wichtige biostratigraphische Zeitmarken (s. Bild 2.55).
Trilobiten lebten marin in den verschiedensten Meeresgebieten (Flachwasser und bis 300 m Tiefe). Die überwiegende Zahl, Formen mit dickerem und gewölbtem Panzer, bewegte sich kriechend. Solche mit Facettenaugen bevorzugten die Flachsee, während die mit Stielaugen tiefere, lichtärmere Regionen bewohnten. Die im Schlamm des Meeresbodens grabenden Formen oder die in lichtarmen Meeresregionen lebenden Trilobiten sind oft blind. Schwimmende Formen haben flache Körper und sind dünnschalig und zierlich. Zarte und lange Stacheln (*Miraspis* beispielsweise) dienten neben der Verteidigung auch als Schwebeorgane. Die Augen schwimmender Trilobiten sind an den Seitenrand des Cephalons verlagert und greifen gelegentlich sogar auf die Unterseite über (Rückenschwimmer!), z. B. *Pricyclopyge* (s. Tafel 29, Bild 48). Spuren von Trilobiten (sog. Bewegungsspuren oder Bilobiten) zeugen davon, daß es kriechende, einscharrende, weidende und wühlende Formen gegeben hat.
Die wichtigsten Trilobitenfundgebiete in Mitteleuropa werden nachfolgend aufgezählt:

Rheinisches Schiefergebirge und Kellerwald (Devon), BRD
Harz (überwiegend Devon), DDR und BRD
Thüringisches Schiefergebirge (Ordovizium bis Devon), DDR
Vogtland (Devon), DDR
Prager Mulde/ČSSR (Kambrium bis Mitteldevon im Barrandium)
Lausitzer Schiefergebirge (Unterkambrium von Ludwigsdorf), DDR

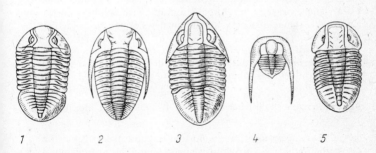

Bild 2.55. Trilobiten des Ordoviziums mit stratigraphischem Leitwert in der sandigkalkigen Flachwasserfazies (nach Brockhaus, Geologie)
*1 Asaphus expansus, 2 Chasmops odini, 3 Megalaspis limbata, 4 Cryptolithus goldfussi, 5 Niobe* sp.

Doberlugk (unterkambrisches Bohrungsmaterial), DDR
Niederes Gesenke-Mähren/ČSSR (Silur, Devon)
Ostseeküste/Nordbezirke der DDR (Nordisches Geschiebematerial des Paläozoikums) vorwiegend Ordovizium und Silur
Góry Swiętokrzyskie, VR Polen (Silur, Devon)
Aus diesen Fundgebieten wurden z. T. bedeutende und »klassische« Einzelfundpunkte mit vorzüglich erhaltenen Trilobitenfaunen bekannt. Als die berühmtesten Trilobitenausstellungen und -sammlungen dürften die des Nationalmuseums in Prag und des Naturmuseums Senckenberg in Frankfurt/Main (BRD) gelten.
Sehr ergiebig für den Fossiliensammler sind die paläozoischen (Mittel- und Oberkambrische Stinkkalke und Alaunschiefer, Ordovizium, Silur) Geschiebe der Ostseeküste, wo gelegentlich eine reiche Fundausbeute an Trilobiten zu erzielen ist. Aber auch das thüringische Devon läßt bei entsprechender Geduld und Sorgfalt Trilobitenfunde zu (sog. Schaderthalfauna). Die Bilder 45 und 46 der Tafel 29 zeigen einige Trilobiten aus Pleistozän-Geschieben. Im Barrandium der Prager Mulde (Umgebung Prag) sollte der Sammler nach Vorinformation im Nationalmuseum Prag entsprechende Trilobitenfundstellen besuchen.

Die systematische Aufgliederung der etwa 1 401 Gattungen verteilt sich auf 7 Ordnungen:

1. Agnostida: Unt. Kambrium – Ob. Ordovizium
2. Redlichiida: Unt. – Mittl. Kambrium
3. Corynexochida: Unt. – Ob. Kambrium
4. Ptychopariida: Unt. Kambrium – Mittl. Perm
5. Phacopida: Unt. Ordovizium – Ob. Devon
6. Lichida: Unt. Ordovizium – Ob. Devon
7. Odontopleurida: Ob. Mittelkambrium – Ob. Devon

Bereits diese systematische Gliederung zeigt, daß der Höhepunkt der Trilobitenentwicklung im Altpaläozoikum, insbesondere im Ordovizium liegt. Danach ist eine Reduktion der Formen bis zum Perm zu beobachten.
Bei der Bestimmung der Trilobiten sollte man besonders auf den Verlauf der Gesichtsnaht, die Entwicklung der Augen und den Mittelteil des Kopfschildes, die Glabella, achten (C = Cephalon, T = Thorax, P = Pygidium, G = Glabella; Zahlen = Anzahl der Segmente).

**Agnostida:** sehr kleinwüchsig, C und P ähnlich und gleichgroß, T 2 oder 3

*Serrodiscus speciosus:* Unterkambrium v. Ludwigsdorf b. Görlitz; C halbelliptisch, G nach vorn verjüngt, einfacher Nackenring, Augen und Gesichtsnähte fehlen; T 3, P 11

*Agnostus pisiformis:* sehr häufig in dunkelbraunen bis schwarzen oberkambrischen Stinkkalkknollen als Geschiebe in den nördlichen

und mittleren Bereichen der DDR
T 2, 1 Glabellarfurche, G länglich eiförmig

**Redlichiida:** opisthopar, C halbkreisförmig/-elliptisch, meist kräftige Wangenstacheln; G parallelseitig oder vorn verbreitert mit deutlicher Segmentierung; große halbkreisförmige Augen; P klein; T zahlreiche Segmente

*Protolenus:* nicht selten in den roten Kalken des Unterkambrium v. Ludwigsdorf b. Görlitz
G nach vorn verjüngt, 3 Seitenfurchen; T mit Pleuraldornen, P sehr klein; lange Wangenstacheln

*Lusiatops:* relativ lange Wangenstacheln, ähnlich *Protolenus*

*Paradoxides:* Leitfossil des Mittelkambriums des Barrandiums/ČSSR (*P. gracilis*)
C groß, breit, mit langen kräftigen Wangenstacheln, G vorn verbreitert, 16–21 T, Pleuralstacheln nach hinten länger werdend; P klein, spatenförmig langgestreckt

Weitere Gattungen sind: *Olenellus, Holmia, Nevadia, Ellipsocephalus*

**Corynexochida:** opisthopar, langgestreckt elliptisch, P groß mit Stacheln, C halbkreisförmig, T 5–11
Gattungen: *Dorypyge, Olenoides, Ogygopsis*

**Ptychopariida:** länglichoval, opisthopar, C halbkreisförmig, T relativ groß, $>$ 3 P z. T. recht groß

(so = Unterordnung)

1. so: Diese Trilobitenordnung enthält die wichtigsten Gattungen

*Olenus:* Leitfossil des Oberkambriums: *O. truncatus*
C halbkreisförmig oder vierseitig; spitze Wangenstacheln; G nach vorn verjüngt, leicht abgestutzt, 2 bis 3 Paar schiefe Seitenfurchen; mittelgroße Augenleisten; T 13–15, spitze Pleuren; P halbkreisförmig oder dreieckig, schmaler erhabener Randsaum.
Vorkommen in Geschieben.

*Peltura:* C nierenförmig, abgerundete Wangenecken; G breit, mit 2 bis 3 Paar flachen, schiefen Seitenfurchen; nur undeutliche Augenleisten; T max. 12, P-Achse 2 Ringe, Seitenteile 2 bis 3 Paar randliche Dornen.
Vorkommen in Geschieben: *P. scarabaeoides*

Weitere Gattungen: *Ptychoparia, Euloma, Conocoryphe, Dikellocephalus*

2. so:

*Asaphus:* opisthopar; G breit, vorn etwas zugespitzt, glatt, stachellos; T 8; P groß; kräftige Pleuren; Augen vorhanden;

*A. expansus* (s. Bild 2.55/1; Tafel 29, Bild 45): nicht selten in Geschieben

Weitere Gattungen: *Niobe* (s. Bild 2.55/5), *Leimnitzia, Ceratopyge, Megalaspis* (s. Bild 2.55/3)

3. so:

*Illaenus:* C und P etwa gleich groß und äußerlich ähnlich; T 10; nicht selten in ordovizischen Geschieben (Orthocerenkalk)

*Cekovia:* verwandt *Illaenus;* z. B. im oberen Ordovizium Thüringens

*Proetus:* kleine bis sehr kleine Formen; C halboval, kurze kräftige Wangenstacheln; G schwach gefurcht; divergierende Gesichtsnähte

*Aulacopleura:* C schwach gekrümmt, halbkreisförmig, kleine Wangenspitzen; T 12–22, mit gerundeten Pleuralenden; P-Achse 6 bis 7 Ringe, glattrandig;
*A. (A.) konincki konincki:* Leitfossil und sehr häufig im Barrandium Böhmens

4. so:

*Harpes:* C halbkreisförmig-oval, meist breite »Siebhaube« mit langen und breiten Fortsätzen; G vorn verjüngt; T 29, P klein, Einrollungsvermögen

5. so:

*Trinucleus:* C dreieckig, lange spitze Wangenstacheln; G kugelförmig aufgebläht; Augen fehlen oder auf 1 Linse reduziert; T 5 bis 7, max. 30; sehr breite, flache und tief gefurchte Pleuren; P dreieckig bis halbkreisförmig

*Cryptolithus:* (s. Bild 2.55/4) G nur ein einziges Paar Seitenfurchen; medianer Stachel auf dem Nackenring; keine Augenhöcker oder -leisten

**Phacopida:** propar, seltener opisthopar; T 8 bis 19; P mittelgroß bis groß

*Cheirurus:* G nach vorn verbreitert, 3 G-Furchen, über C-Rand hinausragend, kurze Wangenstacheln; T 11, spitze gefurchte Pleuren; P klein, 3 Paar gleich große Pleuralstacheln
Cheirurina sind bizarre, bestachelte Formen; oft granuliert und tuberkuliert

*Asteropyge:* eine der wichtigsten Gattungen im Rhein. Schiefergebirge

*Phacops:* C halbkreisförmig, G vorn verbreitert, oft mit Tuberkeln (Pusteln) besetzt, Wangen gerundet, Wangenstacheln fehlend (!); Pleuren gerundet; P halbkreisförmig oder Fortsätze; große Augen

*Phacopidella* \ 2 Formen d. thüringischen Mitteldevons
*Denckmannites* / (Schaderthal)

*Chasmops:* (s. Bild 2.55/2), C verbreiterte Glabella, Wangenstacheln lang, Augen halbmondförmig; P lange Achse; 6 max. 20
*Chasmops* tritt häufig in Geschieben: *Chasmops*kalk oder *Ludibundus*-Kalk/Echinosphaeritenkalk (Oberes Ordovizium) auf: *C. macroura, C. conicophthalmus, C. extensa, C. eichwaldi; Asaphus (Neoasaphus) ludibundus* = namengebend

**Lichida:** opisthopar, mittel- bis außergewöhnlich groß (s. Bild 2.54), C eigenartig ausgebildet ebenso das P; P je 3 Pleuren verschmolzen und zugespitzt.
Lichida stellen die größten Vertreter der Trilobiten
Gattungen:
*Lichas, Uralichas, Terataspis:* mit bizarren Verzierungen, Stacheln oder Knötchen

**Odontopleura:** (s. Tafel 29, Bild 46) opisthopar, stark bestachelt und ornamentiert, G zylindrisch vorn verjüngt, 2 oder 3 Paar laterale Glabellarloben; T 8 bis 10, mit langen Stacheln an den Pleuren; P klein, dreieckig, 2 oder 3 Ringe

## 2.2.8.2. Krebse (Crustacea)

Krebse sind frei oder parasitisch lebende, kiemenatmende, fast ausschließlich wasserbewohnende Gliederfüßer mit zwei Paar Antennen. Auf eine detaillierte morphologische Beschreibung darf hier verzichtet werden, da der Laiensammler nur sehr selten mit diesem Fossilmaterial in Berührung kommt und er die genaue systematische Bestimmung doch dem Spezialisten überlassen muß. Es werden hier nur einige Ordnungen der Crustaceen angeführt, die infolge ihrer großen Häufigkeit in geologischen Ablagerungen oft wichtige Leitfossilien bilden und die der Fossiliensammler gelegentlich findet.

Eine Gruppe der Branchiopoda (Kiemenfüßler) bildet die Ordnung der Conchostracen, sog. Blattfüßer oder Blattfußkrebse (Phyllopoda; griech. phyllon = Blatt). Es sind Krebse mit zweiteiligem hornig-kalkigem Dorsalpanzer, der an Muschelschalen erinnert und den Körper umschließt. Im Unterschied zu Muschelschalen fehlt das Schloß, das eigentliche Ligament, und sie haben einen zelligen Aufbau der Schale (Homologie!) entgegen dem lagenhaften Bau der Muschelschale.

Der Dorsalpanzer zeigt konzentrische Zuwachslinien, die leistenförmig die Oberfläche überragen. Die Schalenoberfläche weist außerdem radiale Rippen, Knötchen und Punktierungen auf.

Die Bestimmung der fossilen Conchostracen erfolgt nach den morphologischen Merkmalen des Panzers: Umriß, Krümmung des Dorsalrandes, Lage des Wirbels, Oberflächenskulptur, Lage und Beschaffenheit der Muskeleindrücke.

Die Conchostracen waren Süßwasserbewohner. Die wichtigsten fossilen Funde stammen aus Karbon, Perm, Mesozoikum und Pleistozän.
Als wichtigste Gattungen sind zu nennen:

*Leaia:* Karbon – Perm
 Oberfläche der Schale konzentrische Rippen, die sich an drei kräftigen, radial verlaufenden Leisten brechen. Die Leisten ziehen vom Wirbel aus nach unten vorn und unten hinten.
 Leitfossil im limnischen Karbon:
 *Leaia tricarinata*
 *Leaia* ist zum Verwechseln ähnlich der Muschel *Posidonomya*

*Isaura:* Synonym = *Estheria, Cyzicus*
 fossil häufig im Mesozoikum (»Estherien-Schichten« des Lettenkohlenkeupers)
 Oberfläche der Schale konzentrische Zuwachslinien, Schalenrand oben gerade, Oberfläche konzentrisch gestreift, gerippt oder gefaltet.
 Leitfossil im Keuper:
 *Isaura minuta:* dunkel, dünnblättrige Schiefer des Lettenkohlenkeupers, z. B. Eisenach
 *Isaura laxitexta:* Estherienschichten unter dem Schilfsandstein des Mittleren Keupers (Gipskeuper); Bollstedt b. Langensalza/Thüringen

Eine Unterklasse der Crustaceen bilden die Ostracoda oder »Muschel«krebse (s. Tafel 30, Bild 49). Infolge ihres massenhaften Vorkommens in vielen Schichten aller geologischen Systeme gehören sie mit zu den häufigsten und morphologisch vielgestaltigsten Fossilien. Viele Arten stellen wichtige Leitfossilien dar und finden daher in der mikropaläontologischen Schichtenparallelisierung zur Erstellung von parachronologischen Vergleichen (Zonenfossilien) praktische Verwendung, insbesondere in der Erdölgeologie. Auch als paläontologische Faziesanzeiger haben die Ostracoden eine große Bedeutung. Sie eignen sich auch gut für biostatistische Untersuchungen, da in kleinen Gesteinsproben genügend viel Material zu finden ist.

Die Zahl der heute bekannten Arten geht in die Tausende. Die Bestimmung der fossilen Ostracoden erfolgt hauptsächlich nach Merkmalen der Schale, ihres Baues und ihrer Struktur. Die Vielfalt der Ostracoden, besonders der neozoischen Arten, wird aus Tafel 30, Bild 49 ersichtlich. Es verbietet sich daher von selbst, ins Detail zu gehen. Es sollen aber hier einige Sedimentärgeschiebe und andere Gesteine genannt werden, in denen auch der Laiensammler mit der Taschenlupe (10 bis 12×) die Ostracoden studieren und sammeln kann.

- Beyrichienkalk (benannt nach E. BEYRICH (1815 bis 1896), einem berühmten Berliner Paläontologen) (Silur, Ludlow): Ostseeküste
 Arten:

*Beyrichia (Neobeyrichia) tuberculata*  
*Neobeyrichia (Neobeyrichia) lauensis*
} gerader Dorsalrand halbkreisförmig, mehrere rauhe Höcker

- Leperditiengesteine (Silur): Ostseeküste

  Arten:

  *Leperditia schellwieni*: glatte glänzende Schalen bis 20 mm Größe; wie Bohnenkerne aussehend

  *Leperditia grandis*: meist erbsen- bis bohnengroß

  *Leperditia phaseolus*

- Cypridinenschiefer (Devon): Harz (»Rotschiefer«), Thüringen

  Arten:

  *»Entonus« serratostriata*: (Leitform; = Entomozoe) 1 bis 2 mm groß, gleichklappig, nach vorn verrückte Querfurche; außen feinstreifig bis glatt; z. T. gesteinsbildend

  *Cypridina*: bohnenförmige Schale; vorn ein Rostrum

  *Kleodenia thuringica*: im Tentakulitenschiefer v. Saalfeld

Weitere ostracodenführende Gesteine sind:

- Bairdiakalke (obere germanische Trias)

- Cypriskalke (Tertiär): bankbildend und in Süßwasserkalken des Oberrheintalgrabens, des Mainzer Beckens und des Ries.

### 2.2.8.3. Insekten (Insecta)

Die Insekten haben für den Fossiliensammler nur eine untergeordnete Bedeutung, da sie im Bereich der DDR eigentlich nur in den Systemen Perm, Jura und Tertiär und da wieder nur an wenigen Fundpunkten sporadisch zu finden sind. Es sind dies die »klassischen« Fundpunkte:

— Plötz – Löbejün – Wettin (permokarbone Insekten) (s. Tafel 31, Bild 50)
— Thüringer Wald (Goldlauter, Oberhof, Gehren) (permokarbone Insekten)
— Dobbertin (Jura – Lias)
— Geiseltal (tertiäre Käfer mit echter und Strukturfarbenerhaltung) (s. Tafel 32, Bild 51)
— Ostseeküste (tertiäre Bernstein-Insekten)

Auf der Halde des ehemaligen Steinkohlenwerkes Plötz findet der Sammler beim Spalten der schwarzgrauen Schiefertone und Tonschiefer gelegentlich einen Flügel von Blattopteroida (Dictyoptera) verschiedenster Artenzugehörigkeit. Interessenten und Spezialisten können das »klassische« Fundmaterial (wissenschaftliche Bearbeitung durch HAUPT, HANDLIRSCH, SCHLECHTENDAL: Monographien!) im Geiseltalmuseum in Halle/S. betrachten.

Gleiches gilt auch für die zahlreichen tertiären Insektenfunde, speziell Käfer, aus der eozänen Braunkohle des Geiseltales. Sie sind Bestandteil der Geiseltalsammlung der Martin-Luther-Universität in Halle und hier dem Interessenten in der wissenschaftlichen und der Schausammlung zur Besichtigung zugänglich. Neufunde tertiärer Insekten, meist die buntschillernden Flügeldecken von Käfern, finden sich gelegentlich beim Aufspalten tertiärer Blätterkohlen in den Braunkohlentagebauen des mittleren Teils der DDR.

Eine der bedeutendsten Insektensammlungen der DDR ist auch die aus dem Lias von Dobbertin, die von GEINITZ und später von HANDLIRSCH bearbeitet wurde. Sie befindet sich heute in den Sammlungen der Sektion Geologische Wissenschaften der Universität Greifswald.

Schließlich sollen noch die bedeutenden Bernsteinfunde an Insekten und anderen Organismen genannt werden, die sog. Inklusen. Es gibt wohl kaum ein besseres Konservierungsmittel als das fossile Harz »Bernstein«, in dem der Paläontologe die originalen Sachzeugen aus der jüngeren Geschichte des Lebens studieren kann. Die berühmteste Bernsteinsammlung, die auch zahlreiche Insekteneinschlüsse enthält, ist die aus mehreren bedeutenden Einzelsammlungen bestehende Bernsteinsammlung des Paläontologischen Museums des Museums für Naturkunde in Berlin (etwa 10 000 bis 15 000 Inklusen). Weitere bedeutende Sammlungen befinden sich heute nur noch in Göttingen (BRD; ehemalige Königsberger Sammlung), London und Kopenhagen. Kleinere Sammlungen besitzt das Geiseltalmuseum Halle, das »Bernsteinmuseum« Ribnitz-Damgarten, das Mönchsgutmuseum Göhren, das Staatliche Museum für Mineralogie und Geologie Dresden und die Sektion Geologische Wissenschaften der Universität Greifswald.

Der Vollständigkeit halber sollten die Arthropodenfunde (Insekten, Krebse) in den Solnhofener Plattenkalken (Malm $\zeta$ Zeta) genannt werden (s. Tafeln 32 u. 33, Bilder 52 u. 53) (Geiseltalmuseum Halle, Staatliches Museum für Mineralogie und Geologie Dresden, Naturkundemuseum Berlin). Besonders bemerkenswert ist hier die Erhaltung feinster Detailstrukturen, wie Nervatur, Extremitäten u. a., bedingt durch die Feinkörnigkeit der umgebenden Sedimente. In allen unter Abschn. 1.9. genannten Museen sind auch diese Funde in mehr oder weniger großen Sammlungen zu besichtigen.

## 2.2.9. Stachelhäuter (Echinodermata)

Die Echinodermata oder Stachelhäuter sind wirbellose Organismen mit fünfstrahligem, radiärem oder bilateral-symmetrischem (bei einigen altpaläozoischen Gruppen) Körperaufbau. Sie besitzen ein aus Kalziumkarbonat bestehendes stacheltragendes und aus Platten aufgebautes Innenskelett, daher der Name Stachelhäuter. Typisch ist ferner das Ambulakral- oder Wassergefäßsystem, das der Fortbewegung und der Zufuhr von Sauerstoff (Atmung) und Nahrungsaufnahme dient. (Siebartige Madreporenplatte und verkalkter Steinkanal am Beginn des Röhrensystems.) Die Echinodermata sind den Menschen bereits sehr lange bekannt, und schon ARISTOTELES beschäftigte sich mit regulären Seeigeln, deren Gebiß nach ihm benannt ist, die sog. »Laterne des Aristoteles«.

Für den Paläontologen und den Fossilsammler ist das vielteilige Skelett der Stachelhäuter von besonderer Wichtigkeit. Das aus zahlreichen kristalloptisch gesetzmäßig aufgebauten und angeordneten Kalkkörperchen bestehende nach außen als Kapsel in Erscheinung tretende Innenskelett macht es möglich, die einzelnen Arten gut voneinander zu unterscheiden. Selbst bei dem häufigen Zerfall der Kalkgerüste sind die Einzelteile unschwer mikroskopisch zu identifizieren. Die Skelettelemente bestehen aus einem feinen Maschengewebe, aufgebaut nach trigonaler Gitterstruktur. Nach der Einbettung treten dann sekundäre Sammelkristallisationen in Hohlräumen auf. An aufgeschlagenen Seeigeln ist dies besonders schön zu erkennen: deutliche Spaltbarkeit nach Skalenoederflächen; (Glitzern!!) oder aufgewachsene Kalzitkristalle mit Skalenoederspitzen.

Die Anreicherung fossiler Echinodermenreste kann solche Ausmaße annehmen, daß mächtige Echinodermenbrekzien oder Krinoidenkalke entstehen. Hierher gehört z. B. der ordovizische Echinosphaeritenkalk, benannt nach den kugeligen Gehäusen von *Echinosphaerites aurantium*, der unterkarbone dunkle belgische Marmor, sog. »petit granit« mit massenhaft eingelagerten weißen Seelilienstielgliedern oder auch rote bis braune Kalke des Unterkarbons in Thüringen, der triadische Trochitenkalk mit den Stielgliedern der Seelilie *Encrinus liliiformis* oder das paläozäne Echinodermenkonglomerat mit abgerollten Echiniden und Krinoidenresten (*Isselicrinus* sp.) (Geschiebe!).

Der Sammler kommt mit drei Echinodermengruppen in Berührung:

1. den Pelmatozoa oder gestielten Tieren
2. den Asterozoa = Stelleroidea oder Sterntieren
3. den Echinozoa = Echinoidea oder Stacheltieren

## 2.2.9.1. Stieltiere (Pelmatozoa)

Die Pelmatozoen, Stieltiere oder »Apfelstieler« (s. Bild 2.56 und Tabelle 2.8) sind zeitlebens oder nur im Jugendstadium gestielt oder direkt mit der dorsalen (aboralen) Körperseite angewachsen. Einige der wichtigsten Klassen, deren fossile Reste auch der Laiensammler finden kann, sind

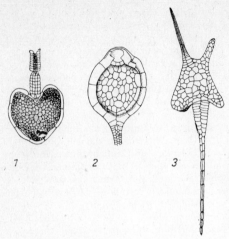

Bild 2.56. Verschiedene Formen der ausschließlich paläozoischen Carpoidea (Pelmatozoa) 1 *Phyllocystis*, Ordovizium, eine Stylophora; 2 *Gyrocystis*, Kambrium, eine Homoiostelea; 3 *Dendrocystites*, Ordovizium, eine Homoiostelea (nach MOORE)

1. die Cystoidea oder Beutelstrahler
2. die Blastoidea oder Knospenstrahler
3. die Crinoidea oder Seelilien, auch Haarsterne

### Cystoidea

Die Beutelstrahler (s. Bild 2.57) sind eine primitive, formenreiche Gruppe der Pelmatozoen, die im Altpaläozoikum auftritt und nur hier verbreitet ist. Es sind kugelige, birnen- oder eiförmige Kelche (Theka) von 2,5 bis 4,5 cm Durchmesser und wechselnder Anzahl von Armen.
Sie bestehen aus zahlreichen (bis 350 Stück), planlos angeordneten, polygonalen Plättchen. Der Kelch ist mit einem kurzen, hohlen Stiel festgeheftet. Außer einer rundlichen, kurzröhrigen Mundöffnung sind eine häufig seitlich liegende Afteröffnung, bedeckt mit fünf Platten, und eine Genitalöffnung vorhanden.
Die bekannteste Art, *Echinosphaerites aurantium*, tritt im ordovizischen Echinosphaeritenkalk auf und findet sich häufig als Geschiebe an der Ostseeküste, in den nördlichen Bereichen der DDR und im Abraum der Lausitzer Braunkohlentagebaue.
An aufgeschlagenen *Echinosphaerites* ist gelegentlich zu sehen, daß von den Gehäuseplatten aus in die ursprünglich hohlen Kugeln hinein infolge Sammelkristallisation jeweils ein Kalzitskalenoeder orientiert auf einer Platte nach innen gewachsen ist und den Hohlraum teilweise oder völlig ausgefüllt hat. Diese Bildungen werden auch als sog. »Kristalläpfel« oder »Orangen« bezeichnet. Weitere Formen sind *Homocystites* und *Pleurocystides*.

## Blastoidea

Die Knospenstrahler besitzen ausgesprochen fünfstrahlig symmetrisch, knospenförmig gebaute Kelche, die meist auf kurzen Stielen sitzen. Den Bau des Kelches zeigt Bild 2.58. Die Gattung *Pentremites* spielt im unterkarbonen Kohlenkalk als Leitfossil eine wichtige Rolle, desgleichen tritt sie in Devonkalken, jedoch selten, auf.

## Crinoidea

Die Crinoidea (griech. krinos = Lilie) oder Seelilien sind diejenigen Pelmatozoa, mit denen der Sammler recht häufig in Berührung kommt. Jedoch findet er meist nur die nach dem Tode sehr leicht in ihre Einzelteile zerfallenen Reste der Crinoiden, die mit Überresten anderer Meerestiere ins Sediment eingebettet wurden. Nur ab und zu treten auf Schichtflächen sehr gut erhaltene vollständige Exemplare auf,

Tabelle 2.8. Morphologische Unterschiede der drei dem Fossilsammler begegnenden Pelmatozoen-Klassen

|  | Crinoidea – Seelilien | Blastoidea – Knospenstrahler | Cystoidea – Beutelstrahler |
|---|---|---|---|
| Theka (Kelch) | regulär 5strahlig, Tegmen ± deutlich abgesetzt | regulär 5strahlig, stets aus 13 Platten bestehend, kein Tegmen (Kelchdecke) entwickelt | ± irregulär bis 2seitig, mit Poren, eigentliches Tegmen fehlt |
| A-Rinnen | auf Tegmen und Arme beschränkt, stets 5 | in den Gabelstücken der Theka weit nach unten reichend | auf der Theka 2 bis 5, weit nach unten reichend, auch auf den Armen, manchmal fehlend |
| Pinnulae (Nebenzweige der Arme) | an den Armen des Kelches sitzend | an der Theka selbst sitzend | Pinnulae bzw. Pinnuletten direkt am Kelch sitzend |
| Arme | 5 Arme (Brachia) | keine Arme | 2 bis 13 Brachiolen, nie verzweigt |
| Stiel | meist kompakt | meist vorhanden | Stiel fehlt oder vorhanden |

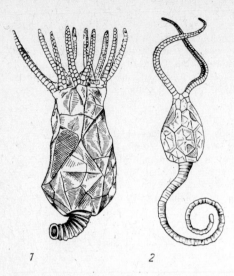

Bild 2.57. Cystoideen oder »Beutelstrahler«, weit verbreitete Klasse altpaläozoischer Echinodermen (Mittleres Ordovizium bis Oberdevon)

1 *Homocystites* (Ordovizium bis Silur), 2 *Pleurocystites* (Ordovizium) (nach MOORE)

z. B. im Muschelkalk (s. Tafel 33, Bild 54) und im Jura (s. Tafel 34, Bild 55), die in vielen Sammlungen sehr attraktive Ausstellungsobjekte (Geiseltalmuseum Halle, Paläontologisches Museum Berlin) bilden und wichtige palökologische Aussagen zulassen. Überreste von Einzelteilen der Kelche und Arme sind oft massenweise in den Gesteinen für den Laiensammler erreichbar. Jedoch ist dann eine paläontologische Bestimmung oft recht schwierig und zeitraubend.

Die Seelilien stellen mit etwa 5 000 Arten, davon etwa 650 heute lebend, unter den Echinodermen die formenreichste und am höchsten differenzierte Gruppe dar und besitzen daher auch großes biostratigraphisches Interesse, da sie zahlreiche Leitformen geliefert haben. Auch ihre Hauptblütezeit liegt im Paläozoikum.

Die Seelilien sind meist langgestielt, mit dem Stiel auf dem Untergrund festgewachsene (sessil-benthonisch) Formen. Die morphologischen Hauptbestandteile sind (s. Bild 2.59): der Kelch (Calix, Theka), die Arme (Brachia), beides die Krone darstellend, und der Stiel mit den Wurzeln. Diese Teile bauen sich aus einzelnen Kalkelementen auf, die stellenweise (Arme, Stiel) gegeneinander beweglich sind.

Der Kelch bildet eine kegel- bis becherförmige Kapsel, in der sich die Weichteile befinden, und er wird nach oben hin durch eine häutige oder kalkige Kelchdecke abgeschlossen. Diese besitzt einen zentral gelegenen Mund und einen seitlichen After. Der Kelch selbst besteht aus zahlreichen Kalkplättchen. Ausbildung und Anordnung derselben haben taxionomische Bedeutung. An die Basalplatte, die Ansatzstelle des Stieles, schließen sich in der Fünfzahl ein (monozyklisch) oder zwei (dizyklisch) Plattenkränze (Basalia und Infrabasalia) an. Darüber folgen ein oder mehrere Kränze zu je 5 Platten radial angeordneter Radialtäfelchen (Radialia) mit zwischengeschalteten Interradialtäfelchen. Auf den Radialia sitzen die fünf Arme an, deren Einzelbauelemente als Brachialia (Armtafeln) bezeichnet werden. Arme sind weiter stark aufgegliedert und verästelt sowie mit zarten seitlichen Anhängen (Pinnulae = Fiederfäden) versehen. Die Anordnung der Armglieder (Brachalia) ist ein- (uniserial), wechsel- oder zweizeilig (biserial) (s. Bild 2.60).

Der Kelch kann 5 bis 10 cm, die Arme bis 1,2 m lang werden. Es gibt aber auch bis nur wenige Millimeter große »Mikrocrinoiden«.

Der Stiel (Columna) wird oft mehrere Meter lang, z. B. bis zu 18 m bei *Seirocrinus* (griech. seira = Seil) und *Pentacrinus* (s. Tafel 34, Bild 55), kann aber auch relativ kurz oder reduziert sein. Die zylindrischen, kreisrunden, elliptischen oder kantigen (meist fünfeckigen) oft zentral durchlöcherten (Zentralkanal) Glieder des Stieles heißen Columnalia. Im Zentralkanal des Stieles verlaufen der Nervenhauptstrang und Blutbahnen. Die Berührungsflächen (Gelenkflächen) (s. Bild 2.61) der Glieder sind gemustert durch feine radiale Rippen (Crenellae), kleine Gruben und Furchen. Den Bau der Stiele zeigt Bild 2.62. Die Befestigung des Stieles erfolgt am häufigsten durch wurzelartige Anhänge, Scheiben oder inkrustierende Platten, Anker oder bei freibeweglichen Seelilien durch Greiforgane.

Da es auf dem Gebiet der DDR für den Sammler nur wenig Gelegen-

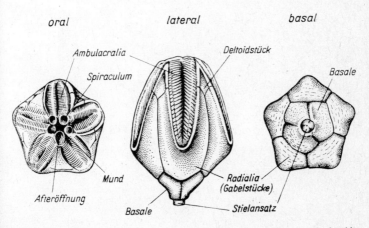

Bild 2.58. Blastoidee oder »Knospenstrahler« des Karbons, *Pentremites*, mit fünfstrahliger Symmetrie. Bauschema der knospen- bis sternförmigen Theka (nach MOORE)

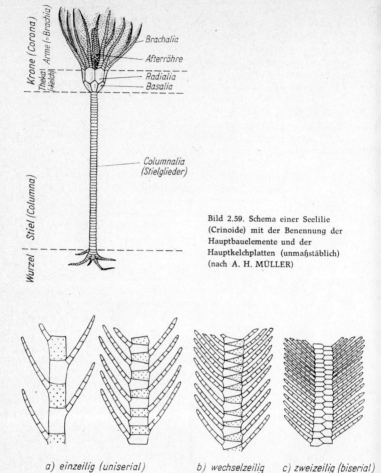

Bild 2.59. Schema einer Seelilie (Crinoide) mit der Benennung der Hauptbauelemente und der Hauptkelchplatten (unmaßstäblich) (nach A. H. MÜLLER)

a) einzeilig (uniserial)   b) wechselzeilig   c) zweizeilig (biserial)

Bild 2.60. Schema der Ausbildung der Arme (Brachia) bei den Seelilien (unmaßstäblich) (nach A. H. MÜLLER)

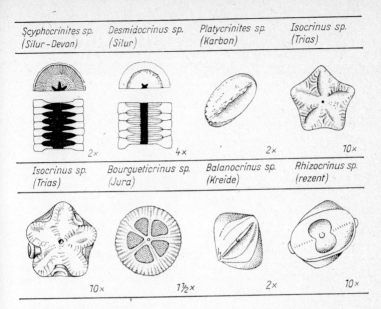

Bild 2.61. Ausbildung der Gelenkflächen der Stielglieder (Columnalia) von Seelilien (nach A. H. MÜLLER)

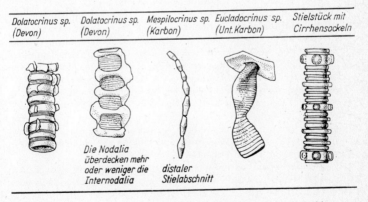

Bild 2.62. Beispiele zum morphologischen Bau der Stiele (Columna) von Seelilien (nach A. H. MÜLLER)

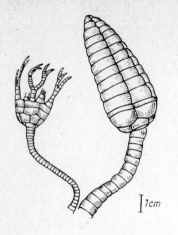

Bild 2.63. Paläozoische Crinoiden oder »Seelilien« aus dem Devon der Eifel
1 *Codiacrinus*, 2 *Cupressocrinites*
(nach VANGEROW)

heit gibt, Crinoiden zu finden, kann eine detaillierte systematische Beschreibung der einzelnen Gattungen entfallen. Es werden daher nachfolgend nur einige ausgewählte Gattungen beschrieben, die der Sammler in den Gesteinen des Paläozoikums, speziell des Ordoviziums und Silurs (jedoch selten), des Devons, der Trias oder des Juras finden kann.

*Cupressocrinites crassus* ist eine Leitform des Devons. Es ist eine morphologisch ziemlich große paläozoische Gattung mit schüsselförmigem Kelch (länglich ovaler Krone), gerundet viereckigem Stiel mit Zentralkanal und 4 rechteckig gestellten Seitenkanälen (s. Bild 2.63). Eine weitere devonische Gattung ist *Codiacrinus*.

Häufig sind die sog. »Schraubensteine« im Unterdevon (Spiriferensandstein) oder Mitteldevon (Wissenbacher Schiefer), z. B. im Harz. Es sind Hohlabdrücke von Stielstücken, bei denen Zentralkanal und ursprünglich mit Bindegewebe ausgefüllte Räume zwischen den radialstrahligen Gelenkflächen der benachbarten Stielglieder sekundär durch Nebengesteinsmaterial ausgefüllt sind. Diese Bildungen stammen von *Ctenocrinus typus*, aber auch von *Melocrinites*, großen birnen- oder melonenförmige Kelche besitzenden Seelilien. *Cyathocrinites* (griech. kyathos = Schöpfgefäß), eine Gattung mit niedrigem, becherförmigem Kelch und langen, verzweigten Armen ohne Pinnulae, findet sich vom Silur bis Perm. *Cyathocrinites ramosus* ist eine Leitform in den Zechsteinriffen, z. B. bei Pößneck.

An der Küste findet man mitunter im weiß bis gelblichen, auch grauen, silurischen *Phaciten*-Oolith Stielglieder von *Phacites gotlandicus* oder graue, gelbe oder rötlich gefärbte Geschiebe von Krinoidenkalk mit Stielen und Gliedern von *Crotalocrinites* sp.

Gegenüber der Formenfülle der Crinoiden des Paläozoikums ist die des Mesozoikums geringer. Viele Gruppen sind bereits ausgestorben. Es herrschen jetzt die Formen vor, die infolge gelenkartiger Verbindungen der Kelch- und Armplatten gut beweglich sind, die Articulata (= lat. articulus = gelenkig verbunden).

Die dem Fossiliensammler bekannteste Familie ist die der Encrinidae aus dem Muschelkalk und aus dem Malm die Solanocrinidae und Pentacrinidae. Wichtig und relativ häufig sind in der germanischen Trias (Unterer und Oberer Muschelkalk) die beiden nachstehenden Arten:

*Encrinus carnalli:* (s. Tafel 33, Bild 54) mu bei Freyburg/U. und Halle
5 × 4 (20) außen scharfkantig abgesetzte Arme (distale Aufspaltung), Kelchdecke viele unregelmäßige Täfelchen; exzentrisch gelegene, längsgestreifte kurze Afterröhre; Stielglieder meist violett gefärbt
Funde vollständiger Kelche auf Schichtflächen relativ häufig

*Encrinus liliiformis:* (s. Bild 2.64) $mo_1$ (Trochitenkalk), Thüringer Becken, Halle
5 × 2 (10) proximal uniseriale, distal biseriale Arme; Stiel mit verdickter Haftscheibe, Stielglieder rund, im unteren Abschnitt trommelförmig, am Rand gezahnt ineinandergreifend, Flächen radial gestreift; Glieder unter dem Kelch niedrig, abwechselnd breit und schmal

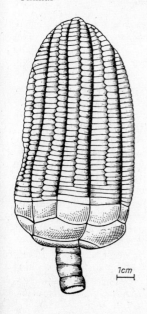

Bild 2.64. *Encrinus liliiformis*, ein Leitfossil des Oberen Muschelkalkes (Trochitenkalk = $mo_1$) der germanischen Trias. Die Stielglieder sind oft schichtenweise gesteinsbildend (nach VANGEROW)

Neben diesen beiden Arten tritt bereits in der Trias, aber im Jura (Lias) sehr wichtig und formenreich, auf:

*Pentacrinus:* das »Schwäbische Medusenhaupt«; kleiner scheibenförmiger Kelch, kurzer Stiel mit Cirrhen (Anhänge); Stielglieder fünfkantig und auf der Gelenkfläche mit fünflappiger Rosette

*P. tuberculatus:* Leitfossil im Unteren Lias (($\alpha_2$-Asterienplatte (Thüringen))

*P. basaltiformis:* Leitfossil im Oberen Lias ($\epsilon$-Posidonienschiefer)

*Pentacrinus* findet sich öfter an Treibholz aufgewachsen, z. B. Funde von Holzmaden (Württ.) im Posidonienschiefer (Lias $\epsilon$) (s. Tafel 34, Bild 55).

Schließlich soll noch eine ungestielte, freischwimmende Seelilienart genannt werden, die sog. »Spinnensteine«. In zahlreichen Museen mit Ausstellungen von Solnhofener Plattenkalk ist sie zu sehen: *Saccocoma pectinata.* Der Kelch ist klein und halbkugelig; 10 lange, dünne ungeteilte Arme, die an den Spitzen eingerollt sind.

### 2.2.9.2. Sterntiere (Asterozoa-Stelleroidea)

Die Seesterne (Asteroidea) und Schlangensterne (Ophiuroidea) sind bodenbewohnende Gruppen der Echinodermata, die frei beweglich sind, mit flachem, fünfstrahligem oder sternförmigem Bau. Die Arme, die hauptsächlich der Fortbewegung dienen, gehen radial von einer Mittelscheibe (Zentralscheibe) aus.

Die fossilen Seesterne oder Sterntiere, insbesonders vollständig erhaltene Körper, sind selten. Der Schlangenstern *Aspidura* mit einer kleinen, flachen Körperscheibe (∅ 7 mm) und zehn kräftigen Radialia ist gelegentlich im Unteren Muschelkalk Thüringens anzutreffen, z. B. bei Jena.

Doch soll hier auf die Museen verwiesen werden (Berlin, Halle, Dresden), die paläozoisches Fundmaterial aus den feinkörnigen Dachschiefern des Unterdevons von Bundenbach und Gemünden im Rheinischen Schiefergebirge besitzen. Neben Solnhofen (BRD), Holzmaden (BRD), dem Geiseltal ist Bundenbach (BRD) eine der klassischen mitteleuropäischen Fossilfundstätten von paläontologischem Weltruf. Bundenbacher Seelilien und Seesterne gehören in den Sammlungen und Museen der ganzen Welt zu den beliebtesten und schönsten Ausstellungsobjekten (vgl. KUHN 1961). Besonders reich ist hier die Ausbeute an Sterntieren, vor allem zahlreiche Seesterne (Asteroidea) und Schlangensterne (Ophiuroidea). Bis 1957 wurden 34 Gattungen mit über 50 Arten bekannt. Meist sind es Unikate, d. h. Formen, die nur aus den Bundenbacher Schiefern bekannt sind. Die Stücke sind oft vollständig in Schwefelkies umgewandelt und heben sich durch die goldgelbe Farbe gut von den dunkelblauen Schiefern ab. An ihnen sind außerdem interessante biostratonomisch-palökologische Untersuchungen möglich (Einregelungen, Todesstellungen, Schreitstellungen usw.).

## 2.2.9.3. Seeigel (Echinozoa)

Von den Echinozoa (Stacheltier; griech. echinos = Igel; zoon = Tier) haben nur die Echinoidea, die eigentlichen Seeigel, für den Sammler besonderes Interesse.

Die Echinoidea oder Seeigel, im Volksmund werden ganz bestimmte Gattungen auch »Krötensteine« genannt, sind armlose, ungestielte, freilebende Echinodermen. Es sind die dem Laien bekanntesten Stachelhäuter. Ihre Gestalt ist kugelig, oval, scheibenförmig oder herzförmig und wird von einem aus zahlreichen Kalktäfelchen bestehenden Gehäuse umgeben. Bei den geologisch älteren Vertretern sind die Kalktäfelchen dachziegelartig übereinandergeschuppt. Bei den jüngeren Vertretern fügen sie sich dagegen mit glatten Nähten zu einer festen Kapsel zusammen. Die Täfelchen tragen bewegliche Stacheln, die fossil abgefallen sind und dann isoliert eingelagert gefunden werden. Die Kalkplatten der Kapsel (= Corona) sind in Meridionalreihen zwischen Scheitel und Mundöffnung angeordnet (5 Ambulakral- (A) und 5 Interambulakralfelder (IA)), die aus je zwei oder mehr alternierenden, zickzackartig verbundenen Plattenreihen gebildet sind. Die Platten der Ambulakralfelder tragen Poren zum Durchlaß für die Ambulakralfüßchen (s. Bild 2.65). Das Mundfeld (Peristom) (= Mu) liegt auf der abgeplatteten Unterseite (= Oralseite) zentral oder exzentrisch nach vorn gelagert. Das Afterfeld (= Periprokt) (AF) liegt auf der gewölbten Oberseite im Scheitel (= Apex) (aboral, apikal) oder nach

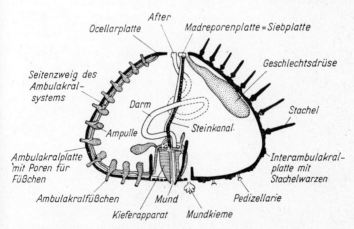

Bild 2.65. Schematischer Längsschnitt durch ein Interambulakralfeld eines regulären Echinoideen (Seeigel) der Gattung *Echinus* sp. (ergänzt nach GREGORY und A. H. MÜLLER)

hinten und unten verschoben zwischen Scheitel und Periprokt (s. Farbtafel IV, Bild 6).
Die Seeigel sind meist recht gut erhalten. Nur selten sind Kapseln und ihre Stacheln anzutreffen. Gemeinsame Einlagerung an gleicher Stelle im Sediment bzw. Vergleich mit lebenden Arten ermöglichen die Bestimmung der Zusammengehörigkeit der Einzelteile. Auch die Kapseln sind häufig zerfallen, doch treten vollständige Exemplare nicht selten auf. Die Seeigel stellen daher ein beliebtes und recht häufiges Sammelobjekt dar. Oft ist die Kalksubstanz noch erhalten oder in Kalkspat umgewandelt. Verkieselungen treten in den Kreideablagerungen ebenfalls auf, desgleichen Steinkerne oder Hohlformen. Hauptfundorte der Seeigel liegen im Norden der DDR, wo sie als Feuersteingeschiebe verschleppt auftreten, oder an den Kreidesteilküsten (Kap Arkona, Ostküste Halbinsel Jasmund, Feuersteinfelder von Mukran an der Prorer Wieck) der Ostseeküste stellenweise massenhaft zu finden sind. Hier wird der Sammler bei eifrigem Suchen reichlich mit z. T. attraktiven Funden belohnt. In den erdgeschichtlich jüngeren Horizonten (Kreide, Tertiär) sind Seeigel auch wichtige Leitfossilien.
Bei der Bestimmung der Seeigel ist besonders zu achten auf Anordnung der Ambulakralfelder, die Lage und gegenseitige Stellung von Mund und After, Vorhandensein oder Fehlen des Gebisses, äußeren und inneren Bau der Stacheln. Auf dieser Grundlage lassen sich die Seeigel systematisch gliedern:

| Perischoechinoidea | Euechinoidea | |
|---|---|---|
| | Regulares (reguläre Seeigel) | Irreguläres (irreguläre Seeigel) |
| A 2–20 Plattenreihen IA 1–14 | $5 \times 2\,A$, $5 \times 2\,IA$ fünfstrahlige Symmetrie | bilaterale Symmetrie |
| | Mu Unterseite zentral | Mu zentral oder nach vorn verschoben |
| | Af Oberseite zentral im Scheitelschild | Af dezentral, an den unteren Rand |

Innenmundkiemer — Außenmundkiemer

Gnathostomata — Atelostomata
Mu und Scheitel zentral, mit Kiefergebiß
A gleich

Mu oft exzentrisch ohne Kiefergebiß

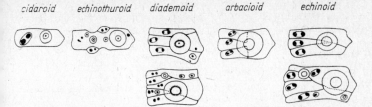

Bild 2.66. Die wichtigsten Typen der bei den regulären Echinoideen (Seeigel) auftretenden Ambulakralplatten (Großplatten), die für die Taxonomie der mesozoischen und jüngeren Seeigel wichtig sind (nach A. H. MÜLLER)

Für die Taxionomie der mesozoischen und neozoischen Seeigel spielt auch die Ausbildung der Großplatten (Verschmelzung von »bis 3« einfachen Ambulakralplatten, Nähte der primären Einzelplatten am Rande noch erkennbar) eine Rolle (s. Bild 2.66). Die Platten des Gehäuses weisen außen warzen- oder körnchenförmige Erhebungen auf, auf denen bewegliche Stacheln, Sphaeridien (Sinnesorgane), Pedizellarien (Greifzangen) saßen (s. Bilder 2.67, 2.68). An- und Dünnschliffe von Seeigelstacheln zeigen einen komplizierten inneren Bau, der taxionomisch und biostratigraphisch ebenfalls von Bedeutung ist.

Auch hier würde eine Aufzählung der einzelnen Gattungen zu umfangreich werden, und es sollen daher nur einige Gattungen aufgeführt werden, die dem Sammler an der Küste oder beim Besuch der Kreidetagebaue auf Rügen begegnen.

Die Mannigfaltigkeit an Formen geht aus den Bezeichnungen einer älteren Systematik hervor, die die äußere Form u. a. bei der Benennung bevorzugt. So unterscheidet man Turban- (Cidariten), Meer- (Saleniden), Kegel- (Echinoconiden), Kegelschild- (Conoclypeiden), Schild- (Clypeastriden), Helm- (Cassiduliden), Vollstern- (Holasteriden) und Herz- (Spatangiden) Seeigel.

## Perischoechinoidea

### Cidaroida

*Stereocidaris*, ob. Kreide Rügen (unt. Maastricht) (s. Bild 2.69); A schmal aus Einzelplatten, IA fest verbundene Platten, IA nur 1 Hauptstachel mit perforierter Hauptstachelwarze, Af apikal, Stacheln keulig, schlank, gestreift, gestachelt, Platten und Stacheln oft nebeneinander liegend nach dem Zerfall
(*St. pistillum, St. hagenowi*)

*Temnocidaris*
(*T. baylei*)

ob. Kreide Rügens (unt. Maastricht)
(vgl. NESTLER 1972, 1975; Bestimmungshinweise für eine detaillierte Bearbeitung!)

**Euechinoidea**

so: **Echinacea**, ob. Kreide Rügens (unt. Maastricht)

*Salenia:* kugelig, Af exzentrisch nach rechts, A schmal, Stachelwarzen imperforat
*(S. hagenowi, S. lobosa)*
(vgl. NESTLER 1965)

*Phymosoma:* Porenreihen der A sind apikal biserial; Hauptstachelwarzen imperforat, in den A und IA zwei Reihen bildend
*(Ph. princeps)*

*Gauthieria, Salenidia (S. pygmaea, S. scabra)*

so: **Gnathostomata**, ob. Kreide Rügens (unt. Maastricht)

*Galerites* (syn. *Echinoconus*)*:* mittelgroß kegelförmig – halbkugelig, abgerundet, Oralseite flach, große A, mit kleinen Stacheln und perforierten Warzen; IA uniseriale Poren; *(G. vulgaris)*

so: **Atelostomata**, ob. Kreide Rügens (unt. Maastricht)

*Echinocorys:* eine der häufigsten und charakteristischsten Kreideformen
hochgewölbt, im Umriß eiförmig; Oralseite flach; A groß und einander gleichend mit winzigen Porenpaaren; Oberfläche gleichmäßig mit feinen Stachelwarzen bedeckt; querovales Peristom am Vorderrand der Oralseite, ovales Periprokt dicht an deren Hinterrand;
*(E. (Ananchytes) ovatus* = Leitform)

*Cardiaster:* apikal tiefe Vorderfurche für das vordere A, oval, herzförmig hochgewölbt

*Micraster:* herzförmig bis oval, flache Vorderfurche, vordere A kürzer als die übrigen, mit einfachen Poren; Mu queroval nach vorn verlagert, Af auf dem abgestutzten Hinterende; Unterseite größere Warzen als Oberseite
Turon bis Danien

Die in der Schreibkreide erhaltenen irregulären Seeigel sind fast stets als Feuerstein-Steinkerne erhalten, z. B. *Echinocorys* und *Galerites*. Unter den Formen von *Echinocorys (= Ananchytes)* werden meist die Arten *E. ovatus, E. vulgaris* oder *E. scutatus* zusammengefaßt.

Im Aussehen besonders attraktive Fossilien (Kristallgebilde) findet der Sammler in der Schreibkreide, z. B. Seeigel, aber ferner Seesterne und Seelilien, an denen Sammelkristallisationen erfolgt sind. Diese Bildungen heißen »Olearius«-Steine, bereits 1624 von dem Schriftsteller ADAM OLEARIUS (ÖLSCHLÄGER) (1603 bis 1671) als eigenartige Versteinerungen beschrieben.

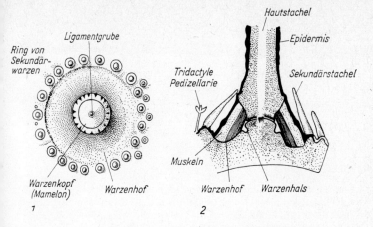

Bild 2.67. Einige Bauelemente der warzentragenden Interambulakralplatten bei regulären Seeigeln

1 Hauptstachelwarze, 2 Längsschnitt durch den unteren Abschnitt eines Stachels, die Hauptstachelwarze und den Warzenhof (nach CUÉNOT und A. H. MÜLLER)

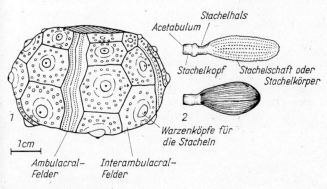

Bild 2.68. Regulärer Seeigel

1 *Cidaris* sp. mit Ambulakral- (= A) und Interambulakralfeldern (= IA). Verbreitung Kreide bis Gegenwart

2 zwei Typen keulenförmiger Stacheln, die fossil meist isoliert gefunden werden, da sie nur mit Muskeln auf den Warzenköpfen der Kapseln befestigt sind (ergänzt nach VANGEROW)

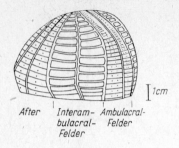

Bild 2.69. Ein irregulärer Seeigel, *Echinocorys, (Ananchytes)* sp. aus der Oberkreide von Maastricht (Belgien). Dieser Seeigel ist auch Leitform der Rügener Schreibkreide (nach VANGEROW)

Es gibt z. B. hohle Seeigelgehäuse, bei denen jedes Skelettelement im Inneren des Hohlraumes einen frei nach innen orientiert, hineinragenden Kalzitskalenoeder trägt (s. Bild 2.70/3). Läuft dem orientierten Kristallwachstum nun noch eine mehrfache Kieselsäureausscheidung (Feuerstein) innerhalb des Hohlraumes rhythmisch parallel, so entstehen mitunter sehr bizarre und schöne Fossilgebilde (s. Bild 2.70/4, 5). Es findet dann folgender diagenetischer Vorgang statt: Hohlraum des Seeigels halb mit Kreidemergel gefüllt (s. Bild 2.70/1) – Umwandlung des Kreidemergels in schwarzen Feuerstein (1. Generation) (s. Bild 2.70/2) – Kristallwachstum von den Gehäuseplatten nach innen (s. Bild 2.70/3) – verbliebener restlicher Hohlraum füllt sich mit grobkörnigem Quarz (2. Generation) (s. Bild 2.70/4) – Auflösung des restlichen Gehäusekalzites samt der sekundären Skalenoederkristalle – als Fossilrestgebilde verbleibt die Form, wie sie Bild 2.70/5 zeigt, ein igelartiges Gesteinsgebilde.

### 2.2.10. Graptolithen (Graptolithina)

Die Graptolithen, »Schriftsteine« oder »beschriebene Steine« genannt, bilden gemeinsam mit den Pterobranchiern (Flügelkiemer) und Enteropneusten (Eichelwürmer) den Stamm der Branchiotremata (Hemichordata, Rückenmarktiere). Die Übereinstimmung einiger Körpermerkmale spricht für die verwandtschaftlichen Beziehungen zwischen Graptolithen und Pterobranchieren. Bei den Graptolithina bestehen die Rhabdosome (s. S. 198), bei den Pterobranchiata das Tubarium aus chitiniger Sklerotinsubstanz (Tubarium = chitinige Wohnröhre). Beide sind gleich aufgebaut: Voll- oder Halbringe zusammengefügt unter Bildung einer Zickzacknaht.

Graptolithen sind vom Mittelkambrium bis Unterkarbon verbreitet und bilden vor allem im Ordovizium und Silur Leitfossilien ersten Ranges. Die Graptolithen sind wieder eine Fossilgruppe, die dem Laiensammler in einigen Gebieten der DDR schöne und lohnende

Stücke liefert. So häufen sich z. B. in den silurischen und unterdevonischen Graptolithenschiefern Thüringens und des Vogtlandes sowie in Kalksteinen des Harzes die Graptolithenfunde. Aber auch die Ordoviz- und Silurgeschiebe in den Kiesgruben des pleistozänen Vereisungsgebietes und der Bereich der Ostseeküste sind reich an Graptolithengestein. Wie treten sie dem Sammler hier entgegen?

Die Beschreibung des Graptolithenforschers H. JAEGER charakterisiert das besonders anschaulich: »Schriftsteine«, »diese Bezeichnung spielt auf die gewöhnliche Erhaltung der Graptolithen in den schwarzen

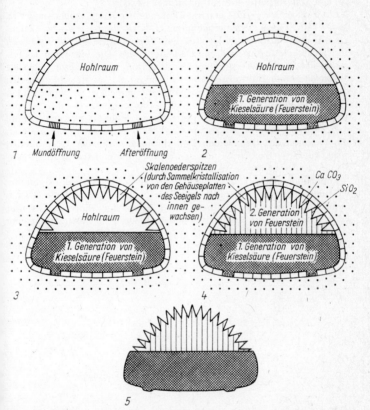

Bild 2.70. Schema der diagenetischen Entwicklungsstadien bei der Entstehung der sogenannten »OLEARIUS«-Steine in der Schreibkreide (Oberkreide-Maastricht) der Insel Rügen. Das Beispiel zeigt die Vorgänge am Steinkern eines Seeigelgehäuses (*Echinocorys* sp.) (nach A. H. MÜLLER und ZIMMERMANN)

Graptolithenschiefern an, in denen sie in oft großer Menge und ohne von irgendwelchen anderen Fossilien begleitet zu sein im typischen Falle vorkommen. Die Graptolithen liegen da auf den Schichtflächen als silbern glänzende (s. Tafel 35, Bild 57), weiße, schwarze oder auch gelbe und rostfarbene Häutchen von gewöhnlich laubsägeblattförmiger Gestalt. Andere sind mannigfaltig, aber in jeweils bestimmter Weise gekrümmt, manche bilden Spiralen, Fächer oder feinste Netze, wiederum andere sind verzweigt. Jeder Zweig scheint gezähnelt. Die Formenfülle ist gewaltig. Über 1 000 Arten wurden bisher beschrieben. Bei flüchtigem Hinsehen könnte man meinen, alle diese Figuren seien auf die Schieferplatte nur aufgezeichnet worden."

Die Graptolithen sind marine, kolonienbildende Organismen (s. Bild 2.71). Es sind Systeme gekammerter, drehrunder bis verschiedengradig abgeplatteter hohler Röhren. Diese bilden die Wohnröhren und Stützskelette mikroskopisch kleiner Tiere. Die einzelnen Individuen heißen Zooide. Die geschlechtlich aus einer Larve gebildete Anfangskammer (Mutterzelle) nennt man Sikula, an sie schließen sich die ungeschlechtlich durch Knospung entstandenen trichterförmigen Theken (Kammern) an (s. Bild 2.72). Das gesamte Gebilde ist die Kolonie oder das Rhabdosom (griech. = Stabkörper). Die Zooide stehen durch Stolonen, stielartige Gebilde, miteinander in Verbindung. Die Stolonen der Dendroidea sind chitinisiert, die der Graptoloidea nicht. Zu diesen beiden Ordnungen gehören die meisten Graptolithenarten, die der Sammler im Gelände findet.

Die morphologische Gestalt der Theken (Röhren-, Stachel-, Sigmoide, Pfeifenkopf-, Kragen-, Vogelkopfzellen) (s. Bild 2.73) und die Wachstumsformen der Kolonien (netzförmig, Zweizeiler, Einreiher) (s. Bild 2.75) spielen für die Systematik und taxonomische Bestimmung eine ausschlaggebende Rolle.

Die Graptolithen haben als Leitarten vor allem in Ordovizium, Silur

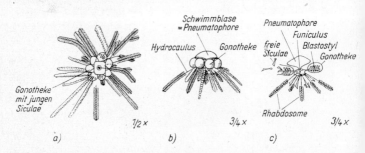

Bild 2.71. Sternförmige Großkolonie (Synrhabdosom) von *Glossograptus quadrimucronatus approximatus* aus dem Ordovizium Nordamerikas in verschiedenen Ansichten
*a* – von oben, *b* – von der Seite, *c* – schematischer Längsschnitt (nach RUEDEMANN)

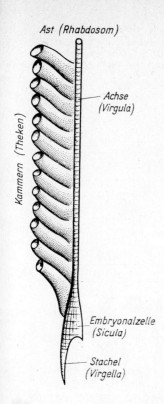

Bild 2.72. Schematische Darstellung eines einästigen, einzeiligen Graptolithen (stark vergrößert) (nach A. H. MÜLLER)

und Unterdevon große praktische Bedeutung. Sie stellen in diesen Systemen die wichtigsten Zonenfossilien (gegenwärtig etwa 80 Graptolithenzonen und -subzonen). Die Zone bildet die kleinste geologische Zeiteinheit und ist der über größere Erdtentfernungen (weltweit) zu verfolgende kleinste Zeitabschnitt. Die Zone entspricht etwa der Lebensdauer einer Art. Diese muß besonders kurzlebig, häufig, horizontal weit verbreitet und leicht erkennbar sein (s. S. 63).
Einige der wichtigsten und bekanntesten Leitformen der Graptolithen, die auch der Fossiliensammler finden kann, sollen mit ihren charakteristischen morphologischen Merkmalen genannt werden (s. Bilder 2.74, 2.75).

**Dendroidea:** überwiegend festgewachsen (sessil) m. d. Sikula, buschig verzweigt unregelmäßig oder regelmäßig; benachbarte Zweige durch Querbrücken (Dissepimente) verbunden; Stolonen chitinisiert

*Dictyonema:* korbartiges Rhabdosom mit Stiel; dichotom und regelmäßig verzweigt;
(*D. flabelliforme* = Leitform f. Unt. Ordovizium (Tremadoc) sicherer Nemafaden (s. Bild 2.74/1)

*Dendrograptus:* buschiges, kräftiges Rhabdosom, gerade und gebogene Hauptzweige mit unregelmäßig ansitzenden Nebenzweigen; keine Dissepimente; Theken denticulat und mit Dornen. Ob. Kambrium – Unt. Karbon

*Bryograptus:* hängende Zweige des Rhabdosoms; 3 Hauptäste mit Nebenästen in unregelmäßigen Abständen; Leitform f. Unt. Ordovizium (Tremadoc)

**Graptoloidea:** planktonisch; uni- oder biserial, selten quadriseriale Rhabdosome; gleichartige Theken; Stolonen nicht chitinisiert; Zahl der Zweige gering;
Ausbildung der Theken vgl. Bild 2.73.

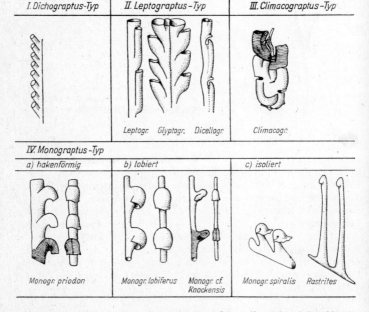

Bild 2.73. Die wichtigsten Typen der bei den Graptolithen auftretenden Theken (chitinige Becher, in denen ein Einzelindividuum einer Kolonie wohnt) (stark vergrößert) (nach BULMAN und A. H. MÜLLER)

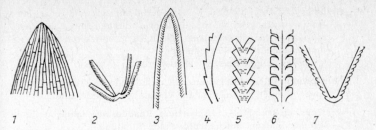

*1        2        3        4    5    6        7*

Bild 2.74. Graptolithen-Arten des Ordoviziums (nach Brockhaus, Geologie)

1 *Dictyonema sociale* (buschig verzweigte Form)

wenigästige Formen:

2 *Tetragraptus serra*, 3 *Didymograptus murchisoni*, 4 *Pleurograptus linearis*, 5 *Orthograptus truncatus wilsoni*, 6 *Climacograptus* sp., 7 *Dicellograptus complanatus*

a) Gattungen **ohne** Achsenfäden:

- Vielästige Formen:
   *Dichograptus:* 8 Hauptzweige, Zentralscheibe

- Wenigästige Formen:

   *Tetragraptus:* 4 »hängende« dicke Zweige, einzeilig dichotom gegabelt (s. Bild 2.74/2)

   *Phyllograptus:* 4 in der Längsachse verwachsene Äste (quadriserial); blattförmige Rhabdosome; Theken einseitig

   *Didymograptus:* bilateral-symmetrische Rhabdosome; 2 uniseriale Hauptzweige im Winkel divergierend ($< 180°$) (s. Bild 2.74/3)

   *Pleurograptus:* $\pm$ gebogene Hauptzweige d. Rhabdosoms, zahlreiche einfache bzw. verzweigte Seitenäste auf einer oder beiden Seiten unregelmäßig (s. Bild 2.74/4)

   *Dicellograptus:* bilateral-symmetrische Rhabdosome; 2 uniseriale gerade oder gekrümmte nach oben gerichtete Zweige; Theken röhrenförmig sigmoidal gekrümmt; Winkel $> 180°$; (s. Bild 2.74/7)

b) Gattungen **mit** Achsenfäden:

   *Diplograptus:* biseriales Rhabdosom; Theken röhrenförmig, gerade oder verschieden stark sigmoidal gekrümmt, Seitenränder sägezahnähnlich

   *Climacograptus:* wie der vorige; Seitenränder mit alternierenden Einschnitten (s. Bild 2.74/6)

*Retiolites:* (s. Tafel 35, Bild 57) zwei gerade uniseriale Zweige; Periderm weitgehend abgebaut zu Clathria (dünne Chitinstäbe), Reticula (feines Maschennetz) und Lacinia (chitiniges Netzwerk zwischen dornenartigen Vorragungen)
*(Retiolites geinitzianus);* Theken viereckig

*Monograptus:* Rhabdosom uniserial, gerade oder gekrümmt; Theken immer in einer Reihe längs der Virgula (s. Tafel 34, Bild 56)

*Rastrites:* gekrümmtes, hakenartiges Rhabdosom; lange, getrennt stehende Theken, mit hakenförmiger Mündung

*Cyrtograptus:* ± eingerolltes Rhabdosom, gebogen; Nebenzweige mit Verzweigungen

*Linograptus:* Rhabdosom 3 bis 6 uniseriale, einfache Zweige von einem Punkt (?Sicula) ausgehend

*Abiesgraptus:* speziell Thüringen (Obersilur – Ob. Ludlow)
zwei gerade oder gekrümmte Hauptzweige des bilateral-symmetrischen Rhabdosoms; davon ausgehend zahlreiche paarige Seitenzweige (tannenzweig-ähnlich); Theken alle gleichartig

Zwei Gesteine, die besonders das Interesse des Geschiebesammlers verdienen (Küstenbereich), sind das silurische, grünlichgraue Graptolithengestein mit ellipsoiden Kalkkonkretionen (Basis Wenlock – Unterludow, Zone 26 bis 36) (Vorkommen: Schonen/Schweden), Bornholm/Dänemark) und der dichte, helle, mitunter rotgefleckte, muschelig brechende Ostseekalk des höheren Ordoviziums (Caradoc) (z. B. *Diplograptus gracilis* u. a.). Hierin treten, beim Anschlagen auffallend und sehr zahlreich, die schwarzen, körperlich noch in Chitinerhaltung überlieferten Graptolithen auf (s. Farbtafel VI, Bild 9). Sie lassen sich durch Säurebehandlung auch gut herauslösen und -präparieren. Besonders häufig sind in den silurischen Geschieben *Monograptus*-Arten: *Monograptus bohemicus, M. chimaera, M. colonus, M. dubius frequens, M. nilssoni, M. scanicus, M. unicatus.*

Seltener sind die silurischen *Rastrites-* und *Colonus-*Schiefer, benannt nach ihren Leitgraptolithen.

Graptolithenführende Gesteine des Ordoviziums sind ferner: Dictyonemaschiefer (Tremadoc) mit der Leitform *Dictyonema sociale* (= *D. flabelliforme* var. *conferta).* Diese Geschiebe sind selten. Auf den Schichtflächen der z. T. hell gebleichten Schiefer fallen aber die dunklen, netzförmigen Graptolithen besonders gut auf.

Die »Graptolithenschieferfazies« des Ordoviziums wird vertreten durch Geschiebe der *Didymograptus-* (Arenig, Llanvirn) und der *Dicellograptus-*Schiefer (Llandeilo, Caradoc, Ashgill). Auf den dunklen, leicht zerfallenden Schieferresten finden sich die Gattungen: *Didymograptus, Glyptograptus, Diplograptus, Climacograptus, Dicranograptus* und andere Formen.

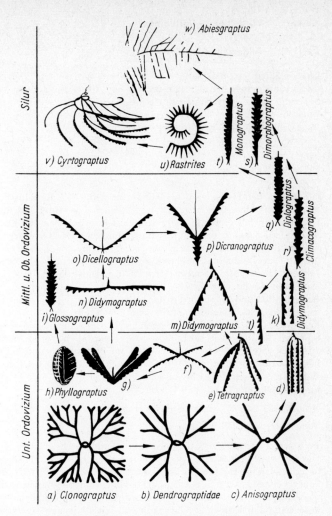

Bild 2.75. Schematische Darstellung der Entwicklung der Graptolithen. Sie zeigt die entwicklungsgeschichtlichen Veränderungen der Zahl und Anordnung der einzelnen Äste, die das Rhabdosom (Kolonie) aufbauen (nach A. G. FISCHER und A. H. MÜLLER)

## 2.2.11. Wirbeltiere – Vertebrata

### 2.2.11.1. Allgemeines

Da der Sammler im wesentlichen Wirbellose auf seinen Exkursionen finden und bergen wird, sollen im Rahmen dieses Buches die Wirbeltiere nur ganz kurz abgehandelt werden. Innerhalb der einzelnen Klassen werden die Wirbeltierreste in der chronologischen Reihenfolge ihres erdgeschichtlichen Auftretens dargestellt (s. Tafel 35, Bild 58).

### 2.2.11.2. Fische (Pisces)

Die Klasse der Fische wird im Paläozoikum durch Knorpelfische und Selachii vertreten. Ihre heutigen Vertreter sind die Haie und Rochen. Das Innenskelett dieser Fische besteht aus Knorpel. Von den Knorpelfischen findet man hauptsächlich: Hautzähnchen oder Placoidschuppen, vielgestaltige Zähne und Flossenstacheln. Nur der Kupferschieferhorizont des Zechsteins hat auch vollständige Körper geliefert, z. B. *Janassa bituminosa*, *Menaspis armata* u. a. Diese Funde sind jedoch nicht sehr häufig.

Bedeutende Fundstellen an Fischen liegen in Thüringen. In der unterrotliegenden Goldlauterer Stufe sind solch ein Fischhorizont, die *Acanthodes*-Schichten, Ablagerungen eines stehenden Gewässers, die reich an Fossilfunden sind. Klassische Fundstellen der *Acanthodes*-Schichten (Schieferablagerungen) lagen im Pochwerksgrund bei Goldlauter, an der Schmücke und im Steinbruch am Gottlob bei Friedrichroda. Hier traten in schwarzen Schiefern hauptsächlich drei Arten von Fischen mit einem blutroten Eisenüberzug auf:

*Acanthodes bronni* und *Acanthodes gracilis* sowie

*Xenacanthus decheni* (Süßwasserhai).

Insgesamt wurden sieben Arten gefunden und beschrieben.

Die Skelette (2 bis 50 cm groß, meist 18 bis 26 cm) sind z. T. stark zerfallen, und ihre Deutung ist schwierig. Oft sind nur die Wirbelsäule, Spuren der Flossen und Stacheln erkennbar. Daneben finden sich vielgestaltig Fischkoprolithen mit verschiedenen Mineralien ausgefüllt.

Die Zähne der Haifische bilden dann erst wieder in den Tertiärschichten, besonders im Oligozän und Miozän, ein bedeutendes Sammelobjekt. Hier sind die Haifischzähne in den sandigen Horizonten (oligozäner Meeressand) der Braunkohlentagebaue und in den Sand- und Kiesgruben oft massenweise zu finden, z. B. Weißelsterbecken, Mainzer Becken und Hessische Senke. Von den Bergarbeitern werden sie als »Vogelzungen« bezeichnet. Fünf Gattungen sind zu nennen (s. Bild 2.76).

*Hexanchus* (Syn. *Notidamus*): Grauhaie; mehrzackige Zähne auf breitem Zahnsockel *(N. primigenius)*

*Hemipristis*: Glatthaie oder Menschenhaie; mäßig große Zähne, gedrungener Bau, hohl, sehr breit, seitlich sägeblattartig grob gezähnelt

*Squatina* (Syn. *Aprion*): kleine spitzige gerade Zähne mit scharfen Rändern, großer Zahnsockel

*Isurus* (Syn. *Lamna*): Riesenhaie; schlanke, kräftige, stark zugespitzte Zähne, oft mit Nebenspitzen; Basis des Zahnes in 2 Wurzeln auslaufend; Spitze oft zungenartig geschweift

*Carcharodon*: bis 10 cm lange Zähne, flach dreieckig, gezähnelte Kanten (s. Tafel 1, Bild 1)

Ältere Knochenfische (Osteichthyes) enthält vor allem der Kupferschiefer des Zechsteins. Hier treten Ganoiden oder Schmelzschupper mit glänzenden rhombischen Knochenschuppen und heterozerker, asymmetrischer (ungleichschwänzig) Schwanzflosse (mit einem längeren und kräftigeren oberen Flossenteil) sehr zahlreich in Erscheinung.

In den Hauptverbreitungsgebieten des Kupferschiefers (Mansfelder und Sangerhäuser Mulde, Thüringen, Richelsdorfer Gebirge/Hessen) findet man noch heute auf den kleineren Halden des 12. bis 18. Jahrhunderts im Bereich des Ausgehenden der Mulden am Rande der

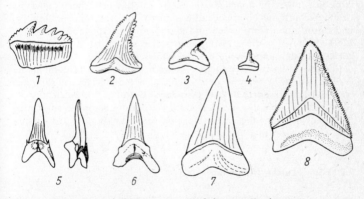

Bild 2.76. Verschiedene Zahnformen tertiärer Haifische, sog. »Vogelzungen«

*1 Hexanchus* (Syn. *Notidamus*) *primigenius*, Oligozän; *2 Hemipristis serra*, Mittl. Miozän; *3 Galeus* (Syn. *Galeocerdo*) *latidens*, Miozän; *4 Squatina* (Syn. *Aprion*) *stellatus*, Oligozän; *5 Isurus contordidens*, Oligozän, bis 2,5 cm lang; *6 Isurus crassidens*, Oligozän, bis 2,5 cm lang; *7 Isurus* (Syn. *Oxyrhina*) *hastalis*, Oligozän; *8 Carcharodon megalodon*, Oligozän, 7–10 cm lang (zusammengestellt nach FRAAS und A. H. MÜLLER)

Bergbaureviere sehr schöne, meist gekrümmt erhaltene Exemplare des sogenannten »Kupferschieferherings«. Es ist der in zahlreichen Sammlungen vertretene *Palaeoniscus freieslebeni* und weitere Arten dieser Gattung. Oft hat er metallisch glänzende Schuppen (vererzt) und hebt sich daher gut vom schwarzgrauen Schiefer ab. Jedoch sind alle Funde meist stark verdrückt. Eine besondere Form davon sind die »Ilmenauer Schwielen«: Fundort – Sturmheide bei Ilmenau/Thür. ehemaliger Johannes-Schacht bei Ilmenau/Thür., Roda, Elgersburg. Es sind bituminöse, flach gedrückte Kalkkonkretionen im Inneren mit Fischen, aber auch Koniferen (sog. »Ilmenauer Kornähren«).

Ein weiterer Schmelzschupper, oft nur in Bruchstücken anzutreffen, ist *Platysomus gibbosus*. Er hat einen hohen, karpfenförmigen Körper, stumpfe Zähne, eine lange Rückenflosse und kleine oder gar keine Bauchflossen. Weitere Fischformen des Kupferschiefers kann der Interessierte in Museen oder Sammlungen betrachten. Die bekannteste und eine der größten Kupferschiefersammlungen ist die Spezialsammlung J. WEIGELTs im Geiseltalmuseum in Halle.

Ein Schmelzschupper der Oberen Trias (Mittlerer Keuper, sog. Steinmergelkeuper) soll noch genannt werden. Es ist *Semionotus bergeri*, der sich im sog. *Semionotus*-Sandstein (1 bis 8 m), einem feinkörnigen, kaolinitischen weißen Sandstein, in Linsen eingelagert, findet. An der Wachsenburg in Thüringen oder im Abtragungsschutt auf dem Höhenzug nordwestlich von Erfurt zwischen Kühnhausen und Witterda findet man gelegentlich Fischschuppen von ihm zusammen mit anderen Schmelzschuppern *(Saurichthys, Gyrolepis)* und Haien *(Acrodus, Hybodus)*. Sie treten in Bonebeds (engl. = Knochenbett; geringmächtige Gesteinsschicht aus überwiegend Knochentrümmern, Zähnen, Schuppen und Koprolithen von Fischen und Reptilien) des Rhäts auf.

Als bedeutende tertiäre Fischfaunen sollen schließlich die des Mitteleozäns aus der Braunkohle des Geiseltales (Umbridae – Hecht, Thaumaturidae – Lachs, Serranidae – Barsch, Amiidae – Schlammfische) (s. Tafel 36; Bild 59) und dem ehemaligen Polierschiefervorkommen von Seifhennersdorf/OL. (Cyprinidae: Gattung *Varhostichthys* – Karpfenfische) genannt werden. Doch ist hier ein Sammeln nicht möglich. Dem Studium dieser Fischformen sollte ein Besuch der entsprechenden Museen in Halle und Dresden dienen.

### 2.2.11.3. Lurche (Amphibia)

Zum Studium der Amphibien müssen Interessierte ein Museum oder eine wissenschaftliche Sammlung besuchen. Es soll nachfolgend auf einiges bedeutendes Fundmaterial der DDR hingewiesen werden.

Die ältesten Lurchfunde in der DDR traten im Rotliegenden auf. Der häufigste Vertreter ist hier *Branchiosaurus amblystomus*, ein Panzerlurch oder Dachschädler (Stegocephale). Abdrücke seines zarten Knochenskeletts und der Körperumrisse fanden sich in Thüringen bei Oberhof, Finsterbergen und besonders bei Friedrichroda. Reste von *Archegosaurus decheni,* mit seitlich zusammengedrücktem Schwanz und langer schmalen Schnauze, traten bei Manebach und dem Gottlobsteinbruch bei Friedrichroda sowie dem Hoimigtal bei Breitenbach auf.

Der Mittlere Buntsandstein bei Bernburg/Saale hat eine bedeutende Fauna von Labyrinthodonten mit *Mastodonsaurus, Trematosaurus* und *Capitosaurus* (Schädelfunde) geliefert. Das Originalmaterial liegt heute im Geiseltalmuseum Halle. Vereinzelte Panzerlurchfunde wurden auch im Buntsandstein von Kahla/Thür. gemacht *(Trematosaurus fuchsi).*

Überreste von Fröschen aus paläogenen und neogenen Tertiärablagerungen fanden sich besonders gut erhalten, sogar mit Weichteilen, im Geiseltal (Mitteleozän) und in Seifhennersdorf/OL. (Untermiozän) (s. Tafel 36, Bild 61).

Relativ häufig sind Spurenfossilien von Amphibien und Reptilien. Sie sind jedoch in Form und Gestalt sowie Erhaltung so mannigfaltig, daß sie hier nicht abgehandelt werden können. Interessenten erhalten darüber eine umfassende Übersicht bei HAUBOLD 1974.

## 2.2.11.4. Kriechtiere (Reptilia)

Reptilfunde sind große Seltenheiten. Handelt es sich wirklich um größere Stücke, so erfordern diese eine sorgfältige Präparation. Man sollte sie einer wissenschaftlichen Institution zur Bearbeitung und zur Aufbewahrung überlassen (s. Tafel 36, Bild 60 u. Tafel 37, Bild 62).

Reptilreste kann man mit Glück und bei längerem Suchen vor allem in Aufschlüssen der Trias finden. Es sind dies Nothosaurier und Placodontier.

*Nothosaurus* (Nothosaurier)

— meeresbewohnendes Reptil (Sauropterygier)
— Fundobjekte im Muschelkalk Thüringens
— Zähne: etwas geschweift, spitz, schlank, kräftig, längsgerieft
— Wirbelkörper: flache Gelenkflächen mit stundenglasähnlicher Längsfurche

Zwei ± vollständige Skelette aus dem Unteren Muschelkalk von Rüdersdorf bei Berlin befinden sich im Paläontologischen Museum des Museums für Naturkunde in Berlin.

*Placodus* (Placodontier) »Pflasterzahnsaurier«

— große, mit glänzendem schwarzem Schmelz bedeckte, bohnenförmige Zahnplatten, flach bis halbkugelig
— Fundobjekte: im Unteren Muschelkalk Thüringens *(Placodus gigas)*

Abschließend soll noch ein Fundkomplex (s. Tafel 38, Bild 63) von sechs zusammengeschwemmten Landsauriern der Art *Haptodus saxonicus* (Pelycosaurier) aus dem Dach des Hauptsteinkohlenflözes im Unterrotliegenden des ehem. Steinkohlenschachtes »Carola« in Freital bei Dresden genannt werden, der höchsten Seltenheitswert besitzt. Er befindet sich im Staatlichen Museum für Mineralogie und Geologie zu Dresden.

Da Saurierfunde in der DDR selten sind, soll hier auf die beiden Saurier von Halberstadt hingewiesen werden, deren Skelette im Museum »Heineanum« in Halberstadt aufgestellt sind. Diese Saurier wurden 1899 von einem Apotheker in Schichten des Keupers am Kanonenberg und des Unteren Lias, ebenfalls am Kanonenberg bei Halberstadt im Harzvorland gefunden. Es sind zwei vollständige Skelette von:

*Plateosaurus quenstedti*, ein Dinosaurier (Schreckechse) und
*Eurycleidus* cf. *megacephalus*, ein Plesiosaurier (Schlangenhalssaurier) (s. Tafel 38, Bild 64 und Tafel 39, Bild 65).

Die Halberstädter Saurier sind primitive und alte Stammformen der Saurier und daher von besonderem paläontologischem Interesse in Hinblick auf die Evolution.

### 2.2.11.5. Säugetiere (Mammalia)

Die Mammalia oder Säugetiere sind die Tierklasse, die in erster Linie den Zeitabschnitt des Neozoikums (Tertiär, Quartär) faunistisch charakterisiert. Die rasche und manchmal »explosionsartige« Entfaltung einzelner Familien ist typisch für die letzten 70 Millionen Jahre erdgeschichtlicher Lebensentwicklung.

Das Sammeln von Säugetierresten setzt viel Sachkenntnisse voraus, da man es bei ihnen nur selten mit vollständigen Skeletten, sondern hauptsächlich mit Skelettbruchstücken zu tun hat. Man findet meist nur einzelne Skelettelemente, wie Gebisse, Zähne, Hörner, Geweihe, Schulterblätter, Extremitäten, Schädelteile, Wirbel, Rippen. Oft ist es nötig, nach der Freilegung spezielle Präparationsmethoden (vgl. Abschn. 1.4.) anzuwenden, um einen schnellen Zerfall der leicht austrocknenden Knochensubstanz zu vermeiden.

Da es sich bei Säugern um wissenschaftlich äußerst wichtiges Fossilmaterial, vor allem als Grundlage für die Evolutionsforschung, handelt, sollte der Finder derartiger Reste umgehend den Fachmann orientieren und konsultieren, der ausreichende Mittel, Material und Fachkenntnisse für eine notwendige richtige Bergung und Erhaltung dieser Fossilreste besitzt.

Zum Bestimmen von Säugetierresten sind fundierte und möglichst vielseitige Kenntnisse der Anatomie des Skelettes und zoologischer Systematik vonnöten sowie nach Möglichkeit eine geordnete Vergleichssammlung rezenten und fossilen Mammaliermaterials von vielen

Fundorten (möglichst weltweit). Doch stellen gerade diese Vergleichsuntersuchungen und die dabei notwendigen biometrischen Vermessungsarbeiten, an denen sich auch der schon einige Kenntnisse besitzende Fossilliebhaber und Laiensammler beteiligen sollte, eine interessante und lehrreiche Tätigkeit dar, tiefer in die Paläontologie einzudringen. Ein intensives Studium des Buches über pleistozäne Säugetiere von TOEPFER 1963 ist eine gute Vorbereitung für solche Tätigkeit.

Die Vorkommen von Säugetieren im Tertiär der DDR sind sehr selten. Es kommen hier nur zwei »Fossillagerstätten« in Betracht: die Karstspaltenfüllungen in der Trias des Allertalgrabens und der Weferlinger Triasplatte mit paläozänen Säugetieren bei Walbeck, Bezirk Magdeburg, und die mitteleozäne Braunkohle des Geiseltales bei Merseburg und seine Säugerfauna (s. KRUMBIEGEL 1959, 1970; MATTHES 1970) (s. Tafel 40, Bild 66).

Das Material aus beiden Fundstellen wurde in jahrelangen systematischen und quantitativen Fossilausgrabungen geborgen, präpariert, magaziniert und wissenschaftlich nach vielseitigsten modernen Methoden der Biostratonomie bearbeitet. Die quantitative Magazinierung des ausgegrabenen Fossilmaterials in der Geiseltalsammlung des Geiseltalmuseums (s. Tafel 18, Bild 30) sicherte der Paläontologie einen Fundus bedeutendsten Fossilmaterials für die Evolutionsforschung, Biostratigraphie, Biostratonomie und Palökologie bzw. Paläobiologie (s. Abschn. 1.6., Bild 1.20 der Beilage) (vgl. KRUMBIEGEL 1975).

Als besondere tertiäre Säuger sind hier die Meer- oder Seekühe (Sirenia oder Sirenen) zu ergänzen. In den Tagebauen des Weißelsterbeckens südlich Leipzig wurden bereits mehrfach Reste dieses durch sekundäre Anpassung an das Wasserleben gekennzeichneten Rüsseltieres (torpedo- bis walzenförmige Gestalt, paddelartige Vorderextremitäten, flossenartig verbreiterter Schwanz) gefunden. Die Tiere lebten an Flußmündungen und in Küstengebieten. Es finden sich hauptsächlich bis 35 cm lange, fingerstarke, eigenartig verdickte (Pachyostose) Rippenbruchstücke (zwecks Erhöhung der Stabilität beim Schwimmen), Wirbelreste und seltener Schädelteile. Sie gehören meist der Gattung *Halitherium* an. In den Tagebauen Profen bei Zeitz (1971) und Böhlen-Espenhain (1956) bei Leipzig sind die bisher besten Funde gemacht worden. Hier treten sie in der Grauen Folge innerhalb des marinlitoralen Mitteloligozäns (mitteloligozäner Meeressand) auf. Der vollständigste Fund (Böhlen) liegt im Naturkundlichen Museum in Leipzig, ein weiterer aus Profen im Geiseltalmuseum in Halle.

Die Säugetierfunde des Pleistozäns, der Eiszeit, sind umfangreicher, jedoch nicht immer besonders gut erhalten. In den pleistozänen Horizonten gibt es gerade in den mittleren und nördlichen Teilen der DDR (z. B. Pisede, Krs. Malchin; s. Tafel 8, Bild 11) zahlreiche Fundstellen, die Säugetiermaterial in mannigfaltigsten Formen enthalten. An erster Stelle sind die Kies- und Sandgruben in den fluvioglazialen Sedimenten der Schotterterrassen zu nennen, aus denen mehrfach neben Einzelknochen auch vollständige Skelette geborgen wurden. Hier sind zu erwähnen die Mammutfunde von Pfännerhall im Geiseltal, Rötha bei Leipzig, Sangerhausen, Süßenborn bei Weimar, Voigtstedt-Edersleben u. a. (s. Tafel 40, Bild 67 u. Tafel 41, Bild 68). Doch auch die Quelltuffbildungen (z. B. Taubach-Ehringsdorf, Bilzingsleben: erster Fund von *Homo erectus* auf dem Gebiet der DDR, u. a.) und Torfablagerungen lieferten bedeutendes Fundmaterial von Säugetieren. Die Fundstellen pleistozänen Säugermaterials enthalten daneben auch ausgezeichnet erhaltenes Pflanzenmaterial mit hoher palökologischer Aussagekraft für die jüngere Florenentwicklung der Erdgeschichte. Nicht zuletzt sollen hier die wichtigen Höhlenfunde erwähnt werden, z. B. Rübeland, Orlamünde u. a.

## 2.3. Fossile Pflanzen

Die pflanzlichen Fossilien werden allgemein nicht so reichlich und häufig gefunden wie einige tierische Gruppen (z. B. Mollusken). Hauptsächlich kommen Pflanzenfossilien als Organe der ehemaligen Pflanze (Blätter, Früchte, Samen, Sporen, Pollen, Sproßteile und Hölzer) in sehr unterschiedlichem Erhaltungszustand vor. Um ein Bild von den vorzeitlichen Pflanzen erhalten zu können, ist man auf Rekonstruktionen angewiesen (s. Abschn. 1.6.1.). Das trifft besonders für die paläophytischen und mesophytischen Pflanzen zu, während sich die neophytischen Pflanzen mit den rezenten vergleichen und wie diese in den meisten Fällen in das natürliche System der Pflanzen einordnen lassen. Aus diesem Grunde erscheint es übersichtlicher, die fossilen Pflanzen nicht ausschließlich nach systematischen (was bei den palaeophytischen Pflanzen äußerst problematisch ist), sondern sie nach paläobiologischen Gesichtspunkten zu betrachten. In diesem Zusammenhang sei weiterführend auf MÄGDEFRAU 1968 und GOTHAN und WEYLAND 1973 verwiesen.

### 2.3.1. Die ersten Spuren der Pflanzen

Die Großgliederung der Erdgeschichte in die Ären Präkambrium, Paläozoikum, Mesozoikum und Känozoikum wurde nach der Tierwelt vorgenommen, obwohl die Entwicklung des Pflanzenreiches der des Tierreiches immer um einen Schritt voraus gewesen ist. Die Grenzen von Paläo-, Meso- und Känozoikum sind dort gezogen worden, wo besonders große Veränderungen in der Tierwelt erkennbar sind. Gliedert man hingegen nach der Pflanzenwelt, unter der Beachtung gleichwertiger großer Veränderungen, dann liegen die Grenzen etwas anders. So reicht das Paläophytikum (»Altpflanzenzeit«) vom Silur bis ins untere Perm, das Mesophytikum (»Mittelpflanzenzeit«) vom oberen Perm bis zur unteren Kreide und das Neo- oder Känophytikum (»Neupflanzenzeit«) von der oberen Kreide bis in die Jetztzeit. Die Frage nach der Ursache des Vorauseilens der Pflanzenentwicklung läßt sich so beantworten: Die Lebenstätigkeit der Pflanzen schafft die Grundlage für die Entwicklung der Tiere. Der überwiegende Teil der Pflanzen besitzt die Fähigkeit zur Assimilation, d. h. zum Aufbau körpereigener organischer Substanz aus einfachen anorganischen Verbindungen (Wasser, Kohlendioxid und stickstoffhaltige Verbindungen) unter Zuhilfenahme von Sonnenenergie (Photosynthese) oder der aus anorganisch-chemischen Umsetzungen gewonnenen Energie (Chemosynthese). Diese Ernährungsweise wird als Autotrophie bezeichnet. Die Tiere und die meisten nichtgrünen Pflanzen (z. B. zahlreiche Bakterien, Pilze) ernähren sich durch Heterotrophie, eine Ernährungsweise, die auf Zufuhr organischer Substanz angewiesen ist.

Die bisher ältesten Zeugnisse organischen Lebens und damit gleichzeitig die ältesten Spuren pflanzlichen Lebens stammen aus der etwa 3,2 Milliarden Jahre alten »Fig-Tree-Serie« im östlichen Transvaal (Südafrika). Von den amerikanischen Wissenschaftlern E. S. BARGHOORN und I. M. SCHOPF konnten 1966 in dunklen hornsteinartigen Sedimenten mit Hilfe der Elektronenmikroskopie zahlreiche Mikroorganismen nachgewiesen werden. Neben stäbchenförmigen bakterienartigen Gebilden von 0,5 $\mu$m Länge (1 $\mu$m = $^{1}/_{1\,000}$ mm), die mit dem Gattungsnamen *Eobacterium* belegt wurden, fand man 10 bis 40 $\mu$m große organische Gebilde, die morphologisch den Kugelalgen ähneln. Die biologisch-organische Natur dieser Fossilien konnte durch die auf biologischem Wege gebildeten Paraffine und die komplizierten Kohlenwasserstoffe Pristan und Pytan nachgewiesen werden. Letztere entstehen in Böden und Gesteinen aus der Zersetzung von Blattgrün (Chlorophyll). Zweifel, inwieweit diese Reste als ehemalige Lebewesen angesprochen werden können, sind verschiedentlich geäußert worden. Dennoch sind die Resultate derartiger Untersuchungen von größter Bedeutung, da neben dem Nachweis von Fossilien nach der klassischen Methode (morphologisch-anatomischer Nachweis) die biologisch-organische Natur dieser Reste durch Chemofossilien (biochemischer Nachweis) bekräftigt werden kann.

In Südrhodesien (Bulawayo-Kalkstein) konnten vielzellige, fädige Algengebilde in den ältesten Stromatolithenriffen der Erde nachgewiesen werden. Ihr Alter beträgt nach radiometrischen Messungen 2,7 Milliarden Jahre. Stromatolithe (s. Tafel 42, Bild 69) sind knollige oder schalige Kalkniederschläge, die unter der Mitwirkung von Cyanophyceen (Blaualgen) entstanden sind, indem die flächenhaft wachsenden Algen aus dem Wasser Kalk fällen. Die dünnen Kalklagen bilden den Rhythmus ihres Wachstums ab. Sie kommen riffbildend besonders im Präkambrium vor, sind aber auch im Paläozoikum verbreitet. Im jüngeren Präkambrium eignen sich diese Algenkalke zur Schichtenparallelisierung (Leitfossil) über weite Regionen. Auch heute entstehen noch durch die Vergesellschaftung von Blaualgen und Bakterien derartige Gebilde.

Im nördlichen Minnesota (USA) fand man in einer sedimentären Gesteinslinse (Soudan Iron-Formation), deren Alter mit 2,7 Milliarden Jahre angegeben wird, inkohlte organische Strukturen, die als Bakterien und Blaualgen mit Hilfe organisch-geochemischer Untersuchungen bestimmt wurden.

In den 1,6 bis 1,9 Milliarden Jahre alten hornsteinartigen Gesteinen der Gunflint Iron-Formation nahe der kanadisch-amerikanischen Grenze am Oberen See konnten die amerikanischen Wissenschaftler S. A. TYLER und E. S. BARGHOORN im letzten Jahrzehnt zahllose morphologisch gut erhaltene Mikrofossilien beobachten. Sie werden mit einzelligen Algen und kugeligen Zellkolonien verglichen und zeigen Analogien zu den rezenten Blaualgen. Die in dem gleichen Material gefundenen Eisenbakterien lassen sich mit heute lebenden Gattungen vergleichen. Wiederum konnten auch hier die typischen Chemofossilien nachgewiesen werden.

Dem Paläontologen H. D. PFLUG (BRD) gelang es 1965 bis 1968 mit Hilfe eines speziellen Untersuchungsverfahrens (elektrostatisches Sichtungsverfahren), pflanzliche Fossilien aus Sedimentgesteinen der etwa 1,2 Milliarden Jahre alten Belt-Serie Nordamerikas zu isolieren. Neben fadenförmigen Algen *(Fibularix)* kommen verzweigte Formen und

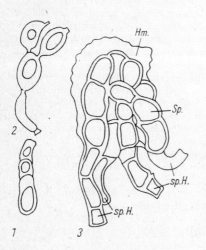

Bild 2.77. Pflanzenreste aus dem Präkambrium der Belt-Serie (USA)

1 Alge *(Fibularix sp.)*, Zellfaden;
2 *Fibularix*, verzweigte Zellketten;
3 Pilzreste *(Tormentella tubiformis)*, sp. H. = sporenbildende Hyphen, Sp. = zu Sporen umgebildete Hyphenzellen, Hm. = Hüllmembran
Vergr. etwa 3 000 ×
(nach PFLUG)

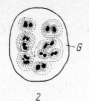

Bild 2.78. Blaualgen (Cyanophyceae) aus dem Ordovizium der Estnischen SSR, Vergrößerung etwa 600 ×

1 *Gloecapsomorpha prisca* (nach MÄGDEFRAU), 2 Rezente *Gloecapsa*, G = Gallerthülle

cystenähnliche Ausbildungen vor. Weiterhin gelang es, Pilzreste und koloniebildende Cyanophyceen-Formen sowie Flagellaten (Geißelalgen) nachzuweisen (s. Bild 2.77). Ähnliche Organismen konnten auch in präkambrischen Sedimentgesteinen Europas, Australiens und Asiens gefunden werden.

Aus dem Kuckersit, einem Ölschiefer aus dem nordbaltischen Ordovizium (Estnische SSR), wurden mikroskopisch kleine Algen isoliert, die mit rezenten Blaualgen der Gattung *Gloeocapsa* verglichen und als *Gloeocapsomorpha prisca* bezeichnet werden. Die 10 bis 100 µm großen Einzeller enthalten im Inneren einen dunklen Körper, den ursprünglichen Zellinhalt. Die mächtige Umhüllung ist auf eine Gallerthülle zurückzuführen. In jüngster Zeit wird allerdings vermutet, daß es sich bei diesen Gebilden um Grünalgen handeln könnte (s. Bild 2.78). Die ersten pflanzlichen Lebewesen waren Prokaryoten, einzellige Pflanzen, die keinen echten von einer Membran umgebenen Zellkern besaßen. Die niedrigste Stufe der Organisation im Pflanzensystem stellen die Schizophyta (Spaltpflanzen) dar, zu denen die Schizomycetes (Bakterien) und Cyanophyceen (Blaualgen) gehören. Während die Bakterien sich teilweise autotroph, teils heterotroph ernähren, sind die Blaualgen vorwiegend autotroph und betreiben eine Photosynthese, bei der molekularer Sauerstoff freigesetzt wird. Nach den vorgenannten Fossilbelegen setzt demnach die Photosynthese mit dem Auftreten der ersten cyanophyceen-artigen Fossilreste ein. Als eine weitere Organisationshöhe kann das Vorkommen der ersten einfachsten Zellverbände (Zellkolonien) angesehen werden, wie sie z. B. aus den Stromatolithenriffen Südrhodesiens bekannt sind. Mit dem Auftreten der ersten einzelligen planktonisch (im Wasser frei schwebend) lebenden Eukaryta (Pflanzen, die einen echten von einer Membran umgebenen Zellkern besitzen) in etwa 1,2 Milliarden Jahre alten Gesteinen Nordamerikas wurde die Möglichkeit zur arten- und individuenreichen Entwicklung der Phycophyta (Algen) gegeben.

Wenn auch der Nachweis erster Pflanzenspuren bis jetzt äußerst lückenhaft ist und manche Bestimmungen in Zweifel zu setzen sind, so besteht doch die berechtigte Hoffnung, die Geschichte des Lebens zumindestens bis zu 3 Milliarden Jahre zurück einigermaßen gut belegen zu können, zumal diese Untersuchungen erst in ihrem Anfangsstadium stehen.

### 2.3.2. Die Pflanzen des Devons

Die eigentliche Geschichte der Pflanzenwelt beginnt mit den ersten nachweisbaren Landpflanzen, die an der Grenze Silur/Devon auftreten. Bereits 1859 entdeckte der amerikanische Forscher J. W. DAWSON merkwürdige Pflanzen in altpaläozoischen Schichten im östlichen Kanada. Die Pflanzen bestanden aus einfach dichotom (gabelig) verzweigten Sprossen, die an ihren Enden etwas länglich zugespitzte Sporangien trugen. Blattartige Gebilde fehlten völlig. Deshalb gab ihr DAWSON den Gattungsnamen *Psilophyton* (Nacktpflanze) (s. Tafel 42, Bild 70). Obwohl diese Entdeckung anfangs eine Sensation darstellte, blieb die eigentlich zu erwartende Anerkennung dieser Funde durch seine Zeitgenossen aus. DAWSON waren einige Irrtümer unterlaufen, z. B. gehörten diese Fundschichten nicht ins Silur, sondern ins unterste Devon. So wurde schließlich die Existenz dieser wichtigen pflanzlichen Fossilfunde ignoriert, bzw. man hielt die pflanzlichen Reste für Monstrositäten.

In der nachfolgenden Zeit schenkte man den devonischen Pflanzenresten wenig Beachtung, oder aber sie wurden völlig falsch als Algen bestimmt. Eine Wende trat erst viel später auf. Nahe dem Dorf Rhynie in Aberdeenshire (Schottland) wurde ein fossilführender, durch kieselsäurehaltige Wässer versteinerter Moorboden (Rhyniechert) entdeckt. Dieser noch teilweise opalisierende Hornstein aus dem unteren Mitteldevon enthält Pflanzenreste, die auf Grund der einmaligen Konservierung (Intuskrustation) alle morphologischen und anatomischen Einzelheiten erkennen lassen. Durch die Forschungsarbeiten der britischen Paläobotaniker R. KIDSTON (1892 bis 1924) und W. H. LANG (1874 bis 1960) in den Jahren 1917 bis 1921 konnten die ersten Ergebnisse über die sehr einfach gebauten Urlandpflanzen, die von den Entdeckern *Rhynia* genannt wurden, gegeben werden (s. Bild 2.79).

Obwohl *Rhynia* nicht die älteste Landpflanze darstellt, so gilt sie immer wieder mit vollem Recht als Muster einer einfachen Landpflanze. Die nur wenige Dezimeter hohen Gewächse von *Rhynia major* besaßen noch keine blattartigen Assimilationsorgane. An den Enden der gabelig verzweigten Sproßachsen saßen die Sporangien. Die stielrunden Achsen entsprangen kriechenden Sprossen (Rhizomen), an denen wurzelartige feine Gebilde, die Rhizoide, ansaßen. Wie die Algen assimilierte *Rhynia* mit dem gesamten Pflanzenkörper. Daß es sich dabei um eine echte Sproßpflanze handelt, zeigten die Ergebnisse der anatomischen Untersuchungen mittels Dünnschliffen. Im Zentrum der runden Achsen fand man einen Strang wasserleitender Tracheiden, die von einem zartlumigen Gewebe, dem Vorläufer des saftleitenden Phloëms, umgeben waren (s. Tafel 43, Bild 71, Tafel 44, Bild 72). Es handelt sich also um ein einfaches zentrales Leitbündel, das nur bei Sproßpflanzen auftreten kann. Die aus parenchymatischen Zellen bestehende Rinde wird von einer Epidermis mit vereinzelten, einfach gebauten Spaltöffnungen abgeschlossen. Diese völlig neuen Merkmale, zentrales Leitbündel und spaltöffnungsführende Epidermis, sind die Grundvoraussetzungen für ein Leben der Pflanzen auf dem Festland. Die Sporen sind widerstandsfähig und gleichsporig (isospor). Biochemische »Neuerwerbungen« sind das die Epidermis nach außen abschließende Kutin und das Lignin in den Wänden der stützenden Zellen. Gegenüber den Algen besteht eine wesentlich höhere Organisationsstufe bei diesen Urlandpflanzen.

Wasserpflanzen leben unter viel günstigeren Bedingungen als Landpflanzen. Alle zum Stoffwechsel nötigen Substanzen sind im Wasser enthalten (Kohlendioxid, Sauerstoff, Nährsalze). Auch ist die Temperatur im Wasser viel ausgeglichener als auf der Landoberfläche. Daher findet man bei den ursprünglichen Wasserpflanzen, den Algen, keinen Verdunstungsschutz, kaum entwickelte Festigungssysteme und auch keine Leitbündel zum Transport von Wasser und Nährstoffen, die bei

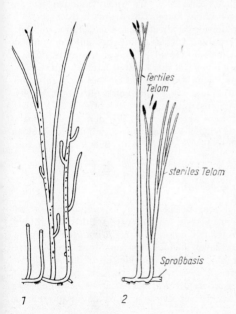

Bild 2.79. *Rhynia* aus dem Mitteldevon Schottlands (Rhynie)
1 *Rhynia gwynne-vaughani*, Rekonstruktion (nach MÄGDEFRAU), $^1/_2$. Es wird vermutet, daß es sich dabei um den Gametophyten handelt
2 *Rhynia major*, $^1/_2$. Bei dieser Pflanze nimmt man an, daß es der Sporophyt ist. Danach waren die beiden Pflanzen eine Art, die nach den Regeln der Priorität als *Rhynia gwynne-vaughani* bezeichnet werden müssen (nach ZIMMERMANN)

diesen Pflanzen von der gesamten Oberfläche aufgenommen werden können. Dies spiegelt sich auch in der fehlenden Arbeitsteilung und dem ungegliederten Pflanzenkörper (Thallus) wider (Bei den Gefäßpflanzen übernehmen z. B. besonders ausgebildete Gewebe die Funktionen der Wasseraufnahme, Wasser- und Nährstoffleitung, der Festigung und des Abschlusses). Die Anpassung der rezenten Thallophyten an das Leben an der Luft ist sekundär. Als Beispiel seien hier nur die in der Gezeitenzone lebenden Algen oder die an feuchten, schattigen Stellen auftretenden Blaualgen (Cyanophyten) sowie die parasitären und die fäulnisbewohnenden Pilze aufgezählt. Eine spezielle Anpassung an das Luftleben zeigen die Flechten. Durch Symbiose zwischen Pilz und Alge können diese Pflanzen selbst unter extremen Umweltbedingungen gedeihen. Allerdings blieb diesem »Doppellebewesen« eine Höherentwicklung versperrt. Alle die genannten Thallophyten nehmen mit der gesamten Oberfläche das Wasser auf und bedürfen deshalb einer zeitweiligen Benetzung oder verlangen eine relativ hohe Luftfeuchtigkeit, das bedeutet, daß diese Pflanzen im Grunde doch Wasserpflanzen geblieben sind, die ihren Stoffwechsel bei Trockenzeiten lediglich auf ein Minimum reduzieren können.

Die Anpassung der Sproßpflanzen an das Luft- und damit Landleben war erst durch die beiden »histologischen Fortschritte« (Histologie = die Lehre von den Geweben), das Vorhandensein von Spaltöffnungen und Gefäßbündeln möglich. Mit Hilfe der Spaltöffnungen ist die Pflanze in der Lage, einen regulierbaren Gasaustausch trotz der verdunstungsschützenden Epidermis durchzuführen. Die Gefäßbündel hingegen übernehmen die Verteilung des aus dem Boden aufgenommenen Wassers und der darin gelösten Nährsalze über die gesamte Pflanze. Gleichzeitig haben sie zusammen mit der Rinde stützende Funktion.

Ein Teil des Sproßsystems ist im Boden verankert und übernimmt die Wasser- und Nährstoffaufnahme. Die Frage, von welchen Thallophyten die ersten Landpflanzen abstammen, steht noch offen. Das Vorhandensein hauptsächlich grüner Chloroplasten bei den Sproßpflanzen läßt die Vermutung einer engen Verwandtschaft zu den Grünalgen zu, ohne daß diese Annahme bisher durch fossile Belege gestützt werden kann.

### 2.3.2.1. Floren des Unterdevons

Obgleich *Rhynia major* als das Beispiel einer Urlandpflanze gilt, ist sie nicht die älteste und primitivste Landpflanze (s. Bild 2.79). Einerseits wird die Meinung vertreten, daß es sich bei *Rhynia* um eine sog. Reliktform aus dem Unterdevon handelt, die im Moor überdauerte, andererseits ist man der Meinung, daß die Blattlosigkeit bei *Rhynia* nicht als primitiv, sondern als reduziert anzusehen ist, das heißt, daß es bei diesem Psilophyten bereits nicht mehr zur Ausbildung von blattartigen Gebilden kam. Diese Meinung wird dadurch erhärtet,

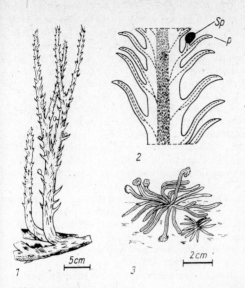

Bild 2.80
Gefäßpflanzen des Unterdevons

1 *Drepanophycus spinaeformis*, ältester Vertreter der Klein»blättler«, Rekonstruktion (nach GOTHAN und WEYLAND); 2 *Drepanophycus spinaeformis*, Schema des Gefäßverlaufes; P = Phylloide, Sp = Sporangium (nach ZIMMERMANN); 3 *Sciadophyton steinmanni*, Nacktsprosser von rosettenartigem Wuchs, Rekonstruktion (nach MÄGDEFRAU)

daß am Anfang der Entwicklung meist komplizierte Wechselbeziehungen (Korrelationen) stehen, in denen das Mosaik der Merkmalskombination unausgeglichen ist (WATSON-Regel vom Mosaikmodus der Evolution). Später kommen dann einfache unkomplizierte Korrelationen vor, in denen die Merkmale weniger stark spezialisiert erscheinen. Nach neuesten Untersuchungen sind *Rhynia major* und die kleinere Art *Rhynia gwynne-vaughani* vom gleichen Fundort als eine Art zu betrachten. Dabei ist *Rhynia gwynne-vaughani* als Gametophyt (geschlechtliche Generation, besitzt männliche Antheridien und weibliche Archegonien) und *Rhynia major* als Sporophyt (ungeschlechtliche Generation) einer Pflanze anzusehen. Aus Prioritätsgründen ist der älteste Name *Rhynia gwynne-vaughani* für beide ehemals getrennte Arten zu führen.

Die primitivsten Psilophyten sind aus dem Unterdevon des Wahnbachtales bei Bonn (BRD) bekannt geworden (Bild 2.80). Das Antlitz unserer Erde wurde im Silur und dem nachfolgenden Unterdevon durch geotektonisch bedingte besondere Situationen geformt. Die Bildung von Flachmeeren im Silur, die zu abgeschlossenen Becken und auch zu Binnenbecken führte, schuf eine Vielfalt von neuen Lebensbedingungen, die dann im Unterdevon zur Besiedlung der Ufersäume, ja schließlich des festen Landes durch Pflanzen führte.

Bei *Taeniocrada decheniana*, einem sehr primitiven Psilophyten, ähnelt der Habitus etwas unserem heutigen Seegras. Die bandartigen, 1,5 cm breiten, sich wiederholt gabelnden Sprosse können ganze Schichtflächen füllen. Die Sprosse besitzen ein etwa 1 mm starkes Gefäßbündel, das aus langgestreckten Treppentracheiden besteht. Die Epidermis besitzt keine Spaltöffnungen. Gemeinsam mit den bandartigen Sprossen wurden lockere, traubenähnliche Sporangienstände gefunden. Die bandförmige Sproßgestalt und die sehr dünnen Leitbündel sowie vor allem das Fehlen von Spaltöffnungen sprechen dafür, daß es sich um eine Wasserpflanze handelte, die untergetaucht lebte. Dieser Pflanze war *Zosterophyllum rhenanum* äußerlich ähnlich, nur treten hier schmalere Sprosse auf, und die Sporangienstände sind als einfache Ähren entwickelt. Als besonderes Merkmal ist der verdickte Oberrand der keilförmigen Sporangien anzusehen, längs dessen sie aufsprangen. Vermutlich war *Zosterophyllum* eine im Wasser flutende Pflanze, deren mit einem deutlichen Öffnungsmechanismus ausgestattete Sporangien aus dem Wasser aufragten. Diese Form ist weiterhin in Belgien, Frankreich, England, Schottland, Spitzbergen, der Sowjetunion (Süd-Ural, West-Sibirien), in der VR China und in Australien gefunden worden (s. Bild 2.81).

Die älteste echte Landpflanze im mitteleuropäischen Raum ist *Drepanophycus spinaeformis*. Außer im Wahnbachtal kommt sie noch in Westeuropa, Norwegen, Spitzbergen, Kanada, der VR China und in der Sowjetunion (Westsibirien, Wolgagebiet) in unterdevonischen Schichten vor. Diese etwa 0,50 m große Pflanze besaß auf den Sprossen ringsum angeordnete dornartige Gebilde. Von einem zentralen Leitbündel führen Abzweigungen in diese »Kleinblätter« (Mikrophylle), die wie die Achsen Spaltöffnungen besitzen, ein Hinweis auf das Landleben dieser Pflanze. Entgegen der bei den bisher beschriebenen Psilophyten vorhandenen endständigen Stellung der Sporangien sitzen diese kurzgestielt bei *Drepanophycus* auf der Oberseite der dornartigen Gebilde. Diese Anordnung der Sporangien ähnelt sehr der unseres heutigen Tannenbärlappes *(Huperzia selago)*. *Drepanophycus spinaeformis* vermittelt zwischen den Psilophyten und den Lycopsida (Bärlappen) und wird systematisch zu den Lycopsida gerechnet (s. Bild 2.80/1, 2). Eine *Drepanophycus* verwandtschaftlich nahe stehende Pflanze war *Protolepidodendron wahnbachense* mit gegabelten blattartigen Sproßanhängseln. Aus dem Wahnbachtal ist ferner die kleinwüchsige *Sciadophyton steinmanni* bekannt geworden. Diese eigenartigen Psilophyten bestehen aus sternförmig angeordneten linealischen, bis 4 cm langen Sprossen, die teilweise dichotom verzweigt sein können und verschiedentlich an ihren Enden kugelige Gebilde

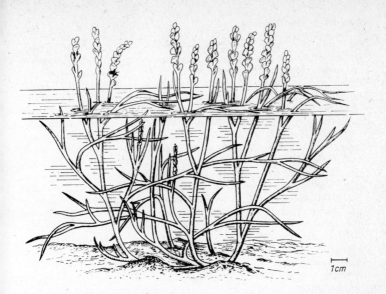

Bild 2.81. Gefäßpflanze des Unterdevons

Rekonstruktion von *Zosterophyllum rhenanum*, einer Nacktpflanze des Unterdevons; primitive, »blatt«lose Urlandpflanze (nach KRÄUSEL und WEYLAND)

(Sporangien?) tragen. Die Sprosse werden von einem starken zentralen Leitbündel durchzogen. Da man diese Pflanzen gehäuft nur in einer einzigen Schichtfläche fand, wird angenommen, daß der Standort von *Sciadophyton steinmanni* die flache Strandzone mit sehr seichtem Wasser war (Schlickbewohner) (s. Bild 2.80/3). Neben diesen Sproßpflanzen wurden im Unterdevon des Wahnbachtales auch Reste hochentwickelter Algen (Tange) *Prototaxites* mit blattähnlichen Thalluslappen und über einen halben Meter dicken Stämmen gefunden. Dies zeigt, daß die Algenentwicklung einen sehr hohen Stand erreicht hatte.

Die Unterdevonfloren, von denen hier nur die wesentlichsten Formen aufgezählt wurden, zeichnen sich durch die verschiedenen Psilophytenarten aus, z. T. sind es noch reine Wasserpflanzen, z. T. amphibisch lebende Pflanzen, und was besonders hervorzuheben ist, hier sind die ersten echten Landpflanzen zu finden. Natürlich war die Vegetation im Unterdevon recht spärlich und wahrscheinlich nur auf die unmittelbare Uferzone beschränkt – aber es vollzog sich in diesem Zeitabschnitt einer der bedeutendsten Evolutionsschritte im Pflanzenreich – die Eroberung des Festlandes.

### 2.3.2.1.1. Die Telomtheorie

Im Laufe des Devon entwickelten sich aus den einfachsten, wenige Dezimeter hohen Sproßpflanzen, den Psilophyten, hochorganisierte, z. T. schon baumförmige Vertreter der Bärlappe, Schachtelhalme und Farne, jene Pflanzen, die im Karbon ihre Höchstentwicklung erreichten. Die Deutung dieser Entwicklung erscheint vorerst recht kompliziert. Dennoch ist es in mühevoller Kleinarbeit gelungen, eine Theorie zu entwickeln, die eine anschauliche Vorstellung von den Vorgängen vermittelt, die sich bei der Differenzierung verschiedener Pflanzengruppen abgespielt haben können. Bereits in der klassischen, durch J. W. v. GOETHE (1749 bis 1832) und A. de CANDOLLE (1806 bis 1893) begründeten Morphologie war das Suchen nach einem Einheitsorgan oder nach einer »Urpflanze« vorhanden. Der bekannte Botaniker W. ZIMMERMANN (BRD) hat mit seiner »Telomtheorie« eine recht brauchbare Theorie entwickelt. Mag sie auch in ihren Einzelheiten nicht unwidersprochen geblieben sein, so gibt sie doch in vielen Fällen Antwort auf das »Wie« und »Warum« der Entwicklungsprozesse der Landpflanzen und ihrer Organe.

Als »Urlandpflanze« soll ein Psilophyt vom Typ *Rhynia* dienen. Unter Telomen versteht man im weitesten Sinne die Glieder der Triebe bei Sproßpflanzen (Kormophyten), soweit sie unverzweigt und von einem einheitlichen Leitbündel durchzogen sind, sowie ihre Homologa. Im engeren Sinne sind es die letzten Auszweigungen bis zur Spitze. Dabei ist zwischen fertilen Telomen (Sporangien einschließlich ihres Stieles)

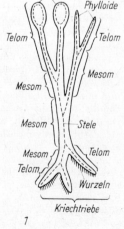

Bild 2.82. Schematische Darstellung der Telomtheorie
1 Urtelomstand; 2 Die Ableitung komplizierter Pflanzenorgane durch fünf »Elementarprozesse«:
$a$ – Übergipfelung, $b$ – Planation, $c_1$ – Verwachsung im Blatt, $c_2$ – Verwachsung in der Achse, $d$ – Reduktion, $e$ – Einkrümmung
(nach ZIMMERMANN)

und vegetativen Telomen (Phylloide) zu unterscheiden. Als Mesome bezeichnet ZIMMERMANN solche Telome, die sich zwischen zwei Auszweigungen befinden. Unter einem Telomstand versteht man eine Vereinigung von Telomen, wie sie z. B. *Rhynia major* zeigt (s. Bild 2.82/1). Die Einführung des Begriffes »Telom« war deshalb notwendig geworden, weil bei der Beschreibung der Psilophyten, die ja nichts anderes als Telomstände darstellen, die Begriffe Blatt, Sproß usw., wie sie für die morphologische Beschreibung von Samenpflanzen üblich sind, zu Irrmeinungen führen mußten) so sind z. B. die blattartigen Gebilde von *Protolepidodendron* (s. Bild 2.84/1) eigentlich keine echten Blätter).

Nach ZIMMERMANN haben sich aus den Telomen durch fünf Elementarprozesse alle wichtigen Organe und Organsysteme der Kormophyten (Sproßpflanzen) entwickelt. Sie werden wie folgt unterteilt: (s. Bild 2.82/2)

1. Übergipfelung
   Von den ursprünglich gabelig gleichwertigen Telomen wird eine Seite gefördert. Dadurch entstehen Haupt- und Seitenachsen, bei den Blättern kommt es zur Herausbildung von Blattspindel und Fiedern (z. B. Farnwedel) (s. Bild 2.82/2 a).

2. Planation
   Die ursprünglich allseitig im Raum sich verzweigenden Telomstände rücken in eine Ebene, dies ist z. B. die Voraussetzung für die Entstehung ebenflächiger Blätter (s. Bild 2.82/2 b).

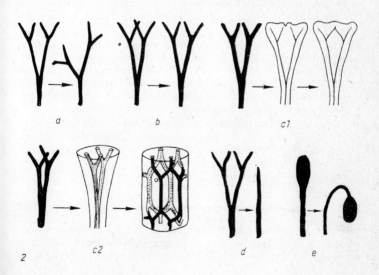

3. Verwachsung
   Telome und Mesome werden entweder durch Parenchym (Füllgewebe) oder aber durch Gefäßbündel verknüpft. Geht dieser Prozeß mit einer Planation vor sich, dann entsteht ein Blatt mit Gabelnervatur, das dann in Verbindung mit einer Übergipfelung zum Fiedernervenblatt und bei Verknüpfung der Leitbündel im Blatt schließlich zum Blatt mit Netznervatur führt (s. Bild 2.82/2 c1). Bei Verwachsung ohne Verbindung mit einer Planation kommt es zur Sprossenentstehung mit mehreren Stelen (Stele = Gesamtheit der Leitbündelsysteme einer Achse) (s. Bild 2.82/2 c2).
4. Reduktion
   Einzelne Teile von Telomständen können reduziert werden, so daß eine Vereinfachung entsteht (s. Bild 2.82/2 d).
5. Inkurvation (Einkrümmung)
   Sie beruht auf dem ungleichen Wachstum (Längenwachstum) zweier gegenüberliegender Seiten eines Teloms und führt lediglich zur Gestaltsänderung (s. Bild 2.82/2 e).

Mit Hilfe dieser fünf Elementarprozesse, die mehrfach kombiniert sein können, lassen sich die drei grundlegenden Sproßsysteme der Kormophyten erklären:

1. Der mikrophylle Laubsproß mit wechselständigen Blättern (Lycosproß) – Dazu gehören die Bärlappe und die Nadelhölzer. Nach ZIMMERMANN entstanden die Kleinblätter durch Übergipfelung und anschließende Reduktion. In jedes Blatt führt ein Leitbündel, bei den ältesten Bärlappvertretern *(Protolepidodendron)* findet man noch gegabelte Blätter – diese Gabelung wird dann später reduziert.

2. Der mikrophylle Laubsproß mit wirtelig•gestellten Blättern (Sphenosproß) – Er ist typisch für die Schachtelhalme. Seine Entstehung stellt man sich durch Reduktion mehrerer Mesome vor, so daß die Blättchen verschiedener Nodien (Knoten) zu Wirteln zusammenrücken, während andere Mesome sich zu langen Internodien (Achsenstücke zwischen den Nodien) verlängerten.

3. Der makrophylle Laubsproß (Pterosproß) besitzt großflächige Blätter. Sie sollen durch die Kombination der Elementarprozesse wie Übergipfelung, Planation, Verwachsung und Reduktion entstanden sein. Makrophylle Laubblätter zeichnen die Farne und Bedecktsamer (Angiospermae) aus.

### 2.3.2.2. Die Pflanzenwelt des Mitteldevons

Während im Unterdevon die Psilophyten die absolut herrschenden Pflanzenformen waren, spielen sie bereits im Mitteldevon eine untergeordnete Rolle und werden am Ende dieses Zeitabschnittes durch die ersten Vertreter der Bärlappe und Farne abgelöst. Den besten Überblick ergibt die Mitteldevonflora von Elberfeld (BRD), die in den 20er und 30er Jahren unseres Jahrhunderts durch die bekannten Paläobotaniker R. KRÄUSEL (1890 bis 1966) und H. WEYLAND (1888 bis 1974) bearbeitet wurde. Die Fundstelle, ein Steinbruch, weist auf Grund der Wechsellagerungen von Grauwacken und Tonschiefern auf eine ausgesprochen küstennahe Bildung hin. Von den zahlreichen pflanzlichen Fossilien sollen an dieser Stelle nur die wichtigsten Formen genannt werden.

Eine der häufigsten Pflanzen war *Thursophyton elberfeldense* (s. Tafel 45, Bild 74), ein Psilophyt, dessen verzweigte Luftsprosse etwa 1 m erreichten. Die unteren Sproßteile trugen kleine dornförmige Blattgebilde, die nach oben immer lockerer werden, um dann schließlich an den obersten Sproßteilen völlig zu fehlen. An ihren Enden befanden sich die Sporangien. Diese Luftsprosse entspringen unregelmäßig dichotom verzweigten Rhizomen, die außer wurzelähnlichen Gebilden sog. Wassersprosse trugen. Das Leitsystem war gut entwickelt, es führen aber keine Leitgefäße in die dornartigen Gebilde, auch konnten bisher keine Spaltöffnungen nachgewiesen werden (s. Bild 2.83). Es wird angenommen, daß *Thursophyton* ein Bestandteil der mitteldevonischen Verlandungsflora war. Einen ähnlichen Bauplan zeigt *Asteroxylon mackiei* von Rhynie (Schottland).

Als primitiver Vertreter der Schachtelhalme (Equisetinae) wurde lange Zeit *Hyenia elegans* angesehen. Die zahlreichen gabelig geteilten Sprosse dieser einen bis mehrere Dezimeter hohen Pflanze entspringen einem waagerechten Rhizom. An den Sprossen sitzen einfach bis mehrfach dichotome Mikrophylle (»Kleinblätter«), die in mehr oder weniger deutlichen Wirteln angeordnet sein können. Die Sporangienträger (Sporophylle) standen vorwiegend am oberen Ende der Sprosse, waren wirtelig angeordnet und neigten schon zu einer lockeren Ährenbildung. Eine Querglíederung der Sprosse fehlt. Durch die eingehenden Untersuchungen der letzten Jahre, besonders des Rhizombaues, kann *Hyenia elegans* nicht mehr als Vorläufer der Equisetinae angesehen werden, sondern es ist eindeutig ein Vorläufer der Farne (s. Bild 2.84/2). Neben den bereits im Unterdevon auftretenden Vorläufern der Bärlappe kommen im Mitteldevon weitere Arten hinzu. Hier sei nur *Protolepidodendron scharyanum* erwähnt. Bei dieser krautigen, mikrophyllen Pflanze findet man wieder den typischen gabeligen Aufbau der Sprosse, die sich von dem Rhizom erheben. Die von Leitbündeln durchzogenen strichdünnen »Blättchen« sind an der Spitze dichotom geteilt. Die Sporangien liegen auf den Blättchen der Spitzenregion der Sprosse (s. Bild 2.84/1).

Von den Farnen und Farnsamern (Pteridospermae), die im Unterkarbon in großer Formfülle auftreten, reichen die Vorläufer ebenfalls bis ins Mitteldevon. Neben dem Baumfarn *Aneurophyton germanicum* aus Elberfeld, dessen Wedel sich zunächst in den drei Richtungen des

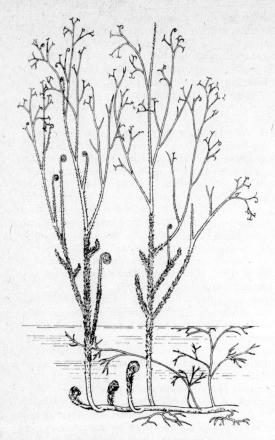

Bild 2.83. Rekonstruktion von *Thursophyton (Asteroxylon) elberfeldense*, einer bärlappähnlichen Nacktpflanze aus dem Mitteldevon des Rheinlandes (BRD) (nach MÄGDEFRAU)

Raumes verzweigten, um sich dann erst zwei- bis dreifach fiederig in einer Ebene auszubreiten (diese räumliche Verzweigung stellt ein sehr primitives Merkmal bei Farnen dar), und dessen kurzgestielte Sporangien in Büscheln zusammengefaßt an sonst nackten fertilen Wedeln saßen, zeigt auch *Pteridium hostimense* (s. Bild 2.84/3) aus dem Mitteldevon der ČSSR die die Farne charakterisierende Makrophyllie («Großblättrigkeit«). *Pteridium hostimense* besitzt gabelig bis monopodial verzweigte Wedel, deren oft nackte Äste an den Enden typisch

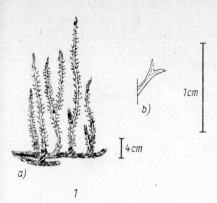

Bild 2.84
Pflanzen des Mitteldevons

*1 Protolepidodendron scharyanum*, Mitteldevon

a – Rekonstruktion (nach KRÄUSEL und WEYLAND)
b – Schema der »Blatt«gabelung (nach REMY und REMY)

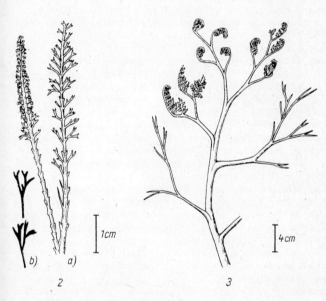

2 *Hyenia elegans*, Mitteldevon, Farnvorläufer

a – Rekonstruktion (nach MÄGDEFRAU)
b – »Blätter«

3 *Pteridium hostimense*, Rekonstruktion eines Sprosses mit zerschlitzten Blattorganen in den basalen Teilen und metamorphosierten Sporophyllen im apikalen Teil (nach MÄGDEFRAU)

dichotom verzweigt sind. Die Sporangien saßen an fiederig geteilten endständigen Sproßteilen, die im Jugendstadium eingerollt waren.

### 2.3.2.3. Pflanzen des Oberdevons

Ein völlig anderes Bild zeigen die Floren des Oberdevons. Die Psilophyten sind bereits ausgestorben, dafür treten die ersten baumförmigen Vertreter der Bärlappgewächse wie *Cyclostigma*, der Schachtelhalmgewächse mit *Pseudobornia* (s. Bild 2.85) und die farnartigen Pflanzen mit *Archaeopteris* auf. Auch die ersten Samenfarne werden im Oberdevon gefunden. Teilweise muß eine sehr üppige Vegetation vorhanden gewesen sein, so daß es z. B. auf der Bäreninsel (Norwegen, Barentssee) zur Kohlenbildung kam.

Auf dem Gebiet der DDR sind Oberdevonfloren aus dem Harz (Tanne, Ballenstedt) vor allem mit *Cyclostigma* und aus dem Thüringer Wald (Schwarzburger Sattel) mit *Cyclostigma*, *Pseudobornia* und *Sphenopteridium* bekannt. Aus dem Vogtland (Neumark) wurden Fragmente von Farnen *(Rhacophyton)* gefunden. Diese Floren lassen sich natürlich keinesfalls mit der weltberühmten Oberdevonflora der Bäreninsel vergleichen.

Am häufigsten werden in den Floren Reste von *Cyclostigma kiltorkense* gefunden. Es waren im oberen Teil stark verzweigte etwa 8 m hohe Bäume, die im Habitus den karbonischen Siegel- und Schuppenbäumen ähnlich waren. Die etwa 10 cm langen Blätter standen fast waagerecht an den Zweigen. Sie hinterließen dort und an den Stämmen einfache Blattnarben, also keine Blattpolster, wie sie bei den karbonischen Schuppenbäumen charakteristisch sind. Eine Ligula scheint ebenfalls noch nicht entwickelt gewesen zu sein. *Cyclostigma* (die Gattung war mit 14 Arten vertreten) war heterospor. Die Mikro- und Makrosporen befanden sich in bis zu 6 cm langen Zapfen, die an den Enden der Zweige hingen.

*Pseudobornia ursina* zeigt zu den karbonischen Calamiten große Ähnlichkeit. Es waren 15 bis 20 m hohe Bäume, die im unteren Teil Stammstärken von 60 cm haben konnten. Der Stamm und die Zweige waren gegliedert. Von den Nodien der Hauptachse entspringen 1 bis 2 stärkere Äste, an denen meist paarweise dünne Zweige ansitzen. An diesen Zweigen stehen jeweils vier Blätter in einem Quirl. Die Blätter sind gabelnervig, tief zerschlitzt und am Rande in feine Zipfel zerfranst (s. Bild 2.85).

Eine weitere Gruppe der Schachtelhalmgewächse, die im Permokarbon weit verbreiteten Keilblattgewächse (Spenophyllen), treten erstmals mit der Art *Spenophyllum tenerrium* auf (s. Abschn. 2.3.3.2.).

Baumbildend kommt *Archaeopteris* mit mehreren Arten vor. Die durch fächernervige Fiederchen gekennzeichnete Pflanze wurde ursprünglich als Farn angesehen. Später fand man im Zusammenhang mit diesen Stämme mit gymnospermen-ähnlichem Bau. Deshalb bezeichnet man

Bild 2.85. *Pseudobornia ursina*, ein Schachtelhalmgewächs, aus dem Oberdevon der Bäreninsel. Zweig mit zwei Blattquirlen (Rekonstruktion) (nach SCHWEITZER)

sie als Progymnospermen. Inwieweit diese Bezeichnung für eine nur durch Sporen sich vermehrende Pflanzengattung in jedem Fall berechtigt ist, steht offen.

Von farnartiger Gestalt war auch *Sphenopteridium keilhaui* mit etwa 30 cm langen Wedeln, deren Fiederchen letzter Ordnung mehrfach dichotom geteilt waren. Man nimmt an, daß es sich um einen Farnsamer (Pteridospermae) handelt.

Aus diesem kurzen Abriß über die Devonflora erkennt man die Entwicklung von den primitiven Psilophyten im Unterdevon über die Vorläufer der Bärlappe und Farne im Mitteldevon bis zu den echten Vertretern der Bärlappgewächse, Schachtelhalme und Farne im Oberdevon, wo diese bereits baumförmige Vertreter besitzen und mit dem Auftreten der ersten Samenfarne auf die artenreichen und üppigen Floren des Karbons hinweisen.

## 2.3.3. Die Floren des Karbons und Unterperms (Rotliegendes)

Die Blütezeit der Gefäßsporenpflanzen (Pteridophyten) erstreckt sich über den Zeitraum Unterkarbon (Dinant), Oberkarbon (Siles) bis in das Unterperm (Rotliegendes). Das ergibt die gewaltige Zeitspanne von 110 Millionen Jahren, wobei auf das eigentliche Karbon 65 Millionen Jahre fallen. Der Begriff Karbon (»Steinkohlenzeit«) wurde 1839 von dem englischen Geologen R. J. MURCHISON (1792 bis 1871) geprägt. Anfangs glaubte man, daß alle Steinkohlenlagerstätten der Erde nur während dieses geologischen Systems gebildet worden sind. Heute ist bekannt, daß auch in anderen Systemen Steinkohlen entstanden sind. Der Begriff »Steinkohle« sagt demnach nichts über das Alter aus, sondern bezeichnet das Ergebnis des Inkohlungsprozesses (s. Bild 1.2), der Umwandlung pflanzlicher Substanz in Kohle, wobei der Druck der überlagernden Schichten und die damit verbundenen Temperatureinflüsse ausschlaggebend sind. Trotzdem wurde die Bezeichnung Karbon beibehalten, da über die Hälfte der Steinkohlenvorräte der Erde aus diesem System stammen.

Die Entstehung der weltweit verbreiteten mächtigen Steinkohlenlager basiert auf einer üppigen Vegetation während dieser Zeitspanne. Es sind unterkarbonische Kohlenlager z. B. von Moskau und Australien bekannt, andererseits reichen die thüringischen und saarländischen Flöze bis in das Unterperm (Rotliegendes), dennoch war die »Hauptkohlebildungszeit« im Oberkarbon (Siles), als die mächtigsten Steinkohlenlagerstätten der Erde entstanden.

Die im Karbon, insbesondere während des Oberkarbons, gebildeten großen Kohlelagerstätten der Erde lassen auf einen üppigen Pflanzenwuchs schließen, den man nur mit dem der heutigen tropischen Wälder vergleichen kann. Dennoch würde ein solcher »Steinkohlenwald« auf den Menschen der Gegenwart einen völlig fremdartigen Eindruck machen. Die heutige Vegetation ist durch das Überwiegen der bedecktsamigen Pflanzen (Angiospermen), die als Bäume, Sträucher und Kräuter vorkommen, gekennzeichnet. Im Steinkohlenwald herrschten dagegen die Gefäßsporenpflanzen (Pteridophyten) vor, die hier hauptsächlich baumbildend auftraten, krautige Wuchsformen kommen nur äußerst selten vor. Die wichtigsten Gruppen der Pteridophyten waren schon im Oberdevon vertreten. Ihre Baupläne weisen zu Beginn des Karbons eine derartige Vollkommenheit auf, daß es unter offensichtlich optimalen Klimabedingungen (u. a. günstigen Umweltfaktoren) besonders im Oberkarbon zu einem Höhepunkt der Entwicklung der Pteridophyten kommen konnte.

Die Pteridophyten zeichneten sich durch eine bestimmte Vollkommenheit und Mannigfaltigkeit aus, wie sie heute bei keinem ihrer Nachfahren angetroffen wird. So waren die Bärlappgewächse (Lycophyten) und die Schachtelhalmgewächse (Equisetales) als mächtige Bäume entwickelt, die Höhen von 30 m bei fast 2 m Stammdurchmesser erreichen konnten. Ihre heutigen Nachfahren sind nur in wenigen krautigen Formen verbreitet. Auch die Farnpflanzen (Filicales) traten baumbildend (s. Bild 2.87) auf. Unter den rezenten Farnen finden wir auch noch baumförmige Vertreter (Echte Baumfarne, Cycatheaceae) in den Nebel- und Regenwäldern der Tropen, die sich aber nicht direkt von den karbonzeitlichen Vorläufern ableiten lassen. Ein bemerkenswerter Entwicklungsschritt war die primitive Samenbildung, wie sie bei den farnblättrigen Karbon- und Rotliegendpflanzen (Pteridospermae), aber auch bei Vertretern der Bärlappgewächse *(Lepidocarpon)* nachzuweisen ist und bei den Schachtelhalmgewächsen *(Calamocarpon)* vermutet wird. Während des Karbons erfolgte bei den Pteridophyten parallel mit der Entwicklung hochdifferenzierter, baumartiger Formen eine Höherentwicklung der Fortpflanzung in Richtung zur Samenbildung. Nach ihrer Anatomie und ihrer Fortpflanzung werden die Farnsamer zu den Nacktsamern (Gymnospermae) gerechnet, ebenso wie die im Oberkarbon und Rotliegenden verbreiteten Cordaiten, mächtige Bäume mit bandartigen Blättern. Bereits im Oberkarbon tritt die älteste Koniferenfamilie (Lebachiaceae) auf. Daraus ist deutlich die Überleitung zur Mittelpflanzenzeit (Mesophytikum) zu erkennen, in der die Gymnospermen (Nacktsamer) absolut dominieren, während die »alten« Permokarbonformen aussterben.

Trotz des äußerlich einheitlichen Charakters der Karbon- und Rotliegendfloren lassen sich doch kennzeichnende Unterschiede in der Zusammensetzung der Floren erkennen.

Die Flora des Unterkarbons (Dinant) zeichnet sich einmal durch das Hervortreten fächeradriger Farnpflanzen (Pteridophyllen-Gattungen) aus. Andererseits können die Archaeocalamiten, eine ausgestorbene Familie der Schachtelhalmgewächse, als Leitfossilien für das Unterkarbon bezeichnet werden. Von den Schuppenbäumen sind die Arten *Lepidodendron volkmannianum* und *Lepidodendron veltheimii* ebenso kennzeichnend für diese Floren. Im unteren Oberkarbon (Namur A) bleibt der Charakter der Unterkarbonflora in seinen wesentlichen Zügen erhalten. Neue Gattungen und Arten treten im Namur B – C auf und lassen einen deutlichen Florenwechsel, der als »Florensprung« bezeichnet wird, erkennen. Das folgende Oberkarbon (Namur B, C, Westfal A, B, C, D) zeichnet sich durch eine Artenfülle von echten Karbonfarnen, Farnsamern, Calamiten, Sigillarien und Lepidodendren aus. In seiner höchsten Stufe (Stefan) treten die Schuppen- und Siegelbäume stark zurück, und es erscheinen die ersten Koniferen. Im Rotliegenden fehlen die Lepidodendren, auch die Sigillarien sind nur durch einen Formenkreis vertreten, während echte Karbonfarne und Farnsamer noch reichlich vorhanden sind, wenn auch nicht mehr in der Artenfülle wie im Oberkarbon. Nicht zu Unrecht wird deshalb die Rotliegendflora als »verarmte« Karbonflora bezeichnet. Das Auftreten von Koniferen vom Typ *Walchia* läßt bereits hier die neue Entwicklungsrichtung des Pflanzenreiches erkennen.

Das Klima war während des Karbons auf der Nordhalbkugel der Erde gleichmäßig warm und feucht. Erst im Rotliegenden wurde es trockener, so daß sich die an das feuchtwarme Klima angepaßten Pflanzen nur noch in einigen günstigen Standorten erhalten konnten. Das Klima des Oberkarbons war hingegen auf der Südhalbkugel (Südafrika, Indien, Australien und Südamerika) wesentlich kühler, ja es kam im obersten Karbon sogar zu einer Vereisung der Südkontinente! In dieser Zeit können auf der Erde erstmals sichere pflanzengeographische Unterschiede festgestellt werden. Während im Unterkarbon

(Dinant) die weltweiten Floren einen sehr einheitlichen Charakter hatten, zeichnen sich im Oberkarbon (Siles) zwei große Florengebiete ab. Die gesamte Nordhalbkugel wird von der arktokarbonischen oder eurasischen Flora besiedelt. Sie läßt sich besonders im Perm in folgende Florenbezirke unterteilen (s. Bild 2.86):

1. Gebiet der euramerischen Flora (europäisch-nordamerikanisch)
2. Gebiet der Angara-Flora
3. Gebiet der Cathaysiaflora (Cathaysia = alter Name für China)

Die zweite, auch antarktokarbonische Flora genannt, ist in Süd-, Südwest- und Südostafrika, in Vorderindien, Australien und in der Antarktis verbreitet. Diese Flora hat in ihrer Zusammensetzung einen sehr einheitlichen Charakter und ist unter dem Namen Gondwana- oder nach der häufigsten vorkommenden Pflanze *Glossopteris* als *Glossopteris*-Flora bekannt.

Die Pflanzen aus dem Karbon und Unterperm gehören zu den am intensivsten untersuchten pflanzlichen Fossilien überhaupt. Es gibt wohl kaum eine paläontologische Sammlung ohne Pflanzenreste aus dem Oberkarbon oder Rotliegenden. Dies ist zurückzuführen auf den Abbau des »schwarzen Goldes«, der karbonischen und unterpermischen Steinkohle in Vergangenheit und Gegenwart an vielen Stellen unserer Erde, wo immer wieder Pflanzenreste in oft einmaligem Erhaltungszustand gefunden wurden und z. T. auch heute noch zu finden sind.

Die bedeutenden Steinkohlenvorkommen Mitteleuropas (z. B. die Belgischen Reviere, das Rheinisch-westfälische Revier, das Saargebiet, das Zwickau-Ölsnitzer Revier, die Steinkohlenlager von Slask in der VR Polen, aber auch kleinere, wirtschaftlich unbedeutende Vorkommen, wie Wettin-Löbejün-Plötz b. Halle oder die Lagerstätten des Unterperms, wie Freital-Gittersee, Manebach/Thüringen, Karl-Marx-Stadt-Hilbersdorf und Wettin-Plötz b. Halle, sind eng mit der Herausbildung des Variszischen Gebirges verbunden. Dieses Gebirge entstand im Karbon, seine Falten zogen in großen Bögen von Slask (Oberschlesien) bis in das französische Zentralmassiv. Durch Absenkungen des Untergrundes zwischen den Gebirgsfalten und dem Vorland entstanden Senken, in denen es zur Bildung von ausgedehnten Waldmooren kam. Hier lagerten sich Unmengen von pflanzlichen Resten ab, die später zur Steinkohle wurden. Im Bereich dieser Randsenken kam es periodisch zu Meeresüberflutungen (Zwischenschichten mit marinen Invertebraten). Zu diesen »paralischen« Lagerstätten gehören die mächtigen Steinkohlenlager Belgiens, der Normandie, Englands sowie der von Slask und das Rheinisch-Westfälische Gebiet. Die Vorkommen im Gebirgsinneren werden als »limnische« Steinkohlenbecken bezeichnet (Saarrevier, Zentralfrankreich, Kladno/ČSSR, Zwickau-Ölsnitz, Wettin und Manebach).

Obwohl auf dem Gebiet der DDR nur wenig abbauwürdige karbo-

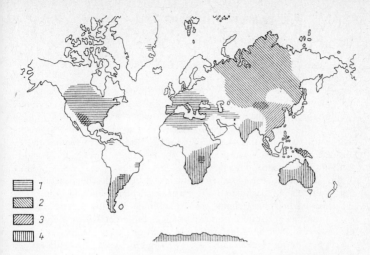

Bild 2.86. Verbreitung der wichtigsten floristischen Provinzen der Erde vom Oberkarbon bis Perm

*1* Euramerische Flora, *2* Angara-Flora, *3* Cathaysia-Flora, *4* Gondwana-Flora
(nach GOTHAN und WEYLAND)

nische Steinkohlen vorhanden sind (der fast 500jährige Kohleabbau im Zwickau-Ölsnitzer Revier wurde eingestellt), so sind doch große wissenschaftliche Sammlungen von pflanzlichen Fossilien zusammengetragen worden, die uns ein Bild von der damaligen Pflanzenwelt übermitteln (Museen in Berlin, Dresden, Halle, Karl-Marx-Stadt). Durch eifriges Absuchen der alten Halden ist es auch heute noch möglich, Fossilien zu finden (z. B. Halde Plötz bei Halle).

Aus der für den Laien verwirrenden Anzahl von Pflanzenarten des Karbons und des Rotliegenden sollen nur die wichtigsten und kennzeichnendsten und die, die der Fossilsammler noch finden kann, angeführt werden. Als weiterführende Literatur zur Bestimmung sei auf DABER 1955, GOTHAN & REMY 1957, W. REMY & R. REMY 1959 und BARTHEL 1976 verwiesen. Da in vielen Sammlungen neben Fossilresten von Fundstellen der DDR auch zahlreiche Formen aus anderen Fundgebieten vorhanden sind, werden auch diese bei der Beschreibung mit berücksichtigt.

## 2.3.3.1. Bärlappgewächse (Lycopodiales)

Unter den art- und mengenmäßig häufig auftretenden Schuppenbaumgewächsen (Lepidodendraceae) sind die Schuppenbäume (Lepidodendren) und die Siegelbäume (Sigillarien) durch zahlreiche Stammabdrücke am bekanntesten.

Der Name Schuppenbaum kommt von dem schuppenartigen Muster, das mehr oder weniger dicht, in Schrägzeilen angeordnete rhombische Blattpolster hinterließ (s. Tafel 45, Bild 75). Diese waren von linealen bis lanzettlichen Blättern besetzt, die beim Abfallen die charakteristischen und namengebenden Blattpolster freigaben (s. Bild 2.87). Das kleine Viereck in der oberen Hälfte eines jeden Polsters stellt die Blattnarbe dar. Bei gutem Erhaltungszustand erkennt man in ihr drei kleine Punkte. Der mittlere stellt die Abbruchstelle des Gefäßbündels dar, während die zwei seitlichen Pünktchen als obere Parichnosnarben bezeichnet werden. Unter der Blattnarbe können häufig noch zwei größere punktförmige Gebilde nachgewiesen werden, die unteren Parichnosnarben. Die Funktion dieser Narben konnte durch Stammquerschliffe geklärt werden. Sie sind die Mündungen eines reich verzweigten Belüftungssystems, das die Rinde des Stammes durchzog und in die Blätter führte. Bei sehr guter Erhaltung ent-

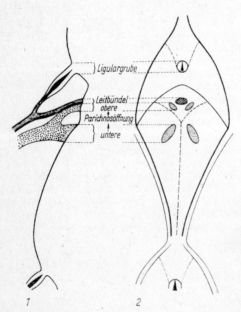

Bild 2.87
Schematischer Längsschnitt (1) und Aufsicht (2) auf ein Blattpolster von *Lepidodendron vasculare*
(nach ZIMMERMANN)

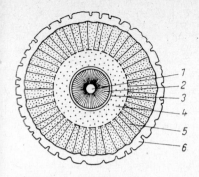

Bild 2.88. Schematischer Querschnitt durch den Stamm eines Lepidodendron (Schuppenbaum) aus dem Karbon (unmaßstäblich)
1 Mark, 2 Holz (Xylem), 3 Siebteil (Phloëm), 4 innere primäre Rinde, 5 äußere Rinde, 6 aufsitzende Blattpolster (nach SCHAARSCHMIDT)

deckt man über der Blattnarbe ein Grübchen, in dem sich eine kleine Erhebung befindet, die Ligula oder das Blatthäutchen. Diese tritt bei den rezenten Bärlappgewächsen in den Gattungen *Selaginella* und *Isoëtes*, aber nicht bei den eigentlichen Bärlappen auf. Bei den Lepidodendren diente die Ligula auf Grund der durch den geringen Holzteil der Stämme bedingten ungenügenden Wasserzufuhr vermutlich zur Wasseraufnahme aus der Atmosphäre. Der innere Aufbau der Stämme ist durch Schliffe an Dolomitknollen (engl. Coalballs), die in den Kohlenlagern der paralischen Becken nicht selten sind, bekannt geworden. Im Zentrum der bis zu 2 m im Durchmesser dicken Stämme wird das Mark vom Holzteil oder Xylem und anschließend von einem dünnen Siebteil oder Phloëm umhüllt. Ihm folgt eine mächtige innere primäre Rinde, der eine ebenso kräftige äußere folgt, der die Blattpolster aufsitzen. Obgleich die Stämme der Schuppenbäume wie die heutigen Nadel- und Laubbäume ein ausgesprochenes Dickenwachstum besaßen, war ihr anatomischer Aufbau von diesen völlig verschieden. Der Holzzylinder hatte im Verhältnis zum Stamm nur einen sehr kleinen Durchmesser (etwa $1/4$ des Stammdurchmessers). Die stützende Funktion, die bei den heutigen Nadel- und Laubbäumen durch das Holz erfolgt, wurde bei den Lepidodendren von der Rinde übernommen, weshalb man sie auch mit Recht als »Rindenbaumartige« oder »Rindenbäume« bezeichnet (s. Bild 2.88). Die Krone der bis zu 30 m hohen Schuppenbäume war dichotom (gabelig) verzweigt. An den kleineren Zweigen saßen nur wenige Zentimeter lange lineale Blätter, die an den stärkeren Zweigen Längen bis zu einem Meter erreichen konnten. Die Blätter waren einnervig, die Spaltöffnungen auf der Blattunterseite in zwei tiefe Rillen versenkt. Dieser Blattbau ist für eine im Sumpf lebende Pflanze nicht typisch, sondern entspricht eher dem der Pflanzen trockener Standorte, dem der Xerophyten. Vermutlich war, bedingt durch den geringen Holzanteil der Stämme, die Transportleistung der Leitungsbahnen relativ gering, und deshalb war ein derartig xeromorpher Blattbau notwendig.

Als Stigmarien werden Steinkerne mit unregelmäßig angeordneten Narben bezeichnet. Es sind die unterirdischen Teile der Lepidodendren (s. Tafel 44, Bild 73), die sich ebenfalls dichotom verzweigten und sich morphologisch mit den Wurzeltellern unserer Fichten vergleichen lassen. Dabei handelt es sich aber nicht um Wurzeln, sondern um die sog. Wurzelträger. An den Ästen der Stigmarien saßen die eigentlichen Wurzeln, die Appendices, schlauchförmige, hohle Gebilde, die von einem Leitbündel durchzogen waren.

Seltener werden die bis zu 30 cm langen zapfentragenden Gebilde der Schuppenbäume, *Lepidostrobus* genannt, gefunden. Es sind die sporentragenden Organe (Fruktifikationsorgane) der Lepidodendren. Die Zapfen bestehen aus einer zentralen Achse, an der spiralig die zahlreichen Sporophylle (Sporenbehälter tragende Blätter) ansaßen. Auf der Oberseite der Sporophylle befinden sich die großen Sporangien (Sporenbehälter). Im unteren Teil der Zapfen sind die Sporangien mit den bis zu 2 mm großen weiblichen Makrosporen, im oberen die wesentlich kleineren männlichen Mikrosporen angeordnet. Man bezeichnet dies als heterospor. Heterospor sind auch die heutigen Bärlappgattungen *Selaginella* (»Moosfarn«) und *Isoëtes* (Brachsenkräuter). Verschiedentlich können diese Sporen in der Kohle durch spezielle Untersuchungsmethoden (s. Palynologie) nachgewiesen werden. Die Anhäufung von Mikro- und Makrosporen besonders in einigen Revieren des Oberkarbons führte zur Bildung von spezieller Sporenkohle (Cannel-Kohle) (s. Bild 1.18). Natürlich gibt es noch eine Anzahl von Fossilien, die den Lepidodendren im Habitus stark ähneln. So tritt die Gattung *Lepidophloios* seltener auf und unterscheidet sich von *Lepidodendron* durch die mehr breiteren als hohen Blattpolster, während die aus dem Ruhrkarbon bekannten Fossilreste von *Bothrodendron* sehr kleine Blattnarben, schmale Zapfen und kurze nadelartige Blätter besaßen. Neben den Bärlappbäumen kommen sehr selten auch krautige Bärlappgewächse wie z. B. *Selaginellites gutbieri* GOEPPERT aus dem Oberkarbon von Zwickau, des Saargebietes und Frankreichs vor.

Während die Lepidodendren vom Unterkarbon bis Oberkarbon verbreitet sind und im Rotliegenden nur noch sehr selten angetroffen werden, treten die ebenfalls kohlebildenden Sigillarien (Siegelbäume) im Oberkarbon auf und erlöschen im Rotliegenden. Es waren ebenfalls Bäume, die aber größere Höhe erreichten als die Lepidodendren. Ihre Stämme, die verschiedentlich an der Basis eine auffallende Verdickung aufweisen, waren entweder unverzweigt oder zeigten nur eine einfache bis zweifache Gabelung. Die charakteristischen Stammskulpturen, auf die sich primär die Bezeichnung *Sigillaria* bezieht, sind häufig nicht so gut erhalten wie bei den Schuppenbäumen (s. Tafel 47, Bild 79). Es sind keine Blattpolster, sondern die Blattnarben, die im äußerlichen Umriß sechsseitig, länglich-eiförmig oder glockenförmig sein können und der Rinde direkt aufsaßen. Die Blattnarben waren nicht in Spiralen, sondern in Längsreihen angeordnet, weisen aber im Feinbau große Ähnlichkeiten zu denen der Lepidodendren auf. Die langen, nadelartigen Blätter bilden am Gipfel der Stämme einen dichten Blattschopf, in dem auch die Fruktifikationsorgane, zapfenartige Gebilde, *Sigillariostrobus*, saßen. Die Abfallmarken der Zapfen sind als größere längliche bis rundliche Narben zwischen den gewöhnlichen Blattnarben zu finden. Die Stammanatomie der Sigillarien zeigt fast den gleichen Aufbau wie bei *Lepidodendron*, indem nach dem Prinzip der hohlen Säule die Hauptfestigungszone des Stammes außen im festen Rindengewebe lag.

Nach der Stammskulptur wird zwischen Eusigillarien und Subsigillarien unterschieden. Bei den Eusigillarien sind die Blattnarben in deutlichen senkrechten Gradzeilen übereinanderstehend angeordnet und können durch Furchen getrennt sein. Weiter lassen sich die Eusigillarien in die Untergruppe *Rhytidolepis* und *Favularia* unterteilen. Bei *Rhytidolepis* besitzen die Stämme Längsrippen, auf denen die Blattnarben mehr oder weniger dicht übereinanderstehen. Die Untergruppe *Favularia* zeigt eine Stammoberfläche mit bienenwabenförmigem Muster. Hervorgerufen wird dies durch sehr dicht stehende, in der Regel sechsseitige Blattnarben.

Subsigillarien zeigen eine viel geringere Artenzahl als die Eusigillarien und reichen bis in das Rotliegende. Ihre rhombischen bis glockenförmigen Narben sind in Geradzeilen auf dem allgemein glatten Stamm angeordnet. Die Blattnarben stehen locker bis verstreut spiralig. Die Rindengebiete zwischen den Blattnarben können unregelmäßige runzelige Strukturen besitzen, aber niemals Quer- und Längswülste. Dabei kann man zwischen leiodermen Formen (Blattnarben stehen getrennt) und clathrarischen Formen (Blattnarben stehen stark genähert) unterscheiden (s. Bild 2.89).

Von stammesgeschichtlicher Bedeutung sind die samentragenden Bärlappgewächse, die als Lepidospermae bezeichnet werden. *Lepidocarpon* ist mit vielen Exemplaren aus dem Oberkarbon der USA bekannt geworden. Die Sporophyllzapfen sind ähnlich wie bei *Lepidostrobus* aufgebaut. Im ausgereiften Zustand kommt es nur zur Entwicklung einer Megaspore, die fast den gesamten Innenraum der Sporangien ausfüllt. Die Megaspore verbleibt auf der Mutterpflanze, es kommt zur Ausbildung eines Integuments, wie es bei den Samenpflanzen der Fall ist. Die Merkmale und die Bestäubung auf der Mutterpflanze lassen eine Abtrennung der »Bärlappsamer« (Lepidospermae) von den übrigen Lepidophyten zu. Im Habitus war *Lepidocarpon* baum- oder strauchförmig, während die aus dem englischen Oberkarbon bekannte *Miadesmia membranacea* BERTRAND krautig war. Bei dieser Pflanze kommt es in dem weiblichen Sporophyll-Zapfen nur zur Entwicklung einer Megaspore, bei der ebenfalls ein Integument vorhanden ist.

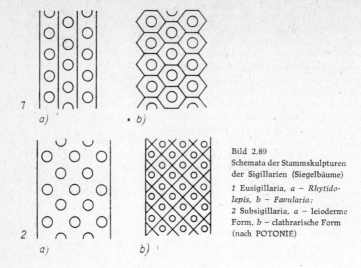

Bild 2.89
Schemata der Stammskulpturen der Sigillarien (Siegelbäume)

1 Eusigillaria, a − Rhytidolepis, b − Favularia;
2 Subsigillaria, a − leioderme Form, b − clathrarische Form
(nach POTONIÉ)

## 2.3.3.2. Schachtelhalmgewächse (Articulatae)

Diese Klasse der Pteridophyten wird durch den deutlich in Nodien (Knoten) und Internodien gegliederten Sproß gekennzeichnet. Heute ist diese Klasse nur noch durch die Gattung Schachtelhalm *(Equisetum)* mit etwa 32 Arten vertreten. Während die rezenten Schachtelhalme ausschließlich Kräuter sind und nur bei tropischen Arten Höhen von 2 m erreichen, waren die Schachtelhalmgewächse des Permokarbons größtenteils baumförmig. Sie sind unter den Namen Calamiten oder Calamariaceen bekannt und hatten Stammhöhen von 20 bis 30 m bei bis zu 1 m Durchmesser. Besonders im Rotliegenden haben in bestimmten Revieren die Calamiten als »Kohlebildner« eine größere Bedeutung gehabt.

Die in den Sammlungen als Calamiten bezeichneten stammartigen Fossilien sind nur die Ausfüllungen des Markhohlraumes der ehemaligen Pflanzen, also die Innensteinkerne, bei denen verschiedentlich als Rest der Stammsubstanz noch ein äußerer Kohlebelag erhalten sein kann. Diese Steinkerne zeigen an ihrer Oberfläche feine mehr oder weniger deutliche Rillen, die den Verlauf der ehemaligen Gefäß- oder Leitbündel markieren. Nach dem Verlauf der Bündel im Nodialbereich unterscheidet man die nur für das Unterkarbon leitende Gattung *Archaeocalamites* und die vom Oberkarbon bis weit ins Rotliegende verbreitete Gattung *Calamites*.

Bei den Archaeocalamiten laufen die Gefäßbündel gerade durch die

Knoten hindurch und sind dort nur durch schwache Querverbindungen (Kommissuren) miteinander verbunden (s. Tafel 46, Bild 76).
Bei den Calamiten erfolgt im Bereich der Knoten eine Gabelung der Leitbündel, wobei sich jeder Gabelast mit einem benachbarten zu einem neuen Gefäßbündel vereinigt (s. Bild 2.90). Einen Einblick in den Aufbau des eigentlichen Stammes zeigen die echten Versteinerungen (Intuskrustationen) von Stammstücken, wie sie z. B. im Rotliegenden von Karl-Marx-Stadt/Hilbersdorf zu finden waren. Sie werden nach der Ausbildung der Markstrahlen als *Arthropitys* (s. Tafel 47, Bild 78), *Calamodendron* oder *Arthrodendron* bezeichnet. Im Anschliff der strukturbietenden Stammstücke erkennt man einen oft etwas zusammengedrückten Markhohlraum. Zu diesem hin enden mit scharfen Kielen die Gefäßbündel, die bei den Steinkernen als Längsrillen zu erkennen sind. Im Gegensatz zu den heutigen Schachtelhalmen besaßen die Calamiten ein sekundäres Dickenwachstum, das zur Bildung eines mächtigen Holzkörpers und einer ebenso dicken Rinde (letztere ist fossil nur selten überliefert) führte.

Je nachdem, ob sich die Calamiten verzweigten oder nicht, erfolgt eine Aufteilung in künstliche Untergattungen: Die Stylocalamites

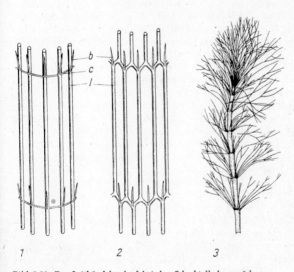

Bild 2.90. Der Leitbündelverlauf bei den Schachtelhalmgewächsen (Equisetales, Articulatae)

*1 Archaeocalamites* – *Asterocalamites*; *2 Calamites* und *Equisetum*; *3* Sproßspitze von *Archaeocalamites*, $l$ – Leitbündel, $b$ – Blattspurstrang, $c$ – Kommissuren (nach STUR)

besaßen säulenförmige Stämme, die unverzweigt, sehr selten unregelmäßig verzweigt, waren. Dazu gehören die in den paläontologischen Sammlungen nicht seltenen Stammstücke von *Calamites suckowi* BRONGNIART, deren Glieder breiter als lang sind und bei denen Astnarben fehlen. Die Eucalamites haben eine regelmäßige, konstante Verzweigung. So ist jedes Glied von *Calamites cruciatus* STERNBERG mit 3 bis 10 Astnarben auf der Nodiallinie versehen, die mit der nächsten alternieren. Lokal kann diese, vom Oberkarbon (Westfal C) bis zum Rotliegenden verbreitete Art sehr häufig auftreten (z. B. im Saarrevier, BRD). Bei *Calamites carinatus* STERNBERG hingegen befinden sich an jedem Knoten zwei gegenständige große Astnarben (s. Tafel 46, Bild 77).
Bei der Untergattung *Calamitina* wechseln asttragende mit astfreien Knoten ab, wie es z. B. bei *Calamitina goepperti* ETTINGSHAUSEN aus Radnica (ČSSR) zu beobachten ist.
Die Blätter der Calamiten, auch »Beblätterung« genannt, treten als größere oder kleinere sternförmige Blattquirle im Karbon und Rotliegenden häufig auf. Während bei den rezenten Schachtelhalmen die rückgebildeten Blätter zu einer gezähnten Scheide verwachsen sind, besitzen die Calamiten wohlausgebildete quirlständige Blätter, die bei den unterkarbonischen Archaeocalamiten mehrfach gegabelt sein können. Die Blätter der Calamiten aus dem Oberkarbon und dem Rotliegenden sind als Formgattungen *Annularia* und *Asterophyllites* bekannt. Ihre Blätter sind ungeteilt, einnervig und linealisch bis lanzettlich. Bei *Annularia* sind sie in der Stengelregion scheidig verwachsen (s. Tafel 48, Bild 80) und kommen ausgebreitet vor. Die quirlständigen, lanzettlichen Blätter von *Asterophyllites* dagegen sind völlig frei und mehr oder weniger schräg aufwärts gerichtet.
Die Fruktifikationen der Calamiten, in der Literatur als »Calamitenblüten« bezeichnet, sind relativ leicht von anderen zapfenartigen Sporophyllständen zu unterscheiden. Sie werden unter dem Namen *Calamostachys*, *Palaeostachys*, *Macrostachya* und *Cingularia* beschrieben. Entsprechend dem Bau der vegetativen Organe (Stämme, Äste) der Calamiten sind diese ebenfalls gegliedert und bestehen aus fertilen (fruchtbaren) und aus sterilen (unfruchtbaren) Wirteln. Die heutigen Schachtelhalme tragen nur fertile Wirtel mit vier Sporangien, nicht sechs wie bei den Sporophyllständen der Calamiten. Sie waren hetero- oder isospor, die Sporen sehr einfach gebaut, glatt und mit einer kleinen Y-Marke als Keimöffnung versehen.
Die Keilblättler (Sphenophyllales) sind eine eigene Ordnung der Articulaten. Nur fossil bekannt, tritt die Gattung *Sphenophyllum* vom Oberdevon bis zum Ende des Rotliegenden auf. In ihrem vegetativen Aufbau sind die Sphenophyllen sehr einheitlich. Der dünne längsgeriefte Stengel, der etwa die Länge von 1 m erreichen kann, ist wie bei den Schachtelhalmen gegliedert. An den Nodien trugen sie Wirtel von keilförmigen Blättchen, deren Zahl ein Vielfaches von 3

Bild 2.91. Rekonstruktion von *Sphenophyllum cuneifolium* STERNBERG, einer Articulate des Oberkarbons, mit Sporophyllähren und Verschiedenblättrigkeit (Heterophyllie) (nach ZIMMERMANN)

(meist 6 oder 9) beträgt, die ungeteilt oder mehr oder weniger stark zerschlitzt sein können. Bei manchen Arten treten an den älteren, dickeren Stengeln tief zerschlitzte Blätter auf, während in der Gipfelregion oder an dünneren Stengeln unzerteilte Blätter saßen. Diese Erscheinung wird als Heterophyllie (Verschiedenblättrigkeit) bezeichnet und ist z. B. bei unserem Wasserhahnenfuß, der neben normalen Schwimmblättern untergetauchte fein zerteilte Blätter besitzt, zu beobachten. Stark zerteilte Blättchen sind bei den Sphenophyllen auch noch an den blütentragenden Stengeln zu finden. Der innere Bau des Stengels ist aus Dolomitknollen durch Schliffe gut bekannt. Das zentrale, im Querschnitt dreieckige (triarche) Leitbündel (deshalb die Blätter immer in einem Vielfachen von 3 im Quirl) besitzt kein Mark und zeigt an älteren Sprossen ein geringes sekundäres Dickenwachstum. Ähnlich wie bei den Calamiten war die Rinde gut entwickelt. Die Blüten sind häufig zu Ähren vereinigt und ähneln äußerlich denen der Calamiten. Die sterilen Blattquirle fehlen, dafür ist das Sporophyll in einen dem Sproß zugewandten (abaxialen) fruchtbaren (fertilen) und einen vom Sproß abgewandten (adaxialen) unfruchtbaren (sterilen) Abschnitt aufgegliedert (s. Bild 2.91).

Über die Lebensweise der Sphenophyllen herrschen sehr unterschiedliche Auffassungen vor. So war man früher auf Grund der Heterophyllie der Meinung, daß es sich um Wasserpflanzen handelt, die ungeteilten Blätter wurden dabei als Schwimmblätter, die stark zerschlitzten als untergetauchte Blätter angesehen. Dagegen spricht die Derbheit der Blätter, die ähnlich wie bei den Hartlaubgehölzen von Sklerenchymsträngen (Sklerenchym = Festigungsgewebe) durchzogen werden, das gut entwickelte Leitgewebe und das Fehlen von Durchlüftungsräumen, wie sie für Wasserpflanzen typisch sind. Deshalb verglich man sie mit kleinen lianenartigen Gewächsen oder Spreizklimmern, die sich gegenseitig stützten oder an andere Pflanzen anlehnten. Das gehäufte Vorkommen von Sphenophyllen im Gestein läßt die Auffassung zu, daß sie in Reinbeständen wuchsen, also keine Kletterpflanzen waren und eine niederliegende bis aufsteigende Wuchsform hatten.

Die Sphenophyllen, deren Stengel und Blätter in den Schichten des Karbons und Rotliegenden sehr häufig gefunden wurden, liefern zahlreiche wichtige Leitfossilien. Prinzipiell kann man zwei Gruppen unterscheiden:

1. Sphenophyllen mit durchweg fein gabelig zerschlitzten Blättern
2. Sphenophyllen mit ganzen Blättern (Bei diesen Arten treten an den dickeren Stengelteilen häufig mehr oder weniger stark zerschlitzte Blätter auf.)

1. Sphenophyllen mit fein zerschlitzten Blättern. Diese Gruppe enthält die ältesten Arten.
*Sphenophyllum tenerrimum* (s. Bild 2.92/1) Blattwirtel klein, etwa 15 mm im Durchmesser, je Wirtel 9 bis 12 Blättchen, 5 bis 6 mm lang, etwa 1 mm breit, Blättchen fein, ein- bis zweimal gegabelt, Unterkarbon und unteres Oberkarbon (Namur A).
*Sphenophyllum myriophyllum* (s. Bild 2.92/2) Blattwirtel größer, Blätter fein zerschlitzt, 2 bis 3 cm lang, am Grunde einmal gegabelt, äußerst schmal, Achsenglieder kurz, manchmal fast quadratisch; Oberkarbon (Westfal A, B, im untersten C Seltenheit).

2. Sphenophyllen mit flächigen Blättern.
Diese Gruppe ist sehr artenreich und enthält die wichtigsten Arten des Oberkarbons und des Rotliegenden. Hier sollen nur die wesentlichsten Arten beschrieben werden.

— *Sphenophyllum cuneifolium* (s. Bilder 2.91 und 2.92/3) Blätter an dickeren Stengeln stark aufgeschlitzt sonst vollspreitig keilförmig, bis 10 mm lang, Oberrand scharf gezähnt (Buchten und Zähne scharf zugespitzt), in jeden Zahn mündet ein Blattnerv aus; Oberkarbon (Namur (B) bis zum Westfal C (D)

— *Sphenophyllum emarginatum* (s. Bild 2.92/4) in Form und Größe *Sph. cuneifolium* stark ähnlich, Vorderrand der keilförmigen

Blätter mit halbkreisförmig abgerundeten Zähnen, in denen
Blattnerv endet, Buchten spitz, Seiten und Vorderrand der Blättchen gerade, Wirtel mit 6 bis 9 Blättchen; Oberkarbon (Westfal
B, C – D und evtl. unterstes Stefan)

— *Sphenophyllum majus* (s. Bild 2.92/5) Blättchen größer, keilförmig, bis 20 mm lang und bis 12 mm breit, oft in zwei oder mehr
Lappen aufgeteilt, Blattoberrand schwach gebogen, endet in
zugespitzten 14 bis 18 Zähnchen (Form eines gotischen Bogens),
je Wirtel 6 bis 9 Blättchen, nicht zapfenbildend; Oberkarbon
(Westfal C und D)

— *Sphenophyllum verticillatum* (s. Bild 2.92/7) Blätter keilförmig
6 im Wirtel, etwa 10 mm lang, Vorderrand abgerundet, gekerbt
(runde Zähne und spitze Buchten), Blattecken abgerundet; Oberkarbon (Stefan), dort sehr häufig

— *Sphenophyllum longifolium* (s. Bild 2.92/6) Blättchen 2 bis 4 mm

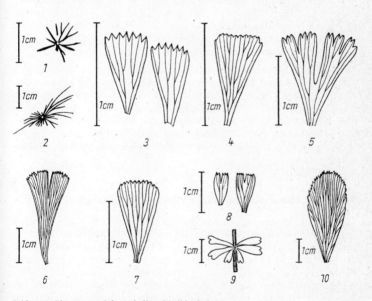

Bild 2.92. Blätter von Sphenophyllen (Keilblättler)

*1 Sphenophyllum tenerrimum, 2 Sphenophyllum myriophyllum, 3 Sphenophyllum cuneifolium, 4 Sphenophyllum emarginatum, 5 Sphenophyllum majus, 6 Sphenophyllum longifolium, 7 Sphenophyllum verticillatum, 8 Sphenophyllum oblongifolium* – Einzelblättchen, *9 Sphenophyllum oblongifolium* – Blattwirtel, *10 Sphenophyllum thoni*
(Zusammenstellung nach GOTHAN, WEYLAND und STORCH)

lang, 6 je Wirtel, Blattvorderrand mit langen spitzbogenförmigen Zähnen, 1 bis 5 mm lang, Blätter in der Mitte bis zur halben Länge tief aufgespalten oder tief eingekerbt, Blattbasis breit; Oberkarbon (Charakterform des Stefans).
— *Sphenophyllum oblongifolium* (s. Bild 2.92/8, 9) Blätter eines Wirtels bilateral symmetrisch angeordnet, ein kurzes und zwei lange Blattpaare in einem Wirtel, Einzelblatt schmal, verkehrt-eiförmig, größte Breite im zweiten Drittel, Blattvorderrand gezähnt, stark gerundet oder abgeflacht, fast immer in zwei Lappen gespalten, diese stark ausgefranst; Oberkarbon (Stefan) bis Rotliegendes
— *Sphenophyllum angustifolium,* Habitus der Pflanzen zart, Achsen dünn, Blättchen schmal, keilförmig, geteilt zweizipfelig (auch drei- und vierzipfelig), scharf zugespitzt, Blätter oft paarweise symmetrisch an den Achsen angeordnet, nicht im zweiten Drittel am breitesten; Oberkarbon (Stefan, Unterrotliegendes)
— *Sphenophyllum thoni* (s. Bild 2.92/10) Wirtel groß, Durchmesser bis 40 mm, Blätter keilförmig, Länge etwa 20 mm, größte Breite etwa 14 mm, Blattseiten- und Blattvorderrand grob laziniert (je Ader ergibt sich ein etwa 3 mm langer Zahn), ein Teil der Blattadern trifft auf den Seitenrand; Rotliegendes.

Zu den Keilblattgewächsen gehört auch die Gattung *Lilpopia*, von der bisher aus dem Rotliegendkalk von Karniowice bei Krakow (VR Polen) die Art *Lilpopia raciborskii* und aus dem Unterrotliegenden des Thüringer Waldes (Crock) *Lilpopia crockensis* beschrieben wurden. Diese Arten haben keine Blütenzapfen. Die *Sphenophyllum*-ähnlichen Blätter stehen in dreizähligen Wirteln. In ihren Achsen tragen sie je einen kugeligen Sporangienstand, der dem der Schachtelhalme ähnelt.

Weiterführende Literatur: D. STORCH 1966.

### 2.3.3.3. Farne und farnlaubige Pflanzen (Pteridophyllen)

Zu den häufigsten pflanzlichen Fossilien des Permokarbons gehören die Reste farnartiger Gewächse, die als inkohlte Abdrücke leicht zu erkennen sind. Allerdings ist nicht alles, was farnähnlich aussieht, zu den Farnen zu rechnen. Vielmehr gehört ein großer Teil der »Steinkohlenfarne« zu den Farnsamern (Pteridospermae), die zu der höheren systematischen Einheit, den Nacktsamern (Gymnospermae), zu denen z. B. auch unsere Nadelbäume (Coniferae) gehören, zugeordnet werden.

Bei den eigentlichen Farnen (Filicales) befinden sich die Sporen produzierenden Sporangien auf der Unterseite der Fiederblätter, wie man es z. B. bei unserem Wurmfarn *(Dryopteris filix-mas)* kennt. Diese sind meist zu Häufchen (Sori) vereinigt und oft mit einem Schleier (Indusium) bedeckt. Es gibt aber auch Farne, deren Sporangien von besonderen Wedelteilen, die sich morphologisch von den normalen Laubwedeln unterscheiden, getragen werden. Als Beispiel können wir den rezenten Königsfarn *(Osmunda regalis)* nennen, bei dem man zwischen sterilen (nicht sporentragenden) und fertilen (sporentragenden) Wedeln unterscheidet. Aus der Spore keimt ein Vorkeim (Prothallium = Gametophyt), der Archegonien mit Eizellen (weiblich) und Antheridien mit Spermatozoiden (männlich) ausbildet. Es handelt sich dabei um die geschlechtliche Generation der Farne. Nach der Befruchtung der Eizelle bildet sich aus der Zygote wiederum eine Farnpflanze (Sporophyt) aus. Dieser Generationswechsel ist für alle Gefäßkryptogamen (Moose, Farne, Bärlappe und Schachtelhalme) typisch, wenn auch die beiden Generationen bei den einzelnen Gruppen sehr unterschiedlich sein können.

Die Pteridospermae sind samentragende Gewächse, die im äußeren Habitus und der Beblätterung den Farnen ähneln, deren Stammaufbau aber durch sekundäres Dickenwachstum gekennzeichnet ist. Während bei den Gefäßkryptogamen zwei räumlich und morphologisch getrennte Generationen (Sporophyt und Gametophyt) ausgebildet werden, entwickelt sich bei den Pteridospermae die Makrospore im Makrosporangium auf der Mutterpflanze. Es kommt zu einer regulären Samenbildung. Bisher konnte noch nie ein Embryo in den Samen nachgewiesen werden. Wahrscheinlich haben wir hier die gleiche Entwicklung wie bei dem *Ginkgo biloba* vor uns, wo zwar auf der Mutterpflanze noch die Bestäubung stattfindet, aber die Befruchtung erst in den abgeworfenen Samen unmittelbar vor der Keimung erfolgt. Mit der Fortpflanzung durch Samen wurde ein wesentlicher Entwicklungsschritt erreicht, indem diese Pflanzen nicht mehr von einem bestimmten Standort abhängig waren. Zusammenfassend lassen sich die Pteridospermae wie folgt charakterisieren: Der Gestalt nach sind es Farnpflanzen (Pteridophyten), nach dem Bau und der Fortpflanzung Nacktsamer (Gymnospermen).

Die Entscheidung, ob es sich bei einem Wedelrest um den eines Farnsamers handelt, ist schwierig. Bei den Pteridospermen sitzen nur in den seltensten Fällen die Samen und die männlichen Fortpflanzungsorgane (Sporangien, die besser als »Pollangien« bezeichnet werden müssen) direkt an den Laubwedeln. Bei den meisten Farnsamern besitzen die samen- bzw. pollangientragenden Wedelteile eine von den sterilen Wedelteilen völlig abweichende Gestalt. Es ist deshalb außerordentlich schwierig, den Zusammenhang zwischen sterilen Wedeln und Samen bzw. Pollangien festzustellen.

Die Wuchsform der Pteridophyllen war sehr unterschiedlich. Neben büscheligen kleinen Bodenfarnen gab es mehrere Meter hohe baumförmige Farne. Daneben kamen schlingend wachsende Formen mit oft sehr dünnen Stämmchen vor. Kletterformen traten sowohl bei den echten Farnen als auch bei den Farnsamern auf. Die Pteridospermen dürften in der Hauptsache wohl strauchartig bis klein baumförmig gewesen sein.

Da man, wie bereits vorher geschildert, echte Farne von Farnsamern nur sehr schwer unterscheiden kann, zumal es sich ja nur um Bruchstücke handelt, die gefunden werden, bedient man sich zur Bestimmung eines besonderen Systems. Im »Natürlichen System« der Pflanzen werden sie nach verwandtschaftlichen Beziehungen zueinander geordnet. Dies ist bei den Pteridophyllen nur selten möglich. Deshalb benutzt man das von dem französischen Botaniker ADOLPHE BRONGNIART (1801 bis 1876) aufgestellte künstliche System, das völlig auf den äußeren Merkmalen der Laubformen und der Aderung beruht. Die Gattungen und Arten werden dann als Formgattungen und -arten bezeichnet. Sie sind mehr oder weniger künstlich und können einer Familie nicht zugewiesen werden, sind aber einem Taxon höherer Rangstufe zuweisbar (z. B. *Dadoxylon* kann dem Stamm der Coniferopsida zugeordnet werden), während man unter einer Organgattung eine einer Familie zuweisbare Gattung versteht (z. B. *Lepidocarpon* – die Endung *-carpon* weist auf eine Frucht hin – zu den Lepidocarpaceen).

Nach der Blättchenform (Fiederform) werden folgende Kunstgruppen unterschieden (s. Bild 2.93):

1. Sphenopteridische Formen
   Zierliche Farnlaubform, Blättchen im Umriß keilförmig, an der Basis eingeschnürt, können rundlich keilförmig, lanzettlich keilförmig bis fast lineal sein, Blättchen meist stark zerteilt.

2. Pecopteridische Formen
   Wedel mit einem klar gegliederten und symmetrischen Eindruck. Blättchen meist gerade und parallelrandig, selten dreieckig. Mit der ganzen Breite der Blättchenbasis angeheftet, Blättchen können an der Basis miteinander verbunden sein. An der Achse senkrecht oder schräg ansitzend. Spitze leicht gerundet oder mehr oder weniger zugespitzt. Aderung meist fiederig, manchmal mit Nebenadern aus der Achse, bei einigen Gruppen *(Lonchopteris)* auch einfache Maschenaderung.

3. Neuropteridische Formen
   Blättchen ungegliedert, herz- bis länglich-zungenförmig. Nähe der Basis herzförmig eingeschnürt. Mit dünnen Stielchen oder mehr oder weniger sitzend an der Achse angeheftet. Seitenränder häufig mehr oder weniger parallel. Aderung fiederig oder maschig, Mittelader manchmal schwach.

Unter Berücksichtigung der Aderung lassen sich die drei Grundtypen der Umrißform noch feiner unterscheiden (s. Bild 2.94):

Bild 2.93. Form und Anheftungsweise der Einzelfiedern der Pteridophyllen
*1* sphenopteridische Form, *2* pecopteridische Form, *3* neuropteridische Form
(nach GOTHAN und REMY)

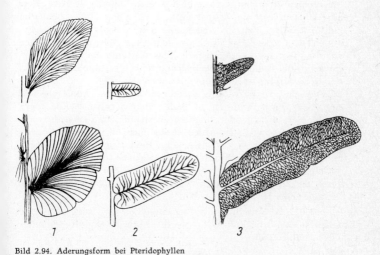

Bild 2.94. Aderungsform bei Pteridophyllen
*1* Fächeraderung, *2* Fiederaderung, *3* Maschenaderung (nach GOTHAN und REMY)

1. Paralleladerung
   (heute bei den einkeimblättrigen Pflanzen, Monokotylen, zu denen z. B. die Gräser gehören, verbreitet)
   Längliche bis lineale Blätter, alle Adern untereinander und mehr oder weniger auch mit dem Rande parallellaufend, Mittelader nicht vorhanden.
2. Fächeraderung
   (heute z. B. bei *Ginkgo biloba* vorhanden)
   Adern fächerig, von einem Punkt ausgehend, seitlich mehr oder weniger parallel zueinander zum Rand laufend. Mittelader nicht ausgebildet. Die fächerig verlaufenden Adern gabeln sich ein- oder mehrmals.
3. Fiederaderung
   (z. B. beim rezenten Adlerfarn oder beim Schildfarn)
   Mittelader mehr oder weniger deutlich vorhanden, auf ganzer Fiederlänge oder nur auf einem Teil der Fieder deutlich, stärker oder gleichstark wie die von ihr fiederig ausgehenden Seitennerven. Diese in unterschiedlichen Winkeln von der Mittelader ausgehend. Seitenränder einfach ungegabelt oder ein- bis mehrfach gegabelt.
4. Maschen- oder Netzaderung
   (Typ, der bei vielen heutigen Farnen, in sehr komplizierter Weise bei den rezenten Laubbäumen vorhanden ist.)
   Die Pteridophyllen des Permokarbons besitzen nur eine einfache Maschenaderung (eine zusammengesetzte Maschen- oder Netzaderung tritt erst im Keuper auf), mehr oder weniger deutlicher mit Mittelader. Von ihr abgehende Seitenadern vereinigen sich, bilden deutliches oder weniger deutliches Maschennetz. Seitenadern untereinander gleichstark, Maschen zum Rande hin enger werdend. Bei reiner Maschenaderung fehlt die Hauptader, bei reiner Netzaderung ist sie aber vorhanden.

   Eine besondere Beachtung verdienen noch die Aphlebien. Als Aphlebien werden von den normalen Fiedern abweichende, merklich kleinere oder größere Fiedern, die handförmig zerschlitzt sein können, bezeichnet. Sie wurden an der Basis der Seitenfiedern des Wedels bei einigen *Pecopteris*-Arten gefunden und sind dort paarig angeordnet. Es handelt sich um Schutzorgane, die an jungen eingerollten Wedeln bereits voll entwickelt waren und später nach deren Entfaltung abgeworfen wurden, so daß oft große Aphlebien gefunden werden können (s. Bild 1.17).

Für die künstliche Einteilung der Pteridophyllen wird auch die Art des Wedelaufbaues mit benutzt. Dabei werden folgende Haupttypen unterschieden (s. Bild 2.95):

1. Das Blatt stellt in seiner Gesamtheit einen Wedel dar. Wir finden dies heute beim Hirschzungenfarn *(Phyllitis scolopendrium)*.

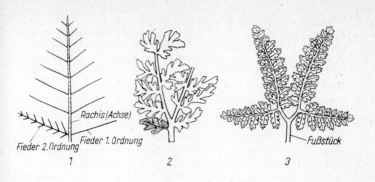
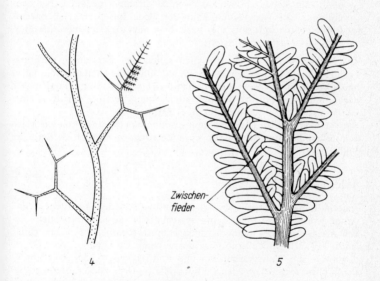

Bild 2.95. Aufbau von Wedeln bei Farnblättrigen (Pteridophyllen)

*1* Schema des fiederigen Wedelbaues; *2* Gabeliger Wedelaufbau von *Sphenopteridium dissectum* aus dem Unterkarbon, schematisch (nach GOTHAN und WEYLAND); *3* doppelgabeliger Wedelaufbau mit schwach symmetrischer Dachübergipfelung bei *Mariopteris*, schematisch (nach ZIMMERMANN); *4* diplotmematischer Wedel bei *Mariopteris* (nach GOTHAN und REMY); *5* Wedelstück von *Callipteris conferta* mit Zwischenfiedern (nach GOTHAN und REMY)

2. Fiederiger Wedelaufbau (heute vorherrschend). Der Wedel besteht aus einer Hauptachse (Rhachis), an der seitlich die Fiedern ansitzen. Nach der Aufteilung der Wedel spricht man von Seitenfiedern 1. und 2. usw. Ordnung. Dabei kann die Hauptachse unbeblättert sein oder aber sog. Zwischenfiedern tragen, wie es z. B. für einige *Neuropteris*-Formen und bei *Callipteris* typisch ist.
3. Gabeliger Wedelaufbau. Hier kann der Wedel einmal (dichotom) gegabelt sein, wie es z. B. bei der im Unterkarbon häufigen »Art« *Sphenopteridium dissectum* der Fall ist. Dabei kann das Fußstück (unverzweigt) beblättert oder unbeblättert sein. Bei einigen paläozoischen Formen kommt eine doppelte Gabelung vor. Man spricht von einem diplotmematischen, oder nach dem Vorkommen bei der Kunstgattung *Mariopteris*, mariopteridischen Bau. Die Hauptachse erscheint sympodial (= Hauptachse nicht durchlaufend), die Nebenachsen sind zweimal dichotom gegabelt. Bei den diplotmematischen Wedeln kann der Wedel im oberen Gabelzweig stärker entwickelt sein, dies bezeichnet man als Dachübergipfelung (z. B. bei *Mariopteris*-Arten).

Aus der Vielfalt der Pteridophyllen sollen hier nur einige wichtige Formen angeführt werden, und zwar vor allem die »Arten«, die relativ häufig vorkommen bzw. zum Bestand vieler Karbonsammlungen gehören. Seltenere Formen werden nur erwähnt, weitere Angaben entnehme man der Spezialliteratur (s. S. 231).

Nach den vorher angeführten rein morphologischen Merkmalen können folgende künstliche Gruppen unterschieden werden (s. Beilage, Bild 2.96):

### Archaeopterides (Altfarne)

Innerhalb dieser künstlichen Gruppe sind verschiedene Gattungen vereinigt worden, die wohl keine systematische Einheit darstellen. Zu den Archaeopterides gehören wahrscheinlich sowohl echte Farne (Filicales) als auch Samenfarne (Pteridospermae). Sie kommen vom Oberdevon bis zum Unterkarbon vor und sind teilweise wichtige Leitfossilien. Charakterisiert werden sie durch die typische Fächeraderung. Die Gattung *Archaeopteris* liefert für das Oberdevon wichtige Leitfossilien. Es sind mit die ersten Pflanzen mit makrophyllem Farnlaub.

Als Beispiel sei hier nur *Archaeopteris hibernica* (s. Bild 2.96/1) angeführt. Die Blättchen sind bei dieser Art länger als 2 cm, haben eine typische Fächeraderung mit dichotomer Gabelung und rhombisch bis breit-ovalen Umriß. An den Wedeln treten auch Zwischenfiederchen auf. Sie waren heterospor, besaßen also Mikro- und Makrosporangien. In jüngster Zeit hat man sterile und fertile Wedelteile an einem schon lange als *Callixylon* bekannten Stamm mit typischer Gymnospermenholzstruktur ansitzend gefunden. Da aber die Fruktifikationsorgane denen der Farne näher stehen, dürfte es sich um eine Form handeln, die zwischen den echten Farnen und den Farnsamern steht. Sie werden als Progymnospermen bezeichnet.

*Sphenopteridium dissectum* zeichnet sich durch bis 5 cm lange, mehrfach gelappte, umgekehrt-keilförmige Blättchen aus mit einer typisch mehrfach gegabelten Fächeraderung. Die Wedelachse ist an der Basis einfach dichotom gegabelt, das Fußstück ist beblättert. Vermutlich waren es Farnsamer (Pteridospermae). Im Unterkarbon häufig und weit verbreitet.

*Cardiopteris frondosa* (diese Gattung wird neuerdings als *Fryopsis* bezeichnet), eine typische Archaeopteride. Sie besitzt relativ (2 bis 7 cm) große, rundliche bis zungenförmige Blätter, die an der Basis herzförmig eingeschnürt sind. Die ausgesprochene Fächeraderung ist immer deutlich zu erkennen. Die Adern sind mehrfach gegabelt und am Grunde gebündelt. Die Wedel sind einfach gefiedert. Kennzeichnend ist die querriefige Achsenstruktur, die von Steinzellennestern in der Epidermis verursacht wird. Obwohl die Fruktifikationsorgane noch nicht bekannt sind, nimmt man an, daß es sich ebenfalls um eine Pteridosperme handelt. Sie ist typisch für das Unterkarbon (z. B. Unterkarbon von Borna-Hainichen bei Karl-Marx-Stadt).

## Sphenopterides (Keilfarne)

Die Sphenopterides sind eine in Blatt- und Wedelgestalt sehr große und sehr variable Kunstgruppe. Die Fiederchen lassen mehr oder weniger deutlich den Umriß eines Keiles erkennen, dabei entspricht die Keilspitze dem Blattstiel. Der Umriß der nie breit ansitzenden Fiedern kann von der rundlichen über die keilförmige bis zur schmal-linealen Form variieren. Der Blattrand zeigt die verschiedensten Lappungen und Zähnelungen, kann aber auch völlig glatt sein. Die Aderung ist fiederig, bei einigen Formen fächerig-fiederig. Diese Gruppe enthält hauptsächlich Pteridospermae, aber auch echte Farne.

Diese heterogene Gruppe, die sphenopteridische Blattformen besitzt, wird in die folgenden »Kunstgattungen« *Sphenopteris* (im engeren Sinne), *Rhodea*, *Palmatopteris*, *Alloiopteris*, *Lyginopteris* unterteilt.

### ■ *Sphenopteris*

Die Wedel dieser Gattung sind zierlich in ihrer Zusammensetzung und besitzen mittelgroße Gestalt. Die Gattung ist vom Unterkarbon bis in das Rotliegende verbreitet.

*Sphenopteris adiantoides* (s. Bild 2.96/2) demonstriert ideal die Keilform der Fiedern und wird als Grundform von *Sphenopteris* aufgefaßt. Die Hauptachsen und alle übrigen Achsen bis zu den Wedeln vorletzter Ordnung weisen Querriefungen auf, die von Steinzellennestern der Rinde stammen. Charakteristisch ist weiterhin die polsterartige Anschwellung an der Basis der Wedelachsen. Die Wedel besitzen eine einmalige Gabelung. Die Fruktifikationen sind nicht genau bekannt, jedoch weist der Bau der strukturzeigenden Stämme auf einen Samenfarn hin. Diese Art ist ein wichtiges Leitfossil des unteren Oberkarbons (Namur A), in Europa, Nordamerika und Ostgrönland verbreitet. *Sphenopteris nummularia* ist durch kleine unregelmäßige rundliche, manchmal auch dreieckige Fiedern gekennzeichnet, die fast nie eine Aderung erkennen lassen, dicht nebeneinander stehen und durch ihre glatte Oberfläche und eine oft auch starke Wölbung charakterisiert sind. Vermutlich ist es auch eine Pteridospermae. Diese Art kommt besonders in den limnischen Karbonfloren vom höheren Westfal B bis zum Westfal D vor (z. B. Erzgebirgisches Becken – Zwickau – Lugau – Ölsnitz).

- *Lyginopteris*

Bei dieser Gruppe sind neben dem Wedelaufbau, der Anatomie der Stämme und Wedelachsen auch die Samen bekannt. Es handelt sich also um eine Pteridosperme.

*Lyginopteris (Sphenopteris) hoeninghausi* (s. Bild 2.96/3) hat einen sehr zierlichen Wedelaufbau mit rundlichen gelappten und gewölbten Blättchen. Die Wedelhauptachse ist gegabelt, das Fußstück beblättert. Auf den feineren Achsen können Punktierungen bzw. Haare nachgewiesen werden. Diese Art hat für die Paläobotanik eine große Bedeutung. Gelang es doch den englischen Forschern OLIVER und SCOTT 1904, den Nachweis zu erbringen, daß die als *Sphenopteris hoeninghausi* bezeichneten Wedel, der als »*Lyginodendron oldhamium*« bekannte Stamm und die mit *Lagenostoma lomaxi* benannten Samen zu einer Pflanze gehören.

*Lyginopteris* konnte bisher nur im unteren Teil des Oberkarbons (Westfal A) nachgewiesen werden und stellt somit eine wichtige Leitform dar. Nahe verwandt ist *Lyginopteris larischi* aus dem Oberkarbon (Namur A) von Dolny Slask in der VR Polen (s. Tafel 49, Bild 82).

- *Rhodea*

Die Blättchen oder Blattabschnitte sind lineal zugespitzt, sie können fiederig, aber auch handförmig sein. In der Hauptsache sind es Samenfarne, aber auch echte Farne können sich unter ihnen verbergen. Sie sind aus dem Unterkarbon und dem unteren Oberkarbon (Namur A) bekannt *(Rhodea subpetiolata* (s. Bild 2.96/4) – Ruhrkarbon selten –, *Rhodea stachei* – Namur A, Dolny Slask, VR Polen).

- *Palmatopteris*

Diese Kunstgattung zeichnet sich durch doppelgabelige (diplotmematische) Wedel aus. Die Blättchen sind fiederig angeordnet – mehr oder weniger schmal-lineal mit fingerförmig gespreizten Abschnitten. In jeden Abschnitt läuft eine Ader. Die Achsen können mehr oder weni-

ger stark geflügelt (spezielle Verbreiterung an Stengeln von Pflanzen) sein und Längsstreifen tragen.
*Palmatopteris furcata* (s. Bild 2.96/5), Oberkarbon Westfal A bis C,
*Palmatopteris sturi*, Oberkarbon Westfal B bis D,
*Palmatopteris membranacea*, vermutlich nur Oberkarbon von Zwickau – Ölsnitz.

- *Alloiopteris*

Diese Formgattung umfaßt eine natürliche Gruppe, die auf Grund des Nachweises der Fruktifikationsorgane zu den echten Farnen gehört, aber mit heutigen Farnen nicht verwandt ist. Kennzeichnend sind die rechtwinklig aufgebauten Achsensysteme (Seitenteile der Wedel und Einzelfiedern). Die Blättchen selbst sind klein und zart und können sphenopteridisch, aber auch mehr pecopteridisch ansitzen. Am Grunde der Wedelseitenteile treten kleine feinlappige, fein aufgeteilte aphleboide Fiederchen auf. Die Hauptachsen tragen oft eine breite deutlich sichtbare Mittelriefe und eine feine Punktierung auf der Oberseite. Die Sori werden aus einem Kranz ringtragender, meist verwachsener Sporangien gebildet. Die Anatomie ist bekannt. Die Achsen besitzen ein Leitbündel mit mehr oder weniger H-förmigem Querschnitt. Bei diesen echten Farnen dürfte es sich in der Hauptsache um Kletterformen handeln.

*Alloiopteris coralloides* (s. Bild 2.96/6) zeigt auf den Achsen eine grobe Längsriefe. Die Blättchen können in drei bis fünf tiefkerbige Abschnitte zerteilt sein. Charakteristisch ist die senkrechte Anordnung der Fiederteile an den Achsen. Diese häufige Art ist im gesamten Oberkarbon (Westfal A bis D) verbreitet.

*Alloiopteris sternbergi* (s. Bild 2.96/7), ebenfalls aus dem gesamten Oberkarbon (Namur B bis Westfal D) bekannt, besitzt kurze, grob gezahnte Fiedern, die mit breiter Basis ansitzen.

*Alloiopteris cristata* ähnelt der vorigen Art. Die Blättchen sind basal stärker verschmolzen und die Blattzähne extrem nach vorn gerichtet. Aus dem Oberkarbon (Westfal D) von Zwickau-Lugau bekannt.

*Alloiopteris essinghi* (s. Bild 2.96/8) zeichnet sich durch relativ große und schräg ansitzende Wedelteile mit großen asymmetrisch gebauten Blättchen aus, deren Mittelader dem unteren Blattrand genähert ist, während der obere gezähnt bis gekerbt erscheint. Diese Art kommt im limnischen Oberkarbon (Westfal C – D) vor.

Die Kunstgattung *Mariopteris* wurde vielfach bei den Sphenopteriden angefügt. Auf Grund des charakteristischen Wedelaufbaues und der meist nichtsphenopteridischen Umrißform der Fiedern ist dies nicht mehr gerechtfertigt. *Mariopteris* stellt eine ziemlich natürliche Einheit dar. Es sind Pteridospermen. Die Blättchen sitzen meist pecopteridisch bis alethopteridisch, seltener wirklich sphenopteridisch an (s. Bild 2.96/9).

Die zahlreichen Arten treten besonders im Saarkarbon (Westfal B – D) auf. Hier sei nur auf die für das Oberkarbon (Westfal B – D) charakteristische Art *Mariopteris nervosa* hingewiesen. Die Achsen sind unterbrochen quergerieft, die Blättchen haben eine stumpf-dreieckige Form mit kräftiger Aderung. Die seitlichen Adern verlaufen schräg gegen den häufig gezähnten Blattrand, die Blattspitzen erscheinen etwas ausgezogen und werden als Träufelspitzen bezeichnet.

**Pecopterides** (Kammfarne)

In dieser Gruppe sind Farne und auch einige Pteridospermen enthalten. Kennzeichnend sind die kammartig (pecopteridisch) ansitzenden Fiederchen. Die Aderung ist rein fiederig. Nebenadern kommen nicht vor. Die teilweise großen Wedel sind ebenfalls fiedrig gebaut. Recht typisch für die Pecopteriden ist das Auftreten von z. T. sehr großen Aphlebien.

Die Pecopteriden kommen erstmalig im Unterkarbon vor, erreichen aber erst im Oberkarbon (Westfal, Stefan) und Unterrotliegenden ihre maximale Entwicklung (s. Farbtafel VI, Bild 10).

*Pecopteris arborescens* (s. Bild 2.96/12) besitzt eng nebeneinander stehende kleine Fiederchen (4 mm Länge), die mit der ganzen Basis fast rechtwinklig an der Achse ansitzen. Ihr Umriß ist rechteckig bis fast quadratisch. Die immer einfache Aderung läßt sich oft nur schwer erkennen. *Pecopteris arborescens* gehört zu den echten Farnen. Die sternförmigen Sori (*Asterotheca*-Fruktifikation) setzen sich aus 5 bis 6 Sporangien zusammen, wobei die Sporangien keinen Ring besitzen. Häufig kommt diese Art im Stefan (z. B. Wettin b. Halle), aber auch im Rotliegenden (Manebach) vor. Sie ist fast in allen limnischen Becken vorhanden.

*Pecopteris cyathea* gehört wahrscheinlich ebenso wie *Pecopteris arborescens* zu den baumbildenden Farnen. Die Fiederchen stehen starr und fast senkrecht von der Achse ab. Sie sind wesentlich länger als breit (Verhältnis 3:1) und besitzen eine nur schwer erkennbare gegabelte Fiederaderung. Die Fiederchen besitzen glatte, gerade, parallel verlaufende Seitenadern und sind an der Spitze halbkreisförmig abgerundet. Die Mittelader ist meist deutlich zu erkennen. Die Wedel waren groß und mindestens dreifach gefiedert. Während diese Formart im Westfal nur als Vorläufer auftritt, kommt sie im Stefan und Rotliegenden (Manebach) gehäuft vor.

Ähnlich wie die vorgenannte Art ist *Pecopteris permica* gebaut, nur sind die Fiederchen schmaler und unterschiedlich lang. Die Achsen sind schwach behaart. Diese Art tritt im Unterrotliegenden (z. B. Manebach) auf.

*Pecopteris plumosa* (s. Bild 2.96/11 u. Tafel 48, Bild 81), eine weit verbreitete, fast im gesamten Karbon häufige Formart, gehört zu den echten Farnen. Die Fiederchen sitzen mit der ganzen Breite an und haben einen mehr oder weniger dreieckigen Umriß. Verschiedentlich kann der Rand schwach gekerbt sein. Die zarten Adern sind einfach oder einmal gegabelt. Die oft feine Punktierung der Achsen weist auf eine dichte Besetzung mit Sternhaaren hin. Häufig werden an gut erhaltenen Wedelteilen die zart aufgeteilten, in ihrer Gestalt stark variierenden Aphlebien gefunden. Die Sporangien besitzen einen kappenartigen Ring.

*Pecopteris pennaeformis* (s. Bild 2.96/13) hat zierlich gebaute Wedel, deren Achsen stark punktiert sind. Die Fiederchen sitzen senkrecht an, sind gedrungen und haben eine einfache bis zweifache Aderung, die recht grob erscheint. Die Sporangien sind wie bei der vorhergehenden Art gebaut. Auch diese Art ist im Oberkarbon (Westfal A – D) weltweit verbreitet.

*Pecopteris pluckeneti* (s. Bild 2.96/19) ist ein Samenfarn (Pteridospermae). Verschiedentlich wurden die im unteren Teil des Wedels befindlichen Samen gefunden. Die Achsen sind derb, geflügelt und mit feinen Sternhaaren besetzt. Die Fiederchen sitzen mit der Basis an (pecopteridisch) und können länglich-dreieckigen bis schwach trapezförmigen Umriß mit abgerundeter Spitze haben. Die Mittelader läuft etwas an der Fiederachse herab. Die Seitenadern sind einfach bis zweifach gegabelt. Im höheren Westfal (z. B. Zwickau), Stefan (z. B. Wettin b. Halle) und im Unterrotliegenden kommt diese Form häufig vor.

*Pecopteris candolleana* (s. Bild 2.96/15) besitzt mit der ganzen Basis angewachsene 1 cm lange, schmale Fiederchen mit U-förmig abgerundeter Spitze. Die Einzelfiederchen zeigen oft eine lockere Stellung und laufen an der Basis etwas an der Achse herab. Die Mittelader ist immer deutlich sichtbar. Die Seitenadern sind einfach dichotom gegabelt. Im Westfal D (Zwickau), Stefan (Wettin b. Halle) und Unterrotliegenden ist diese Art verbreitet.

Im Habitus dieser Formart sehr ähnlich, aber wesentlich kleiner ist *Pecopteris potoniéi,* die im Unterrotliegenden Thüringens (Manebach) nicht selten sind.

*Pecopteris miltoni* (s. Bild 2.96/14)
Bei dieser Formart sitzen die Fiederchen mehr oder weniger senkrecht an den Achsen an und sind an der Basis schwach miteinander verbunden. Die Aderung kann auf der Oberseite meist nicht erkannt werden, da diese mit feinen Papillen bedeckt ist. Von der gut markierten Mittelader, die schwach zur Achse abgebogen ist, entspringen einbis zweifach gegabelte Seitennerven, die meist leicht schräg an den Blattrand treten. *Pecopteris miltoni* ist besonders im Westfal C – D (Zwickau) stark verbreitet.

*Pecopteris hemitelioides* (s. Bild 2.96/16) hat Fiederchen von streng pecopteridischem Umriß mit parallelen Seitenrändern. Sie sind relativ breit und besitzen eine starre Fiederaderung. Die Seitenadern sind einfach, verlaufen fast gerade. Die eingesenkte Mittelader läuft nicht an der Achse herab. Auf der Unterseite dicht am Blattrand sind punktförmige Vertiefungen, sog. Wassergruben. Die Formart kommt vom höchsten Oberkarbon bis ins Unterrotliegende (z. B. Döhlener Becken) vor.

*Pecopteris unita* (s. Bild 2.96/17) ist eine sehr variable, aber dennoch gut erkennbare Art. Die Fiederchen können völlig miteinander verwachsen sein, dadurch erscheinen die Fiedern vorletzter Ordnung als Einzelblätter. Übergänge von verwachsenen Fiederchen bis zu völlig isolierten sind zu beobachten. Die Mittelader geht in anfangs spitzem Winkel ab und biegt dann leicht rechtwinklig um. Die Seitenadern sind zur Spitze leicht gekrümmt und laufen am Ende mit der Mittelader fast parallel. Lokal kann diese Formart im Stefan (z. B. Plötz b. Halle) sehr häufig auftreten.

*Pecopteris (Asterotheca) truncata* besitzt sehr eng stehende Fiederchen, die basal miteinander verbunden sind. Sie ist an den großen Synangien (Sporangiengruppe, deren Einzelsporangien miteinander verwachsen sind) kenntlich. Häufig im Stefan (z. B. Wettin – Löbejün b. Halle) (s. Tafel 50, Bild 83).

### Neuropterides und Alethopterides

Diese Gruppen sind durch große Wedel gekennzeichnet. Ihre Vertreter gehören zum überwiegenden Teil zu den Pteridospermae. Nach dem Wedelaufbau und dem Bau der männlichen Fruktifikationsorgane (Pollangien, auf die hier nicht näher eingegangen werden kann) werden die Gruppen in folgende Gattungen bzw. Untergattungen unterteilt:

— *Alethopteris:* Pteridospermae mit großen Wedeln, fiederige Aderung mit deutlicher Mittelader und gut erkennbaren Nebenadern, Achsen kräftig und längsgestreift.
— *Lonchopteris:* Umriß der Fiederchen ähnlich wie bei *Alethopteris*, einfache Maschenaderung mit deutlicher Mittelader, erste Maschenaderung in der Erdgeschichte.
  Verbreitung: Oberkarbon (Westfal A bis Westfal C/D)
— *Imparipteris:* Fiederchen unterschiedlich groß mit zungenförmigem Umriß, Fiederaderung.
  Verbreitung: Oberkarbon bis Unterrotliegendes mit Vorläufern im Unterkarbon.
— *Reticulopteris:* Wedel unpaarig gefiedert, Fiederchen im Umriß wie *Imparipteris*, Maschenaderung
  Verbreitung: Hauptsächlich Unterrotliegendes
— *Paripteris:* Fiederchen zungenförmig (neuropteridisch), Fiederaderung, Wedel enden stets mit zwei Blättchen, Pteridospermae.
  Verbreitung: Oberkarbon (Namur) bis Rotliegendes
— *Linopteris:* Wedel paarig gefiedert, Maschenaderung, Fiederchen im Umriß wie *Paripteris*.
  Verbreitung: Hauptsächlich im Oberkarbon.

Von den zahlreichen Formarten, die zu den vorgenannten Gattungen bzw. Untergattungen gestellt werden, sollen nur die wichtigsten angeführt werden.

*Alethopteris decurrens* (s. Bild 2.96/20) zeigt mit den lang an der Achse herablaufenden Fiederchen und mit den im herablaufenden Spreitenteil vorhandenen Nebenadern die Merkmale der Formgattung *Alethopteris*. Die Fiederchen sind schmal, schlankdreieckig und locker gestellt. Die Aderung ist ebenfalls locker, einfach gegabelt. Ungegabelte Adern treten selten auf. Sie treffen mehr oder weniger senkrecht auf den Rand auf. Nebenadern sind einfach gegabelt oder ungegabelt. Diese Art tritt häufig im Oberen Karbon (Westfal A bis Westfal C) auf, z. B. Dolni Slask (Niederschlesien) VR Polen.

*Alethopteris intermedia* besitzt schräg an der Achse ansitzende Fiederchen. Sie sind lanzettförmig und dreimal so lang wie breit. Die Aderung ist dicht und einmal gegabelt. Diese Art tritt im Unteren Oberkarbon bes. im Westfal A auf (s. Tafel 50, Bild 84).

*Alethopteris subdavreuxi:* Die Wedel dieser für das limnische Becken von Zwickau – Lugau typischen Lokalform werden auf $1/2$ m Länge geschätzt. Sie besitzen eine dreifache Fiederung. Die Achsen sind kräftig und längsgestreift. Die Fiederchen besitzen parallele Seitenränder und sind schwach sichelförmig gebogen, an der Basis miteinander verbunden. Sie laufen nicht an der Fiederachse herab. Die Mittelader ist starr, entspringt mehr oder weniger rechtwinklig, die Adern sind mehrfach gegabelt.

Die im obersten Karbon (Stefan) und im Unterrotliegenden (z. B. Ohrdruf/Thür.) stellenweise häufig vorkommenden *Alethopteris zeilleri* besitzen pecopteridisch ansitzende und enggestellte schmale Fiederchen. Eine rein pecopteridische *Alethopteris* mit leicht schräg ansitzenden Blättchen ist *Alethopteris subelegans*, die z. B. im obersten Karbon (Stefan) von Plötz b. Halle vorkommt.

*Lonchopteris rugosa* (s. Bild 2.96/21) besitzt zungenförmige Fiederchen, das Verhältnis ihrer Länge zur Breite beträgt 3/1. Sie laufen an der Spitze leicht konisch zu und sind stumpf abgerundet. An der Basis sind sie breit miteinander verbunden. Die häufig etwas eingesenkte Mittelader ist zu $1/3$ bis $3/4$ der Blattlänge zu erkennen. Die polygonalen Adermaschen werden zum Rande zu enger. Diese Art kommt hauptsächlich im tieferen Oberkarbon (Westfal A – B ) von Dolni Slask (Niederschlesien) und Gorny Slask (Oberschlesien) der VR Polen vor.

*Imparipteris (Neuropteris) ovata* (s. Bild 2.96/22) ist eine für das Saarkarbon wichtige Leitform. Die gedrungenen zungenförmigen Fiederchen besitzen eine nicht deutlich erkennbare Mittelader, von der zwei- bis dreimal gegabelte Seitenadern in sehr flachem Bogen schräg auf den Seitenrand treffen. Am Unterrand der Fiederchen ist oft eine kleine Lappung.

*Imparipteris (Neuropteris) britannica* weist zweimal gefiederte Wedel mit breit geflügelten Achsen auf. Die bis 4 cm langen schlanken, etwas sichelförmigen Fiederchen sind abgestumpft oder zugespitzt und an der Basis neuropteridisch eingezogen. Die Aderung ist fiederig, wobei die Mittelader wenig entwickelt und nicht stärker als die mehrfach gegabelten Seitenadern ist, die in spitzen Winkeln von der Mittelader entspringen. Diese Art ist auf das Oberkarbon (Westfal C – D) von Zwickau – Lugau beschränkt, ebenso wie

*Imparipteris (Neuropteris) subauriculata* mit grobgeaderten, schwach konischen bis dreieckigen Fiederchen, die an der Basis herzförmig eingezogen sind. Die Adern sind sehr deutlich, mehrmals gegabelt und treffen mit bogigem Verlauf auf den Rand auf.

*Linopteris neuropteroides* läßt sich an den schlanken, etwas sichelförmig gebogenen Fiederchen relativ gut erkennen. Diese sind 2,5 bis 4 cm lang und 0,7 bis 1,2 cm breit mit rundlicher bis schwach dreieckiger Spitze. Eine Mittelader ist nicht ausgeprägt. Die Aderung ist dicht und fein, sie bildet langgestreckte enge Maschen. Die seltener zu findenden Wedel weisen Zwischenfiedern auf. Diese Pteridosperme tritt ab Westfal A auf und ist im Oberkarbon z. B. Zwickau – Lugau (Westfal C – D) sehr häufig.

*Linopteris weigeli* (s. Bild 2.96/23) besitzt sehr große schwach sichelförmig gebogene Fiederchen, die bis 7 cm lang werden können. An der Basis sind sie herzförmig eingezogen, die Spitze ist abgerundet oder spitzzungenförmig. Eine Mittelader ist nicht ausgeprägt. Die zarten Adern bilden langgestreckte Maschen (2 bis 9 mm lang und 1 mm breit). Die Achsen sind relativ dünn, die schwach gebogen schräg auf den Rand treffen. Die Wedel sind zweifach gefiedert. Diese Art ist nur aus dem Oberkarbon (Westfal B – C) von Zwickau – Lugau bekannt.

## Odontopterides

Die in dieser Kunstgruppe zusammengefaßten Pflanzen besitzen Fiederchen, die meist mit der ganzen Basisbreite ansitzen und parallel bis fächerig-fiederig geadert sind. Der Blattumriß kann bei den einzelnen Arten recht unterschiedlich sein. Sie gehören zu den Pteridospermen. Die Samen saßen an der Unterseite der Blättchen. Die Odontopteriden sind nur aus den limnischen Karbonbecken bekannt und kommen vom Oberkarbon (Westfal C) bis ins Rotliegende, wo sie besonders häufig sind, vor. Von dieser Gruppe werden ebenfalls nur einige Arten beschrieben.

*Odontopteris jeanpauli* (s. Bild 2.96/24) hat parallelrandige, 2 cm lange, zungenförmige bis schief abgerundete Fiederchen. Sie stehen sehr dicht und sitzen mit der ganzen Basis an. Die Aderung ist locker, eine Mittelader ist nur angedeutet. Von den Achsen treten etwa drei Adern in das Fiederchen über. Sie sind mehrfach gegabelt. Die zweifach gefiederten Wedel besitzen starre, kräftige, längsgestreifte Achsen. Diese Art tritt im Oberkarbon (Westfal C bis Stefan) in Mitteleuropa auf.

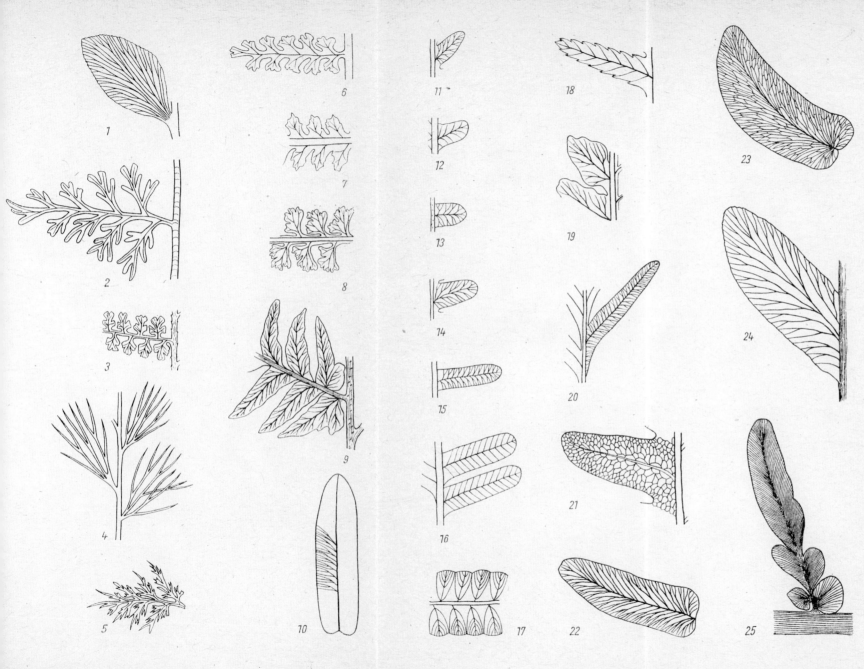

Bild 2.96. Schematische Abbildungen der wichtigsten farnartigen Blätter aus dem Paläophytikum. Einzelabbildungen nach GOTHAN und W. REMY, POTONIÉ, REMY, W., und R. REMY, REMY, W. Die Zahlen in ( ) bedeuten die natürliche Länge der Blättchen in mm

*1 Archeopteris hibernica*, Oberdevon, Progymnosperme (16); *2 Sphenopteris adiantoides*, Leitfossil unteres Oberkarbon (Namur A), Pteridosperme (12); *3 Lyginopteris hoeninghausi*, Oberkarbon (Westfal A), Pteridosperme (2); *4 Rhodea subpetiolata*, Oberkarbon (Westfal A–B), Pteridosperme (16); *5 Palmatopteris furcata*, Oberkarbon (Westfal A–C), Pteridosperme? (27); *6 Alloiopteris coralloides*, Oberkarbon (Westfal A–D), Farn (6); *7 Alloiopteris sternbergi*, Oberkarbon (Namur B bis Westfal D), Farn (1); *8 Alloiopteris essinghi*, Oberkarbon (Westfal C–D) Farn (4); *9 Mariopteris muricata*, Oberkarbon (Westfal A–C), Pteridosperme (14); *10 Taeniopteris jejunata*, Rotliegendes, Pteridosperme (32); *11 Pecopteris plumosa*, Oberkarbon (Westfal A–D), Farn (5); *12 Pecopteris arborescens*, Oberkarbon (besonders Stefan) bis Rotliegendes, Farn (4); *13 Pecopteris pennaeformis*, Oberkarbon (Westfal A–D), Farn (3); *14 Pecopteris miltoni*, Oberkarbon (Westfal C–D), Farn (5); *15 Pecopteris candolleana*, Oberkarbon (Westfal D), bis Rotliegendes, Farn (7); *16 Pecopteris hemitelioides*, Oberkarbon (Westfal D, Stefan) bis Rotliegendes, Farn (9); *17 Pecopteris unita*, Oberkarbon (Westfal D, Stefan) bis Rotliegendes, Farn (6); *18 Nemejcopteris feminaeformis*, Oberkarbon (Stefan) bis Rotliegendes, Farn (11); *19 Pecopteris pluckeneti*, Oberkarbon (Westfal D, Stefan) bis Rotliegendes, Pteridosperme (8); *20 Alethopteris decurrens*, Oberkarbon (Westfal A–D), Pteridosperme (11); *21 Lonchopteris rugosa*, Oberkarbon (Westfal A–B), Pteridosperme (13); *22 Imparipteris ovata*, Oberkarbon (Westfal B–C), Pteridosperme (20); *23 Linopteris weigeli*, Oberkarbon (Westfal B–C), Pteridosperme (35); *24 Odontopteris jeanpauli*, Oberkarbon (Westfal C bis Stefan), Pteridosperme (17); *25 Odontopteris subcrenulata*, Oberkarbon (Stefan), Pteridosperme (8)

*Odontopteris subcrenulata* (s. Bild 2.96/25) zeichnet sich durch bis 9 cm lange Fiedern vorletzter Ordnung aus, die bis zu 8 Einzelfiederchen tragen können. Sie sind mit der ganzen Basis angewachsen und leicht an der Achse herabgezogen. Die Art kommt im obersten Karbon (höheres Stefan) z. B. von Wettin – Löbejün b. Halle vor.

Zu den Farnen wird meist eine recht seltsame Gattung gestellt, *Noeggerathia*, die mit der Art *N. foliosa* vertreten ist (s. Bild 2.97). Die Blätter sind breit, verkehrt ei- bis keilförmig mit gerundeten Spitzen. Sie werden bis 3 cm lang und besitzen eine Fächeraderung. Die Blättchen stehen zweizeilig und werden sehr leicht von allen anderen Einzelfiedern der Farnpflanzen unterschieden. Neben diesen wurden zapfenförmige, heterospore Fruktifikationen gefunden. Diese Art ist aus dem Oberkarbon (Westfal B und C) der ČSSR (Böhmen) und aus der VR Polen (Dolni Slask) bekannt, seltener konnte sie in Saarbrücken gefunden werden.

## Callipterides

Unter dieser Kunstgruppe werden Pteridospermen mit Zwischenfiedern (s. Bild 2.95/5) und pecopteridischen, alethopteridischen bis sphenopteridischen Einzelfiedern zusammengefaßt. Sie besitzen eine fiederige Aderung, bei nur wenigen Arten ist sie parallel. Die hierher

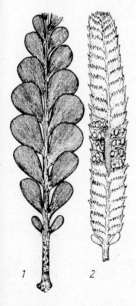

Bild 2.97. *Noeggerathia foliosa*, ein Farn, aus dem Oberkarbon (Westfal C)
*1* steriler Wedel, *2* fertiler Wedel (nach GOTHAN und WEYLAND)

gehörenden Gattungen und Arten sind z. T. sehr gute Leitfossilien. Sie kommen nur im obersten Karbon (Stefan) und im Rotliegenden vor und besitzen im Zechstein einige Nachläufer.
*Callipteris conferta* stellt das charakteristische und wichtigste Leitfossil des Rotliegenden dar. Die Fiederchen sitzen pecopteridisch bis alethopteridisch an und stehen sehr dicht. Sie haben Fiederaderung und besitzen außerdem noch Nebenadern (Adern, die von der Achse unmittelbar ins Blatt gehen). Die Einzelfiedern können glattrandig oder gelappt sein. Zwischen den Fiedern vorletzter Ordnung sitzen Zwischenfiedern, die ebenso gebaut sind wie die normalen Fiederchen, nur sind sie von kleinerer Gestalt.
Die Callipteriden haben einen trockeneren Standort bevorzugt, deshalb finden wir sie nicht im flözführenden Unterrotliegenden, sondern meist über den Flözen.
*Callipteridium pteridium* gilt als Leitform des Stefans (z. B. Löbejün b. Halle). Die Fiederchen sind pecopteridisch, basal miteinander verwachsen und besitzen Nebenadern. Zwischenfiedern treten an Haupt- und Nebenachsen auf.

### Rhacopterides

Die *Rhacopteris*-Arten verkörpern ebenfalls Farnsamer, deren Einzelfiedern fächernervig und tief zerschlitzt sind. Sie kommen im Oberkarbon (Westfal C – D) in den limnischen Becken wie Zwickau – Lugau, Dolni Slask (Niederschlesien) und im Saarrevier vor.
*Rhacopteris busseana* besitzt einfach gefiederte Wedel mit schräggestellten, verkehrt-eiförmigen, seitlich gelappten bis tiefgeschlitzten Fiederchen, die etwas an der starren und kräftigen Achse herablaufen. Eine Mittelader tritt nicht auf. Die Fächeraderung läuft mit dem Seitenrand parallel. Sie kommt im Westfal C – D vor.

### Taeniopterides

Unter dieser Kunstgattung werden längere, bandartige, sehr dichtfiederig geäderte Blättchen zusammengefaßt. Es waren wahrscheinlich Samenfarne, deren Vorkommen sich auf das oberste Karbon (Stefan) bis Rotliegende beschränkt.
Von diesen ist
*Taeniopteris jejunata* (s. Bild 2.96/10) wichtig, eine Art, die im ganzen Rotliegenden verbreitet ist und unter anderem auch in Manebach/Thür. vorkommt. Die länglichen etwas bandartigen Blätter besitzen parallele Seitenränder mit halbkreisförmiger Spitze. Die kurzgestielte Basis der Fiedern ist abgerundet bis herzförmig schwach eingezogen. Von einer deutlich erkennbaren Mittelader gehen ein- bis mehrfach gegabelte Adern in schwachem Bogen zum Rand, wo sie senkrecht auftreffen. Die Achsen der zweifach gegabelten Wedel sind glatt und etwas längsgestreift.

## 2.3.3.3.1. Die Stämme von Karbonfarnen und Farnsamern

Auch Farnstämme sind aus dem Karbon und Rotliegenden bekannt. So wurden aus dem Rotliegenden von Manebach in Thüringen Reste von Farnstämmen bereits vor mehr als 150 Jahren beschrieben. Die permokarbonischen Baumfarne besaßen entweder eine zweizeilige, eine vierzeilige oder eine spiralige Beblätterung. Auf Steinkernen und Abdrücken derselben sind die Blattnarben als große rundliche Gebilde erhalten. Bei günstigem Erhaltungszustand kann man in der Mitte von ihnen noch das hufeisenförmige Leitbündel erkennen. Nach der Anordnung der Blattnarben unterscheidet man zwischen *Megaphyton* (Stämme mit zweizeilig angeordneten Blattnarben) und *Caulopteris* (Stämme mit vier- bis mehrzeilig angeordneten Blattnarben).

Gegen Ende des vorigen Jahrhunderts wurden im Unterrotliegenden von Karl-Marx-Stadt/Hilbersdorf zahlreiche Kieselhölzer in z. T. sehr großen Exemplaren gefunden. Das Museum für Naturkunde in Karl-Marx-Stadt (Sterzeleanum) besitzt wohl die berühmteste Sammlung von Kieselhölzern aus dem Rotliegenden (s. Tafel 51, Bild 85 u. Farbtafel VII, Bild 11). Unter ihnen kommen auch Psaronien vor. Die Psaronien, auch als »Starsteine« bekannt, sind mit Struktur erhaltene verkieselte Farnstämme (Intuskrustationen), die meist von einem Luftwurzelmantel umgeben sind (s. Tafel 19, Bild 31). Der relativ dünne Stamm besteht aus plattenförmigen, teilweise spiralig, vierzeilig und zweizeilig angeordneten Leitbündeln (diese Verteilung entspricht der Blattnarbenverteilung bei *Megaphyton* und *Caulopteris),* die dicht oder locker in ein Parenchymgewebe (Füllgewebe) eingebettet sind. Umgeben wird der Stamm von einem Luftwurzelmantel, der sich recht weit am Stamm hinaufzog (s. Bilder 2.98 und 2.99). Dabei werden eine innere Wurzelzone, bei der die Wurzeln in ein Rindenparenchym eingebettet sind, und eine äußere Zone, die aus freien Wurzeln besteht, unterschieden. Jede Wurzel enthält im Zentrum ein 5- bis 7strahliges Leitbündel. Dieser Wurzelmantel diente nicht nur der Wasseraufnahme, sondern stellte eine wesentliche Verfestigung der Achse dar, da es bei diesen Farnen keine Sekundärholzbildung gab. Nach der Stellung der Leitbündel erfolgt eine Einteilung in verschiedene Formarten, die im Rahmen dieses Buches nicht weiter besprochen werden können und die an in den Museen ausgestellten Stücken gut bestimmt sind. Es wird angenommen, daß zu ihnen verschiedene *Pecopteris*-Arten, wie z. B. *Pecopteris arborescens,* gehörten.

Die Stämme der Pteridospermae haben einen recht eigenartigen Bau. Von ihnen sollen nur die Medulloseae (lat. medullosus = markhaltig) betrachtet werden (s. Tafel 51, Bild 86). Sie wurden ebenfalls in verkieseltem Zustand in Karl-Marx-Stadt/Hilbersdorf gefunden. An Querschliffen erkennt man im Inneren das Mark mit zahlreichen Stelen. Jede Einzelstele besitzt ein zentrales Mark, das von Primär- und Sekundärholz umgeben ist. Danach besteht der Stamm eigentlich aus

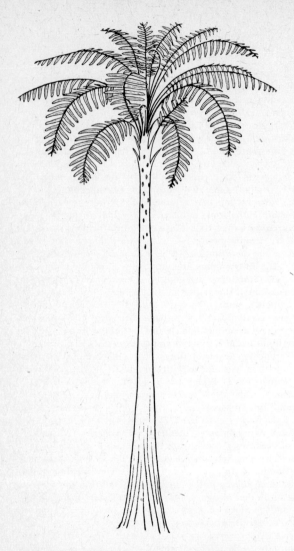

Bild 2.98. Rekonstruktion eines Baumfarnes aus dem Unterrotliegenden von Karl-Marx-Stadt/Hilbersdorf. Deutlich von oben nach unten erkennbar der Gipfel mit Blattwedeln, darunter die noch nicht vom Wurzelmantel verdeckten Blattnarben, anschließend der Stamm mit dem sich nach unten verstärkenden Luftwurzelmantel (nach URBAN und MÄGDEFRAU)

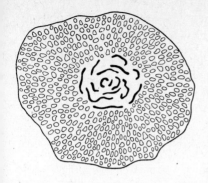

Bild 2.99. Schematischer Stammquerschnitt eines Baumfarnes aus dem Unterrotliegenden von Karl-Marx-Stadt/Hilbersdorf. Stamminneres mit bandförmigen Gefäßbündeln, außen umgeben vom Wurzelmantel, der aus zahlreichen Luftwurzeln besteht (nach URBAN und MÄGDEFRAU)

mehreren Einzelstämmen. Bei *Medullosa stellata* kommt es zur Verschmelzung der äußeren Einzelstelen, die einen Ring um die inneren bilden. Später kam es in diesem Ring zu einer Sekundärholzbildung hauptsächlich nach außen, wodurch ein einheitlicher Holzzylinder entstand. Die nur sehr selten erhaltene Rinde besitzt längs verlaufende mehr oder weniger parallele Baststreifen. Dieser polystele Bau des Stammes in Verbindung mit einem Sekundärholzzuwachs der einzelnen Stelen ist bei den heutigen Pflanzen unbekannt. Die Belaubung der vom unteren Westfal bis ins Rotliegende auftretenden Medulloseae bestand in Form von *Neuropteris-*, *Alethopteris-*, *Lonchopteris-*, *Taeniopteris-* und vermutlich auch *Odontopteris-* und *Callipteris-*Wedeln.

### 2.3.3.4. Cordaitales (Cordaiten)

Neben den Pteridospermen spielen im Permokarbon noch weitere Gymnospermen eine wichtige Rolle. Es sind die Cordaitales oder Cordaiten (nach dem Prager Botaniker A. CORDA 1809 bis 1849 benannt). Es ist eine sehr isoliert stehende Gruppe mit nur einer Gattung, die aber sehr artenreich und weltweit verbreitet war. Die Cordaiten treten zuerst im Oberen Namur auf und reichen bis ins Rotliegende. Sie gehören mit zu den bestuntersuchten Pflanzen des Permokarbons, da von ihnen alle Organe bekannt sind.

Meist werden die charakteristischen Blätter oder Teile von ihnen gefunden (s. Farbtafel VI, Bild 10). Sie sind lineal bis lanzettlich, stumpf oder zugespitzt und können Längen bis zu 1 m bei nur wenigen Zentimeter Breite erreichen. Ähnlich wie die rezenten Monokotylen (einkeimblättrige Pflanzen) sind sie parallelnervig. Durch Querschliffe an verkieseltem Material ist auch der innere Blattbau nachzuweisen. Die Leitbündel werden oben und unten von je einem Streifen Festigungsgewebe (Sklerenchym) begleitet. Bei manchen Arten können noch zwischen den Leitbündeln weitere Sklerenchymstränge auftreten. Die Spaltöffnungen liegen in Reihen tief eingesenkt auf der Unterseite des Blattes.

Die Blütenstände *(Cordaianthus)* der Cordaiten sind ebenfalls durch Schliffuntersuchungen sehr genau bekannt. Sie sind getrenntgeschlechtlich und sitzen zwischen den beblätterten Sprossen oben am Stamm. Im Prinzip besteht zwischen ihnen im Bau kein Unterschied. An der langen Blütenstandsachse sitzen in den Achseln von Hochblättern zweizeilig angeordnet kleine »Kätzchen«. Diese tragen spiralig angeordnete Schuppenblätter, zwischen denen sich mehrere Staubblätter oder Samenanlagen befinden. Auch die herzförmigen Samen sind als *Cardiocarpus* bekannt.

Die Cordaiten waren Bäume von etwa 30 m Höhe, damit sind sie wohl die höchsten Karbonpflanzen gewesen (s. Bild 2.100). Zu ihnen gehören auch die vor dem Museum in Karl-Marx-Stadt aufgestellten schlanken, hohen verkieselten Stämme. Durch Dünnschliffuntersuchungen kennt man auch die Holzanatomie. Das Sekundärholz ist bei den Cordaiten stark entwickelt. Die Tracheiden haben Hoftüpfel (dünne Stellen in der Zellwand, durch die der Stoffaustausch stattfindet), die in Form und Anordnung denen der heutigen Araucariaceen entsprechen. Zu den Araucarien gehört z. B. unsere »Zimmertanne«. Deshalb bezeichnet man diese Tüpfelung als araucaroid. Sie zeichnet sich durch Mehrreihigkeit der nicht in gleicher Höhe zueinander sehr eng stehenden Tüpfel aus. Sie platten sich gegenseitig ab und werden so hexagonal. Dieser Tüpfeltyp ist außer bei den rezenten Araucarien nur bei den paläozoischen Gymnospermenhölzern zu finden. Die Tüpfel der »modernen« Hölzer (etwa ab Jura) stehen meist in einer Reihe und berühren sich nicht, man nennt diese Tüpfelung abietoide Tüpfelung.

### 2.3.3.5. Koniferen

Während die Cordaiten im Rotliegenden ohne direkte Nachfahren ausstarben, traten hier die ersten echten Koniferen auf. Vereinzelt finden wir sie schon im obersten Stefan. Es sind die früher als »Walchien« bezeichneten Nadelhölzer. Es sind wichtige Leitfossilien für das Rotliegende. Nach der monographischen Bearbeitung der Koniferen durch den bekannten schwedischen Botaniker R. FLORIN (1894 bis 1966) wird die alte Gattung *Walchia* in die beiden Gattungen *Lebachia* und *Ernestiodendron* aufgeteilt. Sie unterscheiden sich nach dem Ansitzen der Nadelblätter, dem Epidermisbau und der Ausbildung der weiblichen und männlichen Zapfen. Das Holz ist koniferenartig gebaut und besitzt wie die meisten paläozoischen Koniferen araucaroide Tüpfelung. Die Blätter sind bei beiden Gattungen nadelförmig und spiralig angeordnet. An den Hauptachsen und in den Blütenregionen treten einmal gegabelte Blättchen auf. Damit zeigt ein Teil der Nadelblätter bei den ältesten Koniferen noch ursprüngliche Merkmale. Sowohl von

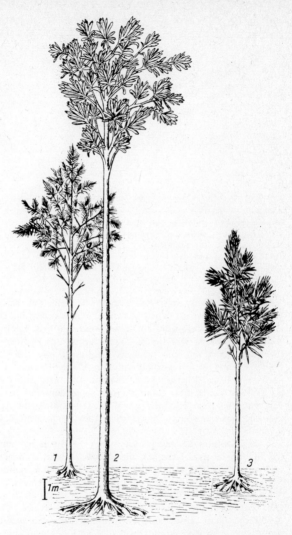

Bild 2.100. Rekonstruktion von Cordaitenbäumen des Permokarbons
1 *Poacordaites*, 2 *Eucordaites*, 3 *Dorycordaites* (nach GRAND'EURY)

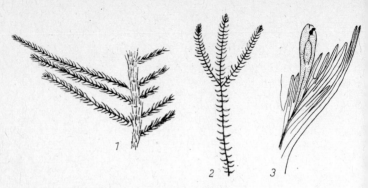

Bild 2.101. Die ältesten Koniferen der Erdgeschichte

*1 Lebachia piniformis;* Ast mit Seitenzweigen und typischer Benadelung aus dem Rotliegenden von Friedrichroda (nach REMY und REMY)
*2 Ernestiodendron filiciforme;* Seitenzweig aus dem Unterrotliegenden von Karl-Marx-Stadt/Hilbersdorf (nach FLORIN)
*3* Rekonstruktion eines Samenschuppenkomplexes in der Achsel einer Deckschuppe von *Lebachia piniformis* (medianer Längsschnitt) (nach GOTHAN und WEYLAND)

*Lebachia* als auch von *Ernestiodendron* sind die Zapfen bekannt. Durch den Nachweis FLORINs, daß in den Achseln der Deckschuppen der ältesten Koniferen Blüten stehen, sind somit die Zapfen als Blütenstände anzusehen, was für das Verständnis des Zapfenbaues unserer rezenten Koniferen von großer Bedeutung ist (s. Bild 2.101/1, 2). Beide Formen waren verhältnismäßig kleine Bäume, deren Stämme höchstens 10 cm Durchmesser besaßen. Die Äste standen in Wirteln horizontal. Im Habitus ähnelten die Lebachien und Ernestiodendren den von den Norfolkinseln stammenden Zimmertannen *(Araucaria excelsa),* obwohl stammesgeschichtlich zu ihnen kein Zusammenhang besteht.

Von der Gattung *Lebachia* sind bisher 14 Arten bekannt geworden. Die häufigste Art, *Lebachia piniformis,* besitzt fiederig verzweigte und sehr dicht mit Nadelblättern spiralig besetzte Seitenzweige. Die Nadelblätter sind schlank, zugespitzt, schwach konkav oder S-förmig gekrümmt und etwa 7 mm lang. Sie laufen etwas an der Achse herab. Die Spaltöffnungen sind in Streifen angeordnet. Die getrenntgeschlechtlichen Zapfen sind endständig. *Lebachia piniformis* ist im Rotliegenden weit verbreitet (z. B. Thüringer Wald), kommt aber auch schon im oberen Stefan vor (s. Bild 2.101/3).

Weniger häufig wird *Ernestiodendron* mit der Art *Ernestiodendron filiciforme* gefunden. Auch hier kommen fiederig verzweigte Seitenachsen mit spiralig besetzten Nadelblättern (s. Bild 2.101/2), die schlank-dreieckig bis lineal und zugespitzt sind, vor. Sie stehen teilweise sehr dicht, so daß sie sich etwas überdecken können. Die Nadelblättchen sind mehr oder weniger scharf gekrümmt, wobei die Spitzen zu der Achse parallel verlaufen oder zu ihr eingekrümmt sein können. Die Spaltöffnungen sind nicht zu Streifen angeordnet, ein wichtiges Unterscheidungsmerkmal zu der vorher beschriebenen *Lebachia piniformis*. Die Zapfen sind getrenntgeschlechtlich und stehen an den Zweigenden. *Ernestiodendron filiciforme* kommt ebenfalls im Rotliegenden vor.

Diese Koniferen gehörten nicht zu den kohlebildenden Pflanzen. Man sucht vergebens auf den Halden der Flöze des Thüringer Rotliegenden nach ihnen und ebenso nach den *Callipteris*-Arten. Der Paläobotaniker GOTHAN (1879 bis 1954) bezeichnet diese, trockene Standorte bevorzugende Pflanzengesellschaft als »*Callipteris-Walchia*-Gesellschaft«. Die flözbildenden Pflanzen wie Pecopteriden, Calamiten, Sphenophyllen und auch einige Samenfarne bildeten eine Sumpfmoorgesellschaft, die als »*Pecopteriden-Calamiten*-Gesellschaft« bezeichnet wird.

### 2.3.4. Die Pflanzenwelt vom Zechstein bis zur Unteren Kreide (Mesophytikum)

Im Mesophytikum findet man recht spärlich pflanzliche Fossilien an wenigen Fundorten im Bereich der DDR. Die Üppigkeit der Vegetation, wie sie aus dem Permokarbon bekannt ist, fehlt. Es kommt nur noch sehr vereinzelt zu einer schwachen Kohlebildung (z. B. Lettenkohlen des Keupers in Thüringen). Viele Karbonpflanzen sind deshalb in ihrem Gesamtaufbau besser bekannt als manche aus der jüngeren Zeit. Allerdings bestehen bei den mesophytischen Pflanzen schon engere Beziehungen zu den Pflanzen der Gegenwart, so daß dadurch mit Hilfe von analogen Vergleichen der morphologische Bau der mesophytischen Formen vorstellbar ist. Ursachen für die relative Seltenheit an Pflanzenresten sind in den klimatischen und geologischen Bedingungen zu suchen, die während des Mesophytikums in unserem Gebiet herrschten. Natürlich darf man nicht annehmen, daß es zu einer Stagnation in der Entwicklung des Pflanzenreiches kam. Es sind vielmehr quantitativ nur wenige Fossilien überliefert worden und diese in einem oft recht ungünstigen Erhaltungszustand.

Aus diesem Grund soll nur auf die wesentlichsten Fossilien eingegangen werden, da es dem Sammler in den seltensten Fällen möglich sein wird, gutes mesophytisches pflanzliches Fossilmaterial zu bergen.

### 2.3.4.1. Die Zechsteinflora

Im Oberen Perm (Zechstein) beginnt auf der Erde überall die Herrschaft der Nacktsamer (Gymnospermae). Bereits im obersten Karbon (Stefan) zeichnete sich ein Umschwung dahingehend ab, daß sich die klimatischen Verhältnisse ändern; das Klima wurde trockener. Wenn auch die Floren des unteren Rotliegenden noch sehr artenreich waren, so weisen sie doch nicht mehr die Üppigkeit der eigentlichen Karbonfloren auf. Man bezeichnet sie als verarmte Karbonfloren, in denen die ältesten Koniferen, die »Walchien«, als neues Florenelement einer trockenheitsliebenden Pflanzengesellschaft angehörten.

Im unteren Zechstein, dem Kupferschiefer, drang vom Norden ein Flachmeer in unser Gebiet vor; es entstand das germanische Becken. Durch wechselnde Salzwasserzuflüsse kam es bei vorherrschendem Trockenklima zur Ablagerung zyklisch gegliederter Salzserien. Basal lagerte sich über konglomeratischem Festlandsschutt ein schwarzer bituminöser Schiefer ab, der in einem Abschnitt einer sehr stark behinderten Wasserzirkulation entstanden ist. Dieser etwa 0,3 m bis 0,4 m mächtige Kupferschiefer, ein Faulschlammgestein, enthält neben Kupfer (etwa 2 %) 32 verschiedene Erzmineralien. Der Kupferschiefer entstand am Boden eines euxinischen Meeres (ein sauerstoffarmes und schwefelwasserstoffreiches Meer, in dem organisches Leben erschwert wird). Die Ausbildung dieses Sedimentes erfolgt unter sauerstofffreien (anaeroben) Bedingungen am Meeresboden. Analog den Verhältnissen im heutigen Schwarzen Meer (lat. mare euxinicum) beschränkte sich das Leben der Meerestiere nur auf die oberen Partien. Die toten Lebewesen, vor allem Plankton, sanken in den Faulschlamm ein und wurden zu Bitumen umgewandelt. Es wird angenommen, daß Schwefelbakterien, die im Bodenwasser und Schlamm lebten, die Erzeuger der Schwermetallanreicherungen waren. Man nimmt weiterhin an, daß die Schwermetallionen von der Rotliegendoberfläche durch Flüsse oder untermeerische Quellen ins Kupferschiefermeer gelangten, wo sie die Schwefelbakterien anreicherten. Da der Sauerstoff in den unteren Wasserschichten völlig fehlte, konnten sich die Leichen der Fische (z. B. *Palaeoniscus freieslebeni*) und die Pflanzenreste so gut erhalten.

Durch nachfolgende zeitweise Verbindungen mit dem Weltmeer im Verlauf des Zechsteins bildeten sich mächtige Lager von Kalk, Dolomit, Gips, Stein- und Kalisalz. Bei der Entstehung dieser Ablagerungen müssen gewaltige Mengen von Wasser verdunstet sein. Auf ein warmes Klima weisen auch die am Südrand des Zechsteinmeeres befindlichen Riffe (Kalkalgen und Bryozoen), wie sie z. B. im Gebiet des heutigen Thüringer Waldes entstanden sind, hin.

Die Pflanzenreste kommen nicht nur im Kupferschiefer vor, sondern gelegentlich auch in tonigen Sedimenten. Die klassischen Fundstellen liegen bei Ilmenau, Mansfeld, Trebnitz b. Gera, Schweina b. Bad Liebenstein, Bottendorf (südl. Artern), Richelsdorf (BRD) und Dinslaken (Rheinland, BRD). Daneben können auf den alten Kupferschieferhalden des 18. Jahrhunderts in der Umgebung von Mansfeld und Eisleben auch heute noch pflanzliche und tierische Fossilien gefunden werden.

Die Kupferschieferflora ist sehr artenarm. Diese Artenarmut hängt mit

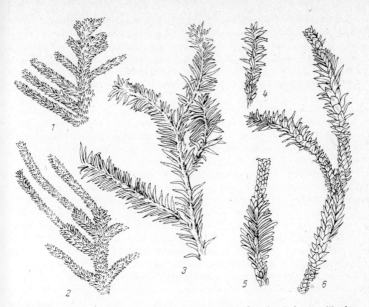

Bild 2.102. Zweige von *Ullmannia frumentaria*, einer Konifere des Zechsteins (Kupferschiefer), sog. »Frankenberger Kornähren«

1 Sonnenzweig, 2, 4, 5 heterophylle Zweige, 3 Schattenzweig, 6 *Araucaria bidwillii*, rezent (nach WEIGELT)

dem warmtrockenen, wahrscheinlich sogar wüstenartigen Klima zusammen. Der Standort der Pflanzen dürfte deshalb nur in Meeresnähe gewesen sein. Das Gepräge der Flora wird durch die Koniferen bestimmt. Bisher konnten fünf Arten unterschieden werden. Am häufigsten ist die Gattung *Ullmannia frumentaria* (s. Bild 2.102) und *Ullmannia bronni* verbreitet. Die Gattung *Ullmannia* wird durch mehr oder weniger kurz zungenförmige oder längliche parallelrandige, dicht gedrängt, spiralig stehende Nadelblätter gekennzeichnet. Zu *Ullmannia frumentaria* gehören Zweige mit schuppenartigen und mit normal langen Nadelblättern. Die kurznadeligen Zweigreste verkörpern Sonnenzweige (in verkiester Form sind sie unter dem Namen »Frankenberger Kornähren« bekannt), während die langnadeligen als Schattenzweige bezeichnet werden. Verschiedentlich wurden an einem Zweig beide Benadelungen gefunden. Dieser plötzliche Umschlag in der Blattgestalt an einem Zweig (Heterophyllie = Verschiedenblättrigkeit) kommt durch krasse Änderungen der Niederschlagsmenge zustande und ist auch bei rezenten Koniferen (wie z. B. *Araucaria bidwilli*) zu beobachten (s. Bild 2.102). Neben den häufig zu findenden Zweigresten von *Ullmannia frumentaria* treten auch vereinzelt die 2 bis 2,5 cm langen männlichen Zapfen und die lockerer gebauten weiblichen Zapfen, die aufrecht an den Sonnenzweigen standen, auf. *Ullmannia bronni,* die vor allem bei Gera und Frankenberg (BRD) vorkommt, besitzt rundlich-eiförmige, stumpfe, vorn etwas eingebogene Blätter. Sie stimmen im Bau der Epidermen fast völlig mit denen von *Ullmannia frumentaria* überein.

Der Gattung *Ullmannia* nahe verwandt scheinen die Gattungen *Quadrocladus solmsi* und *Quadrocladus orbiformis* zu sein. Sie lassen sich nur anatomisch durch den Bau der Spaltöffnungen unterscheiden. Bei *Ullmannia* sind die Spaltöffnungen von einem Kranz von 5 bis 8, bei *Quadrocladus* von meist 4 Nebenzellen umgeben.

Stark verbreitet im Kupferschiefer ist die Konifere *Pseudovoltzia liebeana* (s. Bild 2.103), deren Zweige durch eine deutliche Heterophyllie gekennzeichnet sind. Die Beblätterung ist sehr locker. Die Länge der Nadeln nimmt von unten nach oben zu. Die oberseits abgeflachten, unterseits gewölbten Nadelblätter sind schraubig angeordnet und besitzen relativ spitze Enden. Auch von dieser Art ist die Anatomie der Blätter bekannt. Bisher konnten nur die weiblichen Zapfen nachgewiesen werden. Dabei gelang es, den stammesgeschichtlich (phylogenetisch) wichtigen Nachweis der Zweigliederung der Schuppe in eine fünflappige Frucht- und eine einfache Deckschuppe zu führen. Von den fünf Lappen der Fruchtschuppe sind die seitlichen und der mittlere breiter als die oberen seitlichen und tragen die Samenanlagen (s. Bild 2.103).

Neben den dominierenden Koniferen treten im Kupferschiefer noch andere Gymnospermen auf. Die Ginkgogewächse (Ginkgoaceae), deren einzige heute noch lebende Art, *Ginkgo biloba,* schon von CH. DARWIN (1809 bis 1882) als »lebendes Fossil« bezeichnet wurde, sind durch

---

Bild 2.103. Pflanzen des Zechsteins ▶

*1 Ullmannia bronni,* Zweigstück aus Kalkkonkretionen im Kupferschiefer, Niederrhein (BRD), nat. Größe, (nach SCHWEITZER)

*2—5 Pseudovoltzia liebeana* (nach MÄGDEFRAU)

*2* heterophyller Sproß, $^2/_3$ nat. Gr.

*3* weiblicher Zapfen, $^2/_3$ nat. Gr.

*4* Schuppenkomplex eines weiblichen Zapfens, Dorsalseite, stark vergr.

*5* wie *4* Ventralseite, stark vergr.

*d* – Deckschuppe, *l* – schmale Lappen der Fruchtschuppe, *s* – Samen, *p* – Ansatzstelle des 3. Samens

*6 Taeniopteris eckardti,* Farnsamer? aus dem Kupferschiefer von Mansfeld, Fiederblatt, $2 \times$ (nach GOTHAN und WEYLAND)

*7 Sphenobaiera digitata,* Ginkgogewächs aus dem Kupferschiefer von Mansfeld, $^1/_3$ nat. Gr. (nach MÄGDEFRAU)

*8 Neocalamites mansfeldicus,* Schachtelhalmgewächs aus dem Kupferschiefer von Mansfeld, $^1/_3$ nat. Gr. (nach MÄGDEFRAU)

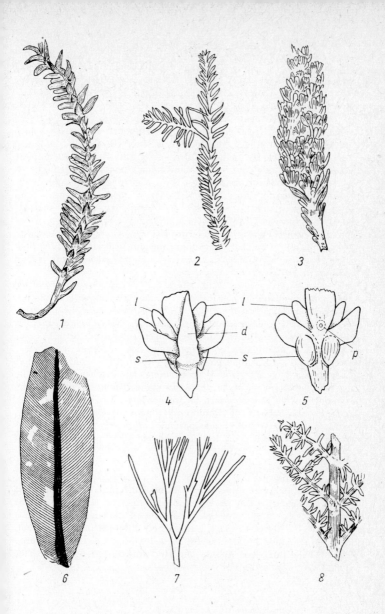

Sproß- und Blattreste der fossilen Art *Sphenobaiera digitata* (s. Bild 2.103) bekannt. Die Spreite der Blätter gabelt sich dichotom in bis zu 18 lineale freie Enden auf. Obwohl Fruktifikationen und Blüten bisher noch nicht gefunden wurden, zeigt der Bau der Blattepidermen große Übereinstimmung zu anderen Ginkgoaceae (z. B. aus dem Jura).

Die im Permokarbon verbreiteten Farnsamer (Pteridospermae) sind mit den drei Gattungen *Callipteris*, *Sphenopteris* und *Taeniopteris* vertreten. *Callipteris* (leicht erkennbar am Vorhandensein von Zwischenfiedern) kommt mit der Art *Callipteris martinsi* vor. Die seltenere Gattung *Sphenopteris* tritt mit drei Arten im Kupferschiefer auf. Wahrscheinlich nur auf das Mansfelder Revier beschränkt, ist *Taeniopteris eckardti* (s. Bild 2.103/6). Gekennzeichnet durch die schmalen zungenförmigen Blätter (Fiedern). Da die Anatomie dieser Reste noch unbekannt ist, wird ihre Zugehörigkeit zu den Pteridospermen z. T. angezweifelt.

Von den echten Pteridophyten (Farnpflanzen, Gefäßsporenpflanzen), deren Blütezeit im Karbon lag, kommt nur ein Vertreter der Schachtelhalm-Gewächse, *Neocalamites mansfeldicus*, im Zechstein vor (s. Bild 2.103/8).

Wie sah nun diese Kupferschieferflora aus? Da die meisten Fossilien nur recht unvollständig erhalten sind, kann man eigentlich nur mit Hilfe des anatomischen Baues der Pflanzen etwas über die Pflanzengemeinschaften aussagen. Mit Ausnahme von *Neocalamites* und der Sphenopteridien sind alle Zechsteinpflanzen xeromorph (griech. xeroc = trocken, d. h. Anpassung an das Leben auf trockenen Standorten) gebaut. Diese beiden Pflanzen sind wahrscheinlich Bewohner feuchter Niederungen gewesen, wobei *Neocalamites* ähnlich wie der rezente Teichschachtelhalm im seichten Wasser stand. *Taeniopteris* und *Sphenobaiera* dürften ihre Standorte in trockeneren, aber geschützten Tallagen gehabt haben. Die Koniferen *Ullmannia*, *Quadrocladus* und *Pseudovoltzia* sowie die Pteridospermae *Callipteris* gediehen vermutlich an sonnigen, trockenen Hängen oder auf strandnahen Dünen.

### 2.3.4.2. Die Trias

Die Trias, die in die Abteilungen Buntsandstein, Muschelkalk und Keuper gegliedert wird, weist auf dem Gebiet der DDR nur wenig ergiebige klassische Fundpunkte pflanzlicher Fossilien auf (z. B. Buntsandstein: bei Bernburg/Saale, Schönebeck/Elbe, Siegen b. Arnstadt, Berka, Mansfelder Mulde, Nienburg/Saale, Niegripp b. Magdeburg; Keuper: Umgebung von Apolda und Hildburghausen). Es sei deshalb nur auf die wichtigsten Formen verwiesen.

## 2.3.4.2.1. Die Buntsandsteinflora

Nur im Mittleren und Oberen Buntsandstein kommen pflanzliche Reste vor. Trockenwarme klimatische Bedingungen kennzeichnen auch den Buntsandstein. Der wüstenartige Charakter wird durch die roten Sedimentfarben, durch Dünenstrukturen mit Kreuz- und Schrägschichtungen und durch Trockenrisse, die in den tonigen Absätzen periodischer Wassertümpel auftraten, sowie durch die Sedimentausfüllungen und Trockenrisse, die als sogenannte Netzleisten überliefert sind, gekennzeichnet. Innerhalb dieser Wüstenlandschaft müssen sich Süßwasseransammlungen von oasenartigem Charakter befunden haben. Dafür sprechen die tonig-sandigen Einschaltungen in den Sandsteinfolgen, ferner die darin enthaltenen Muschelkrebse (Ostracoden), Fragmente von Panzerlurchen sowie Abdrücke von Farnen und Koniferen. Die Abdrücke im Sandstein lassen oft nur die Umrisse erkennen, während sie in den Letten alle Feinheiten der Nervatur zeigen.
Die botanisch bedeutendste Pflanze ist *Pleuromeia*, ein Vertreter der Lycopsida (Bärlappe). Die Entdeckung dieser Pflanze vor mehr als 100 Jahren erfolgte durch einen recht eigenartigen Zufall. Bei Instandsetzungsarbeiten am Dom zu Magdeburg stürzte ein Sandsteinblock herab und zersprang. Dabei kam ein kurzes Stammstück zum Vorschein. Der Sandstein stammte mit großer Wahrscheinlichkeit aus einem Steinbruch bei Bernburg/Saale, wo später die meisten *Pleuromeia*-Reste gefunden wurden. Durch weitere Funde im Mittleren und Oberen Buntsandstein Europas ist man in der Lage, sich ein recht genaues Bild über den Aufbau dieser Pflanze zu machen.
Die etwa 2 m hohe *Pleuromeia*-Pflanze war unverzweigt (s. Bild 2.104/5). Die unterirdische Stammbasis teilt sich dicht hintereinander zweimal dichotom. Dadurch entstehen vier hornartige, kurze Gebilde. Auf der gesamten Oberfläche der Stammbasis, besonders auf den »Hörnern«, sind die leicht elliptischen Narben der eigentlichen Wurzeln (Appendices) dicht angeordnet (s. Bild 2.105). Die Narben haben die gleiche Form wie die Appendix-Narben von den karbonischen Stigmarien. Auch histologisch bestehen Übereinstimmungen zwischen beiden Formen. Der Stamm besitzt ein einziges zentrales Leitbündel, von dem die Blattspurstränge ihren Ursprung haben. Ein sekundäres Dickenwachstum scheint bei *Pleuromeia* nicht vorhanden gewesen zu sein. Die Stammoberfläche ist nur selten erhalten. Sie zeigt lockerstehende, quergestreckte, spiralig angeordnete, an die Sigillarien erinnernde Blattnarben, die durch eine vertikale Linie halbiert sind. Die meisten gefundenen Stammstücke sind entrindet und ohne Blattnarben, dafür sind längliche, den Leitbündelverlauf markierende Gebilde zu erkennen. Die größere Breite der Blattnarben am Basalteil des Stammes wird durch das Dickenwachstum der Außenrinde erklärt. Die leicht abfallenden Blätter sind lanzettlich und etwa 10 cm lang (s. Bild 2.105, s. S. 274). Sie waren nur am oberen Teil des Stammes ausgebildet und

Bild 2.104. Rekonstruktion der zu den Bärlappgewächsen gehörenden Sukkulente *Pleuromeia sternbergi* aus der mitteleuropäischen Untertrias (Buntsandstein). Der schlanke Stamm ist nach dem Abwerfen der Blätter mit den Narben der Blattansätze bedeckt. Am obersten Teil des Stammes befinden sich kurze, steife Blätter und an der Spitze ein auffallender Zapfen. Diese Pflanzen wuchsen an feuchten Orten in der Nähe kleiner Tümpel (nach MÄGDEFRAU)

saßen diesem mit einer breiten Basis an. Sie trugen eine Ligula. Nach dem Abfallen hinterließen sie Narben, an denen die Austrittsstellen der Leitbündel und der beiden Parichnosstränge bei günstigem Erhaltungszustand zu erkennen sind. Auch dieses Merkmal weist auf die Sigillarien hin. Die Sporophylle waren in einer Art Zapfen am oberen Ende des Stammes entwickelt. *Pleuromeia* war heterospor. Teils hat man gemischtgeschlechtliche Zapfen, mit Mikrosporangien im oberen und Makrosporangien im unteren Teil, teils eingeschlechtliche Zapfen gefunden.

Nach ihrem Bau war *Pleuromeia* sowohl eine Stamm- als auch eine Blattsukkulente (Sukkulenten = Pflanzen, die sich nach ihrem Bau den Trockenbedingungen angepaßt haben und außerdem wasserspeichernde Gewebe in Blättern, Stämmen oder Wurzeln besitzen). Dadurch war sie an die erschwerten Bedingungen in einer Umwelt mit wüstenartigem Charakter angepaßt.

Stammesgeschichtlich (phylogenetisch) hat *Pleuromeia* größte Bedeutung, da sie die karbonischen Sigillarien mit der in der Kreide vorkommenden *Nathorstiana*, die ein Vorläufer der rezenten Isoëtales (Brachsenkräuter, eine Ordnung der Bärlappe) ist, verbindet.

Die Schachtelhalmgewächse sind nur durch zwei Gattungen vertreten: *Equisetites* und *Schizoneura*. Nur sehr selten können Sproßreste von ihnen gefunden werden.

Die Equiseten haben im Gegensatz zu den paläozoischen Calamiten kein sekundäres Dickenwachstum und ähneln äußerlich stark unseren heutigen Schachtelhalmen. Ihr Standort dürfte unmittelbar an der Uferzone der Wassertümpel gewesen sein, ähnlich wie der von *Schizoneura*, einem Schachtelhalmgewächs von schilfartigem Aussehen. Die Sprosse dieser Pflanze heißen *Schizoneura paradoxa*; sie waren nur 1,5 m hoch und hatten einen Durchmesser von 1 bis 2 cm. An jedem Knoten saßen 6 bis 8 einnervige Blätter, die anfangs zu einer großen Blattscheide verwachsen waren, die sich später in Einzelblätter aufschlitzte. Der Hauptsproß zeigt oberhalb der Blätter Einzelsprosse mit gleicher Beblätterung. Auch die fertilen Organe sind in Form von bis zu 20 cm langen, katzenschwanzähnlichen Ähren gefunden worden.

Unter den spärlichen Farnfunden (Neuropteridien, *Pecopteris*) gilt *Anomopteris mougeotii* als Leitfossil für den Buntsandstein. Dieser Farn läßt sich systematisch bisher nicht einordnen.

Recht selten kommen im Buntsandstein farnartig einfach gefiederte Blätter vor, die zu den Cycadeen gestellt und auch als »Palmfarne« bezeichnet werden, obwohl sie systematisch weder mit den Farnen noch mit den Palmen etwas zu tun haben. Die Cycadeen sind heute mit 9 Gattungen in den Subtropen und Tropen beider Hemisphären verbreitet.

Von den Koniferen soll hier nur auf die schon im Zechstein verbreitete

Gattung *Voltzia* hingewiesen werden. *Voltzia heterophylla* besitzt eine noch stärkere Heterophyllie als die der Zechsteinfloren.

Das auffallendste Merkmal der Buntsandsteinflora ist ihre Artenarmut, wie sie heute aus trockenen und salzreichen Gebieten unserer Erde bekannt ist. Fast alle Buntsandsteinpflanzen zeigen einen ausgesprochen xeromorphen Bau. Bei *Pleuromeia* ist er schon bekannt.

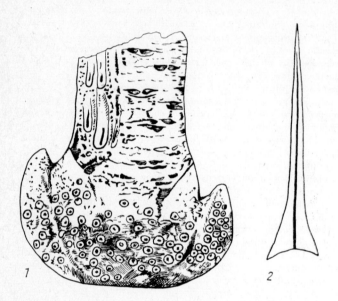

Bild 2.105. *Pleuromeia sternbergi*, ein Bärlappgewächs, aus dem Buntsandstein

1 Stammbasis mit Narben der Appendices
2 einzelnes Blatt mit der deutlich erkennbaren verbreiterten Blattbasis
(nach GOTHAN und WEYLAND)

Bei den Farnen und Cycadeen fällt die dichte dachziegelartige Stellung der Fiedern auf. Große entfernt voneinander stehende Fiedern fehlen hingegen völlig. Weiterhin nimmt man an, daß die Blätter dieser Pflanzen von lederartiger Beschaffenheit waren, was bei rezenten Pflanzen ein wirksamer Verdunstungsschutz ist.

## 2.3.4.2.2. Die Pflanzen des Keupers

Im Keuper, der nach der Meerestransgression des Muschelkalkes folgenden Zeit, kam es in unserem Gebiet erneut zu Festlandsbildungen. Die klimatischen Verhältnisse waren wesentlich günstiger als sie vom Buntsandstein her bekannt sind. Der Bau der fossilen Pflanzen spricht für ein humides Klima. Eine, wenn auch unbedeutende Kohlebildung (z. B. im mittleren Ilmtal bei Apolda), weist sogar auf eine Sumpflandschaft hin.

Die Flora setzt sich systematisch ähnlich wie die des Buntsandsteins aus Schachtelhalmen, Farnen, Cycadeen und Koniferen zusammen. Ökologisch hingegen besteht ein großer Unterschied. Die für den Buntsandstein typischen Xerophyten fehlen im Keuper. So sind die Farne (z. B. *Danaeopsis, Chiropteris*) großflächig und hygromorph (d. h., die Pflanzen haben sich den feuchten Standortverhältnissen angepaßt, indem z. B. zur Förderung der Transpiration großspreitige Blätter entwickelt sind). Bei den Cycadeen sind die Fiedern nicht mehr dachziegelartig, sondern voneinander entfernt angeordnet.

Eines der bekanntesten Keuperfossilien ist *Equisetites arenaceus* (s. Bild 2.106). Die Gattung ist schon aus dem Buntsandstein bekannt. Früher hielt man die Stämme dieser Pflanze für Schilf. Da diese Reste sich in einer Sandsteinschicht des Mittleren Keupers häufig nachweisen

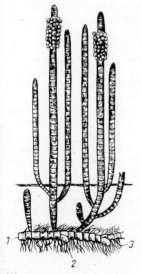

Bild 2.106. Rekonstruktion von *Equisetites arenaceus*, ein bis 10 m hoher Schachtelhalm aus dem Mittleren Keuper

1 Rhizom, 2 Reserveknolle, 3 Wurzeln, 4 Sporophyllstände (nach DANERT u. a.)

ließen, bezeichnet man diesen Sandstein als Schilfsandstein. Durch das gründliche Studium der zahlreichen Fossilreste hat man eine sehr gute Vorstellung von dieser mesophytischen Schachtelhalmart erhalten, die sehr große Ähnlichkeit mit den rezenten Schachtelhalmen zeigt. So sind die Blätter zu Scheiden zurückgebildet, und die Sporangienähren haben ebenfalls große Übereinstimmung zu den heutigen Schachtelhalmen, nur standen sie seitlich in einigem Abstand vom Gipfel. Die Stämme entsprangen waagerecht kriechenden Rhizomen, die Reserveknollen trugen (wie auch manche rezente Schachtelhalme). *Equisetites arenaceus* erreichte eine Höhe bis zu 10 m bei einigen Dezimetern Durchmesser.

### 2.3.4.3. Jurapflanzen

Im Jura gibt es auf dem Gebiet der DDR kaum nennenswerte Pflanzenvorkommen. Unter den Farnen herrschen die Leptosporangiaten vor. Die heute zum größten Teil reliktartig auf das Gebiet von Indomalaysia begrenzten Gruppen der Osmundaceen, Schizaeaceen, Matoniaceen und Dipteridaceen stellten die Hauptmasse der Farnarten dar. So sind z. B. die pecopteridischen Blätter von *Todites* aus dem englischen Jura bekannt. Die charakteristischen Farne für das Mesozoikum sind die Matoniaceen und die Dipteridaceen. Der Wedelaufbau beider Familien ist wie folgt: Der Hauptnerv gabelt sich einmal am Grunde der Blattspreite, kurz darauf jeder Gabelast noch einmal und von diesen die äußersten Äste usw. So entsteht ein fußförmiges Blatt, ähnlich wie es von der Nieswurz *(Helleborus)* bekannt ist. Zu den Matoniaceen gehört *Phlebopteris muensteri* mit einfach gefiederten Gabelästen aus dem Rhät/Lias von Franken (s. Bild 2.107). Die Gattung ist vom Keuper bis zur Unteren Kreide in den Floren zu finden.

Die mesophytischen Floren werden durch großblättrige (makrophylle) Gymnospermen charakterisiert, die besonders im Jura und in der Unterkreide in großer Formenmannigfaltigkeit vorkamen. Zu ihnen gehören die Cycadeen, Nilssoniaceen, Bennettiteen und Caytoniaceen. Bis auf die Cycadeen, die heute in den Subtropen und Tropen beider Hemisphären verbreitet sind, sterben die anderen Gruppen in der Kreide aus.

Obwohl diese Gymnospermen bei uns nur sehr selten gefunden werden können, verdienen sie auf Grund ihrer Bedeutung für die Evolution im Pflanzenreich große Beachtung. In den Systemen Trias und vor allem Jura und Kreide wurden häufig farnartig gefiederte Blätter gefunden, die nie Sporangien trugen. Man hielt sie deshalb für die Blätter von Farnsamern. Andererseits erinnern diese einfach gefiederten Blätter auch an die rezenten Cycadeen (Palmfarne, die in den Gewächshäusern der botanischen Gärten oft zu finden sind). Was lag näher, als diese Blätter zu den Cycadeen zu stellen und ihre Blütezeit in die Systeme Trias, Jura und Kreide zu verlegen. Dagegen sprachen

Bild 2.107. *Phlebopteris muensteri*,
eine Matoniaceae, aus dem Rhät/Lias von Franken
(nach SCHENK)

aber die äußerst seltenen Funde von Cycadeenblüten und -früchten. Man entdeckte hingegen einige ganz neue Pflanzengruppen, wie z. B. die Nilssoniaceae, die Caytoniaceae und hauptsächlich die formenreichen Bennettiteen. Alle diese Gruppen zeigen zu den Cycadeen, die zweifellos im Mesophytikum stärker verbreitet waren als heute, eine mehr oder weniger entfernte Verwandtschaft. Die unter den verschiedensten Namen beschriebenen cycadeenartigen Blätter lassen sich mit Hilfe anatomischer Untersuchungen gut unterscheiden. Wenn auch ein großer Teil von ihnen zu den Bennettiteen gestellt werden muß, so verbleiben doch noch eine ganze Anzahl, die den Nachweis für das Auftreten der Cycadeen belegen. Auf Grund des typischen Baues der zusammengesetzten Spaltöffnungen (syndetocheile Spaltöffnungen – aus der Mutterzelle gehen durch Teilung derselben außer den beiden Schließzellen noch die beiden parallel zum Porus liegenden Nebenzellen hervor), wie wir ihn nur bei den Bennettiteen, bei *Welwitschia* und *Gnetum* finden, lassen sich diese von den übrigen Gymnospermen sicher abtrennen. Bei ihnen kommen einfache Spaltöffnungen vor (haplocheile Spaltöffnungen – aus der Mutterzelle entstehen stets nur die beiden Schließzellen. Die Nebenzellen entstehen hingegen aus den Oberhautzellen).

Aus der Vielfalt der makrophyllen Gymnospermen sollen hier nur die Bennettiteen näher betrachtet werden. Diese Gruppe, die auch als Ordnung Bennettitales geführt wird, tritt erstmals im Mittleren Keuper auf und war vom Jura bis zum Ende der Unteren Kreide auf der nördlichen Hemisphäre stark und formenreich verbreitet. Man schätzt, daß zu dieser Ordnung 30 000 bis 40 000 Arten gehören (die heutigen Arten der Gymnospermen belaufen sich auf nur 770 Arten!). Im Bau der Spaltöffnungen (s. o.) und im Blütenbau weichen sie stark von den

Cycadeen ab. Die Blüten der Bennettiteen zeigen einen sehr hohen Entwicklungsstand, sie sind eingeschlechtig oder zwittrig und meist von zahlreichen, dichtstehenden, sterilen Hüllschuppen umgeben. Eine Besonderheit ist das Einschließen der Samen zwischen sterilen Schuppen, die zu einem Panzer verschmelzen und regelrechte Früchte bilden. Das ist ein typisches Kennzeichen der Bedecktsamigkeit, wenn auch nicht in der Vollkommenheit wie bei den Angiospermen. Die Bennettiteen besaßen verschieden gestaltete Stämme (von denen ein großer Teil als echte Versteinerungen überliefert ist) mit einem hohen Markanteil. Von den drei nur fossil bekannten Familien, den Williamsoniaceae (besaßen mehrere Meter hohe Stämme), den Wielandiellaceae (mit den Gattungen *Wielandiella* und *Williamsoniella*), den Bennettitaceae (Cycadeoideaceae), wird nur ein Vertreter der letzten Familie, *Cycadeoidea reichenbachiana* aus der Unteren Kreide von Wieliczka (VR Polen) betrachtet. Es ist das älteste und berühmteste Fossil des Staatlichen Museums für Mineralogie und Geologie zu Dresden. Die Cycadeoides-Arten waren in der Unteren Kreide sehr häufig, davon zeugen die über 1 000 verkieselten Stämme, die in den Black Hills in Dakota (USA) gefunden wurden. Sie gehören zu der am höchsten entwickelten Gruppe der Bennettitales, die bis auf wenige Nachzügler in der Oberen Kreide am Ende der Unteren Kreide ausstarben.

Bei *Cycadeoidea reichenbachiana* (auch unter dem Namen »*Raumeria*« bekannt, s. Tafel 52, Bilder 87, 88) handelt es sich um den mittleren Teil eines etwa 1 m hohen Stammes, der auf einer Länge von 0,45 m erhalten ist und etwa den gleichen Durchmesser besitzt. Er ist als echte Versteinerung überliefert. Die rhombischen Vertiefungen am Stamm sind die Blattbasen, die von dichtstehenden Spreuschuppen umgeben werden. Die schopfig gestellten Blätter waren groß und einfach gefiedert. Der Stamm enthält einen hohen Markanteil, der von Sekundärholz umgeben wird, das aus leiterförmigen Gefäßen besteht. Rein vegetativ zeigt der Stamm Ähnlichkeit zu den Cycadeen. Ganz anders verhält es sich mit den Blüten. Sie brechen kauliflor (stammbürtig, so wie beim heutigen Kakaobaum) aus dem Stamm hervor und stehen zwischen den Blattbasen. Umgeben waren sie von zahlreichen behaarten Hüllblättern. Die zwittrigen Blüten, die mit Hilfe von Dünnschliffen untersucht wurden, sind in einzelnen Spiralen auf dem Stamm verteilt. Der kegelförmige weibliche Teil der Blüte in ihrer Mitte wird von den männlichen umschlossen. Die Staubblätter (männlicher Teil) waren zu einem zusammengesetzten Synangium (gruppenweise verbundene Pollensäcke) verwachsen (s. Tafel 52, Bild 88). Es bestand aus einem oberen unfruchtbaren, parenchymatischen Teil und einem unteren fruchtbaren Teil. Dieser enthält Hunderte von Synangien, die getrennt durch Bälkchen (Trabeculae) in 20 bis 30 Reihen übereinander liegen. Die Pollenkörner sollen erst nachdem das synangeale Gebilde abgeworfen und eingetrocknet war, freigeworden sein. Die

Samenanlage (weiblicher Teil) und die sterilen Schuppen schließen sich zu einem zapfenartigen Gebilde zusammen. Die männlichen Organe reiften früher als die weiblichen. Man nennt dies Protanderie (Vormännigkeit), eine Erscheinung, wie sie nur bei den Angiospermen bekannt ist. Da zwittrige Blüten meist durch Insekten bestäubt werden, darf man hier wohl mit Recht ebenfalls eine Insektenbestäubung annehmen.

Eine weitere Gymnospermengruppe erreichte im Mesophytikum ihre größte Formenmannigfaltigkeit und Verbreitung, es sind die Ginkgogewächse. Als »lebendes Fossil« gilt der bei uns in den botanischen Gärten und Parkanlagen kultivierte, aus Ostasien stammende *Ginkgo biloba*, der einzige Vertreter der Ginkgogewächse, die fossil mit 20 Gattungen vorkamen (vgl. S. 268). Heute ist er nur noch in der Provinz Zhejian (Chekiang, VR China) wild zu finden, während er sonst nur kultiviert bekannt ist.

Seine fächerförmigen Blätter, die gleichmäßig gabelig geadert sind, lassen selbst bei Laien seine Fremdartigkeit erkennen. Der *Ginkgo biloba* (in China als Yin Sing = Silberaprikose bekannt) ist zweihäusig, d. h., es gibt männliche und weibliche Exemplare. Die Samenanlagen stehen an nackten Stielen zu zweien. Von ihnen entwickelt sich aber meist nur eine zum Samen. Die männlichen Blüten enthalten zahlreiche Staubblätter, die an langen Achsen stehen. Die kreisförmigen bis elliptischen Pollenkörner werden vom Wind übertragen. Nach der Bestäubung erreichen die Samen Kirschengröße. Der Samen selbst besteht aus einem holzigen Steinkern, der außen von einer harzigen, fleischigen Schicht umgeben wird und so an den Bau einer Steinfrucht erinnert. Die Befruchtung der Eizelle findet meistens erst in den abgefallenen Samen vor der Keimung statt. Dabei werden, wie man es nur bei den Cycadeen kennt, frei beweglich Spermatozoiden erzeugt.

Ginkgogewächse (Ginkgoaceae) treten erstmals im Unteren Perm mit der Formart *Trichopitys heterophylla* auf, die sich durch stark gabelig zerteilte Blätter auszeichnet. Im Zechstein (Kupferschiefer) begegneten uns die tief zerteilten Blätter von *Sphenobaieria digitata*. Im Jura, der Hauptentfaltungszeit der Ginkgoaceae, finden sich schon weniger stark zerschlitzte Blätter (z. B. bei *Baieria muensteriana*) ebenso wie bei *Ginkgoites pluripartitus* aus der Unteren Kreide. Schließlich zeigen die tertiären Ginkgo-Blätter *(Ginkgo adiantoides)* die gleiche Gestalt wie bei *Ginkgo biloba* (s. Bild 2.108). Die Tendenz in der Blattgestalt der Ginkgogewächse geht demnach von den in schmale Zipfel gespaltenen Blattformen aus dem Unteren Perm über die weniger aufgeteilten des Mesophytikums zu den ungeteilten des Tertiärs und der Gegenwart. Diese Formenfolge kann man auch an *Ginkgo biloba* im Laufe seiner Ontogenie (Entwicklungsablauf eines Individuums von der Eizelle bis zum Tode) beobachten (s. Bild 2.109). Womit eines der wichtigsten Gesetze der Biologie, das biogenetische Grundgesetz von ERNST HAECKEL, bewiesen wird: »Die Ontogenie ist die abgekürzte Rekapitulation der Phylogenie«, d. h., das Individuum wiederholt von der Eizelle an in gedrängter Form die Entwicklungsschritte, die in seiner Ahnenreihe jeweils von erwachsenen Individuen erreicht worden sind.

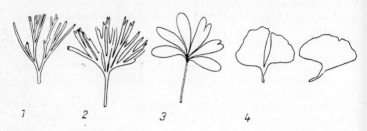

Bild 2.108. Morphogenese, Entstehung und Entwicklung der morphologischen Form des Ginkgoaceen-Blattes

1 *Sphenobaiera digitata*, Zechstein; 2 *Baiera muensteriana*, Rhät/Lias; 3 *Ginkgoites pluripartitus*, Wealden; 4 *Ginkgo adiantoides*, Pliozän (unmaßstäblich) (nach MÄGDEFRAU)

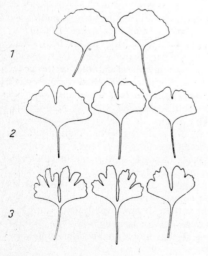

Bild 2.109. Formenmannigfaltigkeit bei Blättern von

*Ginkgo biloba* (rezent), eines »lebenden Fossils« des Pflanzenreiches

1 Kurztrieb-Blätter eines blühfähigen Baumes (nach MÄGDEFRAU)
2 Langtrieb-Blätter eines ebensolchen
3 Blätter eines jungen 1 m hohen Exemplares

## 2.3.4.4. Die Pflanzen der Unteren Kreide (Neokom) von Quedlinburg

In der Nähe von Quedlinburg/Harz wurden in den Sandsteinbrüchen fossile Pflanzen gefunden, die eine merkwürdige Flora bildeten. Obwohl sich diese Unterkreideflora nur aus wenigen Arten zusammensetzt, verdient sie auf Grund ihrer eigenartigen Morphologie und Ökologie doch einige Beachtung.

Zu den wichtigsten Pflanzen gehört *Nathorstiana arborea,* deren genaue Bearbeitung durch den bekannten Paläobotaniker K. MÄGDEFRAU 1932 erfolgte. Dieses nur bis 20 cm hohe Bärlappgewächs zeigt an der Stammbasis bei älteren Exemplaren zwei bis vier lappenartige Gebilde (vgl. *Pleuromeia*). Daran sitzen die bis zu 30 cm langen Appendices, die an die der Sigillarien erinnern. Sind die Appendices abgefallen, so verbleiben rundliche Narben. An der Sproßachse sitzen schmal-lanzettliche, an der Basis verbreiterte Blätter von derber Struktur. Der entblätterte Sproßteil hat ringförmige Wülste, über deren Entstehung noch keine Klarheit besteht (s. Bild 2.110).

Diese eigenartige Pflanze wird vermittelnd zwischen *Pleuromeia* und *Isoëtis* (Brachsenkraut) gestellt. Durch die Entdeckung eines rezenten Vertreters der Lycopsida (Bärlappe), *Stylites,* in jüngster Vergangenheit im Gebiet der Hochanden Perus wurde ein weiteres Zwischenglied gefunden. *Stylites* besitzt einen bis zu 20 cm langen Stamm und bildet den Übergang von *Nathorstiana* zu *Isoëtis*. Hier liegt der Modellfall einer phylogenetischen Reihe – von den permokarbonischen Sigillarien zur *Pleuromeia* des Buntsandsteins weiter über die unterkretazische *Nathorstiana* zu *Stylites* und schließlich zu *Isoëtes* – vor. Dabei ist eine kontinuierliche Reduktion der Stämme dieser Bärlappe zu beobachten, die bei den Brachsenkräutern am weitesten fortgeschritten ist; der Stamm ist zu einer rundlichen Knolle gestaucht.

*Hausmannia,* ein derb-lederiger Farn (Xerophyt), hat verkehrt herzförmige oder gabelig gelappte Wedelchen, die auf langen Stielen sich von einem dünnen, verzweigten Rhizom erheben (s. Bild 2.110). Die Sori sitzen auf der Wedelunterseite verteilt. Die Sporangien zeigen Ähnlichkeit zu denen von *Dipteris,* weshalb man diesen Farn den Dipteridaceen zuordnet.

Recht häufig kommt eine weitere Farnpflanze vor. *Weichselia reticulata.* Sie besitzt 1 bis 2 m lange Wedel, die sich aus einem knollig verdickten Stamm erheben. Die Wedel teilen sich kurz über dem Grund einmal gabelig, haben Netznervatur und sind ebenfalls dickledrig, also xeromorph.

Neben diesen drei Charakterpflanzen, die sehr zahlreich vorkommen, wurden noch Matoniaceen und *Pseudocycas*-Arten gefunden. Nach den Einbettungsverhältnissen und den in mehreren Horizonten auftretenden xeromorphen Pflanzenresten und Wurzelböden handelt es sich bei dieser Flora um eine Dünenvegetation, die in Meeresnähe wuchs

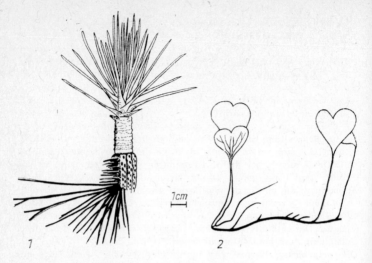

Bild 2.110. Pflanzen der Unterkreide (Neokom) von Quedlinburg

1 *Nathorstiana arborea* (Bärlappgewächs), Rekonstruktion; die Wurzeln (Appendices) auf der rechten Seite wurden entfernt; 2 *Hausmannia kohlmanni*, autochthone Pflanze mit langen kriechenden Rhizomen (nach MÄGDEFRAU)

und mehrfach durch Sandstürme vernichtet wurde. Um eine Vorstellung von dieser Flora zu bekommen, darf man nicht an die kaum bewachsenen Dünen der Nord- und Ostsee denken, sondern muß sich den üppigen Pflanzenbestand auf tropischen und subtropischen Dünen vorstellen.

### 2.3.5. Pflanzen der Oberkreide und des Tertiärs (Neophytikum)

Das Erscheinen der Angiospermen (Bedecktsamer) in der obersten Abteilung der Unterkreide ist nach dem Auftreten der ersten Gefäßpflanzen im Unterdevon der bedeutendste Entwicklungsschritt der Pflanzenwelt. So, wie die ersten Landpflanzen die Voraussetzung für die Entfaltung der Amphibien und Reptilien schufen, so sind die Angiospermen die Basis für die Entfaltung der Vögel und Säugetiere.

Während die Vegetation der untersten Kreide (Wealden und Neokom) noch rein jurassischen Charakter besitzt (Vorherrschen makrophyller Gymnospermen, z. B. Bennettiteen und Farne) ohne Spuren von Angiospermen, so sind diese in der Oberkreide zum Hauptbestandteil der Flora geworden. Die Plötzlichkeit des Auftretens der Angiospermen ist noch immer ein ungelöstes Problem in der Evolution der Pflanzen. Der Theorie, daß die ältesten Angiospermen sich in tropischen Gebirgen entwickelten, liegt die Tatsache zugrunde, daß die meisten heute noch lebenden primitiven Angiospermen typische Gebirgspflanzen der subtropischen und tropischen Gebiete sind. So nimmt der amerikanische Paläobotaniker D. I. AXELROD an, daß die Angiospermen sich bereits im Perm und in der Trias in diesen Gebieten entwickelten und erst ab Kreide die Tiefländer besiedelten. Auch der sowjetische Botaniker A. L. TAKHTAJAN sieht die ältesten Angiospermen als Gebirgspflanzen, wobei er annimmt, daß die »Wiege« der Angiospermen im heutigen Südostasien zu suchen sei. Nach diesen Auffassungen wird der Ursprung der Angiospermen in die Abtragungsgebiete (die die Gebirge sind) verlegt, weit entfernt von den Gebieten, wo sich die Sedimente absetzen und die Pflanzen eingebettet werden. Damit läßt sich auch das Fehlen von Fossilien der »Urangiospermen« erklären. Das Auftreten von Angiospermen – Pollen aus dem Jura – könnte diese Theorie bekräftigen, da Pollen bekanntlich sehr weit transportiert werden können.

Trotzdem läßt sich aus den Theorien über die mögliche Entstehung der Angiospermen noch keine allgemeingültige Schlußfolgerung ziehen. Es bedarf weiterer umfangreicher und gründlicher Untersuchungen, um dieses Rätsel eines Tages lösen zu können.

Die Angiospermen traten gleichzeitig an vielen Stellen der Erde jedoch schon in der Unterkreide auf (England, Portugal, Grönland, Nordamerika, Sowjetunion), ohne daß ihr Ursprung bekannt ist. So ist z. B. die Potomac-Flora in Maryland (Albien = oberste Stufe der Unterkreide) mit verschiedenen Angiospermen-Gattungen vertreten. Die Bestimmung dieser Angiospermenreste stößt allerdings auf große Schwierigkeiten, da meist nur Blätter untersucht wurden und die Bearbeitung der karpologischen Reste erst in ihren Anfängen steht. Eine Zuordnung der Blattfossilien zu bestimmten Familien ist dadurch nicht immer möglich, wenn auch die Untersuchungen der Kutikulen in jüngster Zeit weitere Bestimmungsmerkmale geliefert haben. Andere Blattfossilien lassen hingegen eine taxionomische Einordnung zu. Die Potomac-Flora umfaßt Vertreter der Menispermaceae (Mondsamengewächse); mit peltaten (schildförmigen) Blättern von *Menispermites virginiensis*, der Casuarinaceae (Kasuarinengewächse) – heute als tropische Strandpflanzen in Australien, Polynesien, auf Tahiti, in Indomalaysia, Indien und Madagaskar verbreitet – mit *Casuarina covillei*, der Magnoliaceae (Magnoliengewächse) mit *Magnolia auriculata*, der Sapotaceae (Sapotegewächse, heute mit etwa 800 Arten in den Tropen und Subtropen beheimatet) mit *Sapotacites retusus*, der Lauraceae (Lorbeergewächse) mit *Sassafras progeniter*, der Salicaceae (Weidengewächse) mit *Populus potomacensis*. Bei anderen Formen, wie *Debeya (Dewalquea)*, einer charakteristischen Pflanze mit drei- bis mehrteiligen Blättern, die auch noch im Alttertiär verschiedentlich zu finden sind, und bei *Sagittaria* weiß man noch zu wenig, um eine richtige Einordnung vornehmen zu können (s. Bild 2.111).

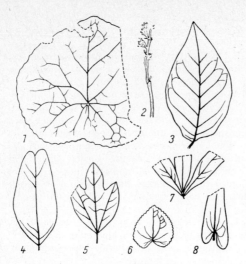

Bild 2.111. Einige Vertreter der ältesten Angiospermen (Potomac-Flora) aus der obersten Abteilung der Unterkreide (Albien) von Maryland/USA

1 *Menispermites virginiensis*, 2 *Casuarina covillei*, 3 *Magnolia auriculata*, 4 *Sapotacites retusus*, 5 *Sassafras progenitor*, 6 *Populus potomacensis*, 7 *Dewalquea trifoliata*, 8 *Sagittaria victor-masoni* (nach MÄGDEFRAU)

### 2.3.5.1. Pflanzen der Oberkreide

Die wenigen pflanzenführenden Fundstellen der Oberkreide in der DDR sollten von Sammlern mit größter Sorgfalt und Umsicht behandelt werden. Vorstellungen, daß man dort große Mengen an Fossilien bergen kann, sind völlig fehl am Platze.
Neben der unter Naturschutz stehenden Pflanzenfundstelle des Cenomans (sog. Niederschönaer Schichten) in der Nähe von Freiberg verdienen die Fundstellen aus der Oberkreide (unteres Senon) im Gebiet von Blankenburg – Quedlinburg einige Beachtung. Diese seit über hundert Jahren bekannten Floren bestehen aus etwa 40 Arten, von denen viele nicht immer sicher bestimmt sind.
Auffällig sind die großen, oft etwas gelappten, kräftigen Blätter von *Credneria (Credneria triacuminata)* (s. Bild 2.112). Sie sind verkehrteiförmig, an der Basis schwach herzförmig, ganzrandig bis buchtig gezähnt. Sie können bis zu 20 cm lang werden mit einem bis zu 8 cm langen kantigen Stiel. Sie gehören wahrscheinlich zu den Platanaceae (Platanengewächsen). Da sie häufig etwas eingerollt sind, wird angenommen, daß sie im vertrockneten Zustand eingebettet wurden. Crednerien kommen auch in den Niederschönaer Schichten vor. Lanzettliche, schmale Blätter mit gezähntem Rand, die früher als *Myrica*

*quedlinburgensis* bezeichnet wurden (Myricaceen = Gagelgewächse), sind nach eingehenden morphologischen und anatomischen Untersuchungen der Familie Monimiacea (Vertreter dieser Familie sind heute über die Tropen und Subtropen der gesamten Erde verteilt) zuzuordnen und werden als *Protohedycarya ilicoides* geführt (s. Bild 2.112). Häufig sind ovale bis lanzettliche Blätter von *Dryophyllum (Dryophyllum cretaceum)* mit z. T. buchtig gezähntem Rand. Die Sekundärnerven gabeln sich in Randnähe auf und führen in die Blattzähne. Sie gehören zu den Buchengewächsen (Fagaceae). Unter dem Sammelnamen *Dryophyllum* werden derartige Blätter aus der Oberen Kreide und dem Alttertiär vereinigt. Wahrscheinlich lassen sich daraus die Gattungen *Quercus, Castanopsis, Castanea* u. a. ableiten (s. Bild 2.113).

Als *Debeya bohemica (Dewalquea bohemica)* werden dreizählige Blätter, deren Blättchen schmal-elliptisch sind und einen asymmetrischen Spreitengrund besitzen, bezeichnet (s. Bild 2.112). Der Blattrand ist gezähnt. Neben diesen Formen kommen noch Vertreter der Myrtengewächse (Myrtaceae), Maulbeergewächse (Moraceae), Seerosengewächse (Nymphaeaceae), Palmen und Gräser in den Oberkreidefloren vor.

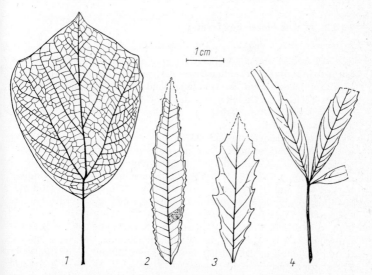

Bild 2.112. Pflanzen aus der Oberkreide von Quedlinburg – Blankenburg/Harz
*1 Credneria triacuminata* (Platanaceae, Platanengewächs), *2 Protohedycarya ilicoides* (Monimiaceae), *3 Dryophyllum cretaceum* (Fagaceae, Buchengewächs), *4 Debeya bohemica* (nach RÜFFLE u. KNAPPE)

Die Nadelhölzer sind vor allem durch die Familien Taxodiaceen und Pinaceen vertreten. Zu den Taxodiaceen gehört die Gattung *Sequoia* (Mammutbaum), die bereits mit mehreren Arten vorkommt (z. B. *Sequoia reichenbachi, S. concinna* aus der Unter- und Oberkreide Grönlands). Im Senon des Harzes tritt u. a. die ausgestorbene Gattung *Geinitzia (Geinitzia formosa)* auf, die eng mit *Sequoia* verwandt ist. Von ihr sind Zweige, Zapfen und auch Holz *(Dadoxylon subhercynicum)* bekannt. Die Nadelblätter dieser Konifere sind sichelförmig gebogen und dicht spiralig am Zweig herablaufend angeordnet. Beim Abfallen hinterließen sie rhombische Blattpolster. Die Zapfen waren walzenförmig und 5 bis 6 cm lang.

Von den Farnen kommen *Gleichenia*-Arten vor. Die Gleicheniaceae sind seit dem Mittleren Keuper bekannt. Heute umfaßt die Gattung *Gleichenia* etwa 130 Arten, die hauptsächlich in den Tropen vorkommen. Andere Farngattungen sind sicher durch ihre charakteristischen Sporen nachzuweisen (z. B. Schizaeaceae).

Die im Mesophytikum weit verbreiteten Bennettiteen starben am Ende der Kreidezeit aus.

Obwohl aus der Oberkreide nur einige modern bearbeitete Floren bekannt sind, so zeigt doch ihre Zusammensetzung, daß die Angiospermen endgültig die absolute Herrschaft angetreten haben.

### 2.3.5.2. Die Floren des Tertiärs

Die bereits in der Oberen Kreide begonnene explosionsartige Entwicklung der Bedecktsamer (Angiospermae), die artenreichste und mannigfaltigste Abteilung des Pflanzenreiches, findet während des Tertiärs eine breite Entfaltung der Gattungen und Arten. Neben dem Karbon ist das Tertiär das Zeitalter mit den mächtigsten Kohlebildungen. Es sind vorwiegend Braunkohlen, so daß das Tertiär auch Braunkohlenzeit genannt wird.

Durch den intensiven Braunkohlenabbau in Europa, wobei die DDR mit zu den Ländern gehört, die noch die größten und bedeutendsten Lagerstätten besitzen, sind Tausende von pflanzlichen Fossilien geborgen worden (s. Tafel 9, Bild 13), von denen nur ein verschwindend kleiner Teil museal ausgestellt werden kann (Naturkundemuseum der Humboldt-Universität zu Berlin, Geiseltalmuseum der Martin-Luther-Universität in Halle, Staatliches Museum für Mineralogie und Geologie zu Dresden, Staatliches Museum für Naturkunde Görlitz, Bezirksmuseum Cottbus, Museum der Westlausitz Kamenz, Museum Mauritianum Altenburg, Dr.-Curt-Heinke-Museum Zittau, Heimatmuseum Ebersbach, Museum Seifhennersdorf, Städtisches Museum Zwickau). Daneben sind bedeutende Sammlungen vorhanden, die allerdings nur zum Teil für die Öffentlichkeit zugängig sind, wie z. B. im Naturkundemuseum der Humboldt-Universität, Paläontologisches Museum Berlin, im Zentralen Geologischen Institut Berlin, im Geiseltalmuseum der

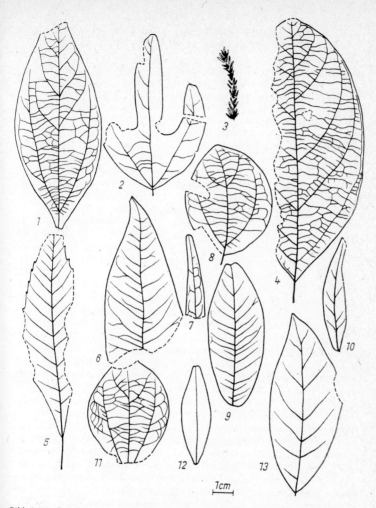

Bild 2.113. Beispiel einer tertiären Blätterflora mit vorwiegend laurophyllen (immergrünen) Blättern (Oberes Eozän) (nach WALTHER)

1, 8, 11 *Daphnogene cinnamomea* (Lorbeergewächs, analog dem rezenten Zimtbaum); 2 *Sterculia labrusca* (Stinkbaumgewächsart); 3 *Doliostrobus certus* (ausgestorbene Nadelholzart); 4 *Laurophyllum* sp. (Lorbeergewächs); 5 *Dryophyllum dewalquei* (Fagaceen-Art); 6 *Quercus neriifolia* (ganzrandige, immergrüne Eichenart); 7, 9, 13 *Dicotylophyllum* sp. (rezenttaxionomisch nicht einzuordnende zweikeimblättrige Pflanzen); 10 *Phyllites reticulosus*, vgl. 7 u. a.; 12 *Leucothoe protogea* (Vertreter eines Heidekrautgewächses, Ericaceae)

Martin-Luther-Universität in Halle, im Staatlichen Museum für Mineralogie und Geologie zu Dresden, in der Sektion Geowissenschaften der Bergakademie Freiberg.

Das Tertiär wird in die Abteilungen Paläogen (Alttertiär) mit den Stufen Paläozän, Eozän, Oligozän und Neogen (Jungtertiär) mit den Stufen Miozän und Pliozän gegliedert. Die Braunkohlen der DDR bildeten sich hauptsächlich im Eozän (Raum Altenburg – Leipzig – Halle – Magdeburg), im Oligozän (Raum Bitterfeld – Delitzsch) und im Miozän (Raum Senftenberg – Hoyerswerda – Cottbus), daneben sind aber auch alle anderen Stufen des Tertiärs durch pflanzliche Fossilien belegt. Aus der Braunkohle und ihren Begleitgesteinen (Tone, Sande) (s. Farbtafel VII, Bild 12) oder aus tonigen Linsen in tertiären Kiesen bzw. vereinzelt in den Diatomiten der Südostoberlausitz (z. B. Polierschiefer von Seifhennersdorf), sind zahlreiche Funde von Blättern, Früchten und Samen sowie von Hölzern bekannt.

Man kann mit Hilfe der zahlreich zu findenden fossilen Blätter, bei denen teilweise noch strukturbietende Substanz erhalten ist (inkohlte organische Substanz), sogenannte Blätterfloren aufstellen. Die Kenntnis ihrer Morphologie und des Epidermisbaues läßt nicht nur Aussagen über die Artenzusammensetzung einer Flora zu, sondern gibt auch Einblick über den Klimaablauf während des Tertiärs. Ganzrandige Blattfossilien mit einer mehr oder weniger deutlichen Träufelspitze und einer relativ derben Spreitenstruktur (dies kann man an der Stärke der inkohlten Substanz erkennen, oder, falls diese nicht vorhanden, an der stärkeren Vertiefung des Abdruckes sehen) werden als laurophylle (*Laurus* = Lorbeer) immergrüne Blätter bezeichnet (s. Bild 2.113). Gezähnte Blätter oder Blätter, deren Spreite dazu noch aufgeteilt ist (z. B. Ahorn), werden als laubwerfende Formen bezeichnet. Häufig wird dafür auch der Begriff »arktotertiäre Blätter« verwendet. Dieser Begriff stammt von der Hypothese, daß die Entwicklung laubwerfender Formen von dem Gebiet der heutigen Arktis aus ihren Anfang genommen hat (s. Bild 2.114, s. S. 291).

Auf Xeromorphie (Hartlaubigkeit) weisen im Umriß kleine, dicht geaderte und stumpf zugespitzte Blätter, die entweder dicht gezähnt sind oder auch einen glatten Blattrand besitzen. Heute findet man zahlreiche xeromorphe Holzgewächse in der Flora des Mittelmeergebietes. Allein schon nach der Blattgestalt (Blattphysiognomie) kann man bei genügenden Belegen feststellen, ob es sich um eine Flora mit vorwiegend immergrünen Arten (laurophylle Flora) oder um eine solche mit vorwiegend laubwerfenden Arten (arktotertiäre Flora) handelt. Zwischen diesen Typen gibt es viele Übergänge, bei denen der Anteil der einen Formengruppe über die andere überwiegen kann. So werden dann Bezeichnungen wie z. B. arktotertiäre Flora mit vielen (wenigen) laurophyllen Elementen benutzt.

Durch die anatomischen Untersuchungen der inkohlten organischen Substanz (Kutikularanalyse oder Analyse der Epidermisstruktur) werden zusätzliche Merkmalskomplexe gewonnen, die verschiedentlich eine genauere Bestimmung der Gattungen und Arten ermöglichen. Natürlich sind die Bestimmungen tertiärer Blätter mit Schwierigkeiten verbunden. Die große Variationsbreite der Blattformen kann bei Unkenntnis der analogen rezenten Vergleichsarten (die tertiären Pflanzenfamilien müssen mit den heutigen verglichen werden) zu Fehlbestimmungen führen.

Etwas günstiger sind die Bedingungen bei Früchten und Samen. Diese Organe der Pflanze zeigen in ihrer Gestalt einen größeren »Konservatismus« bei einzelnen Arten, d. h., sie variieren nicht so stark. Auch hier ist nur mit dem Vergleich zu rezenten Arten eine richtige Bestimmung möglich. Die Gewinnung und Aufarbeitung dieser pflanzlichen Fossilien verlangt allerdings einen größeren präparativen Aufwand (s. S. 48). Steinkerne (darunter versteht man in der Karpologie die Kerne von Steinfrüchten, wie z. B. bei der Kirsche) etwa der Mastixioideen (diese Pflanzengruppe kommt heute in den Bergregenwäldern des indomalaysischen Gebietes vor) lassen eine klimatische Einstufung der betreffenden Flora zu (subtropisches, humides Klima) (s. Tafel 55, Bild 92, obere Reihe).

Das Vorhandensein zahlreicher Pollenformen in der Kohle (s. Tafel 56, Bild 93 u. Tafel 57, Bild 95) und deren Begleitgesteinen hat zur Entwicklung eines selbständigen Wissenszweiges der Paläobotanik, der Palynologie, geführt. Die mikroskopische Kleinheit der Objekte ermöglicht es, ganze Horizonte zu untersuchen und mit bestimmten Pollenformen eine fein- und biostratigraphische Einstufung vorzunehmen. Die für die einzelnen Familien und Gattungen typischen Pollen lassen auch hier eine genauere systematische Bestimmung zu (Weiterführende Literatur: KRUTZSCH 1962 bis 1970, KIRCHHEIMER 1957, MAI 1964).

Verschiedene inkohlte Holzreste können durch anatomische Untersuchungen (Holzanatomie) für systematische Bestimmungen verwendet werden.

Es gibt also verschiedene Methoden zur Bearbeitung tertiären Pflanzenmaterials, wobei niemals eine Methode als die beste angesehen werden darf. Es ist vielmehr vom vorhandenen Material und seinem Erhaltungszustand abhängig, mit welcher Untersuchungsmethode die optimalsten Ergebnisse erwartet werden können. Allerdings verlangen diese Untersuchungen eine sehr umfangreiche technische Einrichtung, umfassende Kenntnisse der rezenten Pflanzen und langjährige praktische Erfahrungen.

Als Beispiel sollen einige Merkmale, die für die Bestimmung von Blattresten wichtig sind, aufgezeigt werden (s. Tafel 53, Bild 89, Tafel 54, Bilder 90, 91).

Die morphologische Bestimmung von Blattresten erfolgt nach der Blattgestalt (Umriß), der Randausbildung (z. B. gekerbt, gezähnt, ganzrandig), der Form des Spreitengrundes (z. B. herzförmig, keilförmig, gerundet) und der Ausbildung der Blattspitze (z. B. lang zugespitzt, ausgezogen, gerundet, dreieckig). Weiterhin kann die Blattnervatur wichtige Bestimmungsmerkmale liefern. Es ist zwischen Primärnerv (oft als Hauptnerv bezeichnet) und den Sekundärnerven, die man nicht als Nebennerven benennen sollte, zu unterscheiden. Die von diesen abzweigenden Nerven werden als Tertiärnerven bezeichnet. Sekundärnerven können randläufig sein (z. B. bei der Birke), sie können aber auch in Randnähe miteinander Schlingen bilden, z. B. beim Gummibaum). Für die verschiedenen Gattungen ist die Ausbildung der Nervatur in Blattrandnähe charakteristisch. Trotzdem sind die morphologischen Merkmale, zu denen auch die Zahl der Sekundärnerven und die Winkel, unter denen diese vom Hauptnerv entspringen, gehören, nicht immer für die betreffende Art oder Gattung charakteristisch. Der Vergleich mit rezenten Arten zeigt wohl die verwandtschaftlichen Beziehungen zu den tertiären Arten, aber nur in den wenigsten Fällen besteht völlige Übereinstimmung.

Mit Hilfe der anatomischen Untersuchungen von Blattresten, die von dem jeweiligen Erhaltungszustand abhängig sind, können Merkmale, wie die Ausbildung der Zellwände der Epidermis (Antiklinalwände), die Größe, Form und Verteilung der Spaltöffnungen (Stomata), die Art der Haare (Trichome) und Drüsen, Hinweise auf die systematische Zugehörigkeit der Blattfossilien geben (s. Tafel 56, Bild 94). (Weiterführende Literatur: KRÄUSEL 1950, ROSELT u. SCHNEIDER 1969, WALTHER 1972.)

In der Florenzusammensetzung spiegeln sich die Klimaverhältnisse während des Tertiärs wider. Durch die eingehenden Bearbeitungen der letzten 10 Jahre wurde die alte Vorstellung abgelöst, nach der es im Verlaufe des Tertiärs zu einer allmählichen Abkühlung des Klimas gekommen sein soll. Es gab vielmehr relativ starke Klimaschwankungen: ein Pendeln zwischen subtropischem und gemäßigtem Klima. So herrschen im Eozän laurophylle Formen vor. Auf Grund der karpologisch gut nachweisbaren Mastixioideen bezeichnet man diese Floren als »ältere Mastixioideenfloren«. Hier sind z. B. die Gattungen *Mastixia*, *Symplocos*, *Castanopsis*, *Pasania*, *Quercus* (immergrüne Arten), *Sterculia* sowie Vertreter der Lauraceen, Theaceen und Palmae nachzuweisen (s. Bild 2.113). Diese Floren lassen auf ein subtropisches Klima schließen. Die heutige Verbreitung dieser Pflanzensippen erstreckt sich auf

---

Bild 2.114. Beispiel einer tertiären Blätterflora mit vorwiegend laubwerfenden Gehölzen (arktotertiäre Flora) aus dem Untermiozän (nach WALTHER) ▶

1, 14 *Acer tricuspidatum* (tertiäre Ahornart, die Analogien zu dem rezenten amerikanischen Rotahorn zeigt); 2 *Platanus neptuni* (tertiäre Platane, deren rezente Verwandte endemisch in Südostasien vorkommt); 3 *Cercidiphyllum crenatum* (Judasbaumblatt, heute in Japan und China vorkommend); 4 *Alnus* sp. (tertiäre Erlenart); 5 *Daphnogene bilinica* (Lauraceae, die Ähnlichkeiten zum Zimtbaum zeigt); 6 *Laurophyllum acutimontana*

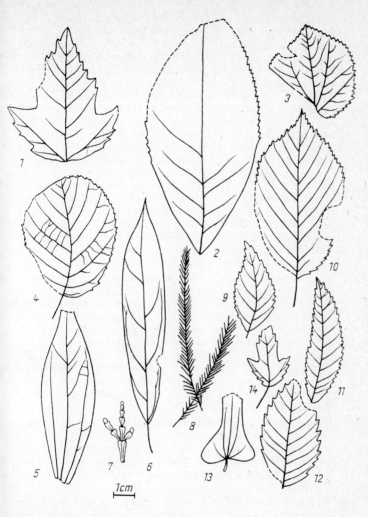

(Lorbeergewächs); *7 Libocedrites salicornoides* (tertiäre Cupressaceae, die der rezenten Gliederzypresse – *Tetraclinis* ähnelt); *8 Taxodium dubium* (tertiäre Sumpfzypresse; *9 Betula subpubescens* (tertiäre Birkenart, die der rezenten Moorbirke ähnlich ist); *10 Carpinus grandis* (tertiäre Hainbuchenart, weit verbreitet); *11 Carya serraefolia* (Pekannuß, heute in Nordamerika und Ostasien verbreitet); *12 Ulmus* sp. (Ulme, die mit der amerikanischen Ulme, *Ulmus americana*, verwandt ist); *13 Smilax* sp. (Stechwinde)

das südöstliche Nordamerika, auf Mittelamerika und vor allem auf Südostasien. Deshalb wird angenommen, daß Südostasien ein Rückzugsgebiet (Refugialgebiet) der einstmals im Tertiär Europas verbreiteten Gattungen darstellt. Zu Beginn des Oligozäns setzten sich die Floren zu gleichen Teilen aus laurophyllen und arktotertiären Elementen zusammen, während im oberen Oligozän und untersten Miozän die arktotertiären Formen vorherrschen, deren Gattungen auch heute noch im nördlichen Mitteleuropa gedeihen *(Populus* – Pappeln, *Betula* – Birke, *Carpinus* – Hainbuche, *Acer* – Ahorn, *Juglans* – Nußbaum, *Quercus* – Eiche, *Tilia* – Linde) oder im Mittelmeergebiet, Nordamerika oder Ostasien vorkommen (*Liquidambar* – Amberbaum, *Liriodendron* – Tulpenbaum, *Magnolia* – Magnolie, *Nyssa, Engelhardia, Carya* – Pekan-Nuß). Zu dieser Zeit herrschte also ein warmgemäßigtes Klima mit jahreszeitlich-rhythmischer Temperatur- und Niederschlagsverteilung. Schließlich sind im Neogen der DDR vier subtropische Perioden zu beobachten (»jüngere Mastixioideenfloren«), die mit gemäßigten (arktotertiären) abwechseln. Im Pliozän haben dann die arktotertiären Elemente die absolute Dominanz erreicht.

Als vorläufiges Ergebnis der paläobotanischen Untersuchungen im Tertiär der letzten Jahrzehnte unterscheidet man drei Florentypen:

1. Eine laurophylle Flora, die besonders im Alttertiär in Europa verbreitet war und hier entstanden sein soll (atlantotertiäre Primärflora), wobei nach anderen Meinungen die Entstehung dieser Flora in Ostasien vermutet wird. Je nach den Klimabedingungen während des Tertiärs konnte sich diese subtropische Flora bei Klimaverschiebung nur an günstigen Standorten halten, um sich dann bei optimalen Bedingungen wieder stärker auszubreiten. Heute hat sich die subtropische Flora nach Südostasien und Mittelamerika zurückgezogen. Relikte finden sich auch noch in Florida (südliches Nordamerika). Verarmt tritt diese Flora als subtropischer Lorbeerwald auf den Kanarischen Inseln auf.

2. In kühleren Klimaperioden drang die im Paläozän und Eozän im arktischen Bereich wachsende Flora, die arktotertiäre Flora, weiter nach dem Süden vor. Sie bestand aus sommergrünen Gehölzen. Sie ist im wesentlichen in Nordamerika und Ostasien erhalten geblieben, während sie in Europa durch die Eiszeit stark dezimiert wurde.

3. Weiterhin ist neben diesen beiden Florentypen noch eine Trockenflora vorhanden gewesen, die sich in Westeuropa entwickelt haben soll (trockenatlantisches Florenelement). Aus der Trockenflora (trocken-atlantischen Flora) sind große Teile der heutigen mediterranen Flora (Mittelmeerflora) entstanden.

Neben den Angiospermen haben im Tertiär natürlich auch andere Pflanzengruppen eine Rolle gespielt. Nicht selten werden in den Tertiärfloren Reste von Farnen gefunden. So treten Fiederreste der Gattung *Osmunda* (Königsfarn) auf, von der die Arten *Osmunda lignitum* und *Osmunda parschlugiana* die bekanntesten sind. Daneben kommen Vertreter der Rippenfarne (Blechnaceae), wie *Woodwardia muensteriana* und der Thelypteridaceae (zu denen der heimische Buchenfarn gehört) mit *Pronephrium stiriacum* vor. Die Farne werden oft vergesellschaftet mit Monokotylen (einkeimblättrigen Pflanzen) in den Florenhorizonten gefunden. Man bezeichnet diese Gesellschaft deshalb als Farn-Monokotylen-Gesellschaft. Unverkennbar sind die Abdrücke der ovalen bis rundlichen Schwimmblätter der Schwimmfarngewächse (Salviniacea), die ebenfalls mit mehreren Arten im Tertiär vorkommen.

Schließlich haben die Koniferen eine große Bedeutung gehabt. Ihre Hölzer werden in den Braunkohlenflözen viel häufiger gefunden als die der Angiospermen, was auf die bessere Erhaltungsfähigkeit zurückzuführen ist. Für die Kohlebildung haben Vertreter der Taxodiaceen (Sumpfzypressengewächse), zu denen *Sequoia* (Mammutbaum) (s. Tafel 14, Bild 24), *Taxodium* (Sumpfzypresse) (s. Tafel 13, Bild 23), *Cryptomeria* (Sicheltanne), *Cunninghamia* (Spießtanne) und *Sciadopitys* (Schirmtanne) gehören, große Bedeutung gehabt. Funde von Kurztrieben, Nadelblättern, Zapfen, Zapfenschuppen und Samen auch von Blütenständen (s. Tafel 58, Bild 97) sind in den Kohlebegleitgesteinen nicht selten. Aus der Fülle der Nadelhölzer sei nur auf die feinnadeligen Kurztriebe von *Taxodium dubium* hingewiesen, eine Art, die besonders in den arktotertiären Floren häufig zu finden ist. Die seit der Oberen Kreide häufigen Pinaceae (Kieferngewächse) sind im Tertiär durch zahlreiche Funde der charakteristischen Nadelblätter und der zum Teil sehr großen Zapfen (s. Tafel 57, Bild 96) mit vielen Gattungen vertreten. Für das Alttertiär typisch ist die ausgestorbene Gattung *Doliostrobus*. Sie ist vom Cenoman (Stufe der Oberen Kreide) bis zum Eozän bekannt. Die Kurztriebe besitzen spiralig angeordnete, leicht sichelförmige Nadelblätter. Verschiedentlich kann bei ihnen Heterophyllie (Verschiedenblättrigkeit) beobachtet werden, was auf periodische Niederschlagsverteilung hinweist.

Die Pflanzen des Tertiärs lassen sich in ihrer Vielheit nur grob umreißen, und es bedarf noch langwieriger Untersuchungen, um sie vollständiger zu erfassen, genau zu bestimmen und ihre Stellung in den einzelnen Floren richtig zu interpretieren.

## Quellenverzeichnis

AUGUSTA, J., u. Z. BURIAN: Tiere der Urzeit. 1. Aufl., Leipzig/Jena: URANIA-Verlag 1956

AUGUSTA, J., u. Z. BURIAN: Menschen der Urzeit. 2. Aufl., Prag: Artia Verlag 1960

AUGUSTA, J., u. Z. BURIAN: Flugsaurier und Vögel. Prag: Artia Verlag 1961

AUGUSTA, J., u. Z. BURIAN: Das Buch von den Mammuten. Prag: Artia Verlag 1962

AUGUSTA, J., u. Z. BURIAN: Saurier der Urmeere. 2. Aufl., Prag: Artia Verlag 1964

AUGUSTA, J., u. Z. BURIAN: Kolosse urzeitlicher Kontinente und Meere. Prag: Artia Verlag 1966

AUTORENKOLLEKTIV: Entwicklungsgeschichte der Erde. Brockhaus Nachschlagewerk der Geologie. Bd. 1 u. 2, 4. Aufl., Leipzig: F. A. Brockhaus Verlag 1970

BACHMAYER, F.: Die Trilobiten – eine vor 200 Millionen Jahren ausgestorbene Tiergruppe. Wien: Veröffentlgn. a. d. Naturhistor. Mus., N. F., Nr. 5, S. 54–63, 1969

BACHMAYER, F.: Die Ammoniten, die sonderbarsten Bewohner der vorzeitlichen Meere. Wien: Veröffentlgn. a. d. Naturhistor. Mus., N. F., Nr. 5, S. 64–78, 1969

BACHMAYER, F.: Die Brachiopoden (Armfüßer) – eine wenig bekannte Tiergruppe. Wien: Veröffentlgn. a. d. Naturhistor. Mus., N. F., Nr. 5, S. 78–83, 1969

BARNETT, L.: Die Welt in der wir leben. München/Zürich: Th. Knaur Verlag 1963

BARTHEL, M.: Stratigraphie und paläobotanische Untersuchungen im Rotliegenden des Döhlener Beckens. Dresden u. Leipzig: Jb. Staatl. Mus. Mineral. Geol., 1958, S. 6–59, 1958

BARTHEL, M.: »Pecopteris« feminaeformis (SCHLOTH.) STERZEL und »Araucarites« spiciformis ANDRAE in GERMAR Coenopterideen des Stephans und Unteren Perms. Berlin: Paläontol. Abh., B, Bd. II, H. 4, S. 635–793, 1968

BARTHEL, M., u. S. M. CHROBOK: Der Beitrag der geologischen Wissenschaften zur naturwissenschaftlich-weltanschaulichen Bildung und Weiterbildung in der Deutschen Demokratischen Republik. Berlin: Ber. Deut. Ges. Geol. Wiss., A, Geol. Paläont., Bd. 15, H. 6, S. 779 bis 819, 1970

BARTHEL, M., mit Beiträgen von V. GÖTZELT u. G. URBAN: Die Rotliegendflora Sachsens. Dresden: Abh. Staatl. Mus. Mineral. Geol., 1976, Bd. 24, S. 1–190, 1976 (nach Redaktionsschluß erschienen)

BEEGER, D., u. W. QUELLMALZ: Geologischer Führer durch die Umgebung von Dresden. Dresden u. Leipzig: Verlag Theodor Steinkopf 1965

BEURLEN, K.: Welche Versteinerung ist das? Tabellen zum Bestimmen von Versteinerungen Mitteleuropas. 7. Aufl., Stuttgart: KOSMOS-Verlag, Franckhsche Verlagshandlung 1970

BEURLEN, K.: Geologie – Die Geschichte der Erde und des Lebens. 1. Aufl., Stuttgart: KOSMOS-Verl., Franckhsche Verlagshandlung 1975

BÖHME, H., R. DABER, C. O. LEHMANN, R. LÖTHER, W. H. MATTHES, M. SCHELLHORN u. W. VENT: Beiträge zur Abstammungslehre, Teil I. Berlin: 1966

BRINKMANN, R.: Abriß der Geologie. Bd. 2: Historische Geologie. 9. Aufl., Stuttgart: Ferdinand Enke Verlag 1966

BUBNOFF, S. v.: Leitfaden zur Einführung in die Paläontologie der Wirbellosen. Berlin: Geologica, H. 1, Akademie Verlag 1949

BUBNOFF, S. v.: Einführung in die Erdgeschichte. 3. Aufl., Berlin: Akademie Verlag 1956

CLAUS, H.: Die Kopffüßer des deutschen Muschelkalkes. Wittenberg: Die Neue Brehm-Bücherei, H. 161, A. Ziemsen Verlag 1955

COOKSON, J. C., u. A. EISENACK: Mikroplankton aus australischen mesozoischen und tertiären Schichten. Stuttgart: Palaeontogr., B, Bd. 148, S. 44–93, 1974

DABER, R.: Pflanzengeographische Besonderheiten der Karbonflora des Zwickau-Lugauer-Steinkohlenreviers. Berlin: Geologie, Beih. Nr. 13, 1955

DABER, R., u. J. HELMS: Mein kleines Fossilienbuch. Leipzig: URANIA-Verlag 1976

DANERT, S., F. FUKAREK u. P. HANELT u. a.: URANIA Pflanzenreich – Höhere Pflanzen 1. URANIA-Verlag, Leipzig-Jena-Berlin: 1971

ENGELS, F.: Dialektik der Natur. Bücherei Marxism.-Leninism., Bd. 18, Berlin: Dietz Verlag 1952

FLORIN, R.: Die Coniferen des Oberkarbons und unteren Perms. Stuttgart: Palaeontographica, B, Bd. 85, S. 1–456, 1938–1945

FRAAS, E., u. H. RIEBER: Der Petrefaktensammler. Ein Leitfaden zur Bestimmung von Versteinerungen. 4. Aufl., Stuttgart: KOSMOS-Verlag, Franckhsche Verlagshandlung 1973

FREYER, G., u. K.-A. TRÖGER: Geologischer Führer durch das Vogtland. Leipzig: VEB Deutscher Verlag für Grundstoffindustrie 1965

GORDEJEW: Istorija geologitscheskich nauk (russ.). Moskau 1967

GOTHAN, W.: Scheinbare Versteinerungen (»Pseudofossilien«). Leipzig/Jena: Urania, Bd. 17, H. 4, S. 132–140, 1954

GOTHAN, W., u. W. REMY: Steinkohlenpflanzen. Leitfaden zum Bestimmen. Essen: Glückauf-Verlag, 1957

GOTHAN, W., u. H. WEYLAND: Lehrbuch der Paläobotanik. 3. Aufl., Berlin: Akademie Verlag 1973

HAUBOLD, H.: Die fossilen Saurierfährten. Wittenberg: Die Neue Brehm-Bücherei, H. 479, A. Ziemsen Verlag 1974

HEBERER, G.: Der Ursprung des Menschen. Unser gegenwärtiger Wissensstand. 3. Aufl., Jena: VEB Gustav Fischer Verlag 1972

HOHL, R.: Unsere Erde – eine moderne Geologie. 2. Aufl., Leipzig: URANIA-Verlag 1977

HÖLDER, H., u. H. STEINHORST: Lebendige Urwelt. Flora und Fauna der Vorzeit. Stuttgart: Spectrum Verlag 1964

HOPPE, W., u. G. SEIDEL: Geologie von Thüringen. Gotha/Leipzig: H. Haack Verlag 1974

HUCKE, K., u. E. VOIGT: Einführung in die Geschiebeforschung (Sedimentärgeschiebe). Oldenzaal: Nederlandse Geologische Vereniging 1967. (Umfangreiches Literaturverzeichnis zur Bestimmung von Megafossilien in Geschieben!)

JORDAN, H.: Trilobiten. Wittenberg: Die Neue Brehm-Bücherei, H. 382, A. Ziemsen Verlag 1967

JORDAN, H.: Fossile Muscheln. Wittenberg: Die Neue Brehm-Bücherei, H. 456, A. Ziemsen Verlag 1972

KAHLKE, H.-D.: Großsäugetiere im Eiszeitalter. Leipzig-Jena-Berlin: URANIA-Verlag 1955

KAHLKE, H.-D.: Ausgrabungen auf vier Kontinenten. 2. Aufl., Leipzig/Jena/Berlin: URANIA-Verlag 1967

KAHLKE, H.-D.: Ausgrabungen in aller Welt. 1. Aufl., Leipzig/Jena/Berlin: URANIA-Verlag 1972

KIRCHHEIMER, F.: Grundzüge einer Pflanzenkunde der deutschen Braunkohlen. Halle: Verlag Wilhelm Knapp 1937

KIRCHHEIMER, F.: Die Laubgewächse der Braunkohlenzeit. Halle: Verlag Wilhelm Knapp 1957

KIRKALDY, J. F.: Fossilien in Farben. Eine Einführung in das Reich der Versteinerungen. Ravensburg: Otto Maier Verlag 1971

KRAUS, O.: Internationale Regeln für die Zoologische Nomenklatur. (deutscher Text). Frankfurt/M.: Senckenberg. Naturforsch. Ges. 1962

KRÄUSEL, R.: Versunkene Floren. Eine Einführung in die Paläobotanik. Frankfurt/M.: 1950

KRÄUSEL, R.: Die paläobotanischen Untersuchungsmethoden. 2. Aufl., Jena: VEB Gustav Fischer Verlag 1950

KRÄUSEL, R., u. W. SIMON: Über Fossilien. Hundert Buchtitel ausgewählt. Roßdorf b. Darmstadt: Der Aufschluß, Jg. 1968, H. 9, S. 227 bis 234, 1968

KRÄUSEL, R., u. H. WEYLAND: Die Flora des deutschen Unterdevons. Berlin: Abh. preuß. Geol. Landesanst., N. F., Bd. 131, S. 1–90, 1930

KRUEGER, H.-H.: Arbeitstechniken bei der Präparierung von Fossilien aus Geschieben – dargestellt am Beispiel ordovizischer Trilobiten. Berlin: Neue Museumskunde, 18 (1975), H. 4, S. 304–311, 1975

KRUMBIEGEL, G.: Die tertiäre Pflanzen- und Tierwelt der Braunkohle des Geiseltales. Wittenberg: Die Neue Brehm-Bücherei, H. 237, A. Ziemsen Verlag 1959

KRUMBIEGEL, G.: Zur Palökologie der tertiären Fossilfundstellen des Geiseltales. Leipzig: Hercynia, N. F., 12 (1975), H. 3, S. 400–417, 1975

KRUMBIEGEL, G.: Tiere und Pflanzen der Vorzeit. Akzent-Taschenbuch, 1. Aufl., Leipzig/Jena/Berlin: URANIA-Verlag 1977

KRUMBIEGEL, G., u. M. SCHWAB: Saalestadt Halle und Umgebung. Geologischer Führer. Teil 1 u. 2. Halle: 1974

KRUMBIEGEL, G., G. URBAN u. H. WALTHER: Probleme und Erfahrungen bei der Koordinierung der geowissenschaftlichen Museen und Sammlungen der DDR. Berlin: Neue Museumskunde, 16 (1973), H. 4, S. 295–304, 1973

KRUTZSCH, W.: Atlas der mittel- und jungtertiären dispersen Sporen und Pollen sowie der Mikroplanktonformen des nördlichen Mitteleuropas. Berlin: Lieferung 1–7, 1962–1970

KUHN, O.: Die Tierwelt der Bundenbacher Schiefer. Wittenberg: Die Neue Brehm-Bücherei, H. 274, A. Ziemsen Verlag 1961

KUHN, O.: Die Tierwelt des Mansfelder Kupferschiefers. Wittenberg: Die Neue Brehm-Bücherei, H. 333, A. Ziemsen Verlag 1964

KUMMEL, B., u. D. RAUP: Handbook of Paleontological Techniques. San Francisco/London: W. H. Freemann & Co. 1965

LEHMANN, U.: Paläontologisches Wörterbuch. Stuttgart: Ferdinand Enke Verlag 1964

LEONOW, G. P.: Historische Geologie (russ.). Isdatelstwo Moskowskogo Universiteta, Moskau 1956

MÄGDEFRAU, K.: Die fossile Flora von Singen in Thür. und die pflanzengeographischen Verhältnisse in Mitteleuropa zur Buntsandsteinzeit. Berlin-Dahlem: Ber. Deutsch. Bot. Ges., Bd. XLIX, S. 298–308, 1931

MÄGDEFRAU, K.: Zur Morphologie und phylogenetischen Bedeutung der fossilen Pflanzengattung Pleuromeia. Dresden: Beih. z. Bot. Centralbl., Bd. XLVIII, S. 119–140, 1931

MÄGDEFRAU, K.: Die Flora des Oberdevons im östlichen Thüringer Wald. Dresden: Beih. Bot. Centralbl., Bd. LVI, B, H. 1/2, S. 213 bis 228, 1936

MÄGDEFRAU, K.: Paläobiologie der Pflanzen. 4. Aufl., Jena, VEB Gustav Fischer Verlag 1968

MÄGDEFRAU, K., u. A. H. MÜLLER: Geologischer Führer durch die Trias um Jena. Jena: 2. Aufl., VEB Gustav Fischer Verlag 1957

MAI, D. H.: Exkursion Tertiäre Floren der Oberlausitz vom 26. bis 28. April 1962. Berlin: Geolog. Ges. d. DDR, Fachverb. Paläontologie 1962

MAI, D. H.: Beiträge zur Kenntnis der Tertiärflora von Seifhennersdorf (Sachsen). Dresden u. Leipzig: Jb. Staatl. Mus. Mineral. Geol., 1963, S. 39–144, 1963

MAI, D. H.: Die Mastixiodeen-Floren im Tertiär der Oberlausitz. Berlin: Paläont. Abh., B, H. 1, S. 1–192, 1964

MAI, D. H.: Die Florenzonen, der Florenwechsel und die Vorstellungen über den Klimaablauf im Jungtertiär der Deutschen Demokratischen Republik. Berlin: Abh. Zentr. Geol. Inst., H. 10, S. 55–81, 1967

MEJEN, S. W.: Is istorii rastitelnych dinastij. 1. Aufl., Moskau 1971

MÖBUS, G.: Einführung in die geologische Geschichte der Oberlausitz. Berlin: VEB Deutscher Verlag d. Wissenschaften 1956

MÜLLER, A. H., u. H. ZIMMERMANN: Aus Jahrmillionen. Tiere der Vorzeit. Jena: VEB Gustav Fischer Verlag 1962

MÜLLER, A. H.: Lehrbuch der Paläozoologie. Bd. 1–3, 2. Aufl., Jena: VEB Gustav Fischer Verlag 1957, 1963–1970, 1976

MÜLLER, O.: Heimatboden – Aufbau, Oberflächengestaltung und Entwicklungsgeschichte des Nordharzvorlandes. Halberstadt: Veröff. Städt. Museum Halberstadt, Bd. 4, S. 1–217, 1958

MURAWSKI, H.: Geologisches Wörterbuch. 6. Aufl., Stuttgart: Ferdinand Enke Verlag 1972

NESTLER, H.: Echiniden aus dem Unter-Maastricht der Insel Rügen. Teil I.: Die Saleniden. – Geologie, Jg. 14, H. 8, S. 982–1003, 1965. Teil II.: Pedicellarien. – Geologie, Jg. 15, H. 3, S. 340–365, 1966. Teil III: *Gautheria radiata* (SORIGNET, 1850). – Geologie, Jg. 15, H. 10, S. 1214–1221, 1966. Teil IV.: Die Cidariden. – Z. geol. Wiss. Jg. 1, H. 8, S. 981–989, 1973. Teil V.: Die postlarvale Entwicklung der Cidariden. – Z. geol. Wiss., Jg. 3, H. 5, S. 643–654, 1975. Berlin: Akademie Verlag

NESTLER, H.: Die Cidariden (Echinoidea) der Kreide (Unteres Maastricht) Rügens. Greifswald: Wiss. Z. ERNST-MORITZ-ARNDT-Univ. Jg. XXI, H. 2, S. 171–190, math.-nat. R., 1972

NESTLER, H.: Die Fossilien der Rügener Schreibkreide. Wittenberg: Die Neue Brehm-Bücherei, H. 486, A. Ziemsen Verlag 1975

ORLOW, J. A.: In der Welt der Urtiere (Abriß der Paläontologie der Wirbeltiere) (russ.). Verlag der Akademie der Wissenschaften der UdSSR, Moskau 1961

ORLOW, J. A. (Hersg.): Osnowy paleontologii (russ.). Moskau 1958

ORLOW, J. A. (hersg.): Paläontologie der Wirbellosen (russ.). Isdatelstwo Moskowskogo Universiteta 1962

Paleontologitscheskii Shurnal Akademii Nauk (russ.). Isdatelstwo Nauka, Moskau

PFANNENSTIEL, M.: Fälscher und Fälschungen von Oehninger Fossilien. Berlin: Geologie, Jg. 7, H. 3/6, S. 846–853, 1958

PIECHOCKI, R.: Makroskopische Präparationstechnik. Leitfaden für das Sammeln, Präparieren und Konservieren. Teil 1 (2. Aufl.) u. Teil 2 (1. Aufl.). Leipzig: Akadem. Verlagsgesellschaft Geest & Portig K.-G., 1967

PFLUG, H. D.: Entstehung und Frühzeit des Lebens. in: MURAWSKI, H.: Vom Erdkern bis zur Magnetosphäre. Frankfurt/M.: 1968

PRESCHER, H.: Geologie des Elbsandsteingebirges. Eine Einführung. Dresden u. Leipzig: VEB Theodor Steinkopf 1959

RAHMANN, H.: Die Entstehung des Lebendigen. Stuttgart: Gustav Fischer Verlag 1972

RAST, H.: Geologischer Führer durch das Elbsandsteingebirge. 1. Aufl. Freiberg: Bergkademie Freiberg, Fernstudium, 1959

RAST, H.: Aus dem Tagebuch der Erde. Akzent-Taschenbuch, H. 6, 1. Aufl., Leipzig, Jena, Berlin: URANIA-Verlag 1974

Referatiwny Shurnal, Geologija, Mineralogija (russ.), Moskau

Sowjetskaja geologija (russ.), Moskau

REICHSTEIN, M., K. SCHMIDT, G. FREYER u. a.: Stratigraphy of the (Ordovician) Silurian and Devonian of the Saxothuringicum and the Harz. Berlin: Intern. Geol. Congr., XXIII. Sess. Prague, Guide Excursion 36 AC, 1968

REMY, W., u. R. REMY: Pflanzenfossilien. Ein Führer durch die Flora des limnisch entwickelten Paläozoikums. Berlin: Akademie Verlag 1959

RICHTER, R.: Einführung in die Zoologische Nomenklatur durch Erläuterung der Internationalen Regeln. 2. Aufl., Frankfurt/M.: Senkkenberg. Naturforsch. Ges. 1943, 2. Aufl. 1948

ROSELT, G., u. W. SCHNEIDER: Cuticulae dispersae, ihre Merkmale, Nomenklatur und Klassifikation. Berlin: Paläont. Abh., B, Bd. III, H. 1, S. 1–128, 1969

SCHAARSCHMIDT, F.: Paläobotanik: Bd. 1: Einführung und Paläophytikum. Bd. 2: Mesophytikum und Känophytikum. Mannheim/Zürich: BJ-Hochschultaschenbücher 357/357a, 359/359a, 1968

SCHAROW, A.: Den Vorfahren der Vögel auf der Spur. Einmalige paläontologische Funde schließen Wissenslücken. Nauka i shisn, 7, 1971

SCHEIBNER, E., u. V. SCHEIBNEROVA: Sa tajomstvanni vyhynuteho sivata (tsch.). Osveta, Bratislava 1962

SCHINDEWOLF, O. H.: Über die ältesten Lebewesen der Erdgeschichte. Asso: Scientia Jg. 54, S. 1–7, 1960

SCHINS, W. J. H.: Belemnieten. – grondboor und hamer, Jg. 30, H. 4, S. 106–122, Amsterdam 1976

SCHMIDT, K.: Erdgeschichte. Berlin: Slg. Göschen, Bd. 5001, 1972

SCHWEITZER, H.-J.: Die Makroflora des niederrheinischen Zechsteins. Krefeld: Fortschr. Geol. Rheinld. u. Westf., Bd. 6, S. 331–376, 1962

SEIDEL, G.: Das Thüringer Becken. Geologische Exkursionen. Gotha/Leipzig: Geograph. Bausteine, N. R., H. 11, VEB H. Haack, 1972

SEITZ, O., u. W. GOTHAN: Paläontologisches Praktikum. Berlin: Verlag Julius Springer 1928

SIMON, W.: Präkambrische Petrefakten und das Alter der ältesten Lebewesen. Göttingen: Aufschluß, Jg. 17, H. 7/8, S. 171–178, 1966

SIMPSON, G. G.: Leben der Vorzeit. Einführung in die Paläontologie. Stuttgart: Ferdinand Enke Verlag 1972

ŠPINAR, Z., u. Z. BURIAN: Leben der Urzeit. Hanau/Praha: Verlag Werner Dausien/Artia Verlag 1973

STAFLEU, F. A.: International Code of Botanical Nomenclature. Utrecht: 1972

STEINER, W.: Der geologische Aufbau des Untergrundes von Weimar. Weimar: Weimarer Schriften, Geologie, H. 23, S. 1–64, 1974.

STORCH, D.: Die Arten der Gattung Sphenophyllum BRONGNIART im Zwickau-Lugau-Oelsnitzer Steinkohlenrevier. Ein Beitrag zur Revision der Gattung. Berlin: Paläont. Abh., B, Bd. II, H. 2, S. 1 bis 234, 1966

THENIUS, E.: Lebende Fossilien. – Zeugen vergangener Welten. Stuttgart: KOSMOS-Bibliothek, H. 246, Franckhsche Verlagshandlung 1965

THENIUS, E.: Paläontologie. Die Geschichte unserer Tier- und Pflanzenwelt. Stuttgart: KOSMOS, Franckhsche Verlagshandlung 1970

THENIUS, E.: Versteinerte Urkunden. 2. Aufl., Berlin, Heidelberg, New York: Springer Verlag 1972

THENIUS, E.: Grundzüge der Verbreitungsgeschichte der Säugetiere. Jena: VEB Gustav Fischer Verlag 1972

THIERBACH, H., u. H. REICHERT: Kleines paläontologisches Wörterbuch. Berlin/Freiberg: Bergakademie Freiberg, Fernstudium 1952

TICHOMIROW und CHAIN: Kratki otscherk istorii geologii (russ.). Moskau 1956

TOEPFER, V.: Tierwelt des Eiszeitalters. Leipzig: Akadem. Verlagsgesellschaft Geest & Portig 1963

TRÖGER, K.-A.: Zur Paläontologie, Biostratigraphie und faziellen Ausbildung der unteren Kreide (Cenoman bis Turon). Teil I: Paläontologie und Biostratigraphie der Inoceramen des Cenomans bis Turons Mitteleuropas. Dresden: Abh. Staatl. Mus. Mineral. Geol., Bd. 12, S. 13–207, 1967

VANGEROW, E.-F.: Grundriß der Paläontologie. Stuttgart: Studienbücher der Biologie, B. G. Teubner 1973

WÄCHTER, K.: Geologische Exkursionen in der Umgebung von Magdeburg. Ummendorf: Magdeburger Börde, H. 3, S. 1–120, 1965

WALTHER, H.: Lurchfunde aus dem Oberoligozän von Seifhennersdorf (Sachsen). Dresden u. Leipzig: Jb. Staatl. Mus. Mineral. Geol., 1956/57, S. 56–57, 1957

WALTHER, H.: Paläobotanische Untersuchungen im Tertiär von Seifhennersdorf (Sachsen). Dresden: Jb. Staatl. Mus. Mineral. Geol., 1964, S. 1–131, 1964

WALTHER, H.: Ergänzungen zur Flora von Seifhennersdorf (Sachsen) Teil I. Dresden: Abh. Staatl. Mus. Mineral. Geol. Bd. 12, S. 259–277, 1967

WALTHER, H.: Studien über tertiäre Acer Mitteleuropas. Dresden: Abh. Staatl. Mus. Mineral. Geol., Bd. 19, S. 1–309, 1972

WALTHER, H.: Ergänzungen zur Flora von Seifhennersdorf/Sachsen. II. Teil. Dresden: Abh. Staatl. Mus. Mineral. Geol., Bd. 21, S. 143–158, 1974

WALTHER, H.: Geowissenschaftliche Sammlungen als naturwissenschaftliche Archive. Berlin: Fundgrube, Jg. XI, H. 1/2, S. 2–4, 1974

WALTHER, H.: Die geologische, paläontologische und bergbaugeschichtliche Ausstellung des Museums Seifhennersdorf. Neugersdorf/OL.: 1975

WEBER, H.: Die Formationstabelle. Entstehung und Bedeutung der geologischen Zeittafel. Berlin/Leipzig: Sammelbücherei Natur u. Wiss., Ser. L, H. 3, Verlag Volk u. Wissen 1949

WEBER, H.: Der junge Steinsammler. Anregungen und Richtlinien für den Aufbau einer Steinsammlung. Berlin/Leipzig: Sammelbücherei Natur u. Wiss., Ser. Q, H. 1, Verlag Volk u. Wissen 1948

WEBER, H.: Einführung in die Geologie Thüringens. Berlin: VEB Deutscher Verlag d. Wissenschaften, 1955

WEGNER, H.: Der Fossiliensammler. 2. Aufl., Thun (Schweiz)/München: Ott Verlag 1971

WEIGELT, J.: Die Pflanzenreste des mitteldeutschen Kupferschiefers und ihre Einschaltung ins Sediment. Eine palökologische Studie. Berlin: Fortschr. Geol. Paläont., Bd. VI, H. 19, S. 395–592, 1928

WEIGELT, J.: Neue Pflanzenfunde aus dem Mansfelder Kupferschiefer. Berlin: Zeitschr. f. Naturwiss., Bd. 89, H. 4–6, S. 104–125, 1931

WEISS, J.: Die »Würzburger Lügensteine«. Würzburg: Abh. Naturwiss. Ver. Würzburg, Bd. 4, H. 1, S. 107–136, 1963

WICHER, C. A.: Praktikum der angewandten Mikropaläontologie. Berlin: Verlag Gebr. Borntraeger 1942

WOLKOW, W. N.: Genetitscheskije osnowy morfologii udolnych plastow. Istadelstwo Nedra, Moskau 1973

WOOLLEY, A. R., A. C. BISHOP u. W. R. HAMILTON: Der Kosmos-Steinführer (Minerale, Gesteine, Fossilien). Stuttgart: KOSMOS-Verl., Franckhsche Verlagshandlung 1974

*Nachtrag zu Abschn. 1.9.*

FISCHER, K.-H.: Saurier – Urvögel. Halberstadt 1975

HANDTKE, K.: Eine Abteilung »Saurier – Urvögel« als ständige Ausstellung des Museums Heineanum, Halberstadt. Berlin: Neue Museumskunde, 20 (1977) H. 1, S. 34–40

SCHMIDT, P.: Das Museum für Naturkunde Gera. Die Entwicklung von einer naturkundlichen Sammlung zu einem naturwissenschaftlichen Regionalmuseum. Gera: Veröff. Mus. Gera, Naturwiss. R., H. 2/3 (1975) S. 5–31

TOEPFER, V.: Das Mammutskelett von Pfännerhall im Landesmuseum für Vorgeschichte Halle (Saale). Berlin: Neue Museumskunde, 18 (1975) H. 4, S. 242–243

## Quellenverzeichnis der Bilder auf den Tafeln

Die Bilder der Tafeln sind laufend durchnumeriert und stammen von folgenden Autoren, wissenschaftlichen Institutionen und aus angeführter Literatur:

BARTHEL, M., Berlin: 83
BARTSCH, Freiberg: 26, 27
BASTIAN, B., Dresden: 32, 52, 53, 75, 76, 77, 79, 91, 92
BERG, D., Mainz: 62
BERGER-Photo, Dresden: 28, 87
BEYGANG, G., Karl-Marx-Stadt: 78, 80, 85, 86
BRANDT, D., Halle/Saale: 7, 8, 14, 15, 16, 17, 19, 25, 29, 34, 36, 37, 39, 42, 43, 44, 54, 55, 57, 60, 64, 65, 88, 90
  Farbtafeln I–VIII (Bilder 1–14)
DANZ, W., Halle/Saale: 30, 66
DILCHER, D., Bloomington, Indiana, USA: 23
HAUPT, K., Berlin: 56, 81, 82, 84
HELMS, J., Berlin: 38, 40, 45, 46, 47, 58
HEINRICH, W.-D., Berlin: 10, 11, 12
KRUMBIEGEL, G., Halle/Saale: 6, 49, 93
NORDMANN-Photo, Karl-Marx-Stadt: 31
REINHARDT, P., Freiberg: 21
SCHAARSCHMIDT, F., Frankfurt/Main (BRD): 69, 70, 74
SCHNEIDER, J., Freiberg: 50
STEINMANN, Berlin: 71, 72
VOIGT, E., Hamburg (BRD): 20, 33, 59
WALTHER, H., Dresden: 13, 61, 89, 94, 96, 97
Landesmuseum für Vorgeschichte Halle/Saale: 68
Museum für Naturkunde Berlin, Paläontologisches Museum, Archiv: 73
Museum of Paleontology and California Herbarium, University of California, Berkeley, California, USA: 24
Muzeum Institutu Zoologicznugu Polska Akademia Nauk, SYCH, Krakow, VR Polen: 67
Muzeum Ziemi Polska Akademia Nauk, Warszawa, VR Polen: 9
SPENGLER-Museum, Sangerhausen: 18
VEB Geologische Forschung und Erkundung Halle, Betriebsteil Süd, Freiberg: 63
ABEL, O., 1939: 2, 3
BACHMAYER, F., 1969: 35, 41, 48
KRUMBIEGEL, G., 1959: 22, 51, 95
KUHN-SCHNYDER, E., 1967: 1, 4
SCHLOTHEIM, E., 1820: 5

## Fossilmaterial

Die auf den Tafeln abgebildeten Fossilien befinden sich in den Sammlungen folgender wissenschaftlicher Museen sowie Hochschul- und Akademieeinrichtungen:

Museum für Naturkunde, Paläontologisches Museum, der HUMBOLDT-Universität zu Berlin

Staatliches Museum für Mineralogie und Geologie zu Dresden

Geiseltalmuseum (Paläozoologische Forschungsstelle), Sektion Biowissenschaften der Martin-Luther-Universität Halle-Wittenberg, Halle/Saale

Bergakademie Freiberg, Sektion Geowissenschaften, Bereich Sammlungen, Freiberg

Landesmuseum für Vorgeschichte Halle/Saale

Museum »Heineanum«, Halberstadt

Museum für Naturkunde, Sterzeleanum, Karl-Marx-Stadt

SPENGLER-Museum, Sangerhausen

Muzeum Intstitutu Zoologicznugu Polska Akademia Nauk, SYCH, Krakow, VR Polen

Naturmuseum Senckenberg, Frankfurt/Main, BRD

Geologisch-Paläontologisches Institut der Universität Hamburg, Hamburg, BRD

Naturhistorisches Museum Wien, Geologisch-Paläontologische Abteilung, Wien, Österreich

Privatsammlung KRUMBIEGEL

**TAFELTEIL**

Fossilien I

». . . trotz aller Gegensätze und Unzulänglichkeiten vieler Erklärungshypothesen hat die Paläontologie eine unanfechtbare Summe von Tatsachen zusammengetragen, die uns zeigen, daß das Leben Träger einer Geschichte ist, daß zwischen allen Wesen, ausgestorbenen und noch lebenden, physische Bande bestehen und daß die Gegenwart eine Funktion der Vergangenheit ist. Dank dieser Funktion herrscht mehr Einheit, mehr Ordnung, mehr Festigkeit und Harmonie in der organischen Welt, in dem, was wir heute Biosphäre nennen. Die Paläontologie hat unsere Art zu denken erneuert, indem sie das Problem der Entwicklung des Lebens auf präzise und definitive Weise fixierte.«

MARCELLIN BOULE (1861 bis 1942)

JEAN PIVETEAU (geb. 1899)

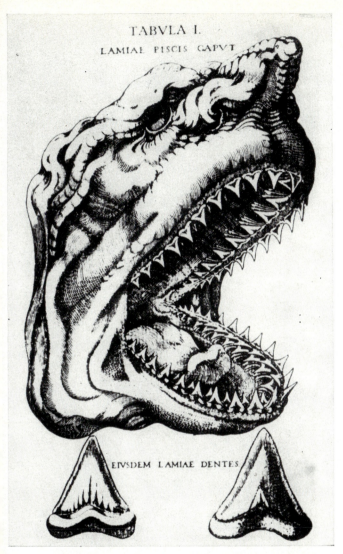

Bild 1. Kopf und Zähne eines *Carcharodon megalodon* (L.), Glossopetren, sogenannte »Zungensteine« oder »Steinzungen«; Zähne von Haifischen in tertiären Meeresablagerungen. Sie wurden früher als Medikamente gegen Epilepsie, Fieber, Blattern, Vergiftungen und alle möglichen anderen Krankheiten angewandt

*Tafel 1*

Bild 2. »*Lapis poikilospermos*« des MICHELE MERCATI aus seiner 1574 verfaßten »Metallotheca Vaticana«; ein Gestein, das überwiegend aus fossilen Nummuliten und anderen Foraminiferen besteht. Der Durchmesser der kreisrunden Nummuliten beträgt 1 cm

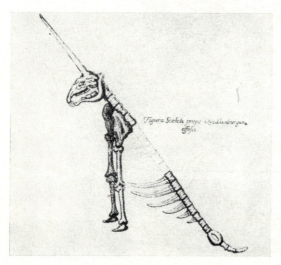

Bild 3. Rekonstruktion eines aus Resten von pleistozänen Mammuten und von einem Wollhaarnashorn zusammengesetzten »Einhorns«, 1663 in einer Gipsdoline auf dem Seweckenberg (Zeunickenberg) bei Quedlinburg gefunden und von OTTO von GUERICKE, dem Bürgermeister von Magdeburg, beschrieben und rekonstruiert

*Tafel 2*

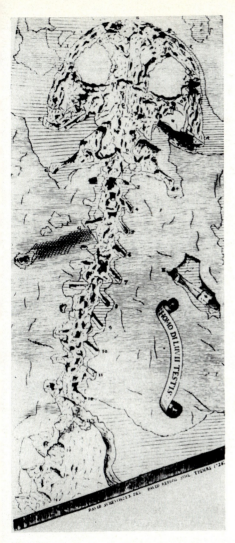

Bild 4. »*Homo diluvii tristis testis*«, »Beingerüst« eines in der Sündflut ertrunkenen Menschen (im Jahre nach der Sündflut 1726). Skelett eines tertiären Riesensalamanders *Andrias scheuchzeri* (HOLL) TSCHUDI, aus der obermiozänen Molasse von Öhningen (Baden) am Bodensee (Untersee). Das hier abgebildete Skelettstück (ohne Hinterextremität und Schwanz) ist etwa 60 bis 65 cm lang

*Tafel 3*

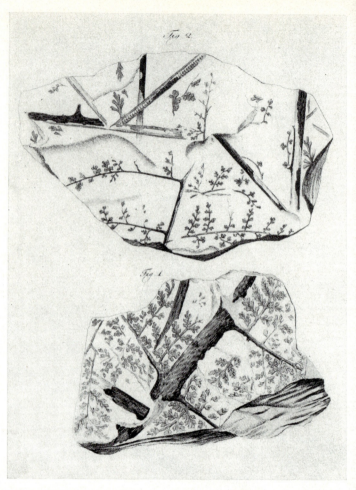

Bild 5. Abbildungen von Pflanzenfossilien: *Lyginopteris bermudensis* (Fig. 2) und *Lyginopteris fragilis* (Fig. 1) aus SCHLOTHEIMs Petrefaktenkunde von 1820 (Durchmesser des oberen Stücks 15 cm)

Bild 6. Verschiedene Fossilerhaltungsstadien bei Schneckenresten aus der mitteleozänen Braunkohle des Geiseltales bei Merseburg.

*Tafel 4*

Obere Reihe v. l. n. r.: *Galba (Galba) aquensis michelini* (DESHAYES); Rückenseite, *Stagnicola (Stagnicola) fragilis* (LINNÉ); Mündung und Anwachsstreifung, *Galba* sp.; letzte Windung mit Bohrspuren

Mittlere Reihe v. l. n. r.: *Australorbis pseudoammonius pseudoammonius* (SCHLOTHEIM); Gehäuse in Schalenerhaltung mit feiner, schiefer Anwachsstreifung; dgl. Steinkernerhaltung aus Quarzit (Einkieselung)

Unten: Querschnitt (Radialschnitt) durch das Gehäuse einer *Australorbis*. Schalenerhaltung mit sekundärer Kalzitfüllung des Gehäuseinnenraumes (Intuskrustation) in einem Kohlenkalkstein (Anthrakonit). Ein Teilstrich der Maßstäbe entspricht 1 mm

*Tafel 5*

Bild 7. Rote Sandsteinplatte mit Netzleisten (Schlammausfüllung von Trockenrissen) und Fährten (Fußabdrücken) von Edaphosauriern (zu den Pelycosauriern gehörig). – *Ichniotherium (Saurichnites) cottae* (POHLIG), aus den Tambacher Schichten des Oberrotliegenden bei Tambach im Thüringer Wald. Fußlänge etwa 12 bis 14 cm

Bild 8. Pflanzenähnliche Schein- oder Pseudofossilien: Dendriten (griech. *dendron* = Baum) – anorganische Bildungen – auf Solnhofener Plattenkalk des Malm *Zeta*. Baum-, strauch- oder moosförmige zart verästelte Bildungen auf Kluftflächen mancher Gesteine. Sie entstanden durch Ausscheidung eingedrungener eisen- oder manganoxidhaltiger Lösungen (Infiltrationen). Irrtümlich werden sie für Pflanzenfossilien (Abdrücke) gehalten. Höhe der Platte etwa 30 cm

*Tafel 6*

Bild 9. Bernsteinfischerei nach einem Seesturm an der polnischen Ostseeküste. Gemälde des Malers LUDWIK LESZKO, Krakow 1945, Muzeum Ziemi PAN in Warszawa/VP Polen

Bild 10. Die feldmäßige Schlämmeinrichtung an einer Wasserstelle bei Ausgrabungen in einer Fundstelle quartärer Wirbeltiere in Pisede, Krs. Malchin. Im Hintergrund die Motorpumpe, davor das in Säcken herangeschaffte knochenführende Sediment

*Tafel 7*

Bild 11. Eine vorsortierte Probe mit Schneckengehäusen und Skelettresten: Zähne von Microtinen, zahntragende Knochen von Spitz- und Wühlmäusen, von Blindschleichen (Mitte des oberen Bildrandes), Fröschen und Knoblauchkröten (Mitte des unteren Bildrandes), Extremitätenknochen, Schädelfragmente und Wirbel von Kleinnagern, Froschlurchen, Kröten, Schlangen und Blindschleichen

Bild 12. Die Trockenanlage: Der nasse, mit Fossilien angereicherte Schlämmrückstand ist zum Trocknen an der Sonne auf Kunststoffolie ausgebreitet

*Tafel 8*

Bild 13. Bergung pflanzenführender, tertiärer Tone im Haselbacher Ton des Weißelsterbeckens im ehemaligen Tagebau Haselbach bei Altenburg

Bild 14. Anfertigung eines Lackfilmes zur Bergung eines geologischen Standardprofiles der Trias in den Badlands des Steinmergelkeupers (Gipskeuper) an der Wanderslebener Gleiche in Thüringen. Nach dieser Bergungsmethode können auch kleinere Fossilskelette geborgen werden

*Tafel 9*

Bild 15. Tagebau Neumark-Süd im Geiseltal bei Merseburg. Gesamtansicht der 1965 bis 1966 aufgeschlossenen tertiären Wirbeltier-Fossilfundstellen (Einsturztrichter, fossiler Karst) der Geiseltal-Ausgrabungen. – Auf der Tagebausohle als Kohlepfeiler vom Bagger während der Kohlegewinnung ausgelassene Fundstellen. Diese Fundstellen sind gleichzeitig bedeutende Pflanzenfundstellen einer Eozänflora

Bild 16. Ausgräberkollektiv des Geiseltalmuseums der Martin-Luther-Universität Halle-Wittenberg bei der Ausgrabung von fossilen Wirbeltierfunden in einem Einsturztrichter im ehemaligen Tagebau Braunsbedra innerhalb der mitteleozänen Braunkohle des Geiseltales bei Merseburg

*Tafel 10*

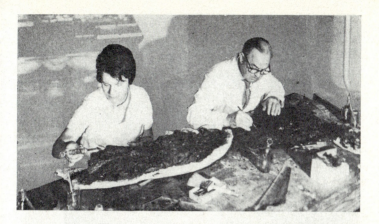

Bild 17. Präparationslabor für Wirbeltierpräparation im Geiseltalmuseum der Martin-Luther-Universität Halle-Wittenberg. Freilegen eingegipster Fossilfunde aus der mitteleozänen Braunkohle des Geiseltales bei Merseburg

Bild 18. Pleistozäne Säugetierfundstelle Voigtstedt-Edersleben bei Sangerhausen. Freigelegtes Skelett eines »Steppen«nashorns, *Dicerorhinus etruscus* (FALCONER), Alter etwa 475 000 Jahre

*Tafel 11*

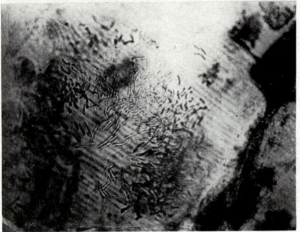

Bild 19. Infrarotaufnahme eines Skeletts des Insektenfressers *Ceciliolemur de la saucei* WEIGELT ("Mosaiktyp"), einer Übergangsform, aus der mitteleozänen Braunkohle des Geiseltales, Maßstab mm

Bild 20. Lichtmikroskopische Aufnahme von fossilen Bakterien in den Tracheen eines Käfers *(Eopyrophorus)* aus der mitteleozänen Braunkohle des Geiseltales bei Merseburg, Vergr. 1 900 ×

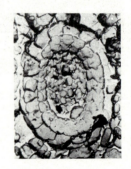

Bild 21. Coccolithen gehören zu den Nannofossilien. Es sind verkalkte Zelluloseschuppen. Die elektronenmikroskopische Aufnahme (Vergr. etwa 12 000 ×) von *Cribrosphaerella romanica* zeigt den Coccolithentyp der Ethmolithen (griech. *ethmos* = Sieb, *lithos* = Stein). Sie bestehen aus einer distalen Scheibe und einem siebförmigen, hexagonal/trigonal strukturierten, rhagoiden Boden mit oder ohne Zentralfortsatz

*Tafel 12*

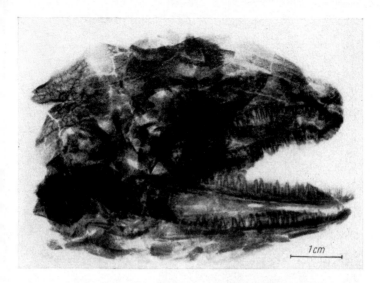

Bild 22. Röntgenaufnahme des stark gepanzerten Schädels der Baumeidechse *Eolacerta robusta* NÖTH aus der mitteleozänen Braunkohle des Geiseltales bei Merseburg

Bild 23. Swamps (Sumpfwaldgebiet) (Cypress swamps) mit Sumpfzypressen *(Taxodium distichum)* und Tupelobäumen *(Nyssa aquatica)* von Henty – Co in Tennessee/USA

*Tafel 13*

Bild 24. Der Mammutbaum, *Sequoia sempervirens*, (»red wood« = Rotholzbaum) im nordamerikanischen Naturschutzgebiet »Sequoia National Park« (»Giant Sequoia National Park«) der Sierra Nevada Kaliforniens. Höhe der *Sequoia* etwa 30 m. Diese Bäume lieferten unter anderem während des Tertiärs das Ausgangsmaterial für die heutigen Braunkohlen

Bild 25. Briefmarken der DDR und der VR Polen mit Motiven pflanzlicher und tierischer Fossilien in Form von Gesteinshandstücken und Rekonstruktionen
Markenwerte:

10 Pf. – *Lebachia speciosa* – älteste Nadelgehölze
15 Pf. – *Sphenopteris hollandica* – karbonischer Farnsamer
20 Pf. – *Pterodactylus kochi* – Flugsaurier
25 Pf. – *Botryopteris sp.* – permischer Farn
35 Pf. – *Archaeopteryx lithographica* – Urvogel
70 Pf. – *Odontopleura ovata* – silurischer Trilobit
50 Groschen – *Mastodonsaurus* – triadisches Amphibium
2,5 Złoty – *Archaeopteryx* – Urvogel, Lebensbild

Bild 26. Wirbellosen-Fossilien als Motive in der Steinmetzkunst in Form von Säulenkapitälen:
v. l. n. r.: austerähnliche Muscheln *(Lopha)*, Korallen *(Omphyma)* und Trilobiten (Phacopiden). Pflanzenfossilien als Säulenschäfte und Rundbogenfriese: v. l. n. r. Schachtelhalm (Calamiten), *Sigillaria* und *Lepidodendron*

Bild 27. Fossilien als Schmuckelemente in Form von schmiedeeisernen Türbeschlägen: Pflanzenfossilien *(Annularia, Sphenopteris)*. Rechts oben ein Kopffüßer *(Arietites)* als Türanschlag. Auf der Anschlagleiste des Türflügels oben kleine Ammoniten und geschlossene Kelche von Seelilien *(Cupressocrinus)*

Tafel 16

Bild 28. Das Staatliche Museum für Mineralogie und Geologie zu Dresden. Eingangshalle zur Schausammlung mit stratigraphischen Typusbildern der wichtigsten erdgeschichtlichen Gruppen (Ären)

Bild 29. Tierische Fossilien – *Archaeopteryx lithographica* H. v. MEYER, der Urvogel – als Werbeelement bzw. Wappentier paläontologischer Museen

*Tafel 17*

Bild 30. Geiseltalmuseum (paläozoologische Forschungsstelle) der Sektion Biowissenschaften der Martin-Luther-Universität Halle-Wittenberg, in Halle/Saale, ein paläontologisches Museum mit Fossilfunden aus der mitteleozänen Braunkohle des Geiseltales bei Merseburg. Ansicht des Chors der Privatkapelle Kardinal Albrechts II. von Hohenzollern (1490 bis 1545) von Nordost und des Eingangsportals zur »Residenz« (Renaissancebau, 1531 bis 1539), des »Neuen Baues«, in Halle/Saale

Bild 31 (rechts unten). Das Museum für Naturkunde – Sterzeleanum – in Karl-Marx-Stadt. Teilansicht einer Gruppe versteinerter (verkieselter) Stämme von Baumfarnen (Psaronien) aus dem Rotliegenden der Mulde von Karl-Marx-Stadt/Hilbersdorf, der sogenannte »Versteinerte Wald«. Die Stämme gehören zu *Psaronius* sp., *Psaronius weberi* STERZEL, *Dadoxylon* ENDLICHER und *Medullosa stellata* COTTA

Bild 32 (rechts oben). Ein scheibenförmiger »Riesenkammerling«, *Nummulites perforatus*, im Mediansschnitt aus dem Eozän zwischen Cluj und Huedin, VR Rumänien. Die mehrere Zentimeter im Durchmesser großen Einzeller sind mit ihren Kalkgehäusen gesteinsbildend in den Nummulitenkalken und stellen wichtige Leitfossilien dar, Maßstab mm

*Tafel 18*

Tafel 19

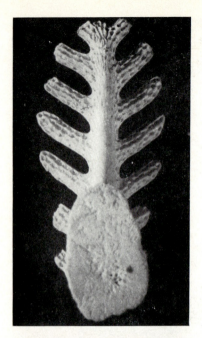

Bild 33. Moostierchen oder Bryozoen aus der nordeuropäischen Kreide. Kolonienbildende Tiere mit einem aus Kalziumkarbonat bestehenden Skelett, Vergr. etwa 7 bis 15 ×

*Truncatulipora filix* (v. HAGENOW), Maastrichter Tuffkreide (Ob. Maastrichtien), Grube Curfs bei Berg b. Maastricht/Niederlande

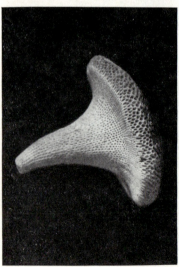

*Amphimarssionella klaumanni* VOIGT, Unteres Cenoman, Mühlheim-Broich (BRD)

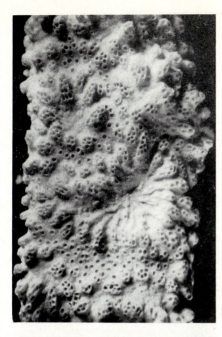

Basis – ein Algenblatt inkrustierend:
durch Hohlraum dokumentiert – von
*Cavarinella ramosa* (v. HAGENOW),
Maastrichter Tuffkreide
(Ob. Maastrichtien), Albert-Kanal bei
Vroenhoven/Belgien

*Stamenocella cuvieri* (v. HAGENOW),
Maastrichter Tuffkreide
(Ob. Maastrichtien), St. Pietersberg
bei Maastricht/Niederlande

Tafel 21

Bild 34. *Cyathophyllum flexuosum*. Quer- und Längsschnitte von Einzelkorallen mit Septenbildung in einem Korallenriffkalk aus dem Mitteldevon (Givet) vom Büchenberg bei Elbingerode/Harz, Länge des oberen Kelches 3 cm

Bild 35. Brachiopode (*Spiriferina pinguis* ZIET.), bei dem auf der linken Seite das aus dünnen, spiral zu Hohlkegeln aufgewundene Band des zarten Armgerüstes erhalten ist. Die Spiralkegel sind mittels Leisten (Cruren) an der Schale befestigt. Das Exemplar stammt aus dem Jura von Frankreich. Die Schale ist 35 mm breit

Bild 36. Süßwasserkalk mit Gastropoden in Schalenerhaltung:
*Gyraulus multiformis* BRAUN, Gehäusedurchmesser 6 bis 7 mm, *Gillia utriculosa* SANDB., Gehäusehöhe 4 bis 5 mm, *Lymnaea socialis* SCHÜBL., Gehäusehöhe 11 mm. Die Schnecken stammen aus dem Obermiozän von Steinheim/Württ.

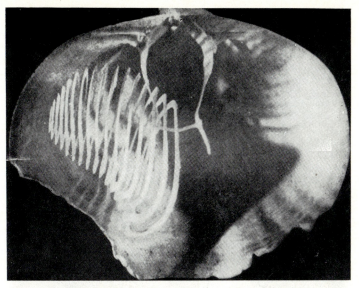

Tafel 23

Bild 37. Turritellenkalk mit der Turmschnecke *Turritella turris* BAST. (Höhe des Exemplares i. d. M. etwa 5 cm) und der Muschel *Cyprina tumida* NYST. (Länge der Muschel etwa 3,5 cm) in Steinkernerhaltung. Die Schnecken liegen im Sediment eingeregelt. Fundort: Mittelmiozän von Ulm

Bild 38. Konische Kalkgehäuse von Tentaculiten (*Tentaculites scalaris* SCHLOTHEIM), Schalen einer ausgestorbenen Molluskenklasse, in silurischem Beyrichienkalk (Geschiebe) von Zerben bei Genthin, Länge etwa 1 cm

Bild 39. Grauer »Orthoceren«kalk mit parallel zur Strömung eingeregelten, gestreckten Nautiloideen, sogenanntes »Orthoceren«-Schlachtfeld, von *Michelinoceras michelini* BARR. aus dem Silur (Kopaniner Schichten, Budnanien) von Lochkov/Böhmen (ČSSR). Im Längsschnitt sind deutlich die Kammerscheidewände und der Sipho mit den Siphonalhüllen sichtbar. Länge des Exemplares in Bildmitte etwa 18 cm

*Tafel 24*

Tafel 25

Bild 40. Der »Bischofsstab«, *Lituites lituus* MONTFORT, ein gestreckter, graziler Nautiloidee mit eingerolltem Anfangsteil und weiter Nabellücke. Fund aus einem ordovizischen Geschiebe (Oberer grauer »Orthoceren«kalk) von Gothen-See bei Bansin/Usedom. Die teilweise abgeplatzte Gehäuseschale (wenige Zehntel Millimeter dick) läßt am Steinkern (innere Gesteinsfüllung) die Kammerung des Gehäuses erkennen. Als Skulpturelemente der Schale treten charakteristisch gewellte Anwachsstreifen und Rippen hervor, Höhe etwa 16 cm

Bild 41 (recht oben). Tangentialschliff am Gehäuse eines Ammonoideen, *Pinacoceras metternichi* (HAUER), aus der Obertrias des Steinbergkogels bei Hallstatt (Oberösterreich). Hier liegt ein Beispiel vor für eine in zahlreiche Elemente gegliederte maximale Differenzierung der Lobenlinie bei triadischen Ammonoideen. In der feinkörnigen Sedimentfüllung der Kammern sind im Schliffbild zahlreiche Reste von Mikroorganismen (vorwiegend Foraminiferen) zu erkennen, Vergr. 2 ×

Bild 42. *Phylloceras heterophyllum* (SOW.), ein Kopffüßer aus dem Jura von Bridport (Dorsetshire/England). Angeschliffene Außenseite des Kopffüßers (Tangentialschliff) mit stark differenzierter ammonitischer Lobenlinie. Diese Ammonitenform hat sehr eng angeordnete Loben (Lobendrängung); die Gaskammern sind sehr schmal (verkleinert)

*Tafel 26*

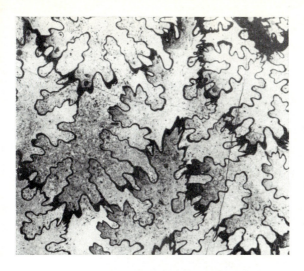

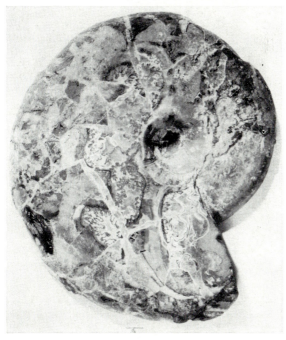

Tafel 22

Bild 43. *Pleuroceras spinatum* (BRUG.), ein Kopffüßer in Steinkernerhaltung (oben) und als Abdruck (unten), aus dem Lias *Delta* (Oberes Domerien) von Neumark (Oberpfalz), Gehäusedurchmesser etwa 6 cm

Bild 44. Der Kopffüßer *Dactylioceras (Dactylioceras) commune* (SOW.), ein externgabeliger Gabelripper, aus dem Lias *Epsilon* (Unteres Toarcien) von Whitby (North Riding/England), Gehäusedurchmesser 7 cm

*Tafel 28*

Bild 45. Vollständiger Panzer eines Trilobiten – *Asaphus (Ogmasaphus) praetextus* (TÖRNQUIST) – aus dem ordovizischen Ludibundus-Kalk ($C_2$). Fund aus einem Geschiebe von Dwasieden bei Saßnitz, Länge 7 cm

Bild 46. Stark skulpturierter und bestachelter Trilobit *(Odontopleura ovata* (EMMERICH)) aus einem Silurgeschiebe (grünlichgraues Graptolithengestein) von Niederkunzendorf, Länge 2 cm. Maßstab mm, vgl. Tafel 15, Bild 25

Bild 47. Vollständiges Exemplar eines Trilobiten der Gattung *Calymene* sp. aus der Bohrung »Leba« (Leba, VR Polen), Teufe 780,9 m; Länge 5 cm, Maßstab mm

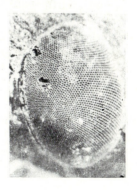

Bild 48. Rechtes Facettenauge eines Trilobiten – *Pricyclopyge prisca* (BARR.) – aus dem Ordovizium von Osek in Böhmen/ČSSR. Das Auge besteht aus zahlreichen, einzelnen Linsen oder Facetten, sogenannten Ommatidien (Einzelaugen), die sich mit ihren Seiten gegenseitig berühren und eine geschlossene Fläche bilden. Das Auge befindet sich zum größten Teil auf der Unterseite des Tieres. Längsdurchmesser des Facettenauges 11 mm (vgl. Bild 2.50, Seite 169)

*Tafel 29*

Tafel 30

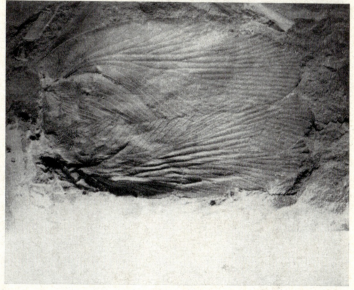

Bild 50. Insektenflügel von Blattinen (*Phyloblatta* sp.) in permosilesischen Tonschiefern von Plötz bei Halle/Saale (Original zu HANDLIRSCH), Flügellänge etwa 2 cm

Bild 49. Tertiäre Ostracoden (Muschelkrebse) verschiedenster Artzugehörigkeit aus dem Norden der DDR. An den Schalen ist deutlich der vielgestaltige Feinbau dieser Mikrofossilien, wie Muskelfelder, Poren, Kanäle, Bestachelung, Oberflächenskulptur u. a., zu beobachten. Die abgebildeten Arten sind zum Teil wichtige Leitfossilien für das Jungtertiär (Neogen), Länge der Einzelexemplare im Durchschnitt etwa 1 bis 2 mm

Bild 51. *Schwarz- oder Dunkelkäfer* (*Rhinohelaeites longipes* HAUPT) aus einer Schilfkohle der mitteleozänen Braunkohle des Geiseltales bei Merseburg, Länge des Exemplares 1 cm

Bild 52. Die Libelle *Aeschnidium densum* (HAGEN) aus dem Solnhofener Plattenkalk (Malm *Zeta*) von Eichstätt in Franken, Maßstab mm

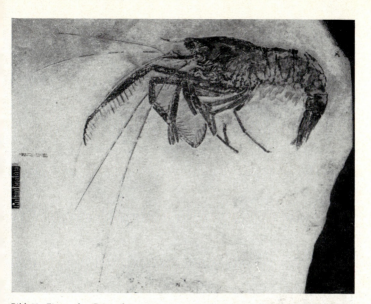

Bild 53. Ein zu den Decapoda gehörender Krebs, *Aeger tipularius*, aus dem Malm Zeta, den Solnhofener Plattenkalken, von Eichstätt in Franken. Das mit langen Stacheln an den dritten Maxillipedien (Raubbeine) versehene Fossil liegt in Schalenerhaltung (Chitinpanzer) vor. Länge des Tieres etwa 11 bis 12 cm, Maßstab mm

Bild 54. Krone mit weit geöffneten Armen und Stiel der Seelilie, *Encrinus carnalli* BEYRICH, aus dem Unteren Muschelkalk (Schaumkalk) von Freyburg/U. Länge des Stiels 16 cm, Länge des Kelches mit Tentakeln 10 cm

*Tafel 33*

Bild 55. Krone mit Stiel der Seelilie *Pentacrinus briareus* aus dem Lias Englands, Gesamtlänge 30 cm

Bild 56. *Monograptus aequabilis* (PŘIBYL), der häufigste und langlebigste, in allen Erdteilen nachgewiesene unterdevonische Graptolith. Fundort des abgebildeten Exemplares ist Australien. Länge etwa 3,5 bis 4 cm

Bild 57. Graptolithenschiefer mit *Retiolites geinitzianus* (BARRANDE) aus dem Silur (Zone 16) von Grobsdorf bei Ronneburg/Thür. Länge des Exemplares etwa 2 cm. Oben im Bild vereinzelte Monograptiden

Bild 58. Conodonten, zahn- und plattenähnliche Skelettelemente bisher unbekannter Chorda-Tiere. Überblick über die morphologische Formenvielfalt dieser wichtigen Leitfossilien der Mikropaläontologie. Faunenquerschnitt aus dem Unterkarbon III *Alpha, crenistria*-Zone, vom Kleinen Winterberg/Harz. Größe der Einzelexemplare etwa 0,5 bis 2 mm

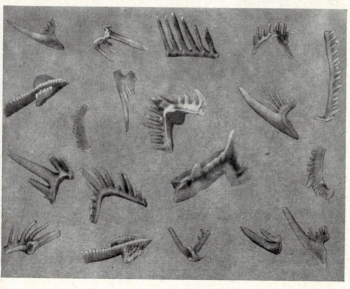

Tafel 35

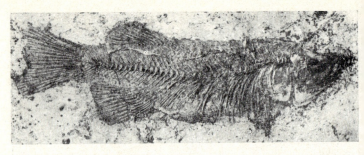

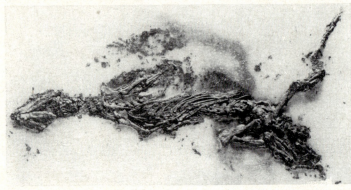

Bild 59. *Thaumaturus spannuthi* VOIGT (männliches Exemplar), ein den heutigen Lachsen nahestehender Knochenfisch aus der mitteleozänen Braunkohle des Geiseltales bei Merseburg, Länge etwa 8 bis 10 cm

Bild 60. Eine fossile Baumeidechse, *Eolacerta robusta* NÖTH, aus der mitteleozänen Braunkohle des Geiseltales bei Merseburg, Länge des Tieres etwa 40 cm

Bild 61. *Palaeobatrachus diluvianus*, ein fossiler Froschlurch aus dem Polierschiefer des Unteren Miozäns von Seifhennersdorf/OL. Länge des Körpers ohne Extremitäten etwa 5,5 cm

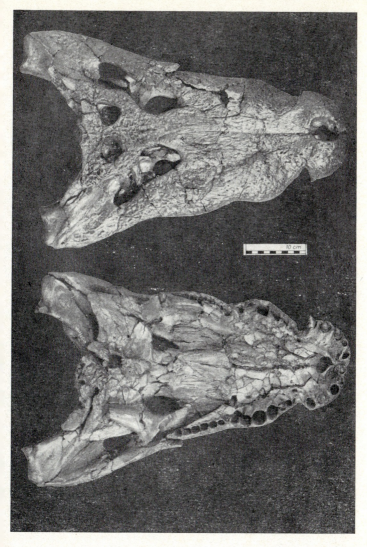

Bild 62. Schädel (Cranium) des Krokodils *Asiatosuchus germanicus* BERG aus der mitteleozänen Braunkohle des Geiseltales bei Merseburg.

Schädellänge etwa 50 cm   oben: Oberseite   unten: Unterseite

*Tafel 37*

Bild 63. *Haptodus saxonicus* (v. HUENE), Zusammenschwemmung von sechs Pelycosaurier-Skeletten aus dem Unterrotliegenden (Hangendes des Hauptsteinkohlenflözes) vom ehem. Carola-Schacht bei Freital/Dresden. – Die Kadaver wurden von fließendem Wasser zusammengeschwemmt und von Schlamm zugedeckt. *Haptodus* war ein Landraubtier der Reptilordnung Pelycosauria. Größter Durchmesser des Fundkomplexes etwa 1,25 m

Bild 64. Der Schlangenhalssaurier (Plesiosaurier), *Eurycleidus* cf. *megacephalus* (STUTCHBURY), aus den Tonen des Unteren Lias vom Kanonenberg bei Halberstadt. Das etwa 3 m lange Skelett wurde 1899 entdeckt, ausgegraben und im »Museum Heineanum« in Halberstadt aufgestellt

*Tafel 38*

Bild 65. Die Schreckechse (Dinosaurier), *Plateosaurus quenstedti* v. HUENE, wurde 1909 mit zahlreichen anderen Großreptilresten in den Tonen des Keupers bei Halberstadt gefunden. Es sind Reste von primitiven Stammformen der Saurier. Das etwa 2,5 m hohe Skelett ist im »Museum Heineanum« in Halberstadt ausgestellt

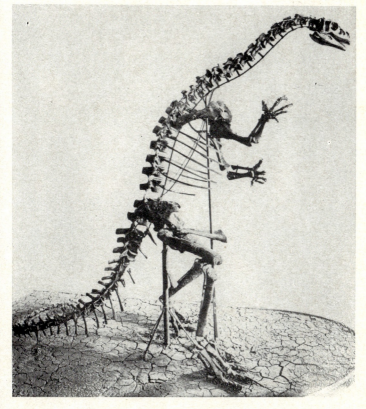

*Tafel 39*

Tafel 40

Bild 66. Vollständiges Skelett des Altpferdes, *Propalaeotherium hassiacum*, (Palaeohippidae) aus der mitteleozänen Braunkohle des Geiseltales bei Merseburg. Es weist die altertümlichen morphologischen Merkmale der Pferdeahnen des Alttertiärs auf (u. a. geringe Körpergröße, 4- und 3-Hufigkeit an den Extremitäten, Höckerzähne). Es ist das Wappentier des Geiseltalmuseums der Martin-Luther-Universität Halle-Wittenberg, Gesamtlänge des Skeletts etwa 70 cm

Bild 67. Das Wollhaarnashorn, *Coelodonta antiquitatis* (BLUMENBACH), von Starunia südlich Lwow in der Ukraine/UdSSR. Weibliches Tier eines in Salz und Erdwachs, fossil »eingepökelt«, erhalten gebliebenen Kadavers mit Weichteilen und Fellresten. Heute ist dieser, in situ auf dem Rücken liegende Fund als dermoplastisches Präparat eine Hauptsehenswürdigkeit des Zoologischen Museums der Polnischen Akademie der Wissenschaften zu Krakow

Bild 68. Das pleistozäne Mammut, *Mammuthus primigenius* (BLUMENBACH), von Pfännerhall im Geiseltal bei Merseburg. Fund aus Unstrut-Flußschottern der Deckgebirgsschichten der Braunkohle. Die Länge beträgt zwischen der äußersten Ausladung der Stoßzähne und der Schwanzwölbung 4,60 m. Der Schädelscheitel liegt am aufgestellten Skelett in 3,20 m Höhe. Es handelt sich um ein weibliches Tier mit knapp 60 Jahren Individualalter

*Tafel 41*

Tafel 42

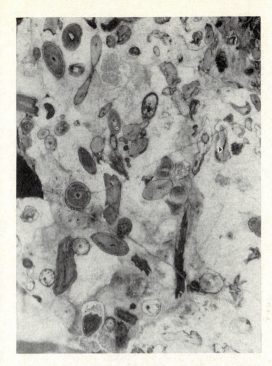

Bild 71. Hornstein (polierter Anschliff) mit zahlreichen Sproßquerschnitten *rhynia*-artiger Pflanzen (Urlandpflanzen) von 370 Millionen Jahre Alter aus dem Dorf Rhynie in Aberdeenshire (Schottland). 2½fach vergr. *Rhynia* ist eine blattlose Form der ältesten, bekannten Festlandflora, der Psilophyten

Bild 69. Stromatolithische Knolle der kalkabscheidenden primitiven Blaualge *Cryptozoon proliferum* aus dem Kambrium von Saratoga Springs (New York/USA). Diese Cyanophyceen spielten stellenweise als Gesteinsbildner eine wichtige Rolle. Durchmesser der Knolle etwa 15 cm

Bild 70. *Psilophyton princeps*, eine Nacktpflanze (Psilophytales), aus dem Unterdevon von Kanada unter polarisiertem Licht (etwa natürliche Größe). Die Stiele der Pflanze waren dichotom oder unregelmäßig verzweigt und entweder kahl oder mit dornenförmigen »Blättchen« bedeckt, wie im Bild sichtbar. Die Höhe der Pflanzen betrug 50 bis 100 cm

*Tafel 43*

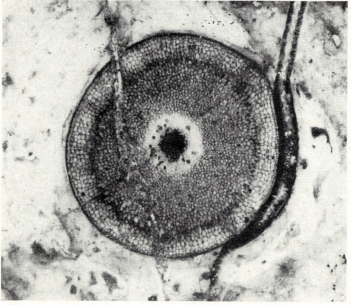

Tafel 44

 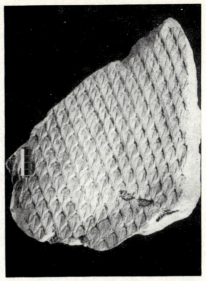

Bild 74. Nacktes Sproßstück mit dichotomer Gabelung von cf. *Thursophyton (Asteroxylon) elberfeldense*, einer bärlappähnlichen Nacktpflanze aus dem Mitteldevon des Rheinlandes (BRD). Die Pflanze war etwa 1 m hoch. Im unteren Teil (zwei Drittel der Gesamtgröße) war sie dicht mit »blatt«ähnlichen Sproßanhängseln versehen, während die oberen Sproßteile nackt waren. Länge des abgebildeten Sproßstückes 12 cm

Bild 75. Abdruck von *Lepidodendron obovatum*, einer baumförmigen Lepidodendraceae (Schuppenbäume) aus dem Oberkarbon (Westfal C–D) von Planitz bei Zwickau. Das Stück hat die sehr auffällige fischschuppenartige Rindenskulptur mit spindel- bis rübenförmigen Blattpolstern, die in Schrägzeilen oder in Geradzeilen stehen können, Maßstab mm

Bild 72 (links unten). Sproßquerschnitt einer *rhynia*-artigen Pflanze (Urlandpflanze) von 370 Millionen Jahre Alter in einem Hornstein (polierter Anschliff) aus dem Dorfe Rhynie in Aberdeenshire (Schottland), etwa 17fach vergr. – Zentral gelegener Holzkörper (dunkelgefärbt) = Xylem, darumliegend zartlumiges saftleitendes Gewebe (sehr hell) = Phloëm sowie eine innere und äußere Zone von Rindengewebe. Die Epidermis wird nach außen von einer Kutikula abgeschlossen

Bild 73 (links oben). Stammbasis mit Wurzeln eines Lepidophyten (Steinkern) aus dem Karbon des Flözes Zweibänke von Piesberg bei Osnabrück. Umfang des Stammes am oberen Ende etwa 2,5 m; im Niveau der ersten Dichotomie (gabelige Verzweigung) 4 m. Aufgestellt ehemals im Lichthof des Zentralen Geologischen Institutes Berlin

*Tafel 45*

Bild 76 (links). Steinkern von *Archaeocalamites radiatus*, einer Articulate (Schachtelhalmgewächse), aus dem Unterkarbon von Borna-Hainichen. Sie unterscheidet sich von den Calamiten des Oberkarbons und Perms durch meist breite, über die Nodiallinie gerade hinwegverlaufende Rippen. Die Steinkerne entstehen durch Sedimentausfüllung des inneren Markhohlraumes, Maßstab mm

Bild 77 (rechts). Steinkern von *Calamites* sp. (aff. *Stylocalamites*), einer Articulate (Schachtelhalmgewächse), aus dem Oberkarbon (Westfal C–D) von Zwickau. Im Gegensatz zu den unterkarbonen Calamiten stehen sich die stumpf abgerundeten Rippen an der Nodiallinie alternierend gegenüber. Am oberen Rippenende befindet sich eine fast ³/₄ der Rippenbreite einnehmende Infranodalnarbe, Maßstab mm

*Tafel 46*

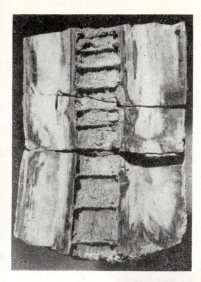

Bild 78. Intuskrustierter Stamm *(Arthropitys bistriata)* eines baumförmigen Schachtelhalmes im Längsschnitt mit quergefächerter Markröhre aus dem Unterrotliegenden von Karl-Marx-Stadt/Hilbersdorf. Der Stammdurchmesser beträgt etwa 14 cm

Bild 79. Abdruck von *Sigillaria* sp., einer baumförmigen Sigillariaceae (Siegelbäume) aus dem Oberkarbon (Westfal C–D), Planitz bei Zwickau. Stammstücke mit charakteristischer Rindenzeichnung, die an Eindrücke von kleinen Siegeln erinnert. Es sind keine echten Blattpolster ausgebildet, sondern die Blätter sitzen direkt der Rinde auf. Die abgebildete Art gehört zur Untergruppe *Rhytidolepis*, deren Stämme Längsrippen aufweisen, auf denen ± dicht die Blattnarben übereinanderstehen. Der Zwischenraum ist mit Falten oder Runzeln verziert, Maßstab mm

Bild 80. Abdrücke von fossilen Schachtelhalmblättern (*Annularia stellata* SCHLOTHEIM) auf Schiefertonen aus dem Unterrotliegenden von Karl-Marx-Stadt/Hilbersdorf. Durchmesser einer Blattrosette etwa 3 bis 4 cm

Bild 81. Steriler (unfruchtbarer) Wedel mit Aphlebien eines Karbonfarnes *(Pecopteris plumosa* ARTIS) aus dem Oberen Westfal des Saargebietes. Breite der Platte etwa 16 cm

*Tafel 48*

Bild 82. Steriler (unfruchtbarer) Gabelwedel von *Sphenopteris larischi* STUR, einer Pteridosperme (Farnsamer) der *Lyginopteris*-Gruppe, aus dem Namur A, Gorny Slask/VR Polen, Maßstab cm

Tafel 49

Tafel 50

Bild 83 (links oben)
Fertiler (fruchtender) Farn
(*Asterotheca truncata* ROST)
mit großen Synangien
(Sporensäcken) aus dem
Siles (Stephan, Wettiner
Schichten) von Plötz bei
Halle/Saale. Der Durchmesser eines einzelnen
Sporensackes beträgt etwa
2 mm

Bild 84 (links unten)
Sterile (unfruchtbare) Fiedern
eines Pteridospermen-Wedels
(Farnsamer) der *Medullosa*-
Gruppe, von *Alethopteris
intermedia* FRANKE, aus
dem Namur B des Ruhrgebietes (BRD), Maßstab cm

Bild 85 (oben). Stammquerschnitt eines intuskrustierten
Baumfarnes (*Psaronius
infarctus* UNGER), sogenannter »Starstein«, aus dem
Unterrotliegenden von
Karl-Marx-Stadt/Hilbersdorf.
Es sind deutlich die vom
Wurzelmantel umgebenen
bandförmigen Gefäßbündel
erkennbar. Größter Durchmesser etwa 12 cm

Bild 86. Stammquerschnitt
eines intuskrustierten Farnsamers (Pteridosperme),
*Medullosa leuckarti*
GOEPPERT & STENZEL,
aus dem Unterrotliegenden
von Karl-Marx-Stadt/
Hilbersdorf. Im Inneren
zahlreiche Stern- bzw.
Plattenringe, die nach außen
von schlangenförmigen
Holzkörpern umlagert werden. Größter Durchmesser
des Stückes etwa 12 cm

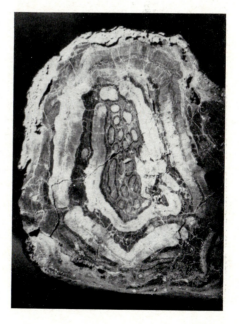

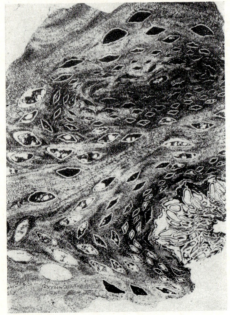

Tafel 52

Bild 89. Abdrücke zimtbaumähnlicher Blätter *(Daphnogene cinnamomea)* auf Quarzit des Alttertiärs von Mosel bei Zwickau. Maßstab mm

Bild 87. *Cycadeoidea reichenbachiana* GOEPPERT *(»Raumeria«)*, Stammreste einer ausgestorbenen Bennettitee (einzige fossil erhaltene Cycadeoidea in der DDR) aus der Kreide. Der Erhaltungszustand wird als echte Versteinerung (Intuskrustation) bezeichnet. Die zahlreichen rhombischen Vertiefungen auf der Stammoberfläche sind die Blattbasen der ehemaligen palmenwedelartigen Blätter. Die wulstartigen, spiralig angeordneten Erhebungen stellen die Blüten oder Blütenknospen dar. – Der 200 kg schwere Stammrest bildet nur den Mittelabschnitt (0,45 m) eines etwa 1 m langen Stammes

Bild 88. *Cycadeoidea reichenbachiana* GOEPPERT. Dünnschliff einer Blütenknospe (im Bild oben rechts) und einer Blüte (im Bild unten rechts). Vertikaler Durchmesser des Schliffes etwa 5 cm

Bild 90. Blätterkohle aus der Braunkohle des Geiseltales bei Merseburg mit lagenweise eingeschalteten Blättern von *Dryophyllum album*. Die Blätter stammen von altertümlichen subtropischen Eichenkastanien. Sie sind mit einem weißen Kalküberzug versehen. Die Blätter sind etwa 6 bis 8 cm lang

Bild 91. Inkohlter Abdruck des Blattes eines fossilen Eichengewächses, *Dryophyllum turcinervis*, aus dem Altertertiär der Oberlausitz auf Diatomit (Polierschiefer), Maßstab mm

Tafel 54

Bild 92. Früchte aus dem Tertiär (Mittelmiozän) von Wiesa bei Kamenz (stark vergrößert).

Obere Reihe v. l. n. r.
*Ganitrocera persicoides*, Mastixioideae, eine Unterfamilie der Hartriegelgewächse (Cornaceae)
*Mastixia lusatica*
*Tectocarya lusatica*

Untere Reihe v. l. n. r.
*Sphenotheca incurva*, Symplocaceae, eine mit den Storaxbaumgewächsen verwandte Familie
*Tetrastigma chandleri*, Rebengewächs (Vitaceae)
*Magnolia sinuata*, Magnoliengewächs (Magnoliaceae)

Tafel 55

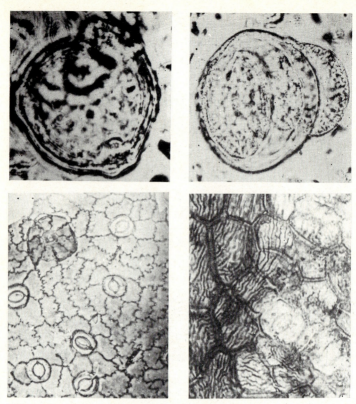

Bild 93 (obere Reihe). Pollenformen aus Schwelkohlen (Pyropissit = Wachskohle) der obereozänen Braunkohle des Weißelsterbeckens (Tagebaue Pirkau und Streckau), Vergr. 1 200 ×

Bild 94 (untere Reihe). Fossile Blattepidermen aus dem Tertiär.

rechts: Idiokutikulare Strukturen (Kutikularstreifen) auf der Kutikula der unteren Epidermis sowie Spaltöffnungen eines tertiären Ahorn *(Acer tricuspidatum)* aus dem oberen Miozän von Hohenleipisch/L., Vergr. 420 ×

links: Epikutikulare Strukturen, Kutikula der unteren Epidermis einer fossilen Platanenart *(Platanus neptuni)* mit Spaltöffnungen, gewellten Zellwänden und Schirmhaar aus dem oberen Eozän des Weißelsterbeckens, Vergr. 200 ×

Bild 95 (rechts oben). Pollenanreicherung, sogenannter Fimmenit, in einer Schwelkohle der mitteleozänen Braunkohle des Geiseltales bei Merseburg aus dem Tagebau Cecilie, Vergr. etwa 800 ×

Bild 96. Inkohlte Abdrücke von Zapfen (Länge etwa 5 bis 6 cm) einer tertiären Kiefer *(Pinus sp.)* aus den Tonen des Miozäns von Břeštany/ČSSR

*Tafel 56*

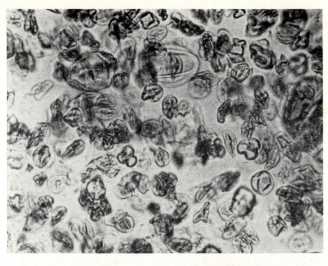

Tafel 57

Bild 97
Männlicher Blütenstand einer tertiären Sumpfzypresse *(Taxodium dubium)* aus den Tonen des Miozäns von Břeštany/ČSSR, Maßstab mm

# Fossilienverzeichnis

## Zur Erläuterung

*Die mit einem Stern gekennzeichneten Seitenzahlen weisen auf Abbildungen im Text hin.*
*Kursiv gesetzte Seitenzahlen enthalten die umfassenderen Erläuterungen zum Begriff.*

## A

*Abiesgraptus* 202, 203*
*Acanthoceras* 159*
*Acanthocladia* 118
– *anceps* 117*, 118
*Acanthodes bronni* 204
– *gracilis* 204
*Acer* 77, 292
– *pseudoplatanus* 77
– *rubrum* 77
– *saccharinum* 77
– *tricuspidatum* 77, 291*, Taf. 56
*Acrodus* 206
*Acrospirifer* 125
*Acrostichum aureum* 80
*Acrotreta* 122
*Actaeonella* 40
*Actinocamax* 165
– *mammilatus* 165
– *plenus* 165
– *verus* 164
– *westfalicus* 164
*Actinodonta* 128
Adlerfarn 246
*Aeger tibularius* Taf. 33
*Aegoceras* 88, 90
*Aeschnidium densum* Taf. 32
Agnatha 101
Agnostida *174*
Agnostiden 172
*Agnostus pisiformis* 170, 174

Ahorn 77, 292, Taf. 56
Alcyonaria 109
Alethopterides *254* ff.
*Alethopteris* 254, 261
– *decurrens* 255, Beil.
– *intermedia* 255
– *subelegans* 255
– *subdavreuxi* 255
– *zeileri* 255
*Alectryonia* 40
*Alethopteris intermedia* Taf. 50
Algen 212, 212*
*Alloceratites schmidi* 162
*Alloiopteris* 249, 251
– *coralloides* 251, Beil.
– *cristata* 251
– *essinghi* 251, Beil.
– *sternbergi* 251, Beil.
*Alnus* 291*
– *kefersteinii* 78
Altfarne *248*, 249
Altpferd Taf. 40
*Amaltheus* 151*
Amberbaum 292
Ameisenigel 86
Amiidae 81, 206
Ammoniten 19, 25, 145, 145*, 150*, *151* ff., 158, 159*, Taf. 16
Ammonitina 158
Ammonoidea 65*, 146, *151* ff., 159*, Taf. 27
Ammonsbootler 151

Ammonshörner 151
Amphibia 101, *206*, *207*, 282
Amphibium Taf. 15
Amphigastropoda 83, 140
*Amphimarssionella klaumanni* Taf. 20
Amphineura 125
*Anabacia* 115
*Anabaraspis* 168
*Ananchytes* 194, 196*
Amarcestina 158
*Anaspides* 84*
Ancistropegmata 121
*Ancistrosyrinx* Taf. VIII
*Ancyloceras* 154*
Ancylopegmata 121
*Andrias scheuchzeri* Taf. 3
*Aneurophyton germanicum* 223
*Angiopteris* 85*
Angiospermae 80, 222, 228, 278, 279, 282, 283, 286, 292
–, älteste 284*
*Anisograptus* 203*
Anisomyarier 132, 132*
*Annularia* 34, 88, 238, Taf. 16
– *stellata* Taf. 8
*Anomopteris mougeotii* 273
*Anoplophora* 134
– *lettica* 64*, 134
– *postera* 64*
*Anoplotherium* 19
Antheridien 217
Anthozoa 101, *109* ff., 110*
*Anthracosia* 133
*Antinomia* 124
Apfelstieler 181
Aphaneropegmata 120
*Aphrocallites* 108
Apocynaceae 80
*Apocynophyllum* 80
*Aporrhais* 142, Taf. VIII
*Aprion* 205
– *stellatus* 205*
*Araucaria* 85*, 86, 262
– *bidwilli* 267, 267*
– *excelsa* 264

*Araucarioxylon arizonicum* 41
*Arca* 128
Archaeocalamiten 229, 236, 238
*Archaeocalamites* 236, 237*
– *radiatus* Taf. 46
Archaeocyatha 101, *108*
Archaeogastropoda 140, *141*
Archaeopterides *248*, *249*
*Archaeopteris* 226, 248
– *hibernica* 248, Beil.
Archaeopterygiformes 69
*Archaeopteryx* 69, 70, 92, Taf. 15
– *lithographica* 87, 89, 99, Taf. 15, Taf. 17
Archegonien 217
*Archegosaurus decheni* 207
*Architeuthis* 145
*Arietites* 40, 88, 159*, Taf. 16
Armfüßer 101, *118* ff., 119*
Armkiemer 118
*Arthrodendron* 237
*Arthromygale* 84*
*Arthropitys* 237
– *bistriata* Taf. 47
Arthropoda 101, *166*
*Athrotaxis* 80
Articulata 119, 121, 122, 189
Articulatae *236* ff., 237*, 239*, Taf. 46
*Asaphus* 166, 175
– *expansus* 173*, 176
– *(Neoasaphus) ludibundus* 177
– *(Ogmasaphus) praetextus* Taf. 29
*Ascoceras* 149
*Asiatosuchus germanicus* Taf. 37
Aspidobranchia 140
*Aspidoceras* 145*
*Aspidura* 190
*Assilina* 39, 102
– *spira* 103*
Assilinen 37, 39
*Asterocalamites* 237*
Asteroidea 101, 190
*Asteromorpha* 39
*Asterophyllites* 238

*Asteropyge* 176
*Asterotheca truncata* Taf. 50
*Asterotheca*-Fruktifikation 252
*Asteroxylon mackiei* 223
Asterozoa 101, 181, *190*
*Astylospongia* 106
– *praemorsa* 105*
*Ataxioceras* 151*
Atelostomata 192, 194
*Athyris* 125
– *concentrica* 125
Atremata 122
*Atrypa* 125
– *reticularis* 125
*Atunia* 150
*Augustoceras* 159*
*Aulacopleura* 176
– *(A.) konicki konicki* 176
*Aulacopleurina* 168*
*Aulaxinia* 108
*Aulocopium* 106
– *aurantium* 105*
*Aulopora* 113, 116*
Austern 40, 133*
*Australorbis* 81, Taf. 5
– *pseudoammonius* 140, Taf. III
– *pseudoammonius pseudoammonius* Taf. 5
Aves 101
*Avicula* 130, 134

# B

*Bactrites* 159*
Bactritida 159*
Bactritina 158
*Baculites* 152, 154*
Bakterien 212, 213, Taf. 12
*Baieria muensteriana* 279, 280*
*Balanocrinus* 187*
Bärlappe 218, 220, 222, 223, 271, 281
Bärlappgewächse 85*, 226, 228, 232 ff., 272*, 281, 282*
Bärlappsamer 235
Barsch 206

Basommatophora 143, 144
Bauchfüßer 136
Baumeidechse Taf. 13, Taf. 36
Baumfarn 223, 259, 260*, 261*, Taf. 19
Baumfarne, echte 228
Bedecktsamer 80, 222, 282, 286
Beilfüßer 127
*Belemnella* 165
– *casimirovensis* 165
– *occidentalis* 165
– *lanceolata* 165
*Belemnitella* 165
– *junior* 165
– *lanceolata* 164*
– *langei* 165
– *mucronata* 40, 164*, Taf. V
– *mucronata minor* 165
– *mucronata senior* 165
*Belemnites acutus* 165
– *tripartitus* 165
Belemnoidea 162
*Bellerophon* 138, 139*
– *bicarenus* 140
*Beneckeia buchi* 64*, 160
– *tenuis* 64*, 160
Bennettitaceae 278
Bennettitales 15, 277, 282, 286, Taf. 52
Bernsteinschnecke 144
*Berriasella* 152*
*Betula* 77, 292
– *dryadum* 77
– *subpubescens* 77, 291*
Beutelstrahler 101, 182, 183, 184*
*Beyrichia (Neobeyrichia) tuberculata* 179
Birke 77, 292
*Biscalitheca* 72
Bischofsstab Taf. 26
*Bithynia* 142
– *gracilis* 142
Blastoidea 101, 182, 183, 185*
Blattfüßer 177
Blattfußkrebse 177
Blattopteroida 179

Blaualgen 211, 212, 213, 213*, 216, Taf. 42
Blechnaceae 293
Blumentiere 109
Bodenfarne 243
Bödenkorallen 112
Bohrmuscheln 30
Bonifaziuspfennige 38
*Borelis melo* 103*
*Bostrychoceras* 154*
*Bothrodendron* 234
*Botryopteris* 87, Taf. 15
*Bourgueticrinus* 187*
Brachiopoda 65*, 101, *118* ff., *119**, Taf. 22
*Brachiosaurus brancai* 92
Brachsenkraut 234, 273, 281
Branchiopoda 166, 177
*Branchiosaurus amblystomus* 206
Branchiotremata 196
*Brasenia victoria* 76
*Brontotherium* 38, 41
*Brooksella* 109
Brückenechse 86
*Bryograptus* 200
Bryozoa 65*, 101, *116* ff., 117*, 266, Taf. 20
*Buccinum* 143
Buchengewächse 285
*Bulimus perversus* 137, 138*

## C

*Cadomoceras* 151*
Calamariaceen 236
Calamiten 26, 73, 229, 236, 237, 238, 265, Taf. 16
*Calamites* 236, 237*, Taf. 46
– *carinatus* 238
– *cruciatus* 238
– *suckowi* 238
*Calamitina* 238
– *goepperti* 238
*Calamocarpon* 229
*Calamodendron* 237
*Calamostachys* 238

*Calceola* 115
– *sandalina* 113, 113*
Calcispongea 104, 107*, 108
Callipterides *257*, *258*
*Callipteridium pteridium* 258
*Callipteris* 90, 248, 261, 270
– *conferta* 247*, 258
– *martinsi* 270
*Callipteris-Walchia*-Gesellschaft 265
*Callixylon* 248
*Calymene* Taf. 29, Taf. V
*Camarophoria sanctispiritus* 39
*Campanile* 142
*Capitosaurus* 207
*Caprina* 130
*Carcharodon* 41, 205
– *megalodon* 205*, Taf. 1
*Carbonicola* 133
– *carbonaria* 133
*Cardiaster* 194
*Cardiocarpus* 262
*Cardiola* 130, 133
– *bohemica* 133
– *cornucopiae* 133
*Cardiopteris frondosa* 249
*Cardium* 128, 136
*Carpinus* 292
– *grandis* 77, 78, 291*
Carpoidea 182*
*Carya* 78, 292
– *serraefolia* 78, 291*
Cassiduliden 193
*Castanea* 285
*Castanopsis* 285, 290
*Casuarina covellei* 283, 284
Casuarinaceae 283
*Catenipora escharoides* 113
*Caulopteris* 259
*Cavarinella ramosa* Taf. 21
Caytoniaceen 277
*Cekovia* 176
*Ceciliolemur de la saucei* Taf. 12
*Celtis* 77
Cephalopoda 101, 126, 126*, *145* ff.

Ceratiten *159* ff.
*Ceratites* 40, 157, 157\*, 159
- *atavus* 160
- *compressus* 160
- *dorsoplanus* 161
- *evolutus* 160
- *intermedius* 161
- *levalloisi* 161
- *nodosus* 161
- *postspinosus* 161
- *pulcher* 160
- *robustus* 160
- *semipartitus* 161
- *similis* 161
- *spinosus* 161
Ceratitina 158
*Ceratopyge* 176
*Cercidiphyllum crenatum* 291\*
Ceriantipatharia 109
*Cerithium* 141\*, 142
*Chama* 136
*Chasmops* 177
- *conicophthalmus* 177
- *eichwaldi* 177
- *extensa* 177
- *macroura* 177
- *odini* 173\*
Cheilostomata 118
*Cheirurus* 176
*Chiropteris* 275
*Chirotherium barthi* 29
*Cholydra murchisoni* 33
Chondrichthyes 101
*Chondrites affinis* 29\*
- *intricatus* 29\*
*Chonetes* 123
Chorda-Tiere Taf. 35
*Cidaris* 39, 195\*
- *blumenbachi* Taf. IV
- *glandaria* 39
- *monilifera* Taf. IV
Cidariten 193
Cidaroida 193
*Cingularia* 238
Cirripedia 166
*Clathropteris* 85\*

Clausiliidae 137
*Clavatula* 143
*Climacograptus* 200\*, 201, 201\*, 202, 203\*
*Clonograptus* 203\*
Clymeniina 158
Clypeastriden 193
Cnidaria 109
Coccolithen 21, 52, Taf. 12
*Codiacrinus* 188, 188\*
Coelenterata 101, *109* ff.
*Coelodonta antiquitatis* 38, 41, Taf. 40
*Coeloptychium* 106
- *agaricoides* 107\*
*Coenothyris* 124
- *cycloides* 124
- *vulgaris* 124
Coleoidea 159\*
*Conchodus infraliasicus* 37, 40
Conchostracen 177, 178
*Congeria* 135
- *ungulae capra* 40
Coniferae 37, 242
Conoclypeiden 193
*Conocoryphe* 175
Conodonten 52, Taf. 35
*Conularia cancellata* 109
Conularien 109
*Conus* 143
*Corbicula* 136
- *fluminalis* 136
*Cordaianthus* 262
Cordaitales 75, 229, *261*, 262, 263\*, Taf. VI
*Cordaites* Taf. VI
Cornaceae Taf. 55
*Coronites rotiforme* 40
Corynexochida 174, *175*
*Cosmoceras* 27, 40
*Crania* 122
*Crassatella* 128, 136
*Credneria* 284
- *triacuminata* 284, 285\*
*Creniceras* 154\*
*Cribosphaerella romanica* Taf. 12

Crinoidea 65*, 101, 182, *183* ff., 186*, 188*
*Crioceras* 159*
*Crioceratites* 152, 154*
Crocodilier 80
*Crotalocrinites* 188
Crustacea 166, *177* ff.
*Cryptolithus* 169, 170, 176
– *goldfussi* 173*
*Cryptomeria* 293
Cryptostomata 117, 117*
*Cryptozoon proliferum* Taf. 42
*Ctenocrinus typus* 188
*Ctenodonta* 128, 133
Ctenophora 109
*Cunninghamia* 293
Cupressaceae 77
*Cupressocrinites* 188*
– *crassus* 188
*Cupressocrinus* Taf. 16
Cyanophyceae 211, 213*, 216
*Cyathocrinites* 188
– *ramosus* 188
*Cyathocrinus pinnatus* 39
*Cyathophyllum flexuosum* Taf. 22
Cycadeen 27, 273, *275* ff.
*Cycadeoidea etrusca* 15
– *reichenbachiana* 278, Taf. 52
– *(Raumeria) reichenbachiana* 27
Cycadeoideaceae 278
Cycadinae 86
*Cycadites* 85*
*Cycas* 85*
Cycatheaceae 228
Cyclocorallia 112
*Cyclolites* 115
*Cyclostigma* 226
– *kiltorkense* 226
Cyclostomata 118
*Cyclothyris* 124
*Cyphinoides* 168*
*Cypraea* 142
– *subexia* 142
*Cypridina* 179
*Cyprina* 128, 136
– *islandicoides* 136

– *tumida* Taf. 24
Cyprinidae 206
*Cyrtoceras* 149
*Cyrtograptus* 202, 203*
Cystoidea 101, *182*, 183, 184*
*Cytherea* 131*
*Cyzicus* 178

## D

Dachschädler 206
Dachsteinmuscheln 37
*Dactylioceras commune* 40
– *(Dactylioceras) commune* Taf. 28
*Dactyloteuthis digitalis* 165
*Dadocrinus gracilis* 64*
*Dadoxylon* 38, 41, 89, 244, Taf. 19
– *subhercynicum* 286
*Daguinaspis* 168*
*Dalmania* Taf. V
*Dalmanites* Taf. V
*Dalmanitina* 168*
*Danaeopsis* 85*, 275
*Daphnogene bilinica* 291*
– *cinnamomea* 287*, Taf. 53
Debeya 283
– *bohemica* 285, 285*
Decapoda 159*, 162, Taf. 33
*Dechenella* 168*
Deckelkorallen 112
*Demoscaphites* 154*
Demospongea 104
*Denckmannites* 177
*Dendrocystides* 182*
Dendrograptidae 203*
*Dendrograptus* 200
Dendroidea 198, *199*
*Dendropupa* 143
– *vetusta* 143
*Dentalium* 126, Taf. VIII
– *badense* 126
– *dollfusi* 126
– *kickxi* 126
*Desmidocrinus* 187*
Desmodonta 136

*Dewalquea* 283
– *bohemica* 285
– *trifoliata* 284*
*Dianops* 170
*Diaphorides* 154*
Diatomeen 52, 80
Dibranchiata 145, 146, *162* ff.
*Dicellograptus* 200*, 201, 203*
– *complanatus* 201*
*Diceras* 136
*Dicerorhinus etruscus* Taf. 11
*Dichograptus* 200*, 201
*Dicotylophyllum* 287*
*Dicranograptus* 202, 203*
*Dictyonema* 200
– *flabelliforme* 200
– *flabelliforme* var. *conferta* 202
– *sociale* 201*, 202
Dictyoptera 179
*Didymograptus* 201, 202, 203*
– *murchisoni* 201*
*Dikellocephalus* 175
*Dimorphograptus* 203*
Dinoflagellaten 21
Dinosaurier Taf. 39
Diotocardia 140
Dipleurozoa 109
*Diplograptus* 201, 202, 203*
– *gracilis* 202
*Diplomoceras* 154*
*Diplopora annulata* 64*
Dipteridaceen 276, 281
*Dipteris* 85*, 281
*Discinisca* 122
*Dolatocrinus* 187*
*Doliostrobus* 293
– *certus* 287*
Donnerkeile 37, 162, Taf. V
Donnerpferde 38
*Dorycordaites* 263*
*Dorypyge* 175
Drachenknochen 38
Drachenzähne 38
Dreilapperkrebse *166* ff.
*Drepanocheilus* Taf. VIII

*Drepanophycus* 218
– *spinaeformis* 217*, 218
*Dryophyllum* 285
– *album* Taf. 54
– *cretaceum* 285, 285*
– *dewalquei* 287*
– *furcinervis* Taf. 54
*Dryopteris filix-mas* 242
Dunkelkäfer Taf. 32
Dysodonta 134

# E

*Ebrayiceras* 151*
Echinacea 194
Echinoconiden 193
*Echinoconus* 194
*Echinocorys* 194, 196*, 197*
– *ovatus* 39, 194
– *scutatus* 194
– *vulgaris* 194
– *(Ananchytes) ovatus* 194
Echinodermata 101, *180* ff., 184
Echinoidea 65*, 101, 181, 191, 191*, 193*
*Echinosphaerites* 182
– *aurantium* 181, 182
Echinozoa 101, 181, *191* ff.
*Echinus* 191*
Ectocochlia 145, 159*
Edaphosaurier Taf. 6
Eiche 78, 292
Eichelwürmer 101, 196
Eidechsen 81
Einhorn 18
Einzelkorallen 110*
Einzeller 101, *102* ff.
Eisenbakterien 212
*Elasmotherium* 41
*Eleganticeras (Harpoceras) elegantulum* Taf. IV
*Ellipsocephalus* 175
Encrinidae 189
*Encrinus carnalli* 189, Taf. 33
– *liliiformis* 39, 181, 189, 189*
*Endoceras* 146, 149

Endocochlia 145, 159*
*Engelhardia* 292
Enteropneusten 196
*Entonus serratostriata* 179
*Eoanthropus dawsoni* 33
*Eobacterium* 211
*Eocyphinium* 168*
*Eodiscina* 170
*Eolacerta robusta* Taf. 13, Taf. 36
*Eops* 168*
*Eopteris* 34
*Eopyrophorus* Taf. 12
Equisetales 37, 228, 237*, 273
Equisetinae 223
*Equisetites* 273
— *arenaceus* 275, 275*, 276
*Equisetum* 236, 237*
Ericaceae 287*
Erlen 78
*Ernestiodendron* 264
— *filiciforme* 264, 264*, 265
*Estheria* 178
Esterien 178
*Etapteris* 72
*Eucalamites* 238
*Eucladocrinus* 187*
*Eucordaites* 263*
Euechinoidea 192, 194
Eukaryta 213
Eulenkopf 124
*Euloma* 175
*Euomphalus* 141
*Eurycleidus* cf. *megacephalus* 208, Taf. 38
Eusigillaria 235, 236*
*Eutrephoceras* 159*
*Exogyra* 135

## F

Fagaceen 80, 285, 285*
Farne 73*, 75, 85*, 220, 222, 223, 226, 242 ff., 252, 271, 275, 282, 286, 292, Taf. 15
—, baumförmige 243
—, echte 244, 248, 249, 251

Farnpflanzen 228, 229, 243, 270
Farnsamer 75, 223, 227, 229, 242, 244, 258, 259 ff., 269*, 270, Taf. 15, Taf. 49, Taf. 50, Taf. 51
*Favosites* 113, 115*
— *(Calamopora) gotlandica* 113
*Favularia* 235, 236*
*Fenestella retiformis* 117, 117*
*Fibularix* 212, 212*
Figurensteine 17, 162
Filicales 228, 242, 248
Fische 101, 204 ff.
Fischsaurier 30
*Flabellum* 115
Flagellaten 102, 213
Flechten 216
Flügelkiemer 196
Flügelschnecken 143
Flugsaurier 87, Taf. 15
Flußschildkröten 81
Foraminiferen 21, 52, 65*, 102, Taf. 2, Taf. 27
Frankenberger Kornähren 27, 41, 267, 267*
Frösche 81, 207
Froschlurch Taf. 36
*Fryopsis* 249
*Fusulina* 102
*Fusulinella* 103*
Fusulinidae 102

## G

Gabelripper Taf. 28
Gagelgewächse 76, 80, 285
*Galba* Taf. 5
— *aquensis michelini* 140
— *(Galba) aquensis michelini* Taf. 5
*Galeocerdo latidens* 205*
*Galerites* 194
— *vulgaris* 194
*Galeus latidens* 205*
*Ganitrocera persicoides* Taf. 55
Ganoiden 205

Gastropoda 65*, 80, 101, 126, 126*, *136* ff., Taf. 23
*Gattendorfia* 159*
*Gauthieria* 194
*Geinitzia* 286
– *formosa* 286
Geißelalgen 213
Geißeltierchen 102
Gefäßkryptogamen 243
Gefäßsporenpflanzen 227, 270
*Gephyrostegus* 69
Geradhörner 147, 149*
*Germanonautilus bidorsatus* 147, 150
*Gervilleia* 134
– *(Hoernesia) socialis* 134
Gespensterkerzen 38
Gewittersteine 37
*Gigantophis garstini* 41
*Gigantoproductus giganteus* 119, 123
*Gillia utriculosa* Taf. 23
*Ginkgo* 82, 85*, 86
– *adiantoides* 279, 280*
– *biloba* 82, 243, 246, 268, 279, 280*
Ginkgoaceae 268, 269*, 279
*Ginkgoites* 85*
– *pluripartitus* 279, 280*
Glasschwämme 106, 107*
Glatthaie 205
*Gleichenia* 286
Gleicheniaceae 286
Gliederfüßer 101, *166*
Gliederschaler 166
Gliedertiere 166
*Gloeocapsa* 213, 213*
*Gloeocapsomorpha prisca* 213, 213*
*Glossograptus* 203*
– *quadrimucronatus approximatus* 198*
Glossopetren 17, Taf. 1
*Glossopteris* 230
*Glycimeris* 128, 130*, 134
– *obovatus* 134

– *(Pectunculus)* 15
-klappen 15
*Glyptograptus* 200*, 202
Gnathostomata 192, 194
*Gnetum* 227
Goldschnecken 26, 27, 38, Taf. II
*Gomphoceras* 149, 159*
Goniatitina 158
*Goniophyllum* 115
*Gonioteuthis granulata* 165
– *quadrata* 165
Grabfüßer 101, *126*
Graptolithen 101, 199*, 203*, Taf. 34
Graptolithina 101, *196* ff.
Graptoloidea 65*, 198, *200*
Gräser 285
Grauhaie 205
Großforaminiferen 102, 103*
Grünalgen 213
*Gryphaea* 130, 133*, 135
– *arcuata* 135
– *vesicularis* 135
– *(Liogryphaea) arcuata* Taf. V
*Guilemites* 35
Gymnospermae 229, 242, 243, 261, 265, 268, 276, 277, 282
*Gyraulus multiformis* Taf. 23
*Gyrocystis* 182*
*Gyrolepis* 206

# H

Haarsterne 101, 182
Haie 204
Haifischzähne 17, Taf. 1
Hainbuche 77, 292
*Haliotis* 138
*Halitherium* 209
*Halysites* 116*
– *catenularia* 113
*Hamites* 154*
*Haptodus* Taf. 38
– *saxonicus* 208, Taf. 38

*Harpes* 169, 170, 176
*Hastites clavatus* 40, 164*
– *(Belemnites) clavatus* 165
*Hauericeras* 152*
*Hausmannia* 281
– *kohlmanni* 282*
Hecht 206
Helicopegmata 121
*Helix* 143
– *pomatia* 143
*Helleborus* 276
*Helminthoida* 29*
*Hemilytoceras* 152*
Hemichordata 101, 196
*Hemipristis* 205
– *serra* 205*
*Hercoceras* 159*
Heterocorallia 112
Heterodonta 136
Hexacorallia 112, 114
Hexactinelliden 104, 106, 107*
*Hexagonaria* 108, 115
*Hexanchus* 205
– *primigenius* 205*
*Hibolites* 159*
Hinterkiemer 140
*Hippurites* 130, 136
Hochseeschnecken 143
Höhlenbär 38, 41
Hohltiere 101, *109* ff.
Holasteriden 193
*Holcolytoceras* 152*
*Holmia* 175
*Homo diluvii tristis testis* Taf. 3
*Homo erectus* 95, 210
*Homocystides* 182, 184*
Homoiostelea 182*
Homomyarier 132, 132*
*Hoplocrioceras* 154*
Hornschwämme 104
Hufeisenkrebs 85
Hundsgiftgewächse 80
*Huperzia selago* 218
Hyazinthperlen 38
*Hybodus* 206
– *hauffianus* 30

*Hydrobia* 142
– *acuta* 142
Hydrozoa 101, 109
*Hyenia elegans* 223, 225*
Hyolithen 144
*Hyolithes* 145
– *acutus* 145
– *(Orthotheca) degeeri* 145
*Hysterolites* 125

I

*Ichniotherium (Saurichnites) cottae* Taf. 6
Ichthyosaurier 30, 31
Ichthyostega 69
Ictidosaurier 69
*Ilex* 76
– *tenuiputamenta* 76
*Illaenus* 176
Ilmenauer Kornähren 41, 206
Ilmenauer Schwielen 206
*Imparipteris* 254
– *ovata* Beil.
– *(Neuropteris) britannica* 255
– *(Neuropteris) ovata* 255
– *(Neuropteris) subauriculata* 256
Inarticulata 120, 121, 122
Ingwergewächse 76
Inoceramen 135*
*Inoceramus* 43, 130, 135
– *balticus* 135*
– *cardissoides* 135*
– *crippsi* 135*
– *involutus* 135*
– *labiatus* 135*
– *lamarcki* 135*
– *(schloenbachi) deformis* 135*
Insecta 81, 166, *179*, *180*
Insektenflügel Taf. 31
Invertebrata 14, 101
Irregulares 192
*Isastrea explanata* 39
*Isaura* 178
– *laxitexta* 178

– *minuta* 178
*Isocrinus* 187*
Isodonta 135
Isoëtales 273
*Isoëtes* 233, 234, 281
*Isselicrinus* 181
*Isurus* 41, 205
– *contordidens* 205*
– *crassidens* 205*
– *hastalis* 205*

## J

*Janassa bituminosa* 204
*Jerea* 106
– *pyriformis* 104*
Judasbaum 291*
Juglandaceae 78
*Juglans* 292

## K

Käferschnecken 125
Kalkalgen 266
Kalkschwämme 104, 107*, 108
Kammfarne *252* ff.
Kammkiemer 140
Karpfenfische 206
Kasuarinengewächse 283
Keilblattgewächse 75, 226, 242
Keilblättler 238, 241*
Keilfarne *249* ff.
*Kepplerites* Taf. II
*Keratinites* 151*
Kettenkoralle 113, 116*
Kiefer Taf. 57
Kieferlose 101
Kiemenfüßler 166, 177
Kieselschwämme 104, 105*, 106, 108
Kiwi 86
Klappersteine 26
*Kleistosphinctes* 151*
*Kleodenia thuringica* 179
Kloakentiere 86
Knochenfische 101, 205, Taf. 36

Knorpelfische 101, 204
Knospenstrahler 101, 182, 183, 185*
Koniferen 206, 229, *262* ff., 267, 267*, 268, 271, 273, 275
–, älteste 264*, 266
Königsfarn 76, 243, 293
*Koninckioceras konincki* 150
Kopffüßer 30, 101, 126, 126*, *145*, 146, Taf. 16, Taf. 27, Taf. 28
Korallen 101, *109* ff., 113*, Taf. 16
–, stockbildende 116*
Kormophyten 220
*Kosmoceras* Taf. II
Krebse 166, *177* ff., 180, Taf. 33
Kriechtiere 101, *207*, *208*
Kristalläpfel 182
Krokodile 81, Taf. 37
Krötenschüsseln 37
Krötensteine 191
Krummhörner 147

## L

Labyrinthodonten 207
Lachs 206
*Lagenostoma lomaxi* 250
Lagunenfarn 80
Lamellenkiemer 127
Lamellibranchiata 65*, 101, 126, 126*, *127* ff.
*Lamna* 41, 205
Lampen„muscheln" 118
*Latimaeandraraea* 39
*Latimeria chalumnae* 85
Lauraceae 77, 80, 283, 290
*Laurophyllum* 287*
– *acutimomana* 291*
*Leaia* 178
– *tricarinata* 178
*Lebachia* 262, 264
– *speciosa* 87
– *piniformis* 264, 264*, 265
– *speciosa* Taf. 15
Lebachiaceae 229
*Leda* 133

*Leimnitzia* 176
*Leiopelma* 86
*Leperditia grandis* 179
– *phaseolus* 179
– *schellwieni* 179
*Lepidocaris* 84*
*Lepidocarpon* 228, 235, 244
Lepidodendraceae 232, Taf. 45
Lepidodendren 26, 75, 229, 232 ff.
*Lepidodendron* 233*, Taf. 16
– *obovatum* Taf. 45
– *vasculare* 232*
– *veltheimii* 229
– *volkmannianum* 229
*Lepidophloios* 234
Lepidophyten Taf. 44
Lepidospermae 235
*Lepidostrobus* 234, 235
*Lepidotus* 41
*Leptaena* 123
*Leptograptus* 200*
Leptosporangiaten 276
*Leptoteuthis* 159*
*Leucothoe protogea* 287*
*Leurocycloceras bucheri* 149*
Libelle Taf. 32
*Libocedrites salicornoides* 77
– *salicornoides* 291*
*Lichas* 177
Lichida 174, 177
*Lilpopia* 242
– *crockensis* 242
– *raciborskii* 242
*Lima* 130, 135
– *lineata* 135
– *striata* 135
*Limulus* 85
Linde 77, 292
*Lingula* 84*, 119, 122
– *credneri* 122
*Lingulella* 122
*Linograptus* 202
*Linopteris* 254
– *neuropteroides* 256
– *weigeli* 256, Beil.
*Liphistius* 84*

*Liquidambar* 292
*Liriodendron* 292
Lithistida 105*
*Lithostrotion* 115
*Litorina* 142
– *litorea* 142
*Lituites* 150, 159*
– *lituus* 149, Taf. 26
Lochträger 102
*Loligo* 159*
*Lonchopteris* 244, 254, 261
– *rugosa* 255, Beil.
*Lopha* 40, Taf. 16
Lophiodonten 30
Lophiodontiden 80
Lorbeergewächse 77, 80, 283, 287*
Lößschnecke 143
*Loxonema* 141
Luchssteine 38
Lungenschnecken 140, 143
Lurche 101, *206*, *207*
*Lusiatops* 175
Lycophyten 228
Lycopodiales 232 ff.
Lycopsida 218, 271, 281
*Lyginodendron oldhamium* 250
*Lyginopteris* 249, 250, Taf. 49
– *bermudensis* Taf. 4
– *fragilis* Taf. 4
– *hoeninghausi* Beil.
– *larischi* 250
– *(Sphenopteris) hoeninghausi* 250
*Lymnea* 144
– *socialis* Taf. 23
Lytoceratina 158

# M

*Macroscaphites* 152*, 154*
*Macrostachys* 238
*Madrepora* 115
Magenfüßer 136
*Magnolia* 77, 292
– *auriculata* 283, 284*

- *denudataeformis* 77
- *dianae* 77
- *sinuata* Taf. 55
Magnoliaceae 283, Taf. 55
Magnolien 77, 292
-gewächse 283, Taf. 55
Mammalia 101, *208* ff.
Mammut 15, 16, 30, 38, 41, Taf. 2, Taf. 41
Mammutbaum 86, 286, 293, Taf. 14
Mammutfunde 90, 95, 96, 210
*Mammuthus primigenius* 30, 38, 41, 95, Taf. 41
- *trogontherii* 89*, 90, 96
*Manticoceras* 157, 157*, 159*
*Mariopteris* 247*, 248, 251
- *muricata* Beil.
- *nervosa* 252
*Mastixia* 290
- *lusatica* Taf. 55
Mastixioideen 289, 290, Taf. 55
*Mastodonsaurus* 207, Taf. 15
*Matonia* 85*
Matoniaceen 276, 277*, 281
*Matonidium* 85*
Maulbeergewächse 285
*Medullosa* Taf. 50
- *leuckarti* Taf. 51
- *stellata* 261, Taf. 19
Medulloseae 259, 261
Meereicheln 166
Meerkühe 209
*Megalaspis* 176
- *limbata* 173*
Megalodonten 37, 40
*Megaphyton* 259
*Megatherium* 19
*Megateuthis giganteus* 164*
*Melocrinites* 188
*Menaspis armata* 204
Menispermaceae 283
*Menispermites virginiensis* 283, 284*
Menschenhaie 205
Mesoammonoidea 157*, 158

Mesogastropoda 140, *142*
*Mesolimulus* 84*
*Mesosaurus* 41
*Mespilocrinus* 187*
*Metacrinus* 84*
*Miadesmia membranacea* 235
*Michelinoceras* 25, 40, 146, 149
- *michelini* 147, 149*, Taf. 25
Michelinoceratina 148*
*Micmacca* 168*
*Micraster* 194
*Microphylla* 39
Microcrinoiden 185
*Miraspis* 173
Molche 81
Mollusca 101, *125* ff.
Mollusken 118, 126*
Mondsamengewächse 283
Monimiacea 285, 285*
Monograptiden Taf. 35
*Monograptus* 200*, 202, 203*
- *aequabilis* Taf. 34
- *bohemicus* 202
- *chimaera* 202
- *colonus* 202, Taf. VI
- *dubius frequens* 202, Taf. VI
- *knockensis* 200*
- *lobiferus* 200*
- *nilssoni* 202
- *priodon* 200*
- *scanicus* 202
- *spiralis* 200*
- *uncinatus* 202, Taf. VI
Monokotylen 76, 246, 261, 293
Monomyarier 132
Monoplacophora 83, 140
*Monoscalitheca* 72
*Montlivaultia* 115
Moosfarn 234
Moostierchen 101, *116* ff., 117*, Taf. 20
Moraceae 285
Muschel, Fossilisationsschema 24*
-, Querschnitt 127*
Muschelkrebse 166, 178, 271, Taf. 30

Muscheln 26, 101, 126*, 126,
  127 ff., Taf. 16, Taf. 24
*Murchisonia* 141
*Murex* 143
*Mya* 130, 136
*Myophoria* 130, 134
— *costata* 64*, 134
— *goldfussi* 64*
— *kefersteini* 64*, 134
— *laevigata* 64*, 134
— *orbicularis* 64*, 134
— *pesanseris* 64*, 134
— *vulgaris* 64*, 134
*Myopsomicmacca* 168*
*Myrica quedlinburgensis* 284
Myricaceen 76, 80, 285
Myrtaceae 80, 285
Myrtengewächse 80, 285
*Mytilus* 130, 134
— *eduliformis* 134

## N

Nacktpflanze 219*, Taf. 42, Taf. 45
Nacktsamer 85*, 229, 242, 243, 265
Nadelbäume 242
Nadelhölzer 222, Taf. 15
Nannofossilien Taf. 12
*Nannolytoceras* 152*
*Nathorstiana* 85*, 273, 281
— *arborea* 281, 282*
*Natica* 141*, 142
*Naticopsis* 141
Nautiloidea 65*, 146 ff., 159*,
  Taf. 25, Taf. 26
*Nautilus* 83, 84*, 145, 150, 159*
*Nemejcopteris feminaeformis*
  71, 72, 73, 73*, Taf. VI, Beil.
Neoammonoideen 157*, 158
*Neobeyrichia (Neobeyrichia)
  lauensis* 179
*Neocalamites* 270
— *mansfeldicus* 269*, 270
Neogastropoda 140, 142
*Neoggerathia* 257
— *foliosa* 257, 257*

*Neopilina* 84*
— *galathea* 83, 140
Neotremata 122
*Nerinea* 143
*Neritina* 141
Nesseltiere 109
Neuropterides 254 ff., 273
*Neuropteris* 248, 261
*Nevadia* 175
Nieswurz 276
Nilssoniaceen 277
*Niobe* 173*
*Nipponites* 154*
*Normannites* 151*
Nothosaurier 207
*Nothosaurus* 207
*Notidamus* 205
— *primigenius* 205, 205*
*Nowakia* 144
*Nucula* 84*, 128, 133
*Nuculana* 133
— *deshayesiana* 133
Nummuliten 37, 39, Taf. 2
*Nummulites* 102, 103*
— *perforatus* 39, Taf. 19
— *solitarius* 103*
— *tchihatscheffi* 103*
Nummulitidae 102
Nußbaum 292
— gewächse 78
Nymphaeaceae 285
*Nyssa* 292
— *aquatica* Taf. 13
— *ornithobroma* 76

## O

*Obolus* 122
Octactinia 109
Octocorallia 109
Octopoda 145, 159*, 162
*Octopus* 159*
*Odonopteris* 261
*Odontaspis* 41
Odontopleura 177
*Odontopleura* 171

– *ovata* 87, Taf. 15, Taf. 29
Odontopleurida 174
Odontopterides 256, 257
*Odontopteris jeanpauli* 256, Beil.
– *subcrenulata* 257, Beil.
*Oecoptychius* 151*
*Ogygopsis* 175
Olearius-Steine 194, 197*
Oldhamina 121
*Olenellus* 175
Oleniden 166
*Olenoides* 175
*Olenus* 175
– *truncatus* 175
Olme 81
*Omphyma* 88, Taf. 16
*Operculina* 102
Opisthobranchia 140, 143
*Ophidioceras* 159*
Ophiuroidea 101, 190
Orbitolinidae 102
Orthida 120, 123
*Orthis* 123
– *hysterica* 39
– *vulvaria* 123
*Orthoceras* 40, 147, 149*, 159*
*Orthograptus truncatus wilsoni* 201*
*Orthothetes* 123
*Osmunda* 293
– *lignitum* 76, 293
– *parschlugiana* 293
– *regalis* 243
Osmundaceen 276
Osteichthyes 101, 205
Ostracoden 21, 52, 65*, 80, 166, 178, 271, Taf. 30
*Ostrea* 130, 133*, 135
Ostreen 88
Ostreidae 133*
*Otoites* 151*
Otolithen 52
*Otarion* 170, 171
– *difractum* 172*
*Oxyrhina hastalis* 205*

## P

*Pachydiscus seppenradensis* 145
Pachydonta 136
Palaeoammonoidea 157*, 158
*Palaeobatrachus diluvianus* Taf. 36
*Palaeocaris* 84*
*Palaeoconcha* 133
*Palaeodictyon* 29*
Palaeohippidae 80, Taf. 40
*Palaeoisopus* 84*
*Palaeoloxodon falconier* 41
*Palaeoniscus freieslebeni* 206, 266
*Palaeostachys* 238
Palaeotremata 120, 123
Palmae 285, 290
*Palmatopteris* 249, 250
– *furcata* 251, Beil.
– *membranacea* 251
– *sturi* 251
Palmenfarne 86, 273, 276
Pantoffelkoralle 113, 113*
Panzerfische 101
Panzerlurche 206, 271
Pappeln 292
*Parabolinella* 168*
*Paradoxides* 166, 168*, 175
– *gracilis* 175
– *harlani* 172
*Parasmilia* 115
*Paraspirifer* 125
*Paripteris* 254
*Pasania* 290
*Passalotheutis (Belemnites) paxillosus* 165
Pecopteriden-Calamiten-Gesellschaft 265
Pecopterides 252 ff., 265
*Pecopteris* 71, 273
– *arborescens* 252, 259, Beil.
– *candolleana* 253, Beil.
– *cyathea* 252
– *feminaeformis* 71
– *hemitelioides* 253, Beil.
– *miltoni* 253, Beil.

319

- *pennaeformis* 253, Beil.
- *permica* 252
- *pluckeneti* 253, Beil.
- *plumosa* 252, Taf. 49, Beil.
- *potoniéi* 253
- *unita* 254, Beil.
- *(Asterotheca) truncata* 254

*Pecten* 130, 134
- *asper* 134
- *discites* 134
- *laevigatus* 134

*Pectunculus* 15, 134
*Pedioceras* 154*
Pekan-Nuß 292
Pelmatozoa 101, *181* ff., 182*
*Peltura* 175
- *scarabaeoides* 175

Pelycosaurier 208, Taf. 6, Taf. 38
Pennatulacea 109
Pentacrinidae 189
*Pentacrinus* 39, 185, 190
- *basaltiformis* 190
- *briareus* Taf. 34
- *tuberculatus* 190

Pentamerida 121, 124
*Pentamerus* 124
*Pentremites* 183, 185*
*Peripatopsis* 84*
Perischoechinoidea *192*, *193*
Perlboot 83, 150
Pfeilschwanzkrebs 85
Pflasterzahnsaurier 207
*Phacites gotlandicus* 188
Phacopida 174, *176*, Taf. 16
*Phacopidella* 177
*Phacops* 171*, 176
Phagopiden 88
*Phillipsastrea* 39, 115
*Phlebopteris muensteri* 276, 277*
*Pholadomya* 136
*Phragmites* 78
*Phragmoceras* 159*
Phragmomorpha 162
Phycophyta 213
*Phyllites reticulosus* 287*
- *scolopendrium* 246

*Phyloblatta* Taf. 31
*Phylloceras* 157
- *heterophyllum* Taf. I, Taf. 27

Phylloceratina 158
*Phyllocystis* 182*
*Phyllograptus* 201, 203*
Phyllopoda 177
*Phymosoma* 194
- *princeps* 194

*Physa* 144
- *gigantea* 137

Physidae 137
*Pilina* 84*
Piltdown-Kiefer 36
Piltdown-Menschen 33
Pilze 30, 216
Pilzreste 212*
Pinaceae 286, 293
*Pinacoceras* 157, 157*
- *metternichi* Taf. 27

*Pinna* 135
- *decussata* 135
- *(Atrichna) pectinata* 135

*Pinus* Taf. 57
- *succinifera* 28

Pisces 101, *204* ff.
Placodermi 101
Placodontier 207
*Placodus* 207
- *gigas* 207

*Planorbis* 139*, 144
Platanaceae 284, 285*
Platane Taf. 56
Platanengewächse 284
*Platanus neptuni* 291*, Taf. 56
*Platasterias* 84*
*Plateosaurus quenstedti* 208, Taf. 39
*Platycrinites* 187*
*Platysomus gibbosus* 206
*Plectambonites* 123
Plesiosaurier 38, Taf. 38
*Plesiosaurus* 41
*Pleucoceras spinatum* Taf. 28
*Pleurocystides* 182, 184*
*Pleurodictyum* 116*

– *problematicum* 113
*Pleurograptus* 201
– *linearis* 201\*
*Pleuromeia* 271, 273, 274, 281
– *sternbergi* 272\*, 274\*
*Pleuronectites laevigatus* 134
*Pleurotoma* 141\*, 143
*Pleurotomaria* 84, 138\*, 141, 141\*
*Pliomerella* 168\*
*Poacordaites* 263\*
*Pompeckia* 168\*
*Populus* 292
– *potomacensis* 283, 284\*
*Porambonites* 124
– *schmidti* 124
Porifera 65\*, 101, *104* ff.
*Porosphaera* 108
– *globularis* 107\*, 108
*Porpites* 115
Porzellanschnecken 142
*Posidonia* 134
– *becheri* 134
– *bronni* 134
*Posidonomya* 134, 178
*Potamogeton pusillus* 76
– *seifhennersdorfensis* 76
*Pradesia* 168\*
*Pricyclopyge* 173
– *prisca* 169\*, Taf. 29
*Productus* 119, 123
– *horridus* 119, 123
– *mesolupus* 119
*Proetus* 176
Progymnospermen 227, 249, Beil.
Prolecanitina 158
*Pronephrium stiriacum* 76, 293
*Propalaeotherium hassiacum* Taf. 40
Prosobranchia 140
*Protetragonites* 152\*
*Protohedycarya ilicoides* 285, 185\*
*Protolenus* 175
*Protolepidodendron* 221, 222
– *scharyanum* 223, 225\*
– *wahnbachense* 218
Protomedusae 109

*Protosaurus speneri* 37, 41
*Prototaxites* 219
Protozoa 101, *102* ff.
Psaronien 259, Taf. 19
*Psaronius* Taf. 19, Taf. VII
– *infarctus* Taf. 51
– *weberi* Taf. 19
*Pseudobornia* 226
– *ursina* 226, 227\*
*Pseudocycas* 281
*Pseudosuchia* 29
*Pseudovoltzia* 270
– *liebeana* 268, 269\*
Psilophytales Taf. 42
Psilophyten 217, 218, 220, Taf. 43
*Psilophyton* 214
– *princeps* Taf. 42
*Pteria* 134
– *contorta* 64\*, 134
*Pteridium hostimense* 224, 225\*
Pteridophyllen 242 ff., 243, 246, 248
–, Einzelfiedern 245\*
–, Wedelaufbau 247\*
Pteridophyten 52, 89, 227, 228, 229, 236, 243, 270
Pteridospermae 223, 227, 228, 242, 243, 248, 249, 254, 259, 270
Pteridospermen 89, 252, 257, 261, 270, Taf. 49, Taf. 51, Beil.
Pterobranchiata 196
Pterocorallia 112
*Pterodactylus kochi* 87, Taf. 15
Pteropoda 143
*Ptychoceras* 154\*
*Ptychoparia* 175
Ptychopariida 174, *175, 176*
Pulmonata 140, 143
*Pupa* 143
– *muscorum* 143
*Pygope* 124

## Q

*Quadrocladus* 268, 270
– *orbiformis* 268

– *solmsi* 268
Quallen 25, 109
Quastenflosser 85
*Quenstedtoceras henrici* 25
*Quercus* 78, 285, 290, 292
– *drymeja* 78
– *neriifolia* 287\*

# R

Radiolarien 52, 102, 104
Rankenfüßler 166
*Rastrites* 200\*, 202, 203\*
Raubfische 81
Raubschnecke 141\*
*Raumeria* 27, 278, Taf. 52
*Rawlinsella* 168\*
Rebengewächs Taf. 55
*Redlichapsis* 168\*
*Redlichia* 168\*
Redlichiida 174, *175*
Regulares 192
Reptilia 101, *207*, *208*, 282
*Requienia* 130, 136
Restiogewächse 80
*Reticulopteris* 254
*Retiolites* 202
– *gcinitzianus* 202, Taf. 35
*Rhacophyton* 226
Rhacopterides 258
*Rhacopteris busseana* 258
*Rhinohelaeites longipes* Taf. 32
*Rhizocrinus* 187\*
Rhizopoden 102
*Rhizostomites admirandus* 25, 109
Rhodea 249, 250
– *stachei* 250
– *subpetiolata* 250, Beil.
*Rhyncholites hirundo* 146
Rhynchonellida 121, 124
*Rhynchonella* 39, 88, 124
*Rhynia* 214, 215,\* 216, 220, Taf. 43
– *gwynne-vaughani* 215\*, 217
– *major* 214, 215, 216, 217, 221
*Rhytidolepis* 235, 236\*, Taf. 47

Richelsdorfer Kinderhand 37, 41
*Richthofenia* 121
Riesenhaie 205
Riesenkammerlinge 102, Taf. 19
Riesensalamander Taf. 3
Rindenbaumartige 233
Rindenbäume 233
Ringkammerlinge 102
Rippenfarne 293
Rippenquallen 109
Rochen 204
Rohrschnecken 126
Rückenmarktiere 196
Rugosa 65\*, 112, 114

# S

*Saccocoma pectinata* 190
*Saccopteris* 72
*Sagittaria* 283
– *victormasoni* 284\*
*Sagus amicarium* 35
*Salenia* 194
– *hagenowi* 194
– *lobosa* 194
Saleniden 193
*Salenidia* 194
– *pygmaea* 194
– *scabra* 194
Salicaceae 283
Salviniacea 293
Samenfarne 226, 248, 258
Sapotaceae 283
*Sapotacites retusus* 283, 284\*
Sapotengewächse 283
*Sassafras progeniter* 283, 284\*
Säugetiere 81, 101, *208* ff., 282
*Saurichthys* 206
Saurier 208
Sauropterygier 207
*Scaphites* 152, 154\*, 159\*
Scaphopoda 101, *126*
Schachtelhalme 88, 220, 222, 223, 236, 275, 275\*, Taf. 16, Taf. 48
Schachtelhalmgewächse 226, 227\*, 228, 229, *236* ff., Taf. 46, Taf. 47

Schalenträger 127
Schildfarn 246
Schildkröten 81
Schilfrohr 78
Schirmtanne 77, 293
Schizaeaceae 276, 286
Schizodonta 134
*Schizodus* 130, 134
– *obscurus* 134
Schizomycetes 213
*Schizoneura* 273
– *paradoxa* 273
*Schizophoria* 123
– *vulvaria* 39
Schizophyta 213
*Schizostachys* 72
Schlammfische 81, 206
Schlangen 81
– halssaurier Taf. 38
– steine 38
– sterne 101, 190
Schmelzschupper 205, 206
Schnabeltiere 86
Schnecken 30, 101, 126, 126*, 136 ff., Taf. 5, Taf. 23
Schnepfenstrauße 86
Schraubenkammerlinge 102
Schraubensteine 188
Schreckechse Taf. 39
Schrecksteine 38
Schriftsteine 196
Schulpgerüstler 162
Schuppenbäume 25, 75, 88, 229, 232, 233, 233*, Taf. 45
*Schwagerina* 102
Schwämme 101, 104 ff.
Schwarzkäfer Taf. 32
Schwertschwänze 85
Schwimmfarngewächse 293
*Sciadophyton steinmanni* 217*, 218, 219
*Sciatopitys* 293
– *verticilliata* 77
*Scleractinia* 39, 65*
Scleractinia 112, 114
*Scolicia* 29*

*Scyphocrinites* 187*
Scyphozoa 109
Seefedern 109
Seeigel 101, *191* ff., 191*, Taf. IV
–, irreguläre 196*
–, reguläre 195*
Seekühe 209
Seelilien 101, 182, *183* ff., 186*, 188*, Taf. 16, Taf. 33, Taf. 34
– stielglieder 38
Seerosengewächse 285
Seesterne 101, 190
*Seirocrinus* 185
Selachii 204
*Selaginella* 233, 234
*Selaginellites gutbieri* 234
*Selenopeltis* 171
*Semionotus bergeri* 206
*Sepia* 159*
Sepioidea 162
Sepioideen 145
*Sequoia* 80, 85*, 286, 293, Taf. 14
– *concinna* 286
– *reichenbachi* 286
– *sempervirens* Taf. 14
Serranidae 206
*Serrodiscus* 170
– *speciosus* 174
*Sewardiella* 34
*Seymouria* 69
Sicheltanne 293
Siegelbäume 75, 88, 229, 232, Taf. 47
*Sigillaria* 234, Taf. 16, Taf. 47
Sigillariaceae Taf. 47
Sigillarien 26, 34, 75, 229, 232, 234, 235, 271, 273, 281
*Sigillariostrobus* 235
Silberaprikose 279
*Silesites* 152*
Silicoflagellaten 52
*Siphonia* 106
– *tulipa* 105*
Sirenia 209
*Smilax* 76, 291*
Solanocrinidae 189

*Solenastraea* 115
Solenoconchen 126
Sonnenradsteine 38
Spaltpflanzen 213
Spatangiden 193
*Spaeroceras* 150*, 151*
*Sphenobaiera* 270
– *digitata* 269*, 270, 279, 280*
*Sphenodon punctatus* 86
Sphenophyllales 238
Sphenophyllen 73, 226, 238, 239, 240, 241*, 265
*Sphenophyllum* 238
– *angustifolium* 242
– *cuneifolium* 239*, 240, 241*
– *emarginatum* 240, 241*
– *longifolium* 241, 241*
– *majus* 241, 241*
– *myriophyllum* 240, 241*
– *oblongifolium* 241*, 242
– *tenerrium* 226, 240, 241*
– *thoni* 241*, 242
– *verticillatum* 241, 241*
Sphenopteriden 88
Sphenopterides *249* ff.
*Sphenopteridium* 226
– *dissectum* 247*, 248, 249
– *keilhaui* 227
*Sphenopteris* 249, 270, Taf. 16
– *adiantoides* 249, Beil.
– *hoeninghausi* 250
– *hollandica* 87, Taf. 15
– *larischi* Taf. 49
– *nummularia* 250
*Sphenotheca incurva* Taf. 55
Spinnensteine 190
*Spirematospermum wetzleri* 77
*Spirifer* 119, 125
– *cultrijugatus* 39, 125
– *mercurii* 125
– *paradoxus* 125
– *primaevus* 125
Spiriferen 39
Spiriferida 121, 124
*Spiriferina* 125
– *fragilis* 125

– *pinguis* Taf. 23
*Spirorhaphe* 29*
Spießtanne 293
*Spiticeras* 152*
*Spondylus* 130, 136
– *(Prospondylus) spinosus* 136
*Squatina* 205
– *stellatus* 205*
Stachelhäuter 101, *180* ff.
Stacheltiere 101, 181
*Stagnicola (Stagnicola) fragilis* Taf. 5
*Stamenocella cuvieri* Taf. 21
Starsteine 259, Taf. 51
*Staurocephalus* 168*, 170
– *clavifrons* 172*
Stechpalmenarten 76
Stechwinde 76, 291*
Stegocephale 206
Steinkohlenfarne 242
Steinschwämme 105*, 106
Steinzungen Taf. 1
Stelleroidea 181, *190*
Stenoglossa 140
*Stephanoceras* 159*
Steppenmammut 89*, 90
Steppennashorn Taf. 11
*Sterculia* 290
– *labrusca* 287*
*Stereocidaris* 193
– *hagenowi* 193
– *pistillum* 193
Sternkoralle 39
Sterntiere 101, 181, *190*
Stieltiere *181* ff.
Stigmarien 271
Stinkbaumgewächs 287*
Strahlentierchen 102, 104
*Streptochetus* Taf. VIII
*Stringocephalus* 124
– *burtini* 39, 119
Stromatolithe 211
Stromatopora 109
*Strophalosia* 123
– *exavata* 123
– *goldfussi* 123

*Strophomena* 123
Strophomenida 120, 123
*Styliolina* 144
*Stylites* 85\* 281
*Stylocalamites* 237, Taf. 46
Stylommatophora *143*
Stylophora 182\*
Subsigillaria 235, 236\*
*Subulites* 142
*Succinea* 144
– *oblonga* 140, 144
Sukkulente 272\*
Sumpffarn 80
Sumpfschildkröten 81
Sumpfzypressen 76, 293, Taf. 13, Taf. 58
Süßwasserschnecken 81
Symplocaceae Taf. 55
*Symplocos* 290

# T

Tabulata 112, 113
*Taeniocrada decheniana* 218
Taenioglossa 140
*Taeniopteris* 261, 270
– *eckardti* 269\*, 270
– *jejunata* 258, Beil.
Taenopterides *258*
Tange 219
Tascheln 118
Taxodiaceen 286, 293
*Taxodioxylon* 27
*Taxodium* 293
– *distichum* 76, Taf. 13
– *dubium* 76, 291\*, 293, Taf. 58
Taxodonta 133
*Tectocarya lusatica* Taf. 55
Tellerschnecken 144, Taf. III
*Tellina* 136
*Temnocidaris* 193
– *baylei* 193
*Tentaculites* 144
– *scalaris* 144, Taf. 25
Tentakuliten 144, Taf. 25
*Terataspis* 177

– *grandis* 172, 172\*
Terebratellacea 124
*Terebratula* 124
Terebratulacea 124
Terebratulida 121, 124
Testudinata 80
Tetrabranchiata 145
*Tetraclinis* 291\*
– *articulata* 77
Tetracorallia 112, 112\*, 114
*Tetragraptus* 201, 203\*
– *serra* 201\*
*Tetrastigma chandleri* Taf. 55
Teufelsfinger 37
Teuthoidea 162
Teuthoideen 145
*Thalassinoides saxonicus* 29
Thallophyten 216
*Thamnasterea* 115
*Thamniscus geometricus* 117\*, 118
Thaumaturidae 206
*Thaumaturus spannuthi* Taf. 36
Theaceen 290
Thelypteridaceae 293
*Thursophyton* 223
– *elberfeldense* 223
– *(Asteroxylon) elberfeldense* 221\*, 224\*
*Tilia* 77, 292
– *irtyschensis* 77
Tintenfische *162* ff.
–, echte 159\*
*Tirolites cassianus* 64\*
Titanotherien 38, 41
*Tmetoceras* 152\*
*Todites* 276
*Tormentella tubiformis* 212\*
*Toxoceras* 154\*
*Trachyceras aon* 64\*
*Tremadictyon* 106
– *reticulatum* 107\*
*Trematosaurus* 207
– *fuchsi* 207
*Triarthrus* 171\*
*Trichopitys heterophylla* 279

*Trigonia* 130, 134
– *costata* 134
Trilobita 65\*, *166* ff.
Trilobiten Taf. 15, Taf. 16, Taf. 29, Taf. V
*Trimerocephalus* 170
*Trinucleus* 176
*Trionyx* 81
*Triticites* 102
Trochiten 39
*Trochus* 141
*Truncatilopora filix* Taf. 20
Tryblidiacea 140
*Tuberculipora östrupi* 118
Tulpenbaum 292
Tupelobaum 76, Taf. 13
*Turbo* 141
Turmschnecke Taf. 24
*Turrilites* 152, 154\*, 159\*
*Turris* 143
*Turritella* 142, Taf. VIII
– *turris* Taf. 24
*Thursophyton (Asteroxylon) elberfeldense* Taf. 45

## U

*Ullmannia* 267, 270
– *bronni* 267, 268, 269\*
– *frumentaria* 27, 37, 41, 267, 267\*, 268
Ulmaceae 77
*Ulmus* 77, 291\*
– *americana* 291\*
Umbridae 206
*Uncites* 125
*Undularia* 142
– *scalata* 142
*Unio lavateri* 37, 40
*Uralichas* 177
– *ribeiroi* 172, 172\*
Urangiospermen 283
Urfrosch 86
Urlandpflanzen 214, Taf. 43, Taf. 44
Urmollusk 83

Urschaltiere 83
*Ursus spelaeus* 41
Urtiere 101, *102* ff.
Urvogel 69, 87, 89, Taf. 15, Taf. 17

## V

*Varhostichthys* 206
*Ventriculites* 106
– *striatus* 107\*
*Verrucosisporites* 72
Versteinertes Geld 37
Versteinerte Kuhtritte 37
Vertebrata 14, 101, *204* ff.
Vierkiemer 145
*Villebrunaster* 84\*
Vitaceae Taf. 55
Vögel 81, 101, 282
Vogelzungen 204, 205\*
*Voltzia* 274
– *heterophylla* 274
Vorderkiemer 140

## W

*Walchia* 229, 262
Walchien 262, 266
Weichschildkröten 81
*Weichselia reticulata* 281
Weichtierähnliche 118
Weichtiere 101, *125* ff., 126\*
Weidengewächse 283
Weinbergschnecke 143
*Welwitschia* 277
Wichtelsteinchen 38
*Wielandiella* 278
Wielandiellaceae 278
Williamsoniaceae 278
*Williamsoniella* 278
Wirbellose 65\*, 84\*, 101, Taf. 16
Wirbeltiere 101, *204* ff.
Wollhaarnashorn 38, 41, Taf. 2, Taf. 40
*Woodwardia muensteriana* 293
*Worthenia* 141
Wurmfarn 242
Wurzelfüßer 102

## X

*Xenacanthus decheni* 204
Xerophyten 233
*Xiphodon* 19
Xiphosuren 85
Xylite 67*

## Z

*Zaphrentis* 115
*Zelkova* 77
Zimmertanne 86, 262
Zimtbaum 287*
Zingiberaceae 77
Zoantharia 109
Zopfkammerlinge 102
*Zosterophyllum* 218
– *rhenanum* 218, 219*
Zungensteine 17, Taf. 1
Zürgelbaum 77
Zweikiemer 145
Zweischaler 127
Zwergelefanten 16, 41
*Zygopteris* 72
Zypressengewächse 77

## Sachwörterverzeichnis

### A

Abdrücke 25, 28, 37, 44, 259, 271, Taf. 6, Taf. 28
Abstammungshypothese 68
Adductores 120
Aderungsformen 245*, 246, 248
Adjustores 121
After 126*, 182
Ahrensburger Liasknolle Taf. IV
Aktualismus 66
Aktualitätsprinzip 81
Allochthonie 74
Alveolarschlitze 164, 164*
Alveole 162
Ambulakralfelder 191, 192, 195*
Ambulakralfüßchen 191
Ambulakralplatten 193, 193*
Ambulakralsystem 181
Amphitheca 162, 163
Anaptychus 151
Angara-Flora 230, 231*
Anschliffe 48
Antennen 177
Antheridien 243
Anthrakonit Taf. 5, Taf. III
Antiklinalwände 290
Anwachsstreifung 128, Taf. 5, Taf. 26
Apertura 117*, 137
Apex 137, 191
Aphlebien 72, 73*, 246, 252, 253, Taf. 49
Appendices 234, 271, 274*, 281, 281*
Aptychus 150*, 151
Archegonien 243
Area 121, 128
Arme 182, 183
Armgerüst 120*, Taf. 23
Armklappe 119

Armtafeln 185
Artnamen 99
Assimilation 211
Assimilationsorgane 214
Aufbereitung 43 ff.
Aufrollungsformen 139*
Aufsammlung 42, 75
Augen, gestielte 170
Ausgrabungen 42, 70, Taf. 10
Außenskelett 110, 166
Autochthonie 74, 75
Autotrophie 211

### B

Bachlauf 79
Basalia 185
Basalplatte 184
Bedecktsamigkeit 278
Belemnitenschlachtfelder 40, 162
Bergung 42
Bernstein 28, 30, 88, 180
-fischerei Taf. 7
-funde 180
Bestimmung, paläontologische 97 ff.
Bewegungsspuren 29, 173
Bilobiten 173
Biochronologie 62
Biostratigraphie 14, 62, 63
Biostratonomie 14, 43, 66 ff., 209
Biotop 14, 71, 74*, 79, Beil.
-schnitt Beil.
-zonen 79, 81
Biozone 63
Biozönose 70, 71, 79, Beil.
Blattbasis 274*, 278, Taf. 52
Blattepidermen 30, Taf. 56
Blattgabelung 225*
Blattnarben 226, 232, 234, 235, 259, 271, Taf. 47

328

Blattnervatur 290
Blattphysionomie 288
Blattpolster 226, 232, 232*, 233, 233*, 286, Taf. 45
Blattschopf 235
Blätter, arktotertiäre 288
–, farnartige Beil.
–, laurophylle 287*, 288
–, peltate 283
-floren 288
-kohle 31, 80, Taf. 54
Blattspurstrang 237*, 271
Blüten Taf. 52
–, kauliflore 278
-knospen Taf. 52
-stände 262, 264, Taf. 58
Bohrspuren Taf. 5
Bonebeds 206
Brachia 184, 186*
Brachialia 185
Brachidia 120
Brachiopodenkalke 119
Bryozoenkalke 117
Buntsandsteinflora 271 ff., 274

## C

Calyx 111, 184
Cathaysiaflora 230, 231*
Caudalisation 168
Cayetano-Formation 81
Cephalisation 168
Cephalon 166, 167*
Chemofossilien 22, 31, 211, 212
Chemosynthese 211
Chlorophyll 211
Chloroplasten 216
Cirrhen 190
Clarit 74
Clathria 202
Coalballs 233
Columna 185, 187*
Columnalia 185, 187*
connecting link 68 ff., 87
Corallum 110*, 111
Corona 191

Cranidium 167*, 169
Cranium Taf. 37
Crenellae 185
Cruren 120, Taf. 23

## D

Dauertyp 82, 119
Deckschuppe 264*, 268, 269*
Delthyrium 121
Dendriten 32, 34, Taf. 6
Devonpflanzen 214 ff.
Dichotomie 214, Taf. 44
Dickenwachstum 233
–, sekundäres 237, 239, 243, 271
Dissepimente 111, 199
Divaricatores 120
Dolomitknollen 27, 233, 239
Dorsalpanzer 167*
Dorsalstacheln 172*
Dünnschliffe 50
Durit 74
Dysodil 31, 80

## E

Ediacara-Fauna 109
Eingeweidesack 125, 137
Einkalkung 26
Einkieselung 26, Taf. 5
Einkiesung 26
Einkrümmung 220*
Einrollung 137
Einschnürungen 152*
Einsturztrichter 79
Embryonalgewinde 139, 139*
Embryonalkammern 150*
Endemismen 83
Entwicklungsreihen, stammesgeschichtliche 152*, 154*, 159*
Epidermis 215, 216, Taf. 44, Taf. 56
-struktur 288
Epikutikularstruktur Taf. 56
Epithek 111
Erdbrandgestein Taf. VII

Ethmolithen Taf. 12
Etikettbeschriftung 60
Evolutionstheorie 68
Exoskelett 110
Exuvien 167

## F

Facettenaugen 169*, 170, Taf. 29
Fährten Taf. 6
Falsifikate 33
Fangarme 162
Farnlaub, makrophylles 248
Farnsamerstämme *259* ff.
Farnstämme 259
Fazies 25
Fiederblatt 269*
Fiederformen 244, 245*
Fiedern 73*, 245*, 248, 257
Figurensteine 32, 36
Fimmenit Taf. 57
Fissura dorsomedialis 164
— ventromedialis 164
Flora, arktotertiäre 288, 291*, 292
—, euramerische 230, 231*
—, laurophylle 288, 292
—, mesophytische 276
Florenbild 74
Florengebiete 230
Florenhorizonte 293
Florensprung 229
Florenwechsel 229
Flossenstacheln 204
Fluortest 33
Formationstabelle 63
Formgattungen 244
Fortpflanzungsspuren 30
Fossil 22, 23
—, lebendes *82* ff., 119, 140, 159*, 268, 279, 280*
-aufsammlungen 70
-begriff *22* ff.
-bestimmung *98* ff.
-diagenese *23* ff.
-erhaltungsstadien Taf. 5
-erhaltungszustände *23* ff.

-fälschungen *31* ff.
-fallen 67*
-fotografie *54* ff., 57*, 58*
-konzentration 80, 81
-lagerstätte 81
-sammlung *59* ff., *91* ff.
Fossilien 13, 22 ff., 25, *97* ff., *210* ff.
—, Baukunst 87, 88
—, Bedeutung im Zeitenwandel 15
—, Briefmarken 86, 87
—, Karikatur 90
—, Kunstschmiedearbeiten 88
—, lebende 85*
—, morphologische Merkmale *101* ff.
—, Schmuck 88
—, Volksglauben 36
—, volkstümliche Bezeichnungen 39/41
Fossilisation 23
Fossilisationslehre 66
Fossilisationsschema 24*
Fraßspuren 30
Früchte 81, 278, 289, Taf. 55
Fruchtschuppe 268, 269*
Fruktifikationsorgane 234, 235, 251, 254
Fundkarten 43
Fundstellenkarte 67*
Fundstellentyp 79
Fuß 125, 126*, 137

## G

Gabelwedel Taf. 49
Gametophyt 215*, 217, 243
Ganglienknoten 126*
Gaskammern Taf. 27
Gastralraum 109
Gastrolithen 30
Gattungsnamen 99
Gebiß 181
Gefäßbündel 216, Taf. 51
Gefäßeindrücke 164
Gefäßpflanzen 216, 219*
Gegendruck 44

Gegenseitenseptum 112*
Gegenseptum 112*
Gehäuse 126*, 147*, 163*
–, inneres 162
Gelenkflächen 185, 186, 187*
Genae 168
Generationswechsel 243
Genitalöffnung 182
Geoden 26
Gesichtsnähte 169, 169*
Gipskarst 79
Glabella 168, 168*
*Glossopteris*-Flora 230
Gondwana-Flora 230, 231*
Grabgemeinschaften 80, Beil.
Grabspuren 29
Großkolonie 198*
Grundgesetz, biogenetisches 279

## H

Haifischzähne 204, 205*
Hartlaubigkeit 288
Hartteile 24, 25
Hauptseitenseptum 112*
Hauptseptum 112*
Hauptstachelwarze 195*
Hautzähnchen 204
Heterophyllie 72, 239, 239*, 240, 267, 268, 274, 293
Heterotrophie 211
Hoftüpfel 262
Hölzer, verkieselte 89
Holzgewächse, xeromorphe 288
Holzmadener Schiefer 31
Holzreste, inkohlte 289
Homologie 177
Homöomorphien 146
Hyphen 212*
-zellen 212*
Hypostom 168
Hypostrakum 128

## I

Idiokutikularstrukturen Taf. 56
Indusium 242

Infiltrationen 31, Taf. 6
Infrabasalia 185
Infranodalnarben Taf. 46
Inklusen 29, 88, 180
Inkohlung 27, 28*, 51, 74, 228
Inkrustation 26
Inkurvation 222
Innenskelett 162, 181, 204
Insertionen 131
Integument 235
Interambulakralfelder 191, 191*, 195*
Interambulakralplatten 195*
Internodien 236
Interradialtäfelchen 185
Intervallum 108
Intuskrustation 26, 27, 48, 214, 237, 259, Taf. 5, Taf. 52
Isolierung, geographische 83
Inventarnummer 60

## J

Jurapflanzen *276* ff.

## K

Kalkkarst 80
Kalktuffbildung 80
Kammerscheidewände 146, Taf. 25
Kanalostien 107*
Känophytikum 211
Karbonfarne 229, *259* ff., Taf. 48
Karbonfloren 227 ff.
Karbonwald 74, 75
Kardinalzähne 129*
Kategorien, systematische 99, 100
Kelch 182, 183, 184
Keuperpflanzen *275, 276*
Kiemen 126*
Kieselhölzer 259
Kieselskelett 104*
Klappen 133*
KUNTHsches Gesetz 112
Koloniebildung 110*
Kommensalismus 116*

Kommissuren 237, 237*
Konkretionen 26, 31, 32
Konservativtypen 82, 83, 119
Konservierungsflüssigkeiten 46
Kopf 125, 137
-klappe 150*
Koprolithen 30
Körperfossilien 25, 28
Kriechspuren 29
Krone 184, Taf. 33, Taf. 34
Kuckersit 213
Kupferschiefer 266
-flora 266, 270
-hering 206
Kutikula Taf. 44, Taf. 56
Kutikularanalyse 51, 288
Kutikularstreifen Taf. 56
Kutikulen 283

## L

Lacinia 202
Lackfilm Taf. 9
-abzüge 50
-methode *46*
Lagerstätten, paralische 230
Lagerungsgesetz 62
Laminae 109
Landpflanzen 214
—, echte 219
Lebensbild 79
Lebensgemeinschaften 31, 70, 71, 81
Lebensräume, vorzeitliche *70* ff.
Lebensspuren 29, 29*
Leichenfeld 79
Leitbündel 237*, 259
—, zentrales 215, 271
Leitfaunen 63
Leitfloren 66
Leitformen 135*
—, stratigraphische 102
Leitfossilien 19, *62, 63,* 64*, 65, 98, 102
Ligament 127, 128
-area 128

-felder 128
-gruben 127, 128
-löffel 130
Ligula 226, 233, 273
Limonitisierung 26
Linsensteine 37
Litorina-Zeit 142
living fossils 82
Loben 155
-drängung Taf. 27
-linie 146, 155, 156, 156*, 157, 157*, Taf. 27
Lochreihe 138
Lophophore 120
Luftkammern 149*
Luftwurzelmantel 259, 260*
Luftwurzeln 261*
Lügensteine 32
Lumachelle Taf. III
Lunula 128
Lycosproß 222

## M

Madreporenplatte 181
Makrofossilien 15
Makrophyllie 224
Mantel 125, 137
-linie 127, 131, 132*
-rand 127, 138
Mark 233*, 259
-hohlraum 237, Taf. 46
-röhre Taf. 47
-steinkerne 26
-strahlen 237
Mastixioideenfloren, ältere 290
—, jüngere 292
Maxillipedien Taf. 33
Mazeration 51, 53
Megafossilien 15
Meridionalreihen 191
Mesome 221, 222
Mesophyt 77
Mesophytikum 211, 229, *265* ff.
Metasomatose 26
Metastom 168

Mikrofossilien 20, 37, *52*, 53, 63, 212, Taf. 30
Mikroorganismen 211
Mikropaläontologie 15, 52, 63
Mikrophylle 75, 218, 223
missing link 68
Mitteldevonpflanzen 222 ff., 225*
Mosaiktypen *68* ff.
Mund 126*
-öffnung 182
-saum 138, 151
Mündung Taf. 5
Mündungsformen 151*
Muschel, heterodonte 131*
–, taxodonte 130*
– pflaster Taf. VIII
Museen, geowissenschaftliche *91* ff.
Muskeleindrücke 132*, 133*, 177
Muskelfelder Taf. 30

# N

Nackenring 168*
Nacktpflanze 221*, 224*
Nannofossilien 52
Neokompflanzen *280, 281*
Neophytikum 211, *282* ff.
Netzleisten Taf. 6
Nodiallinie 238, Taf. 46
Nodien 222, 226, 236, 238
Nomenklatur, binäre 18, 19, 99
Nummulitenkalke 37

# O

Oberdevonpflanzen *226, 227*
Oberflächenskulptur Taf. 30
Oberkreidepflanzen *282* ff., 285*
Obstruktionsringe 148*
Ommatidien Taf. 29
Ontogenese 112*, 166
Ontogenie 14, 279
Opal 27, 104
Operculum 138
Organgattungen 244

Orthoceren- Schlachtfelder 40, 147, Taf. 25
Orykta 22
Oryktozönose 79, 81, Beil.
Osteokolle 34
Ostrakum 128

# P

Pachyostose 209
Palaeophytikum 211
Paläontologie *13* ff.
Palynologie 53, 289
Parichnosnarben 232
Parichnosstränge 273
Parenchymgewebe 259
Pedizellarien 193
Periostrakum 128
Periprokt 191, 192
Peristoma 138, 151, 191
Perlmuttschicht 128
Petrefakten 13, 22, 23
Pflanzen, mesophytische 265
-gesellschaft 74, 77 ff.
Phloëm 215, 233, 233*, Taf. 44
Photosynthese 211, 213
Phylloide 217*, 221
Phyllophor 72
Phylogenese 82
Phylogenie 14
Pilae 109
Pinnulae 183, 185
Placoidschuppen 204
Planation 220*, 221, 222
Pleuren 166
Pollangien 243, 254
Pollen 52
-formen 289, Taf. 56
Polypar 110, 111, 112, 116*
Potomac-Flora 283, 284*
Prägesteinkerne 26
Präparation *43* ff., 44*
Primärsutur 155
Prodissoconch 128
Prokaryoten 213
Prosutur 155

Protanderie 279
Proterogenese 149
Prothallium 243
Proventriculum 169
Provinzen, floristische 231*
Pseudofossilien 31 ff., 34, 35, Taf. 6
Pseudoinklusen 33
Pseudomorphosen 26
Pteropodenschlamm 143
Pterosproß 222
Pygidium 166, 168, 170, 170*

## R

Radialia 185
Radialsepten 108
Radialtäfelchen 185
Radula 137
Reduktion 220*, 222
Refugialgebiet 292
Reihe, phylogenetische 281
Rekonstruktion 70 ff.
–, Flora Seifhennersdorf 75 ff., Beil.
–, Fossillagerstätte Geiseltal 79 ff., Beil.
–, karbonisches Florenbild 74, 74*, 75
–, Pflanze 71 ff., 73*
Relieffährten 29
Reliktfaunen 83
Reliktfloren 83
Reliktform 216
Reticula 202
Rhabdosom 196, 198, 203*
Rhachis 166, 248
Rhizoide 214
Rhizom 72, 73*, 214, 223, 275*, 276, 281*, 281
Rhyniechert 214
Rinde 233, 233*, 259, Taf. 47
Rippentypen 154*
Rostralplatte 168
Rostrum 162, 163, 164*, 168
Rotliegendfloren 227 ff.
Rumpf 171*

## S

Samen 81, 289
-anlage 279
-bildung 243
-schuppenkomplex 264*
Sammlungen, geowissenschaftliche 91 ff.
Sammlungsnummer 60
Schalenerhaltung Taf. 5, Taf. 23, Taf. 33
Schattenzweige 267, 267*
Scheinfossilien 31 ff., Taf. 6
Schlämmen 48
Schließmuskelabdrücke 127, 132*
Schließmuskeleindrücke 131
Schlitzband 138, 139*
Schloßbau 127, 128
-typen 128, 129*
Schloßformel 129*, 130
Schloßzähne 128
Schwanzschild 170*
Sekundärholz 261, 262, 278
Sekundärsutur 156
Sekundärwälder 81
Sedimentgesteine 42
Seitendoppelfurche 164
Seitenzähne 129*
Septarien 34
Septen 111, 112*, 146, Taf. 22
Sikula 198
Sintfluttheorie 18, 19
Sipho 146, 149*, 151, Taf. 25
Siphonalapparat 146, 148*
Siphonaldüten 146, 148*
Siphonalhüllen 148*, Taf. 25
Siphonalraum 148*, 149*
Siphone 131
Skleren 104
Sklerenchym 240, 261
-stränge 240
Skleriten 104
Skulpturen 137, 152, 154*
Sonnenzweige 267, 267*, 268
Sori 242, 251, 281

Spaltöffnungen 215, 216, 262, 265, 290, Taf. 56
–, haplocheile 277
–, syndetocheile 277
Spermatozoiden 243
Sphaeridien 193
Sphenosproß 222
Spiralia 121
Spiralkegel Taf. 23
Spitzenfurche 164, 164*
Spongin 104
Sporangien 214, 217*, 218, 223, 234, 242, 243, 248, 251, 253, 273, 276, 281
Sporen 21, 52, 212*, 215, 234, 242, 243, 286
-säcke Taf. 50
Sporophyll 223, 225*, 234, 239, 273
-ähren 239*
-stände 238, 275*
-zapfen 235
Sporophyt 215*, 217, 243
Spreuschuppen 278
Sproß 225*
-pflanzen 216, 220
-systeme 222
Spurenfossilien 29, 29*, 207
Stacheln 195*
Stammbasis 274*
Stämme, verkieselte 278
Stammskulpturen 234, 236*
Steinkanal 181
Steinkern 25, 26, 46, 152, 197*, 234, 236, 237, 259, 289, Taf. 26, Taf. 44, Taf. 46
-erhaltung 116*, Taf. 5, Taf. 24, Taf. 28
Steinkohlenbecken, limnische 230
Steinkohlenwald 74, 228
Steinkohlenzeit 227
Steinsaft 17
Stele 222, 259
Stiel 183
-glieder 187*
-klappe 119, 121
-loch 121
-muskeln 121
Stigmarien 234
Stolonen 198, 199
Stomata 290
Stratigraphie 62
Subzonen 66
Sukkulente 273
Sulci apicales 164
– vesiculares 164
Sulcus geminatus 164
Sutur 155, 158
Sutura facialis 169
Symbiose 113, 116*
Synangien 254, 278, Taf. 50
Synrhabdosom 198*
Systemtabelle 63

## T

Tabulae 113
Taxionomie 14, 98
Telom 220
-stand 221
-theorie 220 ff., 220*
Tentakel 113*, 120
Tertiärfloren 286 ff.
Tertiärpflanzen 282 ff.
Thallus 216
-lappen 219
Theka 182, 183, 184, 185*, 198, 200*
Thorax 166, 170, 171*
Totengemeinschaften 31, 80, 81
Trabeculae 278
Tracheiden 215, 262
Träufelspitzen 252, 288
Trichome 290
Tubarium 196
Tubulae 111
Tüpfelung 262

## U

Übergangsform 68 ff., Taf. 12
Übergipfelung 220*, 221, 222, 247

Umbo 128
Umkristallisierung 26, 97
Umschlag 166
Unterdevonfloren *216* ff.
Unterkarbonflora 229
Unterkreidepflanzen *265* ff., *281, 282*, 282\*
Unterpermfloren *227* ff.
Urlandpflanze 216, 219\*, 220
Urpflanze 220
Urtelomstand 220\*

## V

Vegetationsbild 74
Verdrückung 97
Verkieselungen 27
Versteinerte Äpfel 35
Versteinerung 22, 23, 26
–, echte 278, Taf. 52
Verwachsung 220\*, 222
Virgula 202

## W

Wald, versteinerter 27, 38, 41, 89, Taf. 19
-moor 75, 230
Wangen 167\*
Warzenhof 195\*
Warzenköpfe 195\*
Wassergefäßsystem 181
Wassergruben 253
Wasserpflanzen 215
Wassersprosse 223
WATSONsche Regel 69, 217
Wedel 281
–, fertile 243, 257\*
–, sterile 243, 257\*

Wedelaufbau 246, 247\*, 276
–, fiederiger 248
–, gabeliger 248
Weichkörper 126\*, 127, 131
Windungsquerschnitte 153\*
Windungstypen 153\*
Wohnbauten 30
Wohnkammer 151
Wurmgang 116\*
Wurzelböden 281
Wurzelmantel 259, 260\*, 261\*, Taf. 51
Wurzelträger 234
Wurzelzone, innere 259

## X

Xeromorphie 288
Xerophyt 281
Xylem 233, 233\*, Taf. 44

## Z

Zahnformel 129\*, 130
Zahngruben 128
Zapfen 226, 234, 264, 265, 268, 273, 286, 293, Taf. 57
Zechsteinpflanzen *265* ff., 269\*
Zeitmarken 62, 64\*
Zellwände Taf. 56
Zentralscheibe 190
Zoarium 117\*
Zone 199
Zonenfossilien 178, 199
Zooide 198
Zuwachsstreifung 137
Zweige, heterophylle 267\*
Zwischenform 68
Zygote 243